다부동지구 전선

제10연대 | 제11연대

유학산
837고지

← 팔공산　가산　　　다부동　　674고지
　　　　901고지　　　↓　　　　　　　천생산

← 옥골

← 해평

6·25전쟁사

낙동강

제7권

6·25전쟁사

낙동강

제7권

낙동강아 잘 있거라
대반격작전 - 38선 돌파

낙동강 제7권

목차

제11장 낙동강아 잘 있거라

제1절 공세로의 전환

1. 미 제8군의 공세 준비 · · · · · · · · · · · · · · · 13
   공세 전환의 장애 요소 13 · 지휘체제의 개편 19
   UN군총사령부 지휘체계 일원화 21
2. 미 제8군 전투력 증강 · · · · · · · · · · · · · · · 22
   미군 사단 재정비 22 · 미군 및 UN군 증원 24
   미군사단에 한국인 병사 편입 – 카추사(KATUSA) 제도 27
3. 국군 전투력 증강 · · · · · · · · · · · · · · · · · 31
   사단증설 31 · 군에 가면 죽는다 – 피하고 보자 36
   장교 양성 41 · 9월 1일 현재 전력 44

제2절 북한군 9월 공세

1. 마지막 불씨 · · · · · · · · · · · · · · · · · · · 45
   제5차 작전으로 불리는 9월 공세 45 · 북한군 공격 제대와 전력 47
   북한군의 망상 50
2. 망상이 파멸을 가져온다 – 제2차 세계대전의 교훈 · · · · · 52
   일본이 승리할 수 있는 마지막 방법 52 · 독일군의 모스크바 침공작전 53
   일본군의 임팔작전 57 · 3인의 망상 '오기 전에'의 공통성 63
3. 포항 부근 방어전 – 제3사단 · · · · · · · · · · · · 65
   형산강 전투 65 · 형산강에서 적 격퇴 67
   포항 지역 반격전 69 · 김석원 사단장 70
4. 기계·안강 부근 방어전 – 수도사단 · · · · · · · · · 79
   호명동 전투 – 제1연대 79 · 곤제봉 전투 – 제17연대 83
   홍계동 전투 – 제18연대 85 · 기계·안강 지역 반격전 86
5. 창녕·영산 지구 전투(제2차) – 미 2사단 · · · · · · · 88
   미 제2사단 전개 88 · 창녕 전투 – 미 제23연대 89

아곡동 전투 - 미 제9연대 91 • 대곡리 혈전 - 제9연대 D, H중대 95

영산 전투 - 미 제9연대, 미 제5해병연대 100

워커의 관심 지역 현풍은 조용했다 - 영 연방 제27여단 105

6. 마산 서북부 방면 방어전 - 미 제25사단 107

48km의 넓은 방어선 107 • 남지 부근 전투 - 미 제35연대 107

함안 부근 전투 - 미 제24연대 113 • 전투산·필봉·서북산 전투 116

유격대와 간첩 활동 118

제3절 대구의 위기

1. 낙동강 방어선 철수 논의 119

   미 제8군사령부 부산으로 이동 119

   전면 철수를 고려하라 - 맥아더 극비 지시 120

   도망갈 궁리를 한 사람들 123

2. 다부동을 적의 수중에 - 미 제1기병사단의 폐퇴 126

   북한군의 기도 126 • 미 제1기병사단 철수 작전 127

   왜관을 점령했다 - 평양방송 129

   가산산성 전투 - 공병중대가 선봉, 군악대도 투입 130

   570고지의 사투 - 공병중대 134 • 대구에 가장 가까이 온 적 - 314고지 137

   팔공산 전투 - 제1사단 140

3. 신령 지역 방어전 - 제6사단 143

   부대 전개 143 • 조림산 전투 144 • 화산 전투 147

4. 영천대첩 - 제8사단 149

   부대 전개 149 • 영천 공방전 150

   전차 구걸 - "군단장의 몰골이 말이 아니더군요" 153

   영천 반격전 164 • 영천을 잃었을 때 패배하였다 167

   "박 일병 적 전차야! 적 전차!" 168

5. 9월 공세로 북한군이 얻은 것은 파멸이다 170

   적 제1군단 : 군단장 김웅 중장 170 • 적 제2군단 : 군단장 김무정 중장 172

   전선전반 지원부대 174

제4절 대반격작전

1. 연합군의 공세 계획 175

   맥아더 사령관의 반격 개념 175 • 미 제8군의 반격 계획 176

주공 미 제1군단의 공격 계획 177 · 국군의 반격 계획 177

9월 중순 피아의 대치 상황 178

2. 공격 개시(16일) – 공세 제1일 180

공격 명령이 내렸다 180 · 국군 각 사단의 반격 181 · 미군 각 사단의 반격 184

3. 공세 제2일(17일) – 군산상륙작전을 구상해 보라 188

국군의 반격 188 · 미군의 반격 191 · 군산상륙작전을 구상해 보라 192

4. 공세 제3일(18일) – 낙동강을 건너다 193

제3사단 – 형산강 도하 193 · 수도사단 – 안강 진격 194

제6사단 – 신령 지역에서 고전 195 · 제1사단 – 다부동 돌파 195

미 제1기병사단 – 철옹성 왜관에서 고전 196

미 제5연대전투단 – 꿈쩍 않는 금무봉 198

미 제24사단 – 낙동강을 도하할 시간에 겨우 금호강 도하 199

미 제2사단 – 창녕에서 낙동강 도하 201

미 제25사단 – 서로가 "이제는 틀렸다"고 물러나 203

5. 공세 제4일(19일) – 군산상륙을 준비하라 203

제3사단 – 포항 탈환 실패 203 · 수도사단 – 안강에서 제자리걸음 204

제6사단 – 조림산 공격 205 · 제1사단 – 군위가도 차단 205

미 제1기병사단 – 왜관 진격 206 · 미 제5연대전투단 – 난공불락 왜관 탈환 207

미 제24사단 – 금남동에서 낙동강 도하 208

미 제2사단 – 창녕 지역 사곡산 탈환 210

미 제25사단 – 전투산에 적은 없었다 211

6. 공세 제5일(20일) – 돌파의 실마리가 풀렸다 211

제3사단 – 포항 탈환 211 · 수도사단 – 안강 지구의 적 구축 212

제8사단 – 청송 보현산 지역 적 격파 213

제6사단 – 적 조림산으로 퇴각 214 · 제1사단 – 상주가도 진출 214

미 제1기병사단 – 적을 섬멸할 기회를 놓치다 215

미 제5연대전투단 – 왜관 대안에 교두보 확보 219

미 제24사단 – 낙동강 도하 완료 219

미 제2사단 – 왜관에서 낙동강 도하 220 · 미 제25사단 – 진주로 진격 222

7. 공세 제6일(21일) – 대구 정면의 위협은 사라졌다 222

제3사단 – 흥해 진출 222 · 수도사단 – 기계 탈환 223

제6사단 – 조림산 공격 223 · 제8사단 – 보현산 적 격파 224

제1사단 – 천생산 탈환 224 · 미 제1기병사단 – 다부동 탈환 225

미 제24사단 - 지원부대의 도하를 기다리다 229
미 제2사단 - 밥 먹다가 습격을 받았다 229
미 제25사단 - 괘방산과 오봉산 탈환 230

제5절 낙동강아 잘 있거라!

1. 적의 저항은 극도로 저하되었다 231
   미 제8군사령관 추격명령 231 • 미 제1군단 추격 개시 232
   미 제9군단 지휘권 행사 233 • 육군본부 작전명령 (제191호) 234
   북진경쟁 - 전우야 잘 자라 235 • 미 제8군이 지휘하는 병력 현황 236
   북한군 작전계획 236

2. 포항에서 38°선으로 - 제3사단 239
   청하~울진 진격 (9월 22일~27일) 239 • 울진~38°선 진격 (9월 28일~30일) 242

3. 기계에서 38°선으로 - 수도사단 246
   기계~청송 진격 (9월 22일~25일) 246
   청송~38°선 진격 (9월 26일~30일) 249

4. 청하에서 서울 진격 - 제7사단(9월 22일~10월 7일) 251

5. 구산동에서 연천까지 - 제8사단 254
   의성~안동~영주~단양 진격전 (9월 22일~29일) 254
   양평~연천 진격전 (9월 30일~10월 10일) 257
   독 안에 든 쥐를 놓친 허술한 작전 260

6. 신령에서 춘천까지 - 제6사단 261
   신령~조림산 점령 (9월 22일) 261
   충주~원주~횡성~춘천 진격전 (9월 29일~10월 6일) 262

7. 다부동에서 38°선으로 - 제1사단 268
   낙동에서 낙동강 도하 (9월 22일~28일) 268
   미원, 보은 부근 전투 (9월 29일~10월 5일) 270 • 피반령에서 있었던 일 273
   일로 38°선으로 (10월 6일~10일) 277 • 국군이 평양을 점령해야…… 278

8. 다부동에서 개성으로 - 미 제1기병사단 282
   낙동강 도하 - 상주 진격 (9월 22일~24일) 282
   적군에게 수원 가는 길을 묻다 (9월 25일~26일) 286
   모루 위에 놓인 적을 망치로 치다 288

9. 왜관~대전 진격전 – 미 제24사단 291
   대전 전투를 상기하자 (9월 22일) 291
   영 연방 제27여단의 참전 신고 (9월 22일, 23일) 291
   대전 탈환 (9월 23일~30일) 293
10. 창녕~논산 진격전 – 미 제2사단(9월 22일~30일) 297
11. 마산~군산 진격전 – 미 제25사단 301
   진주 탈환전 (9월 22일~25일) 301
   진주~구례~남원~군산 진격 (26일~30일) 304
   진주~함양~남원~전주~이리~강경 진격 (9월 26일~30일) 306

제6절 38선을 돌파하라

1. 38선 돌파에 따른 논쟁 309
   일본 아사히 신문 보도 309 • 대한민국의 입장 311
2. 주변국 여론 312
   미국의 여론 – 매파와 비둘기파 312 • 중공의 속셈 316 • 서구 제국은? 319
   소련의 꿍꿍이 속 320
3. 38선을 돌파하라 320
   UN의 북진 결의 320 • 워싱턴의 조건부 북진명령 324
   맥아더 원수의 북진명령 326
4. 국군의 북진 전략 329
   이승만 대통령 329 • 정일권 육해공군총사령관 333
   38선 돌파에 관한 기록과 증언 337
5. 연합군 북진 339
   국군 제1군단 38선 돌파 – 동부전선 339 • 미 제1군단 북진 – 서부전선 341
   국군 제2군단, 제7사단 – 중부전선 342 • 미 제9군단 342 • 미 제10군단 343

제7절 일장춘몽

1. 북한군 퇴각 345
   김일성의 후퇴명령 345 • 전선사령부 346 • 제1군단사령부 348 • 제2군단사령부 350
2. 북한군의 방어전략과 유격전 353
   북한군의 방어전략 353 • 유격전 356

3. 북한군 패인 358
   김일성이 발표한 패전 원인 358 • 한 사람도 죽이지 않고 싸울 생각? 360
   무기와 탄약은 누가 대 주나? 362 • 굶으면서도 싸워주기를 바랬다 363
   미군은 왜 그렇게 빨리 왔나? 365 • 지하 남로당 50만 명은 어디로 갔나? 366
   국민보도연맹 368

4. 위대한 수령 김일성 동지 370

제8절 전쟁은 끝나지 않았다

1. 우리에게서 북한은 무엇인가? 374
   끝나지 않은 전쟁 374 • 달라질 수 없는 북한 377 • 북한에 민족은 없다 379

2. 호국보훈 의식을 싹 쓸어낸 대한민국 대통령 381
   평양으로 김정일을 찾아간 김대중 381 • 북한 학생소년예술단이 왔고 381
   평양교예단이 와서 382 • 6·25도 현충일도 뭉개버렸다 383
   북한 간첩은 보내주되 국군 포로와 납북자는 돌아올 수가 없다 384

3. 김대중은 왜 6월 15일 평양에 갔나? 386
   통일을 노벨상으로 바꾼 멍청한 대통령 386 • 현충일을 갈아 뭉갠 촛불 시위 388
   얼빠진 정치인과 교수와 학생 489

4. 60년 동안 계속된 도발 391
   군사적 공격 391 • 국가원수 살해음모 400 • 사회혼란과 민심교란 401
   심리전 – 의거 입북으로 위장한 국민 납치 402
   거짓인줄 모르는 거짓의 타성 407 • 한도 끝도 없는 북한의 도발 408

5. 무력수단에 의한 남조선 통일 410
   이승만 대통령의 충고 – 적을 알아야 410
   7·4남북공동성명과 남북조절위원회 410
   남북적십자회담과 이산가족 만남 413 • 북한을 너무 모르고 있다 414
   남조선 해방 – 통일정책 418

60년 뒤의 노병 422
인명 색인 427

제11장
낙동강아 잘 있거라

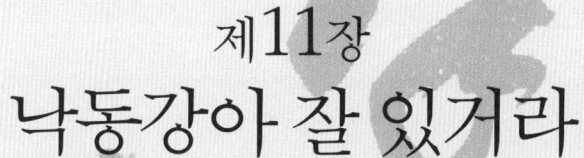

승리의 용사

이찬모 작사, 김철호 작곡

1. 우리우리 용사 승리의 용사
   피로 물든 산과 들 무덤을 넘어
   영광의 옛강산을 다시 찾아온
   환희의 새 날이다 얼싸 춤추자

2. 우리우리 용사 승리의 용사
   무쇠 장막 지옥문 쳐부수고
   원한의 내 겨레를 다시 맞아온
   자유의 새 천지다 얼싸 춤추자

3. 우리우리 용사 승리의 용사
   인류의 적 무찌른 정의의 사도
   꽃다운 그 넋을 다시 찬양할
   평화의 새 낙원을 얼싸 반겨라

제1절 공세로의 전환

1. 미 제8군의 공세 준비

공세 전환의 장애 요소

9월 15일 미 제10군단은 인천상륙작전을 성공하고 9월 28일에는 서울을 수복하였으며, 경인 지구에 교두보를 확보한 후에 미 제31연대가 오산 북방고지를 점령함으로써 모루가 완성되었다.

여기에 해머(망치-미 제8군)가 반격하여 두들기는 일이 남아있다.

미 제8군은 인천상륙작전 계획단계에서부터 고민이 있었다. 상륙군은 2개 사단에 불과하여 각개 격파를 당할지도 모른다는 우려가 있었고, 만약에 중공군이 이 틈을 타서 개입한다면 사태는 예측할 수 없는 방향으로 발전할 수가 있다.

그래서 미 제8군은 미 제10군단이 인천상륙작전을 펴는 동안 두 가지 임무를 띠게 되었다.

첫째는 낙동강 방어선에 있는 북한군을 경인 지역으로 빠져나가지 못하도록 고착시키는 것이다. 미 제8군은 정면 북한군 3개 사단 정도가 경인 지역으로 돌려질 수 있다고 판단하고 있었기 때문에 현재 낙동강 방어선에 있는 북한군을 꼼짝 못하게 묶어두어야 했다.

둘째는 가급적 빨리 공세를 취하여 미 제10군단과 연결하고, 모루에서 북한군을 두들겨 격멸하는 것이다.

이 두 가지 임무를 완수하기 위해서는 현 전선을 돌파하여 260km를 진격한 다음 북한군을 섬멸하지 않으면 안 된다.

이 작전에 관여한 모든 사람들은

"공격만이 적이 병력을 전용할 수 없게 견제할 수 있고,

전선을 돌파하여 미 제10군단과 연결할 수 있는 유일한 방법"

이라고 의견을 모으고 있었다. 그러나 미 제8군 참모들은 당시 상황이 극복하기 어려울 것으로 생각되는 문제가 많았기 때문에 미 제8군이 공세로 이전할 수 있다고 생각하지 않았고, 8월 하순의 병력으로 공세를 취할 수 있다고 생각한 참모는 단 한 사람도 없었다고 알려졌다.

그러나 맥아더 원수의 강철같은 의지로 인천상륙작전 준비가 진행되고 있는 마당에 미 제8군은(성공할 공산이 적다고 하더라도) 이에 부응하여 공세를 취하지 않으면 안 되었다.

미 제8군 참모들은 북한의 공세를 염려하면서 공세 전환을 위한 연구에 들어갔는데, 검토하는 많은 문제점 하나하나가 모두 공격에 대한 자신을 잃게 하는 것 뿐이었다. 그러나 이러한 상황에서

"워커 장군의 탐구심과 대브니(John A. Dabney) 작전참모의 비범한 두뇌가 자칫 침체되기 쉬운 사령부의 활동을 이끌고 나갔다."

고 평가하였다.주)
　　　　　　　　　　　　　　　　　일본 육전사연구보급회 「한국전쟁」 [4] p19

미 제8군이 공세로 전환하는데 가장 큰 문제로 대두된 것은

병력 부족,

군수지원능력 부족,
항공지원능력 감소,
2개월에 걸쳐 후퇴와 방어에 익숙해 진 장병들의 심리 전환이었다.

▌공세 병력

공세로의 전환은 일반적으로 방어에 의하여 적의 공격력을 파쇄하고 적으로 하여금 수세로 이전케 한 다음 공격병력을 적의 취약지점에 집중 투입하여 섬멸하는 것이다. 그리고 공세로 전환한 대부분의 부대는 최신장비를 갖춘 신예 병력이어야 하고, 공격병력 투입이 전력비(戰力比)를 일거에 역전시켜 공방 그 자체를 바꾸어 놓아야 한다고 전사는 기록하고 있다. 이러한 예가 모스코바, 스탈린그라드, 크루크스, 구아달카날, 임팔 작전 등이다. 어느 경우나 방어에 의해서 적의 공격력을 파쇄하여 적으로 하여금 수세로 이전케 한 다음 아군의 공세병력을 적의 약점에다 집중투입하여 이를 격멸시켰던 것이다. 공세로 전환한 부대의 대부분은 최신의 장비를 갖춘 신예 병력이었으며 일거에 피아의 전력비를 역전시켜 공방 자체를 바꾸어 놓았던 것이다.^{주)}　　　　　　　일본 육전사연구보급회 『한국전쟁』 [4] p27

8월의 연합군은 부산을 지탱할 수 있을지 매우 염려되는 극히 불안정한 상황에서 공세로 전환하지 않으면 안 된다는데 어려움이 있었다.

인천상륙작전을 위하여 낙동강 방어선에 있는 미 제1임시해병여단과 국군 제17연대를 빼가기로 결정했는데 병력을 증원해도 시원치 않을 판국에 공세의 기간부대로 생각하고 있는 정예부대를 빼간다는 것은 미 제8군으로서는 감내하기 어려운 조치였다.

군 예비대인 미 제27연대가 위급한 다부동전선에 투입되었고, 맥아더의 승인을 받아 영산 정면에 투입한 미 제5해병연대는 해군으로부터 열화와 같은 반환 요구를 받고 있었다. 대구 정면에서 싸우고 있는 미 제1기병사단은 적의 압력에 못 이겨 후퇴하고 있었으므로 증원을 해야 할 형편에 있었으며, 경주 방면의 위협을 제거하기 위하여 군 예비대인 미 제24사단을 투입할 필요가 생겨 있었다.

이렇게 전 전선 모두가 위험에 처해 있어서 공세 병력 차출은 고사하고, 필요한 곳에 증원을 해 주어야 할 형편이었다.

워커 미 제8군사령관은 9월 4일 데이비드슨선으로 철수를 검토하면서 공세로 전환할 수 있을까? 걱정하고 있었다.

이러한 형편에서 워커 사령관이 전선의 고전을 완화해 주기 위하여 병력을 증원할 것인가, 아니면 공세 전환을 위한 병력 차출을 우선할 것인가에 대하여 고뇌에 쌓여 있을 때 다행히도 9월 5일경부터 전황이 호전되어 가장 걱정했던 영산~창녕 정면과 마산 정면은 소강 상태에 들어갔고, 대구 정면은 고전을 하고 있었으나 견뎌낼 만한 상태에 이르렀으며, 경주가 걱정이었으나 미 제24사단을 투입하여 역습한 후 총 반격시간에 맞추어 전용이 가능할 것 같았다.

워커 사령관은 결국 제일선 사단에 단 한 명의 병사도 증원하지 않고, 미 제24사단 주력으로 경주 방면 적을 역습하여 위협을 제거한 후 신속하게 공세 병력으로 전환하고, 마산 정면 미 제5연대전투단과 대구 부근 미 제6전차대대 중 하나를 차출하여 주공격부대로 운용하기로 하였다.

▮ 군수지원능력

먼저 탄약 사정을 살펴보자.

미군이 한국전선에서 사용한 탄약은 주일 미군이 방어용으로 일본에 비축해 두고 있던 것이다. 일본에 막대한 양의 탄약을 보관하고 있었기 때문에 그동안 어려움 없이 사용하여 위기에 대처하였으나 계속된 격전으로 비축된 물량을 다 소모하여 9월 초순부터는 탄약 사용량을 규제하기에 이르렀다. 특히 경포(輕砲)의 경우 1일 1문당 25~50발로 제한하여 물량 작전에 익숙해진 미군에게 참기 어려운 고통을 주었다.

    7월 말부터 캘리포니아를 출항한 탄약수송선이 8월 말경부터 부산에 도착하기 시작하여 급한 불을 껐을 뿐 절대량이 부족하였다.

    탄약부족 현상이 쉽게 해소될 것 같지 않았다. 미 제8군사령부의 군수참모는 9월 중순에 공세로 전환할 경우 포탄을, 주공 정면에 1일 1문당 50발, 조공 정면에 25발 이상은 보급할 수 없다고 판단하였다. 이 양은 미군에게는 너무 적은 양이고, 이 적은 양으로는 공세전환이 불가능하기 때문에 돌파 정면을 국한하지 않으면 안 되는 것을 뜻하며 이렇게 될 경우 돌파종심이 제한되는 어려운 문제를 일으키게 된다.

    맥아더 원수는 9월 9일 직접 탄약수송선의 급항해를 명령하였다.

    다음은 도하자재 부족을 들 수 있다.

    미 제8군이 보유한 도하자재는 낙동강에 부교 2개를 가설할 양밖에 없었다. 공세로 전환할 경우 각 사단에 부교 1개씩을 가설해 줄 수 있도록 자재 보급을 요청하였으나 미 극동군이 보유하고 있는 자재는 인천상륙군이 서울로 진격할 때 필요한 한강부교 가설에 사용할 물량밖에 안되었으므로 미국 본토로부터 수송해 오도록 조치하는 한편 일부는 일본 업체에 발주했는데 필요한 시기에 맞추기가 불가능한 상황이었다.

    결국 도하자재 부족도 탄약 부족과 같은 문제점을 안고 있었다.

    세 번째는 보급능력의 부족이다.

미 제8군이 미 제10군단과 연결하기 위해서는 대구에서 260km나 되는 거리를 돌파하여 적을 추격해야 하는데 가장 큰 문제가 보급문제다.

그 중에도 첫째는 수송력 부족이고 둘째는 도로와 철도의 파괴이다.

수송력 확보를 위하여 미 본토로부터 수송대대가 급항(急航) 중에 있었으나 필요한 시간에 도착이 어렵고, 일본에서의 군수 조달도 어려웠기 때문에 수송력 부족을 해결할 방도가 없었다.

수송로는 퇴각하는 북한군이 추가로 파괴할 수 있는 시간적 여유를 주지 않도록 기갑부대가 맹추격하고 공군이 감시하는 한편 철도공병단이 철도를, 건설공병단이 교량을 각각 복구하도록 하였으며, 작은 지류에는 국군이나 노무자를 동원하여 수중교를 만들기로 하였다.

공군지원능력 저하

미 제8군을 근접 지원하던 미 해병항공대가 인천상륙작전에 전용되었기 때문에 공군지원능력이 크게 감소하였다.

미 제8군은 공군지원을 증가시켜 주도록 요청하였으나 극동공군은 북방으로부터의 일본에 대한 위협에 대비하고, 또 극동전략의 요충인 오키나와에 대한 방공에도 책임을 져야 하기 때문에 어려움이 있었다.

미 공군이 당시 사용 가능한 공군력은 모두 극동에 동원되어 있었으므로 미국 본토나 하와이에는 예비 전력이 없었다. 그렇다고 미 제8군의 요구를 들어주지 않을 수도 없었다.

미 극동공군은 결단을 내려 오키나와에 있는 미 제20공군 주력인 제21전투비행단과 제16, 제25전투비행대대를 일본의 큐슈 기지로 옮겨 미 제8군 요청에 응하기로 하였다. 만약에 중공군이 개입하여 오키나와를 공습하더라도 감수하기로 한 결정이었다.

지휘체제의 개편

낙동강 방어선에서 미 제8군은 미군 4개 사단과 국군 등 명목상 5개 단위를 지휘했다. 그러나 실질적으로는 국군 편제가 2개 군단과 1개 독립사단으로 편성되어 있어 이를 직접 지휘해야 했으므로 7개 단위를 지휘했는데, 많은 경우 국군 6개 사단에 개별적으로 신경을 써야 했으므로 현실적인 지휘단위는 한국의 육군본부를 포함하여 13개 단위에 이르렀다. 이러한 현상은 상황 변화가 적은 방어 전투였기에 가능했다.

공세로 전환하면서 작전지휘의 효율성을 높이기 위하여 지휘단위를 최소화할 필요가 절실했다. 그래서 미군 4개 사단을 2개씩 묶어 2개 군단으로 편성하여 지휘단위를 4개에서 2개로 줄이는 한편 국군도 2개 군단체제로 지휘단위를 고정시켜 모두 4개 군단을 지휘단위로 삼았다.

UN군총사령부는 7월 중순에 들면서 2개 군단을 한국에 보내주도록 미 육군부에 요청했었다. 미 육군부는 효율적인 전쟁지도에 필수적인 중간지휘통제기구인 군단사령부 창설을 서둘렀으나 군단창설에 필요한 통신대대가 1개밖에 없었고, 통신대대를 추가로 창설하는데 너무 많은 시일을 요하여 적기에 충족시킬 수가 없었다. 그래서 급한 대로 인천상륙작전을 지휘할 군단을 포함하여 단계적으로 다음과 같이 3개 군단을 창설하여 작전에 임할 수 있도록 조치하였다.

미 제1군단 - 군단장 콜터 소장
   8월 2일 창설 - 9월 6일부터 반격작전준비에 들어갔다.
   미 제1기병사단, 미 제24사단, 국군 제1사단 예속
미 제9군단 - 군단장 밀번(Frank W. Milburn) 소장
   8월 10일 창설 - 9월 23일부터 반격작전에 참가.
   미 제2사단, 미 제25사단 예속

미 제10군단 - 군단장 아몬드 소장

8월 26일 창설 - UN군총사령부 직할군단이다.

인천상륙작전 지상부대 미 제1해병사단, 미 제7사단을 예속.

미 제8군이 일본에 진주할 당시에는 2개 군단체제였다가 감축운영방침에 따라 1950년 초 중간지휘단계 군단사령부를 없애고 제8군이 직접 4개 사단을 지휘하였다.

8월 2일 미 육군은 맥아더의 요청에 따라 제1군단사령부를 다시 창설하고 군단장에 콜터 소장을 임명하였다. 제1군단사령부가 8월 10일 도쿄에 도착하여 13일 대구로 이동하였으나 당시 낙동강전선의 전황이 급박하여 군단을 편성할 여유가 없었고, 또 군단을 편성할 필요도 없게 되어 콜터 소장을 제8군부사령관으로 임명하였다.

그러나 실제 이유는 미 제8군사령관 워커는 콜터를 제1군단장으로 보낸 것을 별로 탐탁하게 생각하지 않아서 군단장을 맡기지 않고 제8군부사령관으로 임명하여 동부 지역 전선을 지휘하게 한 것이다.

제1군단은 공세 이전에 맞추어 9월 6일 기능을 발휘했다.

미 제9군단사령부는 8월 10일 창설하였으나 참모진과 통신부대를 편성하는데 시일이 걸려 군단지휘부가 대구에 도착한 것은 9월 8일이었고, 대다수의 참모진은 9월 말부터 10월에 걸쳐 부임했으므로 제8군이 공세 이전에 들어간 후인 9월 23일부터 그 기능을 발휘하기 시작하였다.

공세로 전환하면서 제8군 중간사령부로 구상한 2개 군단 중 제1군단만이 기능을 가지게 되자 제1군단에 주공임무를 맡길 수밖에 없었다.

미 제8군사령관 워커 장군은 제1군단장 콜터 소장에 대하여

경주 방면에서 잭슨특수임무부대를 지휘하면서 보인 능력을 "주도면밀하고 신중한 지장다운 면모는 있으나 적극적이고 과감한 작전지휘면에서

는 부족한 점이 있다."고 판단했고, 제9군단장 밀번 소장은 전투경험으로 보나 성격으로 보나 공세작전에 가장 적합한 장군으로 평가했다.

워커 장군은 '슬렛지 해머작전'을 염두에 두고 군의 주공이 전국을 좌우한다는 생각을 하면서 두 군단장을 맞바꾸기로 결심했다.

워커 사령관은 작전개시 직전에 사령관을 바꾼다는 것은 개인의 명예에 관계되고, 감정적으로도 좋지 않아 스스로도 내키지 않는 일이었으나 그러한 개인적인 감성을 작전과는 바꿀 수 없다는 생각에서 심사숙고 끝에 결단을 내린 것이다. 다행히 콜터 장군은 성격이 솔직하고 담백한 성품을 가져 잘 이해해 주었다.

9월 10일 미 제9군단장 밀번 소장이 대구에 있는 제1군단장이 되고, 다음 날 콜터 소장은 밀양에 있는 제9군단장으로 전임했다.

「미 제8군의 공세준비」 참고문헌 : 일본 육전사연구보급회 『한국전쟁』 [4] 「공세계획 수립상의 문제점」(p25)

UN군총사령부 지휘체계 일원화

미 제8군은 원래 일본주둔 미군을 지휘통제하였다.

6·25전쟁이 일어나고 미군이 한국에 진주하면서 미 제8군사령관은 한국전에 투입된 미 지상군 및 UN군과 국군에 대한 작전지휘통제와 함께 주일미군에 대한 지휘통제까지 수행해야 하는 어려움을 겪었다.

8월 하순, 맥아더 사령관은 미 제8군의 이러한 부담을 덜어주고자 일본에 극동군 주일군수사령부(Japan Logistical Command)를 설치하고, 미 제8군이 담당하고 있던 주일미군에 대한 모든 책임을 맡겨 미 제8군 부담을 덜어주는 동시에 미 제8군에 대한 병참기지 역할을 수행하게 하였다.

이어서 미 극동군과 극동해군을 UN군총사령부의 예하기구로 통합하여 UN군총사령관의 지휘체계를 일원화하였다.

이에 앞서 8월 초순 일본에서 조달 가능한 군수물자 생산량을 증가시키고, 일본의 철도 및 해상수송 능력을 최대한으로 동원하여 요코하마~사세보~부산까지의 수송을 신속하고 확실하게 하였다. '볼(Ball) 특급'이라고 일컬어진 이 수송 방법이 성공하여 종전에 공수에만 의존하던 수송이 해상수송으로 분담되어 수송효율을 높였다.^{주)}　　전쟁기념사업회 『한국전쟁사』 제4권 p112

8월 30일 미 제714철도수송대대가 한국에 도착하여 낙동강 방어선 내의 470km에 달하는 철도수송이 이루어졌다. 철도수송은 각 사단역변(驛邊)보급소까지 수송하고 연대와 대대까지는 차량으로 수송하여 전선사단은 병력과 보급을 효율적으로 확보할 수 있었다.^{주)}　　국방부 『한국전쟁사』 제3권 p321

2. 미 제8군 전투력 증강

미군 사단 재정비

8월 19일 미 제2사단 제38연대(George B. Peploe 대령)가 부산에 도착함으로써 미 제2사단은 전 병력이 한국에 도착하였다.

8월 24일 제8군사령부는 미 제2사단을 낙동강전선에 있는 미 제24사단과 교대시켰다. 미 제24사단은 대전 전투에서 패퇴한 이후 전력을 보충하지 못하여 많은 어려움을 가지고 있었다. 미 제24사단의 병력은 10,600명으로 편제인원에는 약 8,000명이나 부족한 상태였다.

8월 31일 미 제24사단은 예하 제34연대를 해체하여 제1대대는 미 제19연대 제3대대에, 제3대대는 미 제21연대 제2대대에 각각 편입하고 동시에 미 제5연대전투단(약 3,500명)을 사단에 편입하여 전력을 보강하였다. 그렇게 하고도 정규편성에는 4,000여 명이 모자랐다.

제34연대를 지원하던 제63야전포병대대를 해체하여 각 포대를 새로 창설된 미 제11, 제13, 제52야전포병대대의 각 C포대로 편입시켰다.주)

미 제24사단장 처치 소장은 예하 제34연대와 함께 이를 직접 지원하는 제63야전포병대대가 그간의 전투에서 전과는 보잘것없는데 반해 엄청난 손실을 입어 매우 못마땅하게 생각하고 있었다. 국방부 「한국전쟁사」 제3권 p319, 320

미 제34연대는 한국전에 투입된 미군 최초의 연대다.

연대가 해체될 때, 7월 3일 처음 부산에 상륙하였을 당시에 있었던 병사는 184명밖에 남아있지 않았다. 손실 병력은 전사 98명, 전상 569명, 행방불명 773명, 전투 외의 손실 274명으로 계 1,714명이었다. 이러한 연유로 미 제24사단장 처치 소장이 제34연대의 해체를 간곡히 요청하여 이루어진 조치다.주) 일본 육전사연구보급회 「한국전쟁」 [2] p272

연대장 뷰챔프 대령은 미 제7사단 제32연대장으로 전임했다.

이와 함께 미 제24사단에는 전차대대가 없었으므로 대구에 예비대로 있던 제6중전차대대(M-46 패턴전차)를 편입시켰다.

8월 하순까지 낙동강전선에 투입된 미군 3개 사단(제1기병, 제24, 제25사단)은 감소편제상태로 투입되었다. 감소편제란 보병사단은 전차대대를 전차중대로, 보병연대는 전차중대를 없애고, 3개 보병대대를 2개 대대로, 포병대대는 1개 포대를 감축시켜 2개 포대체제로 운용하는 것이다.

8월 26일, 제1기병사단은 본국에서 증원된 제3사단 대대를 편입하여 각 연대를 3개 대대로 편성하였고, 미 제25사단은 미 제29연대 2개 대대를 편입하여 2개인 제27 및 제35연대를 3개 대대로 편성하였다.

이렇게 하여 한국전에 참전한 미군 3개 사단은 정규 삼각편성으로 보강되어 전력이 크게 향상되었다.

이와 함께 그동안 보병연대나 포병대대의 경우 사단편제와는 상관없이 전황이 급한 정면에 배속 투입했던 부대들을 8월 19일 미 제2사단 제38연대가 부산에 상륙한 것을 계기로 원대 복귀시켰다.

8월 28일, 제8군 예비로 밀양에 있던 미 제23연대를 미 제2사단으로, 8월 30일 다부동의 미 제27연대를 마산에 있는 미 제25사단으로, 마산 부근에 있는 미 제5연대전투단을 미 제24사단으로 각각 복귀시켰다.

8월 24일 미 제2사단이 낙동강전선(창녕~영산 지구)에 투입된 것을 계기로 UN군 방어정면을 넓히고, 장비와 화력이 약한 국군 방어정면을 좁히는 작전지역 조정이 있었다.

8월 30일, 다부동 지역을 미 제1기병사단이 맡고 제1사단은 신령 지구 제6사단 지역 일부를 맡아 대율동(군의군 부계면)으로 이동했다.

미군 및 UN군 증원

8월 19일 미 제2사단 제38연대가 부산에 상륙한 것을 마지막으로 미군의 완전편성 4개 전투사단이 한국전에 참전하여 병력뿐만 아니라 화력과 장비면에서 북한군을 능가하는 막강한 전투력을 보유하게 되었다.

특히 그동안 공포의 대상이었던 적 전차와 맞설 수 있는 전차부대가 증원되어 실질적인 전투력을 증강시킨 외에 병사들에게 정신적인 안정을 가져다 주어 후퇴심리를 공격심리로 전환하는데 크게 기여했다.

워커 장군은 전세를 전환하기 위하여 두 가지 문제를 고심했었다.

하나는 북한군보다 많은 병력을 확보하는 것이고,

둘은 병사들의 후퇴심리를 공격심리로 바꾸게 하는 것이었다.

8월 하순에 접어들면서 이 두 가지 문제가 동시에 해결을 본 것이다.

전차부대 참전

한국전에 최초로 참전한 전차부대는 제8072전차대대 A중대다. 이 전차중대는 7월 23일 하와이를 출발하여 7월 31일 부산에 도착하였고, 8월 1일 마산 미 제5연대전투단에 배속되어 전투에 투입되었다.

주력부대는 8월 4일 도착했다. 제8군은 이 전차대대를 제89전차대대로 개칭하고 미 제25사단에 편입시켰다.(M-4A-3 셔먼전차 50대보유-중(中)형)

8월 7일 3개의 중(中)형전차대대가 도착했다.

제6전차대대(M-46)는 제8군의 예비대로 활동했고,

제70전차대대(M-26, M-4A-3)는 미 제1기병사단에 편입되었으며,

제73전차대대(M-26)는 여러 지역의 지상작전을 지원했다.

8월 16일 미 제2사단 제72전차대대(M-26 80대)가 부산에 도착하였다.

이 외에 보병 4개 연대가 수색용으로 중형전차중대를 보유하고 있었는데 전차 수는 각 30대였다.

이렇게 하여 6개 대대 규모의 전차부대가 한국전에 참전하였다.

1개 전차대대의 전차 보유대수는 평균 69대였다. 제6전차대대는 M-46패턴전차를, 나머지 대대는 M-26퍼싱전차와 M-4A-3셔먼전차를 골고루 가지고 있었다.주)

국방부 『한국전쟁사』 제3권 p316

8월 22일경 낙동강전선에는 전차가 500여 대*로 늘어나 피아간 전차보유 비율은 5:1로 연합군이 절대 우위를 차지했다.주)

앞 같은 p316, 317

* 일본 육전사연구보급회 『한국전쟁』 [2](p281)은 UN군 보유전차 600대로 기술.
  전차대대의 전차 T/E는 80대다. 완전편제를 갖추었을 경우 6개 대대의 전차는 480대다. 4개연대 전차중대의 전차는(20대×4) 계 80대다. 합계 560대다.
  전차대대는 평균 69대의 전차를 보유했고(69대×5), 제2사단의 제72전차대대는 80대를 보유했다고 했다. 실제 보유 전차는 500대 규모다.

전투부대의 증파

미 육군부는 8월 미국 본토에 있는 미 제3사단을 한국전에 투입하기로 결정했다. 8월 중에 도착한 선발대대는 미 제1기병사단이 흡수했고, 사단 본진은 11월 10일에 도착했다.

8월 25일, 영 연방제27여단이 도착하여 낙동강전선에 배치되었다.

8월 10일 현재 미국 외에 UN을 통하여 한국전에 참전할 것을 통보하였거나 파병 준비 중에 있는 UN회원국의 파병 현황은 다음과 같다.

지상군부대

① 태국 : 지원병 8,000명 중에서 900명을 선발하여 훈련 중

② 터키 : 여단 병력 4,500명을 선발하여 훈련을 마치고 수송준비 중

③ 캐나다 : 1개 보병 여단(5,000명)을 편성하여 훈련 중

④ 호주 : 1,222명 규모로 편성 중

⑤ 뉴질랜드 : 1,500명 규모로 편성 중

⑥ 필리핀 : 5,000~6,000명 규모의 전투단을 편성 중

⑦ 니카라과 : 5,000명 규모를 파병하겠다고 통보했으나 파병하지 않음

⑧ 이디오피아 : 1개 대대 규모 파병 통보

해군부대

① 캐나다 : 구축함 3척 한국으로 항해 중

② 호주 : 구축함 3척 한국으로 항해 중

③ 뉴질랜드 : 구축함 1척 한국으로 항해 중

④ 프랑스 : 구축함 1척 한국으로 항해 중

⑤ 네델란드 : 구축함 1척 한국으로 항해 중

공군부대

① 영국 : 1개 비행단 한국에서 작전 중

② 캐나다 : C-54 1개 중대 한국 도착

③ 호주 : 1개 전투중대 한국에서 작전 중

④ 벨기에 : 공군수송기 원조를 UN에 신청 중

「전투부대」 증파 자료 : 국방부 「한국전쟁사」 제3권 p317, 318

미군사단에 한국인 병사 편입 – 카추사(KATUSA) 제도

미군사단 병력보충은 어려움이 많았다. 9월 중순 현재 보유 병력은 80% 수준이었고, 보병중대의 실 전투병력은 80명 미만으로 편제의 50% 수준이었다. 8월 중에 미 본토로부터 보내온 보충 인원은 11,115명이었고, 9월 중순까지 입은 미군의 손실은 19,165명으로 손실 병력을 보충하기에는 턱없이 모자라는 숫자였다. 본국의 보충인원은 미국 육군의 보충능력한계 인원이었으므로 미 제8군이 요구하는 정원 충족은 생각조차 할 수 없는 실정이었다.주)

일본 육전사연구보급회 「한국전쟁」 ② p270

9월 중순까지 미군의 병력 손실 누계

전사	전상	포로	실종	계
4,599명	12,058명	401명	2,107명	19,165명

자료 : 일본 육전사연구보급회 「한국전쟁」 ② p269, ④ p38(포로)

이러한 상황을 타개하기 위하여 UN군사령부는 한국인 병사들을 미군사단에 편입시킨다는 이례적인 조치를 마련하였다.

그 배경은 이렇다.

7월 15일 내무부장관에 취임한 조병옥은 대전에서 철수한 뒤 영동전선을 시찰하였을 때 많은 피난민 행렬이 남하하고 있는 것을 보고

"적 게릴라부대가 피난민을 가장하고 전선에 침투하여 기습공격을 하거나 교란할 우려가 있다."

고 판단하고 제8군사령관 워커 장군에게
"미군 전투부대에 한국 경찰을 배속하여 게릴라 색출 임무를 맡기자."
고 제안했으나, 워커는 군 편제에 예가 없는 일이라고 난색을 표명했다.

　7월 23일, 미 제8기병연대 제2대대가 영동전선에서 피난민을 가장한 적 게릴라에 의하여 기습공격을 받거나 격파되는 어려움을 겪었다. 이를 계기로 조병옥 장관은 다시 워커 장군에게 미군부대에 한국경찰대를 배속할 것을 강력히 역설하였고, 워커 장군도 그 필요성을 인정하고 미 국방부에 건의하여 승인을 얻었다.

　이러한 과정을 거쳐 경찰관 15,000명을 미군에 배속하여 피난민을 가장한 적의 게릴라 침투를 방지하면서 소규모 전투에서는 협동작전을 펴 미군 작전에 많은 도움을 주었다.주) 　　　　　국방부 『한국전쟁사』 제3권 p313

　8월 1일, 낙동강 방어선을 형성할 무렵 정(鄭) 모 중위*를 비롯한 3명의 장교가 경찰관 133명을 지휘하여 전투를 하고 있었는데 미군 측이 이들에게 식량과 무기를 보급한다는 조건으로 미 제7기병연대 제1대대(클레이노스 중령)에 편입되어 함께 전투를 하게 되었다.

　정 중위는 대대참모가 되고 다른 장교 3명이 A, B, C중대에 각각 1명씩 보직되었으며, 1개 분대에 한국인 병사 2명씩을 소위 '짝짓기' 방식으로 편입하여 함께 전투를 하였다.

　8월 9일, 미 제7기병연대 제1대대가 금무봉을 공격할 때 한국인 병사 2명이 전사하고 7명이 부상을 당했다. 혼자 걸을 수 있는 부상자 6명이 후송을 거부하고 끝까지 남아서 전투를 했다고 한다.주)　　국방부 『한국전쟁사』 제3권 p314

* 정 모 중위는 일본 동경에서 훈련을 받은 장교로 일본도(日本刀)를 차고 있었다고 하며 이름은 밝혀지지 않았다고 했다.(국방부 『한국전쟁사』 제3권 p314)
　일본 육전사연구보급회 『한국전쟁』 ②는 장교 이름을 '장 중위'라고 했고, 지휘 병

> 력은 137명이라고 했다.(p270)
>   이상 두 경우의 예에서 전투 중 공조가 잘 이루어져 성과가 좋게 나타난 데다가 한국인의 강인한 투지에 감명받은 미군 지휘부가 국군을 미군사단에 보충하는 방안을 긍정적으로 받아들였다고 한다.

8월 15일 미 제8군은 한국에 있는 미군 4개 사단과 일본에서 인천상륙을 준비하고 있는 미 제7사단에 한국인 병사 3만~4만 명을 배속하되 1개 사단당 8,300명을 한도로 하여 주로 보병과 포병중대에 100명 정도를 편입시키기로 하였다. 미군중대 편제상 인원의 약 50% 수준이다.

일본에 있는 미 제7사단은 8월 18일부터 24일까지 사이에 요코하마에서 8,625명*의 한국 장정을 인수하여 다케야마에서 훈련을 실시하였고, 한국에 있는 사단들은 8월 20일부터 28일에 걸쳐 1일 평균 250명, 29일부터 31일까지는 1,500명, 9월 들어서는 3일마다 50명씩 보충하였다.

* 국방부 『한국전쟁사』 제3권은 제7사단 편입인원 8,637명(p315)이라고 기술.

편입 방법은 짝짓기 방식을 택하여 1:1의 비율로 함께 복무하도록 하였다. 미 제24사단과 제25사단에서는 한국인 병사만으로 소대나 분대를 편성하여 중대 또는 소대에 예속시켰다.주) 일본 육전사연구보급회 『한국전쟁』 [2] p270, 271

시간이 지나면서 인종, 언어, 습관, 사고방식 등의 차이로 어려움이 생긴 데다가 10일 정도의 단기교육밖에 받지 않은 한국인 병사와 제대로 교육을 받고 한국전에 참전하여 상당한 기간 실전경험을 가진 미군병사가 어깨를 나란히 하고 싸운다는 것은 여러 가지 무리가 따랐다. 이러한 무리를 해소하기 위하여 한국인 병사들은 주로 중화기나 탄약운반, 보급업무, 진지구축, 경계와 정찰업무 등에 투입했다.

미 공간사는

미군병사와 어린이 같은 한국군병사

"미국보병들은 꼭 필요한 때 엄호사격을 해 줄 것인지가 확실하지 않는 동양의 친구에게 생명을 맡기기를 좋아하지 않았다."

고 기술하고 있다.주)   일본 육전사연구보급회 『한국전쟁』 [2] p271, 272

얼마 후 미군 병사의 보충이 늘어나자 각 사단은 한국인 병사들의 편입을 꺼리기 시작하였고, 10월 이후부터는 이 짝짓기 방식은 없어졌다.

한국인 병사들은 소속을 미군 사단에 두고 미군병사들과 같은 대우를 받으면서 봉급만 한국군에서 지급했다.주)   일본 육전사연구보급회 『한국전쟁』 [2] p272

이것이 카추샤(KATUSA-한국적 미군)의 효시다. 시일이 지나면서 우의가 증진되고 한국인 본래의 자주력과 감투정신은 미군전투사단 작전에서 새로운 모습으로 부각되어 한 · 미군의 협동작전에 크게 이바지했다.

이것이 근간이 되어 휴전 후 오늘날까지 카추샤병 제도는 이어지고 있다.

3. 국군 전투력 증강

사단증설

국군은 개전이래 막대한 병력 손실을 입고 두 차례의 군 개편을 통하여 8개 사단을 5개 사단으로 감축하여 운영해 왔는데 그 후 전투에서 병력 손실이 계속되어 그 5개 사단을 유지하는 데에 필요한 병력충원마저 어려운 형편이었다.

육군은 7월 들어 전라남북도와 경상남북도에서 신병을 모집하고 교육을 담당할 4개의 편성관구를 설치하고 본격적인 병력충원업무에 들어갔다. 그러나 곧 전라남북도가 적의 수중에 들어갔고, 낙동강 방어선이 형성되면서 경상남북도 마저 1/3로 줄어들어 월 예상되는 병력 손실 2만~3만 명을 보충하기에는 턱없이 부족했다.

이런 상황에서 병력충원이 급한 사단이나 연대는 극히 예외적이기는 했지만 독자적으로 신병을 모집하여 병력을 충원하기도 하였다.

1950년 8월 19일 미 국방부는 한국전쟁이 일어난 이래 국군 사상자 수를 37,000명이라고 발표하였다. 이 숫자는 개전 초 육군병력 94,974명의 38%에, 전투 병력 67,416명에는 55%에 해당하는 숫자이다.

병력보충문제가 구체화하기 시작한 것은 육군본부가 대전에서 대구로 이동한 7월 14일 이후부터다. 그러나 7월 중에는 두서없이 닥치는 대로 부족병력을 보충하는데 급급하였고, 제대로 체계를 잡고 모병과 훈련을 실시한 것은 8월 1일 대구에 육군중앙훈련소가 설치된 후부터다.

육군본부와 UN군 측에서는 UN군이 증원되기까지는 시일이 소요됨으로 당장 시급한 문제를 해결하기 위해서는 한국인 신병을 양성하여

5개 사단에 부족한 병력을 보충하여 완전한 편제를 유지하고,

국군 신병으로 미군전투사단의 부족 병력을 보충하며,

국군의 필요한 사단을 추가로 창설하여 국군 규모를 10만 명에서 25만 명 수준으로 늘리는 방안이 논의되었다.주)   전쟁기념사업회 『한국전쟁사』 제3권 p515

국군 1개 사단 정원은 10,000명이었다. 이 무렵 5개 사단이 보유한 병력은 정원의 60~70% 수준이었으므로 부족한 숫자는 약 20,000명이다.

한국전에 참전한 미군 1개 사단 부족 병력은 최대 8,000명이었다. 앞에서 본 바와 같이 1개 사단에 8,300명을 한도로 한국군 병사를 5개 사단에 편입할 경우 최대 약 40,000명이 필요하다.

미군 사단에 소요되는 병력을 보충하기 위해서는 미국 본토에서 예비군을 동원하고 주방위군을 소집하여야 했고, 그들이 한국에 오기까지는 많은 시일이 소요되었으므로 긴급수단으로 국군 신병을 양성하여 미군전투부대에 보충하기로 한 것이다.

이렇게 한·미군 전투사단의 부족한 병력을 보충하는데 필요한 인원이 약 60,000명에 이르고 이것은 당장에 필요한 숫자이다.

국군의 새로운 사단편성계획은 1개 사단 정원 10,500명 규모의 3개 사단을 재편성하되 9월 1일부터 매월 1개 사단씩 신설하고 이후 계속하여 국군 규모를 25만 명 수준으로 증가하는 방안을 모색하였다.

3개 사단을 편성하는데 필요한 병력은 31,500명이다.

국군 8개 사단을 원상복구하는데까지 필요한 병력이 90,000명 수준이다. 이 숫자는 6·25개전 당시 육군병력과 맞먹는 숫자이다.

8월 1일 무초 주한 미 대사는 국무부에 전문을 보냈다.

"공산군을 패퇴시키고 미군의 생명을 보호하며 주요작전(공세 이전) 이후 북한군의 산악지역에서의 게릴라 활동에 대비하여 국군이 대규모로 소요될 것을 감안하여 전쟁이전 규모 이상의 국군에 대한 장비 할당과 지원을 고려해야 하며, 가능한 한 최대 규모로 한국인들을 무장시켜야 한다."

8월 4일 미 국무부장관 애치슨은 무초에게 회신했다.

"국군의 병력을 제한하였던 국가안전보장회의 결정 NSC 8/2는 더 이상 효력이 없음." 주) 　　　　　　　　전쟁기념사업회 『한국전쟁사』 제3권 p515

이것은 국군의 병력 규모를 10만 명으로 제한했던 조치를 해제하였음을 말하는 것으로 국군의 증원이 가능하고 미국은 증강에 필요한 무기와 장비를 지원할 것을 시사한 조치였다.

국군 사단 편성

8월 20일, 포항지구전투사령부 요원을 기간으로 하고, 민 부대와 독립유격 제1, 제2대대를 흡수하여 제7사단을 다시 편성하였다. 이어서

　1950년 8월 27일 제11사단 창설,

　　　　10월 8일 제5사단 재편성,

　　　　10월 24일 제9사단 재편성,

　　　　11월 11일 제2사단을 재편성하였다.주) 국방부 『한국전쟁사』 제3권 p312, 313

제7사단과 제5사단은 7월 4일 제1차 군 개편 때 해체되었고, 며칠 후 7월 8일 제7사단은 전주에서, 제5사단은 광주에서 재창설되었다가 7월 17일 다시 해체되는 우여곡절 끝에 완전한 전투사단으로 다시 태어났다.

제2사단은 전력 약화로 7월 21일 해체하여 전투병력은 각 사단에 보충하고 사령부는 대구방위사령부로 전환하였었다.

제9사단은 제5, 제7사단이 재창설될 무렵 부산에서 경남편성관구 산하로 편성하였다가 편성관구와 함께 없어진 사단이다.

이와 병행하여 포병전력도 증강하였다.

9월 10일 현재 개전 초 6개 포병대대에 불과했던 포병부대를 10개 포병대대로 늘렸고, 포도 105mm-M-3에서 105mm-M-2로 대체하여 막강한 전력을 보유하게 되었다.주)

국방부 「한국전쟁사」 제3권 p311

▮ 사병 양성

사단을 증편하기 위해서는 막대한 병력의 증가가 필요했고, 더하여 손실된 병력을 충원하는 것까지 겹쳐 병력보충에 안간힘을 써야 했다.

8월 14일 육군중앙훈련소를 육군 제1훈련소로 개칭하고, 다음 날(15일) 구포에 제3훈련소를 설치하여 신병양산체제로 들어갔다.

육군 제1훈련소는 수용인원 10,000명 규모로 정하고, 교육 기간은 장기 10일로 하여 매일 신병 1,000명씩을 양성했다.

제2훈련소는 수용인원 5,000명 규모로, 매일 500명씩 양성하였다.

2개 훈련소에서 1일 평균 1,500명을 배출했다.주)

일본 육전사연구보급회 「한국전쟁」 [2] p274

9월 20일까지 3개 훈련소를 추가로 설치하였다. 제1훈련소를 제외한 훈련소의 수용 인원은 5,000~6,500명 규모였다.주) 1

훈련소 설치 상황은 다음과 같다.*주) 2   1, 2. 국방부 「한국전쟁사」 제3권 p309

8월 14일	제1훈련소	대 구	소장 최 석(崔 錫) 대령
9월 20일	제2훈련소	부 산	소장 박현수 대령
8월 15일	제3훈련소	구 포	소장 유흥수(劉興守) 대령
9월 3일	제5훈련소	제 주	소장 김병휘 대령

9월 3일　제6훈련소　삼랑진　소장 박기병 대령
　　9월 15일　제7훈련소　진 해　소장　불명

* 전쟁기념사업회 『한국전쟁사』는 8월 20일 부산진에 제2훈련소를, 구포리에 제3훈련소를 창설(제3권 p517). 8월 중순에 제2훈련소를 구포에 신설(제4권 p113).
　국방부 『한국전쟁사』 개정판 제2권은 "7월 16일…… '제3, 9연대는 즉시 부산으로 이동케 하라……'"(p733). "제1교육대(구신편 제3연대)는……동래 유락국민학교에 수용된 다음……기간요원은 제2훈련소로 편성하여……"(p778)
　제2훈련소 설치일자는 9월 20일이다. 위 기록대로면 그 모체는 제1교육대(구신편 제3연대)라야 한다. 아니면 구포에 설치된 제3훈련소의 모체일 수도 있다.
　제3연대(제1교육대)는 7월 16일 전주에서 출발했다. 8월 15일 구포에 제3훈련소가 설치되기까지는 30일, 부산의 제2훈련소가 설치되기까지는 2개월 이상의 시차가 난다. 그동안 무엇을 했을까? 아니면 기록의 착오일까?

육군중앙훈련소 본부를 설치하여 각 훈련소를 지휘감독하게 하고 본부장에 이종찬 대령을 임명하였다.

전쟁기념사업회 『한국전쟁사』 제3권(p517)은 훈련실태를 다음과 같이 기술했다.

　"제1훈련소의 훈련 실태를 보면 2,000~2,500명 규모의 9개 대대*로 편성되어 신병들에게 7일의 훈련을 실시하여 전선에 보충하였는데 시급할 때에는 2~3일간의 훈련 혹은 몇 발의 소총사격훈련 후 전선에 보충하기도 하였다."

　"매일 평균 1,000명을 배출하여 이 훈련소를 통하여 1950년 8월 초부터 9월 하순까지 제1선에 보충한 병력은 50,000명 수준에 달하였다."

* '2,000~2,500명 규모의 9개 대대'면 교육기간을 10일로 볼 경우 수용인원은 2만 명 수준이고, 매일 평균 2,000명이 배출되어야 한다. '매일 평균 1,000명을 배출'하였으면 교육기간이 10일일 경우 수용 인원은 10,000명이다.

사병양성을 위한 장정소집은 7월 초에 들어서면서부터 강제모병을 실시하여 8월 중순 이후에는 병력자원을 확보하는데 별 어려움이 없었다. 방위군이라고 불리는 청년방위대가 피난지나 가두에서 강제모병을 하였고, 제2국민병(17세~40세)을 소집하도록 한 결정에 따라 18세 이상 30세까지의 장정을 강제로 소집하여 입대시켰다. 실제로는 그 이상이나 그 이하의 연령층이 입대한 경우도 많이 있었다.

▶ 제8장 제2절 「2. 국군보충」 참조

군에 가면 죽는다 - 피하고 보자

▎손가락도 자르고 약도 먹어 보고

전쟁 중이라 군에 가면 모두가 죽는다고 생각했다. 실제로 많이 죽고 많이 다쳤다. 죽는다는 각오 없이는 군에 갈 수가 없었다.

'군에 가지 않기 위하여'는 '살기 위하여'다.

그래서 군에 가지 않기 위하여 별의 별 수단이 다 동원되었다.

보편적으로는 숨어 지내는 방법을 썼다. 낙동강 방어선 전투 전후에는 눈에 띠면 붙들려가니까 무조건 안 보이는 곳에 숨어서 피할 수 있었다.

수복 후에는 영장을 발부하여 징집하였다. 영장을 받은 사람이 숨어서 입영을 기피하는 사람이 많이 있었다.

기피자에게 지명수배가 내려졌고 병력기피자를 잡는 것이 경찰서의 큰 일거리가 되었다. 전 경찰이 동원되어 색출하는 판인데 그러한 도피생활을 계속할 수가 없었다. 결국은 잡히고 만다. 그때 경찰서에 병력사범을 단속하는 전담부서 병사계(兵事係-지금의 課)가 있었다.

병력기피자가 적발되면 돈을 주고 모면하는 경우도 있었지만 오래 버티지 못하여 돈쓰고 몇 달 입대를 연기한 꼴이 되고 만다.

숨어서 피하는 소극적인 방법으로는 영원한 기피는 보장되지 않았다.

신체에 손상을 입히는 새로운 방법이 등장했다. 손가락이나 발가락을 잘라서 입대를 면했다. 방아쇠를 당겨야 하는 오른손 인지는 한 마디만 자르면 100% 면제가 보장되었다. 경찰관이 손가락을 잘랐다고 잡아 갔지만 자해를 처벌할 수 있는 법이 없어서 풀어주었다.

징병검사에 임박하여 옻을 올리거나 피부염을 유발하는 방법, 독한 약이나 독초를 먹고 생병을 만드는 등 무지한 농촌청년들이 군에 가지 않기 위하여 무모한 짓을 많이 했지만 다 성공한 것은 물론 아니고, 잘못하여 실제로 병신이 된 사람도 있었다.

이것은 서민층, 돈 없는 사람들이 택한 기피방법이다.

▎군복 입고 특수부대에 근무

부유층이나 고위층 자녀들 또는 제 앞가림을 할 정도의 교육을 받은 사람의 기피방법은 좀 차원이 달랐다. 경찰의 단속이 미치지 않는 군 특수기관 예컨대 정보부대, 헌병대, 특무대 같은 부대의 비정규 문관으로 취업하여 병력을 기피했다. 미군부대에 잡역부(雜役夫)로 근무하는 것도 좋은 방법이었다. 신분증이 있고, 군복을 입고 다니기 때문에 바깥 출입을 해도 경찰이 단속할 수 없었다.

밀항으로 미국이나 일본으로 도피하기도 했다. 이것은 돈도 많이 들지만 밀입국자로 체포되어 추방되는 위험이 따르는 큰 모험이었다.

군에 안 가겠다고 조국을 등진 이들이 미국에서 박사학위를 받고 살다가 나라 형편이 좋아지니까 다시 돌아와서 고위 공직이나 기업체 임원으로 취업한 파렴치한 족속이 많이 있었다.

권력이 있거나 아주 돈이 많은 사람은 그때 유행한 말로 빽(배경-청탁)을 써서 멀쩡한 사람이 병을 핑계 삼거나 장애자 행세를 하여 징병검사에서 합법적으로 현역병 입영면제판정을 받았다.

징병검사장에는 신체검사를 받으러 온 장정이 운동장을 꽉 매웠다. 의례히 신체에 이상이 있는 사람은 따로 내세워졌는데 그 중에는 어김없이 가짜 장애인이 실제 장애인보다 더 많이 나와 있었고 이들은 미리 돈이나 빽을 써서 신체검사절차만 받으면 입영이 면제되게 되어 있었다.

징병검사장 가짜 장애인 – 염라대왕 헌병 김 중사

나는 1952년 1월부터 마산에 있는 제67헌병대(제17헌병중대)에 근무했다. 제67헌병대는 부산시를 제외한 경상남도 전역을 관할했다. 그때 경상남도 서부 지역 장정들은 마산여자중학교에 자리한 수도육군병원(후에 제36육군병원으로 개칭)에서 징병검사를 받았다.

징병검사장에는 제67헌병대 김택준(金澤俊-경남상업중학교 5학년 입대) 일등중사가 어김없이 나와서 설쳤다. 그는 헌병대 조사계 정보반장이었고, 징병검사장에서 일어나는 부정의 유형과 방법에 대한 많은 정보를 가지고 있었다. 그는 이 정보를 십분 활용했다.

그가 처음 징병검사장에 갔을 때 따로 서 있는 신체장애인들을 살피다가 손가락을 부자연스럽게 오그리고 있는 한 장정을 발견했다. 순간 장정의 엉덩이를 힘껏 찼다. 장정은 엎어지면서 땅을 짚었고, 오그린 손가락은 펴졌다. 워커구두는 한 번 더 쓰러진 장정의 엉덩이를 걷어찼다.

"이 자슥! 네가 병신이가? 참말로 병신 돼 볼래?"

권총을 턱에 대고

"빨리 안 들어가!"

하고 소리를 질렀다.

그 청년은 본 대열로 들어갔다.

김 중사는 다시 뒤쪽으로 갔다. 한 청년을 보고

"니는 어데가 아프노?"

하고 물었다. 벙어리 시늉을 하는 장정의 귀퉁배기를 사정없이 갈겼다. 그역시 순간적으로 당한 일격에 '아얏' 하고 소리를 질렀다.

김 중사는 앞으로 나왔다. 권총을 빼 들고 실탄을 장진하였다.

"가짜배기 빙신 다 나온나!"

우물쭈물하는 놈은 이마에 권총을 들이댔다. 이렇게 해서 가짜 장애인들을 모두 대열로 들여보냈다.

이후 김 중사는 징병검사장의 염라대왕이 되었다. 공포의 대상이었다. 장애인으로 따로 나와 서 있는 사람들을 앞에서부터 모조리 발로차고 주먹으로 치고, 경우에 따라서는 권총을 들여대면서 군기를 잡았다.

징병관도 군의관도 김 중사 앞에서 벌벌 떨었다. 그 후 징병검사장에 나온 군의관이나 징병관은 헌병대 김 중사 나왔는지부터 살폈다.

그 무렵 '백두산 호랑이'라고 별명이 붙은 김종원 대령(전 제23연대장)이 경남지구병사구사령관으로 있었다. 마산 징병검사현장에 나온 그는 징병검사가 끝나자 장정들과 따라온 가족들을 운동장에 모아 놓고, 병력면제청탁을 한 사람을 공개했다. 청탁 메모를 한 움큼 들고 서서 무슨 장관, 국회의원 누구누구하고 이름을 대면서

"이 사람들이 부탁한 사람은 모두 군대에 보냈습니다."

라고 선언했다. 고성에서 왔다는 갓 쓰고 두루마기 입은 노인이

"아들 하나가 군에 가 있고, 오늘 또 하나가 징병검사를 받았는데, 이렇게만 해 주면 남은 두 아들 마저 기꺼이 군에 보내겠다."

고 하면서 덩실덩실 춤을 추었다.

▍돈도 빽도 없는 놈이……

　가장 확실하고 안전한 기피방법은 군 입대가 보류되는 직업을 가지는 것이었다. 가장 보편적인 대상이 대학생과 경찰관, 철도공무원 등 특수직 공무원과 교직원 등이 이에 해당했고, 대학생은 재학하는 동안 입대가 보류되었다. 학보병(學保兵-학적을 보유하고 있는 동안 병력이 보류된 사람)이라고 했다.

　당시 대학생은 엘리트 중에서도 엘리트였다. 국가의 동량으로 키울 인재여서 졸업할 때까지 입영을 연기해 주었다. 당시 대학은 아무나 가는 곳이 아니었다. 월등히 공부를 잘해야 하고 부모가 잘 살아야 했다. 그런데 억지로 대학생을 만들어야 했으니 얼마나 어렵겠는가!

　특수직 공무원과 교직원은 재직하는 동안 입대가 보류되었다. 이들 직업은 군 못지않게 국가가 필요로 하는 중요한 기간(基幹)요원이다. 이들 직업도 전문분야의 교육을 받아야 하고, 자격이 있어야 하며 시험에 합격해야 한다. 아무나 될 수가 없다. 될 수가 없는 것을 만들어내야 했으니 보통사람의 능력으로는 엄두를 못 낸다. 많은 돈이나 엄청난 '빽'이 있어야 했으므로 고위층이나 부유층에서만 가능했던 방법이다.

　그때는 돈이나 빽이면 안 되는 것이 없는 세상이었다. 군에 안 가는 것은 고사하고 군에 있는 사람도 빼오던 시절이었다. 온 나라가 병역비리로 물들여졌다. 돈이 없는 농촌에서는 소나 논을 팔아서 자식을 군에 안 보내려고 발버둥을 쳤고, 군에 간 자식을 제대시키려고 안간힘을 쓰는 것이 유행병처럼 번졌다.

　"부모가 있으면서 자식을 사지에 보내느냐(또는 버려두느냐)?"

는 잘못된 당위감 때문에 덩달아서 너나도 나서 봤지만 다 성공하는 것은 아니고 많은 사람들이 사기꾼에게 걸려서 돈만 떼이는 일이 심심치 않게 일어났다. 부정에는 똥파리처럼 사기꾼이 끼게 마련이다.

1950년 8월 27일 진해에서 제11사단을 창설했다. 초기 이 사단은 보충대 역할을 했다. 병원에서 퇴원하는 사람, 도망병이나 낙오병 등 사고자를 이 사단에 수용하여 일선사단에 보충하였고, 군 복무가 부적격한 자는 이 사단에서 제대를 시켰다.

육군본부는 총참모장 직인이 날인된 백지제대증을 사단장에게 맡겨 제대증발급을 위임했다. 계급, 군번, 성명만 써 넣으면 된다. 사단 인사계(지금의 주임원사)는 항상 주머니에 백지제대증을 가득 넣고 다니면서 필요한 사람에게 주었다고 한다. 당시 인사계로부터 제대증 6매를 얻어서 동생과 가까운 고향 사람을 제대시킨 군납업을 하던 사람의 증언이다.

당시에 '굳세어라 금순아' 라는 대중가요가 크게 유행했다. 노랫말
'일가친척 없는 몸이 지금은 무엇을 하나' 를
'돈도 빽도 없는 놈이 제대는 무슨 제대냐?'
라고 풍자해서 불렀다.

일선에서는 적탄을 맞고 쓰러진 병사가 '빽' 하고 죽었다는 자조가 병사들 사이에 크게 유행한 말이 되기도 했었다.

장교 양성

6·25남침을 당했을 때 육군사관학교는 정규사관생도 제1기와 제2기가 교육 중에 있었다. 제1기는 1949년 7월 15일 313명이 수업연한 2년 과정으로 입교했으나 입교 1주일 만에 1년 과정으로 줄어들어 졸업을 2주일 앞두고 있었고, 생도 2기는 330명이 4년 과정으로 1950년 6월 1일 입교하여 한 달도 채 되기 전에 전쟁이 일어났다. 전쟁이 일어나자 이들은 소총병으로 참전하여 150여 명의 희생자를 냈다.

생도1기는 피난 중 대전에서 1950년 7월 10일 134명, 15일 50명 계 184명이 소위로 임관했다. 전쟁 중 전사자와 실종자가 70명이었다. 이것이 개전 후 첫 간부 임관이다.

생도 2기는 동래에 창설한 육군종합학교에 편입되었다.

6·25남침을 당했을 때 육군보병학교에 6개월 과정의 갑종간부후보생 제1기와 제2기(149명)가 교육 중에 있었는데

제1기는 교육이 끝났으므로 7월 15일 대전에서 임관했고,

제2기는 1950년 4월 17일에 입교하여 교육 중에 있었으므로 육군보병학교가 육군종합학교로 폐합됨에 따라 종합학교에서 2주간 교육을 더 받고 9월 1일 임관하게 된다.

육군포병학교도 6개월 과정의 간부후보생 제1기 70명이 같은 해 5월 15일 입교하여 교육 중에 있었다. 이들은 9월 10일 진해에서 임관했다.

전쟁이 일어난 뒤 보충된 장교는 이렇게 전쟁 전에 이미 입교하여 교육 중이던 사관생도와 간부후보생들을 임관시킨 것이 고작이다.

전쟁 중 장교의 손실이 많아 이에 대한 보충이 시급했고, 또 사단을 재편하거나 창설하는데 많은 장교가 필요하여 장교 양성이 시급한 과제였다.

8월 16일 국방부는 국방부령 임시2호 '전시 육군장교보충규정'을 발표하고 전시, 사변, 기타 비상사태 시에 간편한 절차에 의하여 장교를 임관할 수 있게 하였다.주)

전쟁기념사업회 『한국전쟁사』 제3권 p517, 518

방위장교로서 5년제 중학교 이상의 학교졸업자,

이등상사 이상, 군 경력 2년 이상인 자로서 장교 시험에 합격한 자,

중학교 이상의 졸업자로서 군사경험이 있고 장교시험에 합격한 자,

대학에서 이·공학, 의학을 전공하고 졸업한 자로서 경험이 풍부한 자는 지원서류를 제출하면 육군본부 '보충장교심사위원회'에서 심의한 뒤에

소위로 임관할 수 있게 하였다.

방위장교로 1년 이상 근무한 자는 중위로 임관했다.

8월 26일 대통령령 '육군보충장교령'을 공포하여 앞의 국방부령에 의한 장교보충규정을 격상시켰다.주)   전쟁기념사업회 『한국전쟁사』 제3권 p518

1950년 8월 15일 육군보병학교를 개편하여 육군종합학교를 설치하고 본격적인 단기 장교양성에 들어갔다. 같은 날 육군사관학교도 육군종합학교에 폐합되었다. 육군사관학교는 피난 중 7월 8일 대전에서 폐교 조치를 내렸고, 8월 7일 대구육군중앙훈련소 안에 재설치하였다가 다시 육군종합학교에 폐합된 것이다.

육군종합학교는 중학교 졸업 이상의 학력을 가진 사람을 대상으로 공개모집하여 입교시켰고, 교육기간은 24주간으로 정했으나 형편에 따라 단축 운영하였으며 급할 때는 1주일 교육으로 임관하기도 하였다.

이렇게 제32기까지 많을 때는 1주일에 250명씩 임관했다.주) 1

육군종합학교 제1기와 제2기는 육군사관학교 생도 제2기가 주류를 이루었다. 생도2기는 330명이 입교하였는데 전사 또는 행방불명자 82명을 제외하고 종합학교 1기로 10월 15일에 123명이, 제2기로 10월 23일에 125명이 각각 보병소위로 임관하였다.*주) 2   1, 2. 국방부 『한국전쟁사』 제3권 p310

* (A) 국방부 『6·25전쟁사』 Ⅰ는 "생도 2기생들은……육군종합학교에 175명이 편입되어 종합1기 혹은 종합2기로 임관하였다."(p333)
(B) 장창국 『육사졸업생들』(중앙일보 연재)은
"종합1기 23명이고, 종합2기 152명으로 1백%가 생도2기로 충원"(계 175명)
"서울 철수 때 함께 철수하지 못했던 생도2기생들은 뒤늦게 종합학교에 편입, 10기에 3명, 15기에 9명, 모두 12명이 더 배출되었다."(252회, 83년 8월 25일)
임관자 수는 본문 248명, A 175명, B는 추가로 임관한 12명을 합하여 187명이다.
A의 (전사 또는 행방불명자 82명 제외)는 '포함'으로 보아야 맞다.

9월 1일 현재 전력

9월 1일 현재 UN군사령부가 집계한 연합군 지상군 병력은 17만 명을 넘어 북한군을 수적으로 앞질렀다. 국군 지상군 병력 91,696명은 6월 25일 현재 94,974명에 비하면 약 3,278명이 부족하나 UN군사령부가 발표한 국군 개전 후 손실 병력 약 37,000명을 거의 보충한 샘이다.

미 제8군은 완전 편성 4개 사단에 1개 해병여단, 1개 연대전투단 그리고 영연방여단으로 구성되었고, 총지상군 병력은 84,630명이다.

미군은 참전 후 9월 중순까지 손실병력이 19,165명이다. 미국으로부터 11,115명을 보충받았고, 국군 병사 10,502명을 편입하였다.

장비와 화력면에서도 괄목하게 증강되어 북한군을 크게 앞질렀다.

1대의 전차도 없이 적 T-34 전차공포증에 걸렸던 연합군은 90mm 및 76mm포를 장착한 중형(中型)전차 100대를 포함하여 총 500대의 전차를 보유하여 적이 보유하고 있는 것으로 판단되는 100대(이하)를 훨씬 능가하였고, 포병화력은 105mm, 155mm, 8인치포를 비롯하여 4.2인치 박격포를 보유하여 적의 76mm, 122mm곡사포 및 120mm박격포와는 비교가 안 되게 성능이 우세할 뿐만 아니라 수에 있어서도 약 400문을 보유하여 적이 가진 것으로 파악한 250~300문을 능가하였다.

▶ 제8권 9월 1일 현재 「한·미연합군 지상군 병력 현황」 참조

제2절 북한군 9월 공세

1. 마지막 불씨

제5차 작전으로 불리는 9월 공세

미 제8군이 공세 전환을 위한 연구에 몰두하고 있을 때 미 제8군의 허를 찌른 북한군 9월 공세가 시작되었다.

부산을 점령하여 대세를 결정짓고자 했던 북한군의 노도와 같은 8월 공세를 연합군은 아슬아슬하게 모면했다. 연합군의 강력한 저지에 밀려 뜻을 이루지 못하자 8월 후반에 들어 최후의 승리를 위하여 다시 한번 밀어붙이겠다는 생각으로 대대적인 9월 공세를 준비했다.

소위 저들의 제5차 작전이다.

북한군 제5차 작전은 원래 없었다. 제4차 작전으로 부산을 점령하여 대미를 장식하고자 꾀했었다. 그러나 그것이 무위로 돌아가자 상황 변화에 따라 급조된 제5차 작전이 등장하게 된 것이다.

객관적인 전력은 UN군의 우세로 돌아섰고, 전세도 UN군 쪽으로 기울고 있었다. 반면 북한군 전력은 공세한계에 도달하여 승리는 기대할 수가 없고 있다면 요행수가 있을 뿐이나 그마저 가능성은 거의 없었다.

그럼에도 불구하고 제2차 세계대전 당시 독일군이 모스크바에 대한 집념을, 일본군이 인팔에 대한 집념을 버리지 못했듯이 저들도 불과 50km 동쪽에(마산 서쪽에서) 있는 부산에 대한 미련을 버리지 못했다.

북한군은 8월 30일 밤중에 전 전선에서 필사적인 야간공격을 감행하여 기습에 이은 맹공으로 연합군 정면 여러 곳을 돌파했다.

북한군의 9월 공세는 꺼져 가는 불씨가 되살아나서 화재를 일으킨 형상으로 공세 전환을 모색하던 UN군은 적지 않게 당황하였고,

인천상륙작전을 재고하라는 판단을 할 정도로 워싱턴 수뇌부를 우려 속으로 몰아넣었다.

▎북한군의 9월 기동 계획(8월 20일 전선사령관 김책이 부여한 임무)

제1군단
    제1공격집단   제6, 제7사단, 제105기갑사단 일부, 제104치안여단
                  미 제25사단을 돌파하여 마산을 점령하고 김해로 진출하여 부산 점령 준비를 하라.
    제2공격집단   제2, 제4, 제9, 제10사단과 제16기갑여단
                  미 제24사단을 돌파하여 창녕 및 영산을 점령하고 밀양으로 진출하여 대구~부산국도를 차단하라.

제2군단
    제3공격집단   제1, 제3, 제13사단과 제105기갑사단 주력
                  미 제1기병사단과 국군 제1사단을 돌파하여 대구를 점령하라.
    제4공격집단   제8, 제15사단과 제17기갑여단
                  국군 제6, 제8사단을 돌파하여 하양~영천을 점령하고 대구 또

　　　　　　　는 경주 공격을 준비하라.

　제5공격집단　제5, 제12사단

　　　　　　　국군 수도, 제3사단을 돌파하여 포항과 연일비행장을 점령하

　　　　　　　고 경주로 진출하여 부산공격을 준비하라.

자료 : 일본 육전사연구보급회 『한국전쟁』 [2] p282~284

북한군 공격 제대와 전력

북한군의 제5차 작전계획에 의한 9월 1일 현재 부대 전개와 전력

군 단	사단, 여단	병 력	지휘소 위치
전선사령부	사령관 김책		김　　천
제1군단	군단장 김웅 중장		김천 또는 거창
제1공격집단	제6사단	10,000명	마산　정면
	제7사단	9,000명	마산　정면
	제104치안여단	2,000명	
	제105기갑사단 일부	1,000명	전차 약 20대
제2공격집단	제9사단	9,350명	영산　정면
	제4사단	5,500명	영산　정면
	제2사단	6,000명	창녕　정면
	제10사단	7,500명	현풍　정면
	제16기갑여단*1	500명	전차 43대
제2군단	군단장 김무정 중장		문경 또는 안동
제3공격집단	제3사단	7,000명	왜관　정면
	제13사단	9,000명	다부동 정면
	제1사단	5,000명	다부동 정면
	제105기갑사단	주력*2	전차　20대
제4공격집단	제8사단	6,500명	영천　정면
	제15사단	7,000명	영천　정면
	제17기갑여단	500명	전차 40대
제5공격집단	제12사단	5,000명	기계　정면
	제5사단	7,000명	포항　정면
총 계		97,850명	전차 약 123대

자료 : 일본 육전사연구보급회 『한국전쟁』 [2] p279~281

* 1 자료문헌은 앞의 「임무부여」에서는 제2공격집단에 제16기갑연단을, 제4공격집단에 제17기갑여단을 전개한 것으로 기술(p283)하고, 뒤의 「부대 전개와 전력」에서는 제1공격집단에 제16기갑연단을, 제3공격집단에 제17기갑여단을 전개(p279, 280)한 것으로 다르게 기술했다. 본문은 앞 「임무부여」에 기술한 것을 따랐다.
* 2 국방부 『한국전쟁사』 제3권(p325)은 제3공격집단에 제105기갑사단 주력이 빠져 있고, 자료문헌도 그 주력에 병력을 표시하지 않았으므로 제105기갑사단 병력은 자료문헌 제1공격집단에 있는 1,000명만 계산하였다.
  전선사령부 또는 군단사령부에 직할 요원이 있을 것이나 기록이 없다.

9월 1일 현재 UN군사령부가 집계한 피아의 전력

구 분	한·미 연합군	북한군
병 력	176,000명	98,000명
포 병	약 400문	약 250~300문
전 차	600대(500대)	약 120대
공 군	제공권 장악	없음
해 군	제해권 장악	없음

자료 : 일본 육전사연구보급회 『한국전쟁』 [2] p281, 전차 500대 - 국방부 『한국전쟁사』 제3권 p316

연합군 병력은 국군 91,696명, UN군 84,630명 계 176,000명이다.

북한군 병력은 낙동강전선에 배치된 군단 이하의 지상 전투 병력이다.

북한군은 남침 당시 제105기갑사단 주력 전차 120대(3개 전차연대)가 서부전선(적 제1, 제6, 제3, 제4사단)을 집중 지원하였고, 독립전차연대의 30대는 중부전선 춘천 방면으로 진출했다.

9월 공세에 투입된 제105기갑사단 전차는 40대에 불과하고 독립전차연대는 따로 기록이 보이지 않으나 9월 2일 기계 지구 전투에 전차가 침공한 기록이 있고, 9월 5일 형산강 전투에서 전차 3대를 파괴한 기록이 있는 것으로 보아 중동부 방면으로 진출한 독립전차연대는 9월 공세에서도 활동하고 있는 것으로 보인다.

제16, 제17기갑여단이 새로이 전선에 투입되었다. 이 두 여단은 소련에서 창설하여 만주를 거쳐 8월 23일 평양에 도착하였다. 여단은 2개 전차대대 4개 중대로 편성되었고, T-34전차 40대를 보유하였다.* 평양에서 금천까지 철도로 수송하였다고 한다.주)

국방부 『한국전쟁사』 제3권 p325

> * 국방부 『6·25전쟁사』 Ⅰ(p285)는 "약 90여대의 전차로 제16, 제17전차여단 등 2개 여단을 추가로 창설". 1950년 6월 6일 철원에서 제16전차여단의 편성이 시작되었다. 이 여단은 각각 21대의 T-34를 보유한 2개 전차대대", "제16전차여단에는 T-34전차 44대가 동년 6월 16일에 지급되고 7월 28일까지 단계적으로 조직."이라고 기술.

공격개시 시기는 8월 공세에서 큰 타격을 입은 부대의 정비와 증원사단 및 전용사단의 전개완료 시기와 탄약을 비롯한 보급품의 비축 등을 감안하여 제1군단은 8월 31일 23시 30분, 제2군단은 9월 2일 18시로 결정하였다. 두 군단의 공격 시기가 다른 이유는 알려지지 않았다.

연합군은 북한군의 9월 공세에 밀려 전 전선에서 타격을 받았다.

대구 길목 다부동 지구의 Y선은 8월 31일 적의 수중에 들어갔고,

마산 정면 함안과 부산과 대구를 양분하는 요충 밀양의 코 밑 영산은 9월 2일 점령당했으며,

경주 북쪽 안강과 대구 정면 가산을 9월 3일 적에게 넘겨주었고

또 하나 부산과 대구 길목 영천은 9월 6일 적의 수중에 들어갔다.

부산에 가장 가까이 와 있는 적은 마산 서쪽 진동으로 50km 거리다.

가산은 직선거리로 대구까지 16km밖에 안 되고, 대구시내를 한눈에 바라볼 수 있는데다가 적은 대구를 야포 사정권 안에 넣고 있었다.

북한군 122mm 곡사포의 사정거리는 20.7km이다.

미 제8군의 방어는 결코 쉽지 않았다. 반격병력 부족으로 어려움을 겪고 있던 미 제8군은 인천상륙부대로 돌려놓은 미 제5해병연대를 영산반격부대로 투입하여 해군과 반환 논쟁을 일으키기까지 했다.

▶ 제9장 제1부 「1. 9월 공세의 파문」 참조

워커 미 제8군사령관은 데이비슨 선으로 방어선을 물릴 것을 검토하는 한편 9월 4일 국방부와 육군본부를 부산으로 이동할 것을 권유하였고 다음 날 육군본부와 미 제8군은 부산으로 이동했다.

탄약이 부족하여 포탄 보급을 제한하기에 이르렀고, 맥아더 원수는 탄약 수송을 급행으로 하도록 특별명령을 내렸다.

북한군 공세에는 한계가 있었다. 초기에 반짝 기운으로 성공을 거두는 듯 했으나 전력이 쇠잔한데다가 절대적인 전력의 열세를 극복하지 못하고 9월 5일이 지나면서 공격력은 무뎌졌다. 북한군 전력은 연합군의 상대가 안 될 정도로 열세에 있었다. 그럼에도 불구하고 이와 같이 공세를 취할 수 있었던 것은 지금까지 밀고온 기세가 남아있었고, 반면에 연합군은 밀려오면서 꺾인 기가 아직 살아나지 않았기 때문이다.

9월 1일부터 15일까지의 미군손실 발생율은 한국전쟁 전 기간을 통하여 최대였고, 9월 5일 하루에 전사 137명, 부상 521명, 행방불명 587명, 합계 1,245명의 손실을 보아 한국전쟁 중 가장 많은 손실을 입은 날로 기록되었다.주)

일본 육전사연구보급회 「한국전쟁」 [2] p316

북한군의 망상

북한군의 제5차 작전기간은 8월 31일부터 9월 15일까지이다.

제5차 작전이 시작된지 1주일이 지났을 무렵 실패의 징조가 나타났다. 그러나 침략 야욕에 도취된 김일성의 광기는 멈추지 않았다. 사태를 직시하지 못한 김일성은 최후발악적인 공격을 시도하여 포항~안강~영천~다부동~왜관~현풍~창녕~영산을 점령하고 목전에 다다른 경주~대구선을 탈취한 후 최종 목표 부산을 해방(?)시킬 환상에 젖어 있었다.

UN군의 인천상륙에 관한 정보가 들어오자 서해안지역방어사령부를 창설하여 이에 대비하였으나 전투력을 가진 부대는 배치하지 못했다.

9월 13일 경인 지구 방어부대 제18사단과 제87연대 그리고 독립 제849 반전차포연대를 낙동강전선으로 전진시켜 부산 공격을 준비했는데 이는 9월 공세에서 얻은 초기의 성과가 저들로 하여금 승리의 망상을 부풀게 했고, 부산을 공략하면 UN군의 상륙작전이 무산되거나 시행되더라도 충분히 저지할 수 있다고 생각했을 것이다.

북한군 9월 공세는 연합군 측에서는 전반적으로 실패했다고 보았지만 저들의 입장에서는 연합군전선 여러 곳을 돌파하여 부분적으로 성공을 한 데다가 주공으로 지향한 대구 정면은 날로 연합군을 압박하였고 낙동강 동안 교두보와 마산 정면 고지들은 여전히 저들의 수중에 있었으며, 경주 정면은 침투를 계속하여 영천은 재탈환 가능성마저 보였다.

"여기서 한번만 더 밀어붙인다면……."
하는 욕심을 버리지 못하는 것은 공격자의 집념일 것이다.

인천상륙작전 소문에 대하여는 인천의 해류와 장애물을 극복하기 어렵기 때문에 월미도 방어를 강화하고 기뢰를 부설해 놓으면 바다사정에 밝은 미 해군이 인천으로는 상륙을 기도하지 않을 것이라고 안이하게 판단하였음이 분명한 것으로 보였다. 만일 UN군의 상륙작전이 서해안에서 실시된다면 그것은 전세를 좌우하는 요인이 될 수 있겠지만, 언제 어디서 있을 것인지, 혹은 없을지도 모르는 상륙에 대비하여 부대를 전용하는 것은 어리석은 일이라고 판단했을 것이고, 그보다는 부산을 점령하는 것이 전쟁을 종결 짓는 지름길이라고 생각했을 것이다.

이러한 저들 나름대로의 구상 밑에서 북한군은 앞에 말한 부대들을 낙동강전선으로 이동시켜 대구탈환에 승부를 걸었을 것으로 보인다.

2. 망상이 파멸을 가져온다 – 제2차세계대전의 교훈

일본이 승리할 수 있는 마지막 방법

"1945년 3월 18일 도쿄의 폭격피해 현장을 시찰한 일본 천황 히로히토는 더 이상 전쟁의 결과에 대한 환상을 가질 수 없게 되었다.

그러나 육군은 여전히 본토에서 옥쇄작전을 펼쳐 미군 상륙군에게 결정적인 피해를 가하면 일본이 명예로운 평화를 얻을 수도 있다는 망상에서 깨어나지 못하고 있었다. 만약 건전한 신체를 가진 일본 사람 10명 중 1명씩이 미군 상륙군 1명씩을 살해하면 그 비율이 엄청나게 높아져 일본이 승전의 계기를 마련할 수도 있을 것이고 가령 실패한다고 해도 항복하는 것보다는 낫다는 논리였다." 주)

Edward Behr 저 유경찬 역 「히로히토」 p403

미군의 일본 본토 상륙이 임박한 상황에서 나온 육군의 발상이다.

이때는 일본이 항복하기 5개월 전이다. 이미 전세는 기울어 만회할 방법이 없었고, 더 이상 전쟁을 계속할 경우 비참한 파멸이 기다리고 있을 뿐이었다. 일본 천황 히로히토는 상황을 제대로 인식하고 환상에서 깨어나 종전의 방법을 모색하기에 이르렀는데도 전쟁광(戰爭狂) 집단 육군은 그 환상에서 벗어나지 못하고 있었다.

당시 일본 본토에는 약 7천만 명에 가까운 인구가 있었다. 건전한 신체를 가진 사람을 어떻게 볼 것인지에 대하여는 경우에 따라 다르겠으나 당시 일본군부의 사고방식으로 헤아리면 인구의 중추를 이루는 10대 후반에서 40대까지로 볼 수 있고, 그 수는 대략 인구의 반을 차지하여 최소한 3천만 명은 될 것이다. 그리고 남자를 반으로 보면 1천 5백만 명, 미군상륙군이 1백만 명일 경우 1천만 명이 상륙군을 상대하여 일본인 9백만 명과 미군 상륙군 1백만 명이 맞 죽음을 하고도 1백만 명은 살아남는다는 발상이다.

기발하지 않는가?

친애하는 황국신민 9백만 명을 제물로 미군을 격퇴하겠다는 발상. 천황이 친애하는 신민이기에 천황을 위해서 죽는 것(옥쇄)은 영광이다.

굳이 일본의 예를 든 것은 북한의 짓거리와 닮았기 때문이다.

"경애하는 수령 김일성 원수께서 친애하는 인민이기에 어버이 수령 김일성을 위하여 죽는 것은 최상의 영광이다. 서슴지 않고 죽을 수 있는"

이 시기의 모든 정황을 살펴보면 북한의 사정은 너무 비참하게 무너져 있었다. 곱게 물러났으면 아까운 생령(生靈)을 낙동강 물에 수장하는 처참한 꼴은 면할 수 있었을 터인데 부산 해방이라는 환상에서 벗어나지 못하여 무모한 도발을 멈추지 아니 하였던 것이다.

독일군의 모스크바 침공작전

1941년 6월 22일 독일은 소련을 침공하였다. 1812년 나폴레옹이 러시아를 침공하기 위하여 나이멘(Niemen)강을 건넌 129주년이 되는 날이다. 나폴레옹은 대패했다. 영화 〈전쟁과 평화〉의 배경이 된 전투다.

독일군은 핀란드에서 흑해에 이르는 모든 전선에서 일제히 진격하여

북부군은 발트 3국을 거쳐 레닌그라드로,

중부군은 모스크바로,

남부군은 우크라이나로 각각 동진하여

2개월 이내에 소련군 주력을 분쇄하고 우크라이나와 카프카스(Kavkaz)의 자원을 확보할 수 있을 것이라고 생각했었다.

독일군은 총 보유 지상군 205개 사단 가운데 148개 사단을 투입하였고, 루마니아군 14개 사단 약 25만 명이 가세하여 총 병력 규모는 305만 명에 이르렀다. 탱크 3,350대, 각종 대포 7,184문, 차량 600,000대, 말 625,000필이 동원되었고,

2,500대의 항공기를 투입하였다.

"우크라이나 곡창지대, 우랄 지하자원, 코카사스 유전, 시베리아 삼림 등 풍부한 자원을 독일민족번영의 토대로 삼기 위하여 소련을 정복해야 한다."

히틀러가 『나의 투쟁』에서 밝힌 그의 야망이다.

레에프 원수가 지휘하는 북부집단군은 소련군의 저항과 울창한 삼림, 많은 늪지를 무릅쓰고 예정대로 진격하여 발트 3국을 정복하고 8월 말에는 레닌그라드를 고립시키는데 성공하였다.

그러나 9월 들어서 소련군의 필사적인 저항에 부딪쳤다.

이것이 이후 장장 30개월간 계속된 레닌그라드 공방전의 서막이다.

룬드쉬테트 원수가 지휘하는 남부집단군은 소련군의 저항과 때마침 내린 비로 진격이 순조롭지 못하여 7월 중순에 키예프 외곽선까지 진출하였다.

복크 원수가 지휘하는 중앙집단군은 제2, 제3기갑군이 공격 첫 주에 비알리스톡(Bialystock) 및 민스크(Minsk) 부근에서 거대한 포위망을 형성하여 포로 29만 명, 탱크 2,500대, 포 1,400문을 포획하였고, 7월 초순에는 스몰렌스크(Smolensk)에서 포위망을 형성하여 포로 100,000명, 탱크 2,000대, 포 1,900문을 포획하였다. 이로써 이 지역 소련군은 지리멸렬 상태에 빠졌고 모스크바로 통하는 길은 사실상 개방된 것이나 다름이 없었다.

복크군은 18일간 400마일을 진격하는 경이적인 공격력을 과시했다.

그러나 복크의 중앙군은 남부 방면 키예프 돌출부의 남측면이 위협을 받고 있었고, 너무 빨리 진격한 나머지 보급추진이 뒤따르지 못한데다가 국경 지역 작전이 완료된 후에 결정하기로 한 주공방향이 선정되지 않아 6주일 동안 스몰렌스크 지방에 머물러 있어야 했다.

8월 말경 국경 지역 전투가 완료되었다. 10주간에 걸친 전투에서 소련군은 100만 명에 이르는 인명손실을 입고 내륙 깊숙이 퇴각해 갔지만 독일군도

450,000명에 이르는 사상자를 냈다. 소련군도 독일군의 예기를 둔화시킬 만큼 타격을 가할 수 있었던 것이다. 소련군 주력을 국경 지역에서 섬멸하고자 한 독일군의 최초 계획은 사실상 무산되고 말았다.

히틀러는 지휘관과 참모 대부분이 모스크바로 진격할 것을 건의했으나 이를 묵살하고 우크라이나 쪽을 고집하여 8월 21일 키예프 포위전을 명령했다. 9월 19일 키예프가 함락되었고, 소련군은 26일 항복했다. 독일군은 포로 665,000명, 탱크 890대, 포 3,700문을 포획하는 경이적인 전과를 올렸다.

키예프를 장악함으로써 우크라이나에서 더 이상 저항이 없을 것으로 판단한 히틀러는 복크의 중앙군에게 모스크바 진격명령을 내렸다.

10월 2일 모스크바를 향한 대공세가 시작되었다. 그로부터 2주일 독일군은 브리얀스크(Bryansk) 부근과 비아즈마(Vyazma) 서쪽에서 거대한 포위작전을 전개하여 포로 663,000명을 잡았다. 모스크바로 가는 통로는 개방된 것처럼 보였고, 이제는 진격만 남아있었다.

천지신명은 침략군에게 그렇게 호락호락하게 길을 열어주지 않았다.

날씨가 갑자기 변하여 며칠동안 비가 내리더니 기온이 급작스럽게 내려갔다. 소위 '나폴레옹 기후(Napoleon Weather)'가 위세를 떨치기 시작했다.

나폴레옹이 모스크바까지 진격했다가 눈보라와 함께 몰아친 한파에 녹아 궤멸했던 것이다. 그래서 나폴레옹 기후다.

동계작전에 준비가 안 된 독일군은 동장군과 함께 진흙장군(General Mud)이라는 골치 아픈 새로운 적을 상대해야 했다.

늘어난 병참선은 보급이 따르지 못하였고, 무진장한 인적자원을 가진 소련군은 새로운 부대를 피로에 치친 독일군 정면에 계속 투입했다. 사태가 이 지경에 이르자 육군총사령관 브라우히치를 비롯하여 할더 등 중요 지휘관과 참모들은 부대를 철수하든가 부대를 정돈시켜 봄이 될 때까지 공격을 중지하자고 건의하였다. 히틀러는 혹한이 닥치기 전에 작전을 끝내야 한다고 모스크바에 대한 최종공격을 명령했다.

11월 15일 타이푼(Teifun)작전이라고 명명된 최종공세가 시작되었다.

제4기갑군은 11월 25일 볼가강으로 통하는 운하선에 도달하였고,

제2기갑군은 툴라(Tula)를 우회하여 남쪽으로부터 압력을 가하였으며,

제4군은 모스크바 방어선 최종 관문인 나라(Nara)강선에 진출하였다.

그러나 11월이 다 가기도 전에 기온은 영하로 내려갔고, 월동준비를 갖추지 못한 독일군은 추위와 불면증에 시달렸다. 부동액이 없는 탱크와 트럭은 고철덩이에 불과했다. 날씨는 악화일로를 치달아 수 미터 앞을 볼 수 없을 만큼 안개가 심하게 끼었고, 오후 3시면 해가 저물어 사방이 캄캄했다.

소련군은 점점 늘어만 갔다.

12월 5일 모스크바에 가장 가까이 접근한 부대는 시가지를 15마일 앞두고 있었다. 하지만 독일군 장병과 기계는 더 이상 움직일 수 없었다.

12월 6일 아침 주코프 장군은 소련 서부전선군 100개 사단을 지휘하여 총반격을 개시했다. 독일군 고위 장성들은 즉각 철수를 주장했으나 히틀러는 현 전선을 고수하라고 명령했다. 15마일 거리의 모스크바에 대한 미련을 버리지 못했다. 히틀러의 현 전선 고수명령은 명령일뿐 현실은 아니었다.

독일군은 전 전선에서 무너지기 시작했다. 독일군은 축차적인 철수를 시작했다. 적절한 견제공격을 조화시키면서 이듬해 2월 중순까지 2개월에 걸친 철수작전으로 원래의 출발선까지 물러섰다. 나폴레옹과 같은 궤멸은 모면했다.

제2차 세계대전 중 최대의 격전이었다.

모스크바공격 실패의 책임과 명령 없이 철수했다는 이유로 육군총사령관을 비롯한 많은 장성들이 파면되거나 해임되었다.

참고문헌 : 육군사관학교 『세계전쟁사』, 노병천 『도해세계전사』

일본군의 임팔작전

1944년 3월 15일 일본 버마방면군사령부 휘하 제15군은 인도를 침공하기 위한 공격을 개시했다. 버마방면군사령관은 가와베 마사카쓰(河邊正三) 중장이고 제15군사령관은 무타구치 렌야(牟田口廉也) 중장이었다.

제15군 예하 제33사단, 제15사단, 제31사단과 독립여단 등 지원부대가 참가하여 10만 명이 공격에 가담했다.

1943년 8월 22일 대본영 참모총장 스기야마가 임팔작전명령을 내렸을 때 세상에 무서울 것이 없는 맹장 무타구치는

"안돼! 무리야. 어처구니없는 명령이야. 후곤계곡 그 습지대에 빠져 들어가면 한 놈도 살아남지 못할 걸."

오장이 뒤틀려 나오는 절규에 가까운 신음소리를 뱉었다.

무타구치 중장은 그때 제18사단장이었다.

버마 북쪽 인도 국경을 돌파하자면 후곤계곡이라는 대습지대를 지나야 한다. 몇 십만 명이라는 인간의 목숨이 달려있다. '후곤'은 버마말로 '죽음'이라는 뜻이다. 곧 '후곤계곡'은 '죽음의 계곡'이다.

제15군 사령부에서 연일 작전회의를 열었다. 결론은 불가능이었다.

제15군 참모장 이사야마 소장이 이 사실을 대본영에 보고하기 위하여 도쿄로 갔다. 참모총장 스기야마와 참모차장 다베가에게 보고했다.

"험악한 산악과 계곡 지대를 행군하는 거리만 400여 킬로에 이를 것입니다. 소관으로서는 이번 명령은 실행하기 어려운 것으로 사려하는 바입니다. 아무리 생각해 봐도 불가능이라는 결론밖에 나오지 않습니다."

"불가능?"

"그렇습니다. 각하. 제15군은 지금 모두 지쳐 있습니다. 이 장병들을 이끌고 후곤계곡을 뚫는다면 99%까지 쓰러질 것임을 의심치 않습니다."

"저 놈을 당장 갈아치워."

이사야마를 내보낸 뒤 스기야마가 내뱉었다.

며칠 뒤 제15군 사령관에 제18사단장 무타구치가 임명되었다.

"안돼! 무리야."

라고 절규한 바로 그 사단장이다.

버마방면군이 새로 창설되었다. 방면군사령관은 가와베 마사카쓰가 임명되었다. 임팔작전을 위한 포석이다.

총리 도조 히데키는 가와베를 총리관저로 불러 만찬을 베풀었다.

"장군! 장군이 버마에 가는 목표는 인도 땅에 일장기를 휘날리는 것이오."

"각하! 각하의 뜻은 틀림없이 달성될 것입니다."

가와베가 대답했다.

"무타구치가 인도의 임팔에 일장기를 휘날리는 날!"

도조는 꿈을 꾸고 있었다. 이글거리는 도조의 야망!!

무타구치는 씨름꾼처럼 생긴 거구에 멧돼지처럼 앞으로 돌진만 하고 옆을 살필 줄 모른다. 허영심 덩어리로 뭉쳐 물불을 가리지 않는 출세지향형의 인간이다. 대장을 꿈꾸고 있었고, 임팔작전이 출세의 절효의 기회라고 생각하고 있었다. 그래서 "안돼 무리야!" 는 없었던 일로 치부했다.

무타구치는 버마에 있는 소와 양떼를 끌어 모았다. 총을 멘 군인들이 버마의 농가를 집집마다 뒤져 약탈했다.

중부 버마의 산과 들에는 수많은 소와 양 그리고 염소까지 몰려들었고, 버마의 명물 코끼리도 집결했다. 소가 2만여 마리에 염소가 5천여 마리였다. 버마는 세계 제1의 쌀 생산국이다. 영농에 소가 절대 필요했고, 농가마다 소가 있었다. 이것으로 보급을 수송하고 필요할 때는 식량으로 삼았다.

항공사단장 다조이가 수송기와 수송로 확보를 건의하였다.

무타구치는 이렇게 대답했다.

"임팔처럼 산과 밀림으로 덮인 곳에 비행기 수송은 안 돼. 험준한 산길이니까 지상 수송도 믿을 수 없고……. 그래서 칭기즈칸 때 고사를 생각해서 소를 끌고 갈 생각이야!" 무타구치의 변이다.

20세기에 등장한 칭기즈칸 전법이다.

"작전은 3주일 이내에 완료하라."

무타구치의 작전명령이다.

"3주일에 임팔을 점령할 수 있을까?"

"죽음의 후곤계곡을 돌파하는데도 3주간은 더 걸릴 거야?"

"무타구치식은 역시 곤란해! 무모하단 말이야."

짐을 실은 소와 코끼리가 앞서고 뒤에 염소와 양떼가 따랐다. 소의 행군 속도는 하루 13km(30리). 모든 걸음을 소걸음에 맞추었다. 소가 총포소리에 놀라 도망칠 것을 우려하여 헝겊으로 귀를 막았다.

'10만 대군의 노도와 같은 진격'이 아니라 '굼벵이 걸음'이었다.

사도(佐藤幸德)가 지휘하는 제31사단의 전위연대가 후곤계곡 하류에 접어들었다. 버마인들이 가장 무서워하는 계곡. 밀림으로 뒤덮인 계곡은 우기가 지나 하상이 말라있었다. 무서운 풍토병이 우글거리는 곳이다. 버마인들은 이 계곡으로 가라고 하면 가장 소중하게 아끼는 우마차까지도 팽개치고 도망간다는 죽음의 계곡. 맹수들이나 겨우 다닐 수 있는 천길 낭떠러지가 있는 아슬아슬한 비탈길, 눈 깜짝할 사이에 소와 양떼가 곤두박질쳤다.

소와 양떼를 앞세운 일본군이 친도위강에 들어섰다. 잠복해 있던 인도 토민병과 정보원들은 이 사실을 영국군 기지에 알렸다. 소떼가 친도위강 중간쯤에 이르렀을 때 갑자기 폭음이 울렸고, 전투기 스피트파이어 수십 대가 쏜살같이 날아와서 강물에 닿을 듯 초 저공으로 기총소사를 퍼부었다. 급류에 휩쓸려 떠내려가는 소와 일본군의 비명과 절규. 조용하던 친도위강은 삽시간에 아비규환의 도가니로 변했다.

기슭 일대는 폭탄과 소이탄이 떨어져 밀림과 초원이 불길에 휩싸였다. 불길에 놀란 소떼들이 미친 듯이 날뛰며 흩어져 달아났다.

2만을 넘은 소떼가 아라칸 산맥과 후곤계곡을 지났을 때 1,250마리로 줄었고, 다시 친도위강을 건넜을 때는 800마리가 남아있었다. 그리고 북부인도에 들어갔을 때는 뼈와 가죽만 남은 소 70마리가 전부였다.

엄청난 희생을 무릅쓰고 제31사단은 임팔 20km 지점까지 진격했다. 무타구치 사령관은 사흘이면 임팔에 입성한다는 꿈에 부풀어 있었다.

사흘은 없었다. 1주일이 지나고 열흘이 지나고 다시 20일 지나도록 저녁이면 임팔의 불빛을 내려다보면서 한 발짝도 더 접근하지 못했다.

마니볼 분지 전체가 항공 입체요새로 변해 있었다. 일본군이 굼벵이걸음으로 진격하고 있을 때 연합군은 전광석화같이 거대한 항공요새를 만들었다.

연합군 전투기들은 쉴 사이 없이 상공을 선회했다. 일본군 한 명이라도 보이면 그 주변을 불바다로 만들었다. 임팔 동북방 코히마 방면에 있는 포진지에서는 하루에 무려 5천발의 포를 발사했다.

일본군 병사들은 태양을 잃었다. 낮에는 밀림과 호 속에 짐승처럼 엎드려 숨도 제대로 쉴 수 없었다. 불을 피울 수도, 물을 구할 수도 없었다.

4월 6일 북부 코히마를 공략한 제31사단 일부 부대가 임팔을 향해 남하할 때 지금까지 본 일이 없는 표지를 단 연합군이 정면을 막았다. 인도 남방과 캘커타 방면에 있던 제6사단이 불과 이틀 사이에 수송기를 타고 북부로 날아온 것이다. 제31사단은 삽시간에 궤멸되었다.

4월 14일 제33사단과 제15사단이 임팔을 향해 전진하고 있었다. 해질 무렵에 스콜이 폭포수처럼 쏟아졌다. 한 시간 만에 그쳤지만 밤이 되자 고지의 기온은 급격히 내려가 사병들은 전신이 떨리도록 추위를 느꼈다.

빗방울 하나가 접시에 찰 만큼 크고 10분 동안만 내리면 말랐던 산과 들이 늪과 강으로 변한다. 4월부터 10월까지 우기가 계속되는 반 년 동안은 단 하루도 해를 볼 수가 없다.

일본군은 우기가 시작되기 한 달쯤 전에 작전을 폈다.

첫째, 우기가 오기 전에 임팔을 점령한다. 그리고 우기동안 연합군이 도주한 임팔에서 지낸다.

둘째, 우기에 접어들면 일본군이라면 그 심한 폭풍우를 능히 견디어 낼 수 있지만 연합군 장병들은 견디지 못하고 도망칠 것이 분명하다. 또 비가 오면 연합군은 항공기를 띄울 수가 없다.

결과는 정반대로 나타났다. 진창길과 탁류로 일본군의 후방수송은 막혀 버렸고, 연합군은 항공기가 비와 구름 속을 날며 식량과 실탄을 실어 날랐다.

"탄환 한 발, 쌀 한 톨이 없음. 적의 식량을 약탈해 간신히 연명하고 있음. 적은 식량, 탄환은 물론 병력까지도 공중수송하고 있음. 그 광경을 목전에 보고 개탄을 금할 수 없음."

일선에서 오는 보고는 하나같이 절망적인 것뿐이었다. 처절한 참상이었다. 임팔에 이르는 산과 들에는 일본군의 시체가 뒹굴고 있었다. 그 일대를 달리는 차량들은 시체 위로 달릴 수밖에 도리가 없었다.

제15사단이 임팔 동북방 우쿠루루에서 험준한 산악과 밀림을 뚫고 임팔에 접근하고 있었다. 그러나 그들은 거의 전부가 사라지고 말았다. 걸을 수 있는 사람은 끝없는 밀림 속을 방황하다가 소식이 끊어졌다.

"지체 말고 임팔에 돌격하라."

무타구치 사령관의 불같은 호령이 각 전선에 날아 왔다.

공격은 곧 궤멸로 이어지고 남는 것은 죽음뿐이었다. 임팔에 가장 가까이 진격해 있는 제33사단 1개 대대가 비센볼에 돌입했다. 1개 중대가 밤중에 철조망과 바리케이드를 뚫고 기습에 성공하여 1시간 남짓한 전투에서 연합군 병사 300명, 군마 400필을 포획했다. 잠시 후 조명탄이 올라가더니 평지 일대가 대낮같이 드러났고, 스콜이 내리듯 빛의 무리가 일본군 진지에 빨려 들었다. 일본군은 포획한 병사와 군마를 버려둔 채 도망쳤다.

제31사단은 영·인군 2개 사단의 공격을 받고, 6월 상순에 독단적으로 퇴각을 시작했다. 나머지 사단들도 더 버틸 힘이 없었다.

이제 임팔을 점령한다는 것은 무타구치의 망상에 불과할 뿐이었다.

독일군이 모스크바에서 동장군과 진흙장군을 만났다면 일본군의 적은 연합군이 아니라 스콜장군과 진창장군이었다.

우기의 최전성기인 4개월에 걸친 사투. 남은 것은 아무것도 없었다.

가와베 버마방면군사령관은 7월 중순 드디어 퇴각명령을 내렸다.

10만 대군이 전 전선에서 후퇴를 시작했다. 800km가 넘는 거리. 후곤계곡과 대습지대 그리고 험준한 아라칸산맥을 거쳐야 한다. 먹을 것은 풀뿌리와 나무껍질뿐, 옷은 헐어서 벗은 거나 다름없고, 맨발이었다.

후퇴하는 길에 비는 더욱 맹렬하게 퍼부었다. 계곡과 들은 탁류가 천지를 진동하며 휩쓸고 흘러갔다. 들판은 한길이 넘는 진창으로 변했다. 지치고 굶주린 사병들이 진창에 빠져 목만 내놓고 숨을 몰아 쉬고 있었다. 움직일 수가 없다. 서로 바라보고만 있다가 곧 진창 속으로 빨려 들어갔다.

인도에 일장기를 휘날리는 도조의 꿈은 허망하게 무너졌다.

10월에 들어 대부분의 부대가 친드윈강 동쪽으로 집결을 완료했다.

버마전선과 임팔작전에 투입한 일본군은 총 303,501명이라고 했다. 여기에는 태국, 버마, 인도의 민병이 포함되어 있다. 살아서 돌아온 장병은 118,312명. 19만 명이 버마와 인도의 울창한 정글 속에 버려졌다.

참고문헌 : 이호범 저 『태평양전쟁』 제3권 「버마전선」 p43,
종군기자실록 권웅 역 『대동아전쟁비사』 「2.버마, 말레이지편」

3인의 망상 '오기 전에'의 공통성

이 세상에서 가장 추악한 인간성을 가진 짐승만도 못한 세 사람.

선악은 고사하고 물과 불도 가리지 못하고 감히 인간이 범할 수 없는 상대를 싸움의 대상으로 골랐다. 그 상대가 인간이 극복할 수 없는 강한 적이라는 것을 알고 있었고, 그 적을 만나면 파멸이 온다는 것을 알고 있었다. 그래서 그 강한 적을 만나기 전에 저들의 야욕을 충족하고자 침략을 했는데 그 강한 적은 저들이 바라는 요행의 틈새를 주지 않았다.

소련의 동장군과 진창은 인간이 극복할 수가 없다. 나폴레옹은 모스크바를 점령하고도 그 강한 적에 의하여 파멸의 길을 가야 했다.

버마의 스콜과 그가 빚어내는 진탕, 후곤계곡과 아라칸 산맥은 인간이 극복할 수 없는 자연이다. 인간의 무모한 도전을 결코 용납하지 않는다.

이 세상에서 미국보다 더 강한 군대가 있었는가? 미국과 싸워서 이긴 나라가 있는가? 제2차 세계대전 중 구라파에서는 독일의, 태평양에서는 일본의 무릎을 꿇렸다. 김일성은 독일과 일본이 왜 미국에게 무릎을 꿇었는지 너무도 잘 알고 있다.

김일성은 그래서 미군이 오기 전에 전쟁을 끝내고자 했다. 스스로도 미군과는 상대가 안 된다는 것을 잘 알고 있다. 침략의 야욕에 사로잡혀 한 가지는 생각했는데 다음에 올 둘을 생각하지 못하여 파멸을 맞았다.

▌겨울이 오기 전에 – 히틀러

히틀러는 모스크바의 혹한을 모르는 무모한 사람이 아니다. 춥기 전에 모스크바를 점령하여 혹한기를 편안하게 넘기겠다고 계산을 하고 동토가 풀린 직후인 6월에 공격을 개시했다. 생각했던 것처럼 진격이 순조롭지 못하여 시일을 소비한데다가 생각보다 일찍 영하의 기온이 찾아왔다.

'겨울이 오기 전에'의 망상은 빗나갔다.

히틀러는 모스크바를 15마일 남겨 놓은 상태에서 물러나기가 너무 억울했다. 그래서 그 미련을 버리지 못하고 모스크바 진격 명령을 내렸다가 여지없는 파멸의 쓴 맛을 보아야 했다.

▌우기가 오기 전에 - 도조 히데키

일본의 도조 히데키 역시 버마와 인도국경지대의 유명한 우기가 닥치기 전에 임팔을 점령하여 우기동안 임팔에서 편안히 지낼 생각을 했다. 그래서 적기라고 생각한 3월에 침공을 개시했다. 그러나 그의 생각대로 하늘과 땅은 조용하게 버려두지 않았다. 험준한 산맥과 밀림과 계곡은 그들의 발목을 잡아 진격을 막았고, 결국 그 막강한 스콜장군과 진창장군을 만나 궤멸하고 말았다.

'우기가 오기 전에'의 망상은 실현되지 않았다.

그 역시 20km 목전에 둔 임팔에 미련을 버리지 못하고 공격 일변도로 작전을 펴다가 20만 명의 생목숨을 밀림지대의 산과 계곡에 버려야 했다.

▌미군이 오기 전에 - 김일성

김일성은 남침을 하면서 50일 작전을 계획했다. 8월 15일까지 해방전쟁을 종결하는 것이다. 만약의 경우를 생각해서 세운 침략계획이다.

미군이 부원할 경우 미국 본토에서 전투 병력과 장비가 한국에 도착하기까지는 2개월이 소요될 것으로 판단했다. 그래서 그 2개월 안에 남한을 해방하고 해안에 경계 병력을 배치하면 그 이후에 미군이 와도 상륙을 저지할 수 있을 것이라고 생각했다.

　미군은 2개월이 아닌 1주일 만에 왔다. 7월 1일 첫 전투부대가 부산에 도착했고, 7월 4일에는 완전편성 1개 사단이 한국에 도착했다.

　'미군이 오기 전에'의 망상은 여지없이 빗나갔다.

　김일성은 9월 들어서 전력이 쇠잔하여 더 이상 전투력을 갖지 못한 저들 군대에게 대공세 명령을 내렸다. 부산을 50km(마산 서쪽) 남겨놓은 상태에서 물러서기는 너무 아쉬웠다. 마지막 한 번 더 용을 써서 꺼진 불씨를 살려보려는 욕망에 발목이 잡혀 파멸을 가져왔다.

3. 포항 부근 방어전 - 제3사단

형산강 전투

　형산강은 경상남도 울산시 두서면(斗西面)에서 발원하여 북류하면서 경주를 지나고 안강에서 동으로 꺾여 동류하다가 포항시까지 남쪽을 통하여 영일만으로 들어간다. 전장 62km에 불과한 작은 강이지만 하구폭이 400m에 이르고 하류의 평균 수위가 1.62m에 이르며 강 양안에 제방이 쌓여져 있다. 경주에서 동해안에 이르기까지 남북을 가로질러 방어에 유리한 조건을 갖추고 있다.

　제3사단 정면 적 제5사단은 8월 30일부터 사단진지를 돌파하고자 최후 발악적인 공세를 취했다. 사단을 지원하는 미 항공모함 시실리호에서 출격한 함재기가 적진을 강타하고, 동해안에 포진한 순양함과 구축함이 적의 병력 집결지와 보급소가 있는 홍해 일대를 함포로 불바다를 만들었는데도 이에 굴하지 않고 끈질기게 공격하여 마치 그 모양이 불 속으로 뛰어드는 부나비와 같다고 표현했다.

 9월 1일 미명에 제3사단은 일제히 반격을 시작하였다.

 제23연대는 장흥동과 충곡동(忠谷洞)의 99고지를,

 제22연대는 128고지를 각각 공격하여 점령했고,

 제1연대는 295고지를 점령한 다음 천곡사(泉谷寺)로 진격했다.

 제10연대는 제1연대 우측에서 제1연대와 함께 진격했으며,

 제8연대 제1대대는 자명동과 달전동(達田洞-영일군 延日邑)으로 침투한 적을 공격하였다.

 적의 저항이 완강하여 힘든 상황이 계속되고 있었다.

 이런 와중에 제3사단장과 수도사단장 그리고 제1군단장이 교체됐다.

 제3사단장에 이종찬 대령이,

 수도사단장에 송요찬 대령이,

 제1군단장에 부군단장 김백일 준장이 임명됐다.

 제1군단은 군단장과 2개 사단장이 모두 바뀌었다. 또 제3사단 참모장 공국진 중령이 와병 중이었으므로 정내혁 중령을 참모장에 임명했다.

 9월 2일 03시경 적의 전면 반격에 밀려 제23연대는 전날 점령한 99고지를 빼앗겼고, 다른 연대도 전선이 무너져 새로운 진지로 이동했다.

 미 제21연대 제3대대 K중대가 99고지를 탈환하기 위하여 반격중인 제23연대 제1대대를 증원했다. K중대는 전차 1개 소대의 지원을 받아 포항에서 흥해로 가는 계곡을 따라 99고지로 진격했는데 도중에 사상자가 많아 중대원이 35명으로 줄었고, 전차 2대가 파괴당하는 등 피해만 입어 작전에는 도움이 되지 못했다.

 이 전투에서 북한군은 수류탄으로 저항하고 있었는데, 방망이 수류탄 3개를 손가락 사이에 끼고 한꺼번에 던지는 방법으로 공격을 했다. 이 방법

은 중공군이 개발한 전술인데 적 제5사단에는 중공군 출신이 많아 이 방법을 터득하고 있었던 것이다.

9월 3일 전 방어선에서 진지를 뺏고 뺏기는 치열한 공방전을 벌였다.

미명에 좌측 수도사단 정면이 전면 공격을 받고 돌파되어 제3사단 좌측이 위협을 받게 되자 육군본부는 제7사단* 제3연대를 제1군단에 배속하여 이곳의 위기를 타개하도록 하였다.

9월 4일 제3사단은 좌 측방이 노출되었고, 수도사단과는 3km에 이르는 간격이 생겼는데, 야간에 수도사단 방어선이 또 돌파당하여 형산강 북쪽에서 고립되고 말았다.

* 제7사단은 8월 20일 포항지구전투사령부 요원을 기간으로 하여 다시 창설되었다. 제3연대를 재편성하였고, 민기식부대를 기간으로 제5연대를 편성했으며, 독립유격대대를 기간으로 제8연대를 대구에서 재편성하였다. 9월 1일 포병제18대대를 배속받아 완전한 사단으로 다시 탄생하였다.(국방부 『한국전쟁사』 제4권 p94)

형산강에서 적 격퇴

9월 5일 11시경 적 제5사단은 자주포를 앞세우고 제3사단 제22연대 정면을 공격했다. 마침 이곳에 배치되어 있던 미군 전차가 자주포 1대를 격파하고 자주포병 3명을 사살하자 뒤따르던 적 보병이 모두 퇴각했는데, 이때 미 전폭기 편대가 상공에 나타나서 로켓포로 퇴각하는 적을 공격하여 전차 3대를 격파하였다.

정오경에 이르러 적 압력이 가중되자 사단장은 제3사단이 더 이상 버티기가 어렵다고 판단하고 포병대대를 형산강 남쪽으로 이동시켜 철수부대를 엄호하도록 해 두었다.

14시 30분이 되자 사단 방어선 일각이 무너지기 시작했다. 사단장은 제22연대를 엄호부대로 남겨 놓고 주력 부대를 형산강 남안으로 이동하여 새로운 방어선을 형성하였다. 제22연대는 마지막으로 철수하여 예비대가 됐고, 사단지휘소는 연일비행장 서남쪽 중흥동(中興洞)에 설치했다.

9월 6일 군단으로부터 제10연대를 원대인 제8사단으로 복귀시키라는 명령이 내려졌다. 이때 제10연대는 사단 좌 일선인 형산(兄山, 257m)에서 원동에 이르는 방어선에서 적과 접촉하고 있었다.

제10연대를 당장에 뺄 수가 없었으므로 일몰 후에 정비중인 제22연대와 진지를 교대하고 다음 날 원대복귀시키겠다고 군단에 건의했다.

제10연대장 고근홍 중령은 원대복귀 명령이 있었다는 사실을 알고 제3사단장에게 즉시 복귀하겠다고 하였고, 제3사단장은 진지교대가 이루어질 때까지 기다려 달라고 부탁했다. 그러나 제10연대장은 이를 묵살하고 독단적으로 철수했고, 강 건너에서 대치하고 있던 적 일부가 제10연대의 뒤를 따라 도하하여 홍계동(洪溪洞)으로 침투하기에 이르렀다.

9월 7일 제3사단은 형산강 남안 방어선을 재정비하였으나 전날 홍계동으로 침투한 적이 중흥동 부근까지 진출하였으므로 안전을 고려하여 사단지휘소를 도구동(都邱洞) 도구국민학교로 옮겼다.

9월 10일 제22연대는 보병 전투로 나와 있는 사단공병대대 도움을 받아 대각동(大覺洞) 서쪽 107고지를 탈환했다.

9월 11일 미 처치특수임무부대가 급파되었고, 다음 날 특수임무부대 소속 미 제19연대 제2대대가 격전 끝에 12시경 운제산을 점령하였다.

적은 모두 분산하여 북으로 도주했다.

적은 포항에서 더 이상 공세의 기동성을 상실하였고, 패잔병을 수습하여 재편성하는데 여념이 없었다. 항공정찰보고에 따르면 적의 많은 병력이 북쪽과 동쪽으로 이동 중이라고 했다.

포항 지역 반격전

제3사단은 9월 16일까지 형산강 남안방어진지를 정비하고 포항을 탈환하기 위한 준비를 갖추었다.

9월 16일 제26연대는 적이 최후발악으로 사수하려고 하는 형산강교를 맹렬히 공격했다. 형산강 북안 일대는 제방을 따라 횡단 교통호를 구축하여 적 1개 대대 규모가 수류탄과 기관총으로 아군 도하작전에 대비하고 있고, 제방 뒤쪽에는 적 1개 연대 규모가 전선을 형성하고 있었다.

이날부터 18일까지 포항 근해에는 미 전함 미주리를 비롯한 미 해군 기동함대 함포가 지상부대를 지원하였다. 미주리는 16인치 함포로 900톤의 포탄을 형산강 북쪽 제방 일대에 쏟아 부어 그 위력을 과시했다.

9월 18일 04시경에 제23연대는 은밀하게 강을 건너기 시작하여 19일 미명까지 제3사단 전 병력이 형산강 도하를 완료하고 강 북쪽 제방을 완전히 점령했다. 적 진지에는 기관총에 발이 묶인 채 죽어있는 시체가 많이 있었고, 수류탄도 많이 쌓여 있었다.

06시에 포항탈환을 위한 공격을 개시했다. 봄을 시샘하는 잔설처럼 최후 발악하는 적의 저항은 만만치 않았다. 도처에서 격전을 벌이면서 하루 해를 보내고 20일 오후에 가서야 포항시내가 평정되었다.

9월 21일 전의를 상실하고 패주하는 적을 쫓아 추격전을 벌였다.

우 일선 제26연대는 동해안을 따라 추격했고,

중앙 제22연대는 22일 06에 흥해에 돌입했으며,

좌 일선 제23연대는 달전동을 거쳐 295고지를 점령하였다.

김석원 사단장

❙ 김백일 장군과의 알력

김석원 장군은 일본군 대좌로 있다가 해방을 맞이한 사람이다. 일본군에 있으면서 중·일 전쟁 때 기관총중대장과 대대장으로 전투에 참가하여 전공을 세웠고, 1개 대대가 1개 사단을 섬멸한 신화를 남겼다.

장개석 자유중국 총통이 한국을 방문하여 진해 별장에서 이승만 대통령과 회담할 때 이 대통령이 국군에 인재가 없음을 걱정했다.

장개석 총통이

"아, 거 김 아무개가 있지 않느냐?"

고 김석원 장군을 말할 정도로 유명한 분이었다.

그는 일본 군인정신을 본받아 임전무퇴정신으로 전투에 임하면 진두에 서서 일본도를 휘두르며 지휘하여 공격에서는 목표를 점령하고 방어에서는 진지를 사수하는 것으로 일관했다.

이러한 그의 전술은 때로는 무모하게 부하들을 희생시켰다는 불평을 들었고, 지나친 아집으로 인하여 상급부대나 상급지휘관과의 마찰을 빚어 마치 항명으로까지 비쳐지기도 했다고 평하는 사람이 있다.

김석원 장군에 대한 이러한 부정적인 평가는 김석원 장군의 희생을 무릅쓰는 용맹을 무모한 독단으로 보는 선입견 때문일 수도 있다.

김석원 장군이 사단을 지휘한 두 달동안 어떠한 전투를 어떻게 치렀고, 그 과정에서 부하가 얼마나 무모하게 희생되었는지는 전투과정에 나타나 있으므로 구태여 여기서 사족을 달지 않는다.

7월 27일 대구에 있는 미 제8군사령부를 방문한 맥아더 원수가 수도사단을 칭찬한 사실을 염두에 두어야 할 것이다.

상급부대 지휘관과의 마찰을 살펴보자.

안동에서 철수 명령을 받고 김석원 사단장은 노발대발했다고 했다.

"전투경험도 없는 병력을 야간에 철수시킨다는 것은 언어도단이다. 이런 무모하고, 무지하고, 무능한 철수 명령이 어디 있느냐?"

고 하면서 김백일 부군단장에게 전화를 걸어

"왜 자꾸 후퇴 명령만 내리느냐? 우리는 버틸 수 있단 말이야!"

하고 언성을 높였고, 김백일 부군단장은 이것을 항명으로 받아들이고

"작명이다. 후퇴하라!"

고 되받았다고 한다.

김 사단장은 울분을 참지 못하고 "안동시민에게 이게 무슨 체면이람!" 하면서 권총을 빼들고 자살하려고 했다.

▶ 제5장 제4절 3.「후퇴할 만큼 위급한 상황이냐?」참조

김석원 장군이 개진한 의견은

첫째, 충분히 버틸 수 있는데 왜 자꾸 후퇴만 하느냐?

둘째, 전투경험이 없는 병력을 야간에 철수시키는 것은 무모하다.

라는 것이다. 여기서 한 가지 짚고 넘어가야 할 분명한 사실이 있다.

그것은 상급 부대의 명령은 무조건 따라야 하나? 바꾸어 말하면 일선 사단장은 허수아비냐? 하는 것이다.

그 사단의 전황은 사단장이 제일 잘 안다. 사단 철수계획을 수립하면서 사단장 의견을 들어보는 것은 필요 불가결한 요소라고 본다. 사단이 현재 처한 상황이 어떤지는 도외시하고 "언제 어디로 철수해라." 하는 일방적이고 획일적인 작전명령은 그 사단을 곤경에 빠뜨릴 수가 있다. 작전지휘에 독자적인 소신을 가진 사단장이면 한번쯤 의견을 개진할 수 있고, 김석원 사단장이 김백일 부군단장에게 전화로 항의했다면 항명으로 보기보다는 의견 개진으로 보는 것이 합당할 것이다.

당시 사단장은 우리 군에서는 최상급 지휘관이었다. 7월 5일 제1군단이 창설되었고, 이어서 12일 제2군단이 창설되어 군단체제로 작전을 지휘하였지만 군단 역사가 일천한데다가 군단 기능이 독자적으로 작전을 수행한다기보다는 육군본부의 명령을 전달하는 중간 역할과 사단간의 작전지역 조정 및 후방지원 등 제한된 업무만을 수행하고 있었다.

"상부 명령을 무조건 추종하는 것보다는 군단장의 독단 활용으로 철수 시간을 주간으로 변경하지 못한 것이 아쉽다." 주) 국방부 『한국전쟁사』 제2권 p662

군단참모장 최덕신 대령이 한 말이다.

워커 미 제8군사령관은 7월 18일 대전에 와서 제24사단장 딘 소장에게

"포항에 상륙한 미 제1기병사단이 대전 부근에 전개할 때까지 2일간의 여유가 필요하니 20일까지만 대전을 확보하기 바란다."
는 부탁을 하고 갔다.

"20일까지 대전을 확보하라."는 결정적 명령이라기보다는 "가능하면 그렇게 해 달라."는 사단장 판단에 맡긴다는 의미가 내포되어 있었다.

제8군사령부 참모장 랜드럼 대령이

"대전에서 적을 지연시킬 수 있는 시간이 얼마나 보장되어 있습니까?"
라고 물었을 때 워커 장군은 이렇게 대답했다.

"전적으로 딘 장군을 믿는다. 부득이 대전을 포기해야 할 시간이 빨리 온다면 자유재량대로 행동하라고 했다."

딘 사단장은 18일 대전에서 철수할 계획이었으나 워커가 다녀간 후 많은 희생을 치르면서 20일까지 대전을 확보하였다.

▶ 제4장 제4부 「3. 대전함락과 딘 소장 실종」 참조

안동철수 명령은 미 제8군사령관이 낙동강 방어선을 구축하고자 한 전략의 일환이었으므로 어느 한 사단이 버티고 못 버티고 하는 문제를 가지고 따질 성질은 아니었다.

김석원 사단장이 부군단장에게 전화로 항의한 것이 사실이라면
부군단장 김백일 준장은 '명령이다. 철수하라!'
고 윽박지르기보다는 이유를 설명하고 사단장의 이해를 구했어야 했다.

무엇보다도 군단작전회의에서 낙동강을 도하해야 하는 이유를 설명하고 이해를 구했어야 했고, 철수 시기와 방법을 사단장과 협의했어야 했다. 그렇지 못한 것은 아쉬움이 아니라 실책이라고 보아야 한다.

부군단장은 지휘관이 아니다. 명령권이 없다. 설령 군단장이라도
"제8군의 명령입니다. 저로서도 어쩔 수 없습니다."
"전선조정상 불가피한 일입니다. 이해해 주십시오."
이 얼마나 좋은 의사소통(Communication)인가!

김석원 장군은 『노병의 한』에 이런 일화를 소개하고 있다.
"사단지휘소가 안동으로 이동하고 한참 어수선할 때 일이다.
김백일 준장이 전선 시찰이라는 명목으로 우리 사단에 들린 것이다.
갑자기 밖에서 뭐가 잘못되었다느니 혹은 잘 되었다느니 하면서 떠들썩한 소리가 들리기에 벌떡 일어나 밖으로 나가,
'여보게 내가 사단장이네. 자네는 누군데 왜 큰소린가?'
하고 따져 물었다. 그랬더니 김백일이가 그때 나보고 하는 첫 마디가,
'전황이 어떻습니까? 사단장님, 좀더 적극적으로 전투해 주셔야겠습니다.'
하는 것이 아닌가? 기가 막혔다. 사력을 다해서 싸우고 있는 우리 사단 보고 치하하는 못해줄망정 어떻게 그런 소리를 할 수 있단 말인가? 나는 분했다.

'적극적으로 전투를 하라니? 이 이상 어떻게 적극적으로 하란 말이요?'

하도 어이가 없어 이렇게 말했더니,

'그래도 좀더 힘 쓰셔야지 이 정도로는 좀 부족한 것 같습니다.'

하고 대답하는 것이 아닌가. 생각할수록 괘씸한 일이었다.

해방 후 나는 별의 별 욕도 다 들어보고 또 별의 별 모함도 다 당해봤지만 '군인 김석원을 두고 전장에서 적극적으로 싸우지 않았다.' 고 욕하는 사람은 한 사람도 없었다. 아니 군인 김석원이란 자는 전장에 나가기만 하면 너무 적극적으로 싸우려 들기 때문에 도리어 불평들이었던 것이다. 그런데 나보고 적극적으로 싸우지 않는다고 나무라는 자가 나타났으니 이 어찌 전신의 피가 역류하지 않았겠는가…….

'나보고 전투를 적극적으로 하라니 그래 이놈아, 38선에서 여기까지 밀려 내려온 게 내가 적극적으로 전투를 하지 않았기 때문이냐? 아니면 너희 놈들이 육본에 앉아서 북어장사나 해 처먹고 있었기 때문이냐? 어서 말해 봐, 말해. 아 적극적으로 전투할 수 있도록 육본에서 해준 게 뭣이 있어? 응!'

나는 그만 분한 김에 정신없이 고함을 질렀다.

그러자 김백일 부군단장도 지지 않고 큰소리쳤다.

'왜 떠드시오. 육본에선 충분히 할 일을 다 하고 있습니다.'

'뭣이, 어째? 할 일을 다 하고 있다고……. 그런 뻔뻔스런 소리가 어디서 나오나. 그렇게 이곳 전황을 중시하는 자들이 17연대를 빼돌리나!'

'작전상 필요해서 빼갔습니다. 뭣이 잘못 됐습니까?'

'무엇이 잘못 됐느냐구? 아 그걸 말이라구 해!'

'이봐요, 사단장! 나는 부군단장이야, 부군단장!'

'그래 부군단장이어서 어떻단 말인가? 국군이 여기까지 쫓겨 내려온 실책을 다 책임지겠단 말인가?'

나는 발을 굴렀다. 그러자 김백일 장군도 지지 않고 발을 구르면서 대들었다. 점점 언성이 높아지면서 둘 사이의 사태가 험악해지자 그때 참모장 최경록이 김백일한테로 다가가,

'부군단장님, 죄송하지만 선배 사단장님의 노여움을 푸시도록 하는 게 좋을 것 같습니다.'

하고 간청하였는데 그제서야 김백일 장군도 좀 지나쳤다는 생각이 들었는지 나에게 담배를 권하면서 사과를 청했다. 나도 김백일 개인과는 아무런 감정이 없었기 때문에 미안하다고 사과를 했다."

▌노병의 한(恨)

김석원 장군이 '북어장사나 해 처먹고'를 들먹인 것은 남북교역사건*을 말한 것이다. 당시 책임자는 채병덕 총참모장이지만 그때 김백일 장군은 참모부장으로서 채병덕 총장을 직접 보좌했으니 책임이 없다고 할 수 없고, 또 그때 압수한 북어를 풀어주라는 채병덕 총장의 지시를 전달하러 온 사

김석원 장군

람이 육군본부 작전국장 강문봉 대령이라고 기술했는데, 공식 기록과는 달리 김석원 장군은 『노병의 한』에서 육군본부의 K모 대령이 그때 김석원 사단장을 찾아와서 화주가 자기 아버지라고 하면서 압수한 북어를 풀어줄 것을 간청했다고 기술하였다. 여기서 강문봉 대령과 K모 대령과는 다른 사람으로 보여진다.

강문봉 대령은 채병덕 총장의 지시를 전달한 사람이지 직접 간청하러 온 사람은 아니다. 그렇다면 직접 청탁을 한 K 대령은 누구인가?

＊ 남북교역사건 - 제2장 제3절 4. '남북교역사건' 참조

　　김석원 장군은 1917년에 일본육군사관학교(제27기)를 졸업하였고, 해방 당시 일본군 육군대좌(대령)였다. 김백일 준장은 1937년 만주봉천군관학교를 졸업하였고, 해방 당시 만주군 대위였다.
　　나이는 김석원 장군이 1893년생으로 당시 만 57세, 김백일 장군은 1917년생으로 당시 만 33세였다. 무려 24살이나 적다.
　　김석원 장군은 국군에서도 대선배요, 상급자다. 김석원 장군이 군에 늦게 들어오기는 했어도 1949년 3월에 별을 달았고, 김백일 장군은 1950년 7월에 별을 달았다. 이 정도면 맞먹을 상대는 아니다.
　　아버지 벌이요, 20년 군 선배에게

"이봐요, 사단장! 나는 부군단장이야. 부군단장!"

하고 윽박지르는데 피가 거꾸로 치솟지 않을 사람은 없을 것이다.
　　당시 군단장은 김홍일 소장이다. 군단장인 김홍일 소장도 김석원 준장에게 그렇게 막 대하지는 않았다. 상급부대의 권위를 앞세우기보다는 예의를 지켰어야 했다. 고급지휘관이 갖추어야 할 제일의 덕목이다.
　　김백일 장군은 나이와 군 경력을 앞세워 건방(?)을 떠는 김석원 장군을 평소에 곱게 보지 않았을 것이고, 상대하기가 벅찼을 것이다.
　　김석원 장군은 8월 7일 제3사단장으로 전임되었는데 그때 수도사단은 제1군단 예속사단이었고, 제3사단은 육군본부 직할사단이었다. 김백일 장군은 껄끄러운 사단장을 자기 군단 밖으로 내친 것이다. 또 제2군단장 유재흥 준장은 그의 아버지 유승렬 대령이 일본육사 제26기를 나온 일본군 대좌 출신으로 김석원 장군과는 친구 사이다.(1기 선배)
　　결국 김석원 장군이 갈 곳은 제3사단밖에 없었다.

김석원 장군은 제3사단장으로 옮겨간 후 한 달이 채 안 되는 9월 1일 김백일 준장이 제1군단장으로 임명된 날 김홍일 소장과 함께 지휘관에서 물러났다. 이때는 제3사단이 제1군단 소속이었다.

김석원 장군이 제3사단장에서 해임된 이유는

"노 장군의 신변을 위해 무슨 조치를 취해야겠다."

는 김백일 부군단장의 배려(?)에서 이다.

김석원 장군의 불운은 그 자신이 그렇게 만들었다.

그는 자숙한다는 이유로 건군에 참여하지 않았다. 정부가 수립된 후 일본군 대좌 출신들을 모두 육군사관학교에 입교시켜 1주일간 교육 후 임관시켰다. 김석원 장군은 교육을 받고도 임관하지 않았다.

얼마 후에 이승만 대통령이

"그 사람 왜 아직 군에 안 들어오고 있느냐?"

고 그의 입대를 종용했다.

1949년 1월 7일 육군대령으로 임관하여 제1사단장으로 나갔다. 그러나 북어사건으로 그 해 10월 1일 예비역에 편입된다.

전쟁이 일어나자 김석원 장군을 군에 복귀시켜야 한다는 여론이 형성되어 7월 7일 복직과 함께 수도사단장에 임명되었다.

당시 김석원 장군의 명성은 대단히 높았고, 북한군도 두려워했다.

일찍 군사영어학교에 들어와서 임관했다면 이응준 장군처럼 총참모장을 했을 수도 있고 신태영 장군처럼 국방부장관을 할 수도 있었다. 통위부장 물망에 올랐던 분이니까. 이렇게 해서 군 발전에 기여하였다면 자숙보다 훨씬 보람 있게 일군에 몸담은 죄 의식을 털 수가 있었을 것이다.

김석원 장군은 『노병의 한』에서 이렇게 회고했다.

"8월 30일 김백일 부군단장이 사단을 방문하여 내가 침대에 누워 링겔주사를 맞고 있는 것을 보자,

'노장군의 신변을 위해 무슨 조치를 취해야겠습니다.'

하면서 물러간 일이 있은지 며칠 지나 사단장의 교체발령이 난 것이다."

"나는 9월 초 내 의사와는 아랑곳없이 제3사단장직에서 해임되고 '전시특명검열관' 이라는 새로운 자리로 옮겨 앉게 되었다.

또 같은 날 전투경험이 풍부했던 1군단장 김홍일 소장도 육군종합학교 교장으로 전임되었다는 소식을 들었다.

후임 군단장에는 김백일 준장이 취임했으며 3사단장 후임에는 나의 일본육사 12기 후배인 이종찬 대령이 부임했다. ……

김홍일 소장을 후방으로 빼돌리고 김백일 대령(주: 준장의 착오)이 군단장이 된 데는 아연실색하지 않을 수 없었다. 아무리 호의적으로 해석하려해도 판단이 서지를 않는 처사였으니 말이다.

이렇게 해서 6·25 전후를 통하여 나는 제1사단장, 수도사단장 그리고 제3사단장 등 세 사단장을 역임했지만 사실은 통털어 1년간도 제대로 사단장 노릇을 못한 셈이었다.

소문에는 김석원이는 가는 곳마다 미군과 불화가 겹쳐 작전이 안 된다는 등 또는 돌격 명령으로 병사들만 희생시킨다는 등 여러 가지 엉터리 모략이 유포된 모양이지만 나는 철수할 때는 멋있게 철수 작전도 해치웠으니 변명할 증거를 만들었던 3사단장직이었다.

또 1951년 초로 기억되는데 3사단 고문관 애미리크(주:에머리치-Emmerich) 중령이 귀국 인사차 대구 나의 숙소에 찾아와 하는 말이, '3사단 수석고문관 재직 2년 몇 개월 동안 13명의 사단장을 모셔 봤지만 사실 김 장군만큼 애국심이 강하고 멋있는 작전계획에 따라 훌륭한 지휘 통솔을 하는 사단장도 드물었다.' 고

하였으니 미군과의 불화설도 약간 해명이 되겠지만 그보다도 2년여 동안 13명의 사단장이 교체되었다는 말은 얼마나 당시의 인사정책이 난맥 상태였던가를 엿볼 수 있는 뼈있는 말로 들려 국군의 한 사람으로서 얼굴이 뜨거워짐을 어찌할 수 없었다."

"게다가 3사단장직에서 해임당했을 당시 나를 따라 나서겠다고 눈물을 흘리던 몇몇 장교 중 최정식(崔正植) 대위가 바로 내가 부대를 떠난 며칠 후 전사했다는 소식에 접하고 몹시 가슴이 아팠다. 30년간 나는 숱한 부하가 죽어 가는 것을 지켜봤지만 그때처럼 가슴이 아팠던 적은 없었던 것 같다."

4. 기계 · 안강 부근 방어전 – 수도사단

호명동 전투 – 제1연대

적 제12사단은 9월 2일 수도사단 전선을 돌파하고 4일 안강에 집결하여 포항 방면 적 제5사단과 협동으로 경주를 점령한 후 최종목표선인 부산으로 진출할 것을 꾀하고 있었다.

북한군은 8월 30일 저들 9월 공세에 맞추어 사단전면에서 대대적으로 공격했고, 수도사단은 전세가 불리해지자 새로운 진지를 편성하기 위하여 경주 북부 지역으로 이동했다. ◪ 제9장 제1절 2. 「기계 · 안강 부근 전투」 참조

적 제12사단은 중공군 출신이 주축을 이루어 전투경험이 풍부하지만 국군의 저항과 미 공군의 공격으로 병력과 장비의 손실이 많았는데다가 보급추진이 제대로 되지 않아 사기가 크게 떨어져 있었고, 병력은 약 5,000명으로 추산되어 전력이 크게 약화되어 있었다.

경주 부근으로 이동한 수도사단은

제17연대를 안강 남쪽 갑산동(甲山洞)에,

제1연대는 그 우측 호명동에 각각 배치하고,

제18연대는 경주에 집결하여 군단 예비로 있었다.

제7사단 제3연대가 수도사단에 배속되어 9월 3일 20시 30분에 사단 좌일선 무릉산(武陵山-459고지, 안강읍) 일대 능선을 점령했다.

잭슨 특수임무부대의 미 제21연대는 경주 서북쪽에 배치되어 수도사단을 지원하고 있었다.

9월 4일 17시경 모아동(毛兒洞-경주시 川北面, 7번 국도 안강~경주 간)에 있는 수도사단전방지휘소가 적의 기습을 받았다.

이날 제17연대(김희준 대령)가 안강에서 갑산동으로 이동하여 새로운 방어선을 구축하고 있는 동안 전날 저녁 늦게 도착하여 제17연대 좌측 무릉산에 배치된 제3연대(이기건 중령) 일부 진지가 돌파당하면서 사단전방지휘소 좌 측방이 무방비 상태로 노출되었다.

17시경 사단지휘소 서쪽에서 총소리가 들렸고, 순간 "적이다!"하고 누군가가 소리쳤다. 이어서 적탄이 사단장이 있는 막사의 천막을 뚫었고, 통신소가 집중사격을 받아 통신이 마비됐다. 불의의 기습에 놀란 사단지휘소 요원들은 혼비백산하여 뿔뿔이 흩어졌다.

사단장 송요찬 대령은 연락병과 함께 남쪽으로, 참모장 이상근 중령은 작전과장 권태일(權泰日) 중위와 함께 북쪽으로 달아났다.

정보참모 빈철현(賓哲顯) 중령과 군수참모 홍성준(洪聖俊) 소령은 300m 북쪽에 있는 사단수색중대(병력 약 100명)로 가서 응전하게 했고, 적은 수색중대의 사격을 받고 남쪽 신당동(神堂洞) 방면으로 퇴각했다.

밤이 되자 총격은 멎었으나 적정을 알 수가 없었다. 사단지휘소에 남아 있는 병력은 선임자인 정보참모 빈철현 중령이 이끌고 경주(계림국민학교)

에 있는 사단후방지휘소로 철수했다. 도중에 경주로 가는 길을 후방으로 침투한 적이 차단하였는데 미군 보급부대의 지원을 받아 위협 사격을 하면서 돌파하여 5일 04시경에 무사히 도착하였다.

참모장 일행은 5일 06시경 제1연대지휘소에 도착했고, 제1연대는 비로소 사단전방지휘소가 습격당한 것과 후방이 차단된 사실을 알았다.

행방을 알 수 없었던 사단장은 16시경에야 두 사람의 부축을 받으면서 계림국민학교에 나타났다. 발에는 흰 고무신을 신었고, 창백한 얼굴을 한 거구의 사단장 몰골은 말이 아니었다.

사단전방지휘소를 기습한 적은 약 1개 분대 규모로 뒤에 알려졌다.

호명동의 제1연대(한신 중령)는 완전 고립 상태에 빠졌다. 북쪽 양동, 동쪽 홍계동, 서쪽 나원동(羅原洞-경주시 見谷面), 남쪽 모아동에 적이 진출하여 제1연대를 백중포위망 속에 가두어 놓았다.

9월 5일 10시경 제1군단장은 L-19연락기로 통신통을 투하하였다.

"적은 경주로 지향하고 있다. 전세가 불리하니 현 위치에서 방어하다가 적기에 모서동(毛西洞-호명동 남쪽)선까지 철수하도록 준비를 갖춰라."

연대장 한신 중령은 대대장과 참모들을 모아 작전회의를 한 결과 제반 여건이 철수에 적당치 않는 것으로 판단하고

"다른 부대를 투입하여 역습하고 제1연대가 측면을 지원하면 오히려 성과가 클 것"이라고 판단하여 호명동서을 사수하기로 결정하였다

연대장은 회의가 끝난 자리에서 이렇게 못을 박았다.

"제1연대는 철수하지 않는다. 연대 장병이 죽을 곳은 이 진지다."

적은 제12사단 주력이 안강에서 제1연대 서측면 무릉산으로 진출하고 있었고, 유금동에서 형산강을 도하한 적 제5사단 1개 연대는 홍계동으로 남진한 후 운제산으로 향하여 제1연대 동쪽을 압박하고 있었다.

제1군단은 수도사단전방지휘소가 기습을 받아 후퇴한 사실을 보고 받고 증원부대를 투입하여 방어선을 정리했다.

9월 5일 경주에 도착한 기갑연대를 제17연대 좌측 무릉산에 투입하고,

경주로 이동한 제18연대를 사단 우측 홍계동으로 진출시켜 수도사단 방어선은 동쪽 홍계동에서 서쪽 무릉산까지 잇는 선으로 확정했다.

군단예비대로 경주에 집결한 제26연대(이치업 대령)는 영천을 거쳐 건천동(乾川洞-영천군 건천읍)으로 진출하여 그 북쪽 구미산(龜尾山-594고지)에 침투한 적을 섬멸하도록 하였다.

9월 7일 09시경 제1군단 작전참모 김종갑 대령은 L-4연락기로

"제1연대는 군단지시대로 철수하라."

는 군단장 명령이 든 통신통을 투하하고 갔다.

제1연대는 군단장명령에도 불구하고 철수와 고수에서 얻어지는 장단점을 분석한 후 호명동선을 고수하기로 다시 결심을 다졌다.

수도사단은 전 전선에서 적과 치열한 공방전을 벌였다. 제26연대는 구미산에 적정이 나타나자 이를 공격하여 구미산을 점령하였다.

9월 8일과 9일에는 작전지구에 비가 왔다. 적은 이 호기를 이용하여 안강~경주 간 도로를 중심으로 서쪽은 적 제12사단이, 동쪽은 적 제5사단이 수도사단 전면에 걸쳐 대공세를 취했다.

9일 15시경 제1연대 제1대대(김학묵 소령)*는 적 제5사단 제10연대의 공격을 받았다. 적이 진지에 접근했을 때 일제히 사격하여 격퇴했는데 적은 수십 구의 시체를 남기고 홍계동 방면으로 도주했다. 적 시체는 다 해어진 농구화를 신었고, 배낭 속에는 보리쌀가루 한 홉 정도와 약간의 콩이 들어 있었다. 저들의 보급 사정이 어느 정도인가를 짐작케 했다.

* 제1연대 제1대대장은 金煌穆인가. 金學默인가? - 국방부 『한국전쟁사』 기록

金煌穆	포천-동두천-의정부 지구 전투(6월 25일, 26일)	개정판 제1권 p316
	창동-미아리 지구 전투(6월 27일, 28일)	개정판 제1권 p500
	진천-청주 부근 전투(7월 6일~17일)	개정판 제2권 p274
	(이상 제3대대장)	
	청송 부근 전투(7월 27일~8월 5일)	개정판 제2권 p606
	안동 부근 전투(7월 30일~8월 1일)	위 같은 p639
金學默	기계·안강 부근 전투(8월 9일~9월 4일)	제3권 p416
	경주북방 부근 전투(9월 4일~22일)	제3권 p434
金煌穆	안강-38°선 진격전(9월 16일~30일)	제4권 p71

金學默은 金煌穆의 착오로 보인다.

어떤 의미에서 적은 식량을 구하기 위하여 발악적인 공격을 한 것으로도 풀이됐다. 이 적을 격퇴함으로써 제1연대는 후방통로가 열렸고 3일간에 걸친 처절한 호명동 방어전은 승리로 장식했다.

제26연대는 9일 포항으로 이동하여 제3사단의 지휘하에 들어갔다.

곤제봉 전투 - 제17연대

곤제봉(昆第峰)은 안강 남쪽 약 4km 지점 안강~경주 간 도로 서쪽에 있다. 무릉산 지맥이 동쪽으로 뻗다가 끊어지면서 협곡을 이루고 다시 솟아서 이루어진 293m의 독립봉이다. 정상에서는 북으로 안강, 남으로 경주가 한눈에 보이는 전략상 중요한 감제고지다. 게다가 동쪽으로는 발밑으로 철도와 국도와 지방도가 평행선을 그으며 남북으로 뻗어있고, 국도와 철도 사이에는 형산강이 흐른다.

9월 4일 제17연대는 안강에서 갑산동으로 이동해 방어진지를 점령하고 있다가 6일 04시경 적 약 2개 중대 규모의 공격을 받고 남쪽 곤제봉으로 이동했다.

제17연대가 곤계봉으로 이동하자 군단장은 이 선을 최후 저지선으로 삼고 적을 격퇴하여 안강선까지 회복하라고 명령했다.

9월 7일 22시경 제17연대는 적의 공격을 받고 밤새껏 저항하다가 8일 03시에 곤제봉 동쪽 하단부로 이동했다.

9월 8일~11일 사이에 제17연대 제2대대(조영구 중령)는 곤제봉을 공격하여 주간에 탈환하고 야간에는 물러나는 공방을 3차례나 되풀이했다. 10일에는 한미 양군의 포와 공중지원까지 가세하여 적을 격퇴하였으나 야간에 적이 반격하여 다시 물러나야만 했다.

9월 11일 사단장은 그동안 여러 차례 곤제봉을 점령하라고 명령하였기 때문에 제17연대가 곤제봉을 확보하고 있다고 생각하고 총반격작전을 구상하였는데 전선을 순시하고 온 작전참모(龍 중령)로부터 제17연대 제2대대가 곤제봉 하단부에 집결해 있다는 보고를 받고는 연대장과 대대장을 나무라면서 다시 곤제봉을 점령하도록 명령했다.

9월 12일 04시경 제17연대 제2대대는 다시 곤제봉을 공격하였다. 8부 능선에서 적의 저항에 부딪혀 12시가 지나도록 진전이 없었다.

공격이 부진하자 사단장은 대대장을 교체했다.

제17연대 제3대대장 류창훈 소령을 제2대대장으로 임명하고 제3대대장에는 연대 작전주임 이일수 소령을 임명하였다.

새로 제2대대장이 된 류창훈 소령은 특공대를 투입하여 16시경 곤제봉을 점령하는데 성공하였다. 그러나 지원나온 포병관측수의 실수로 특공대가 점령한 곤제봉 정상에 포격을 집중하여 특공대원 12명이 전사하는 불상사가 일어났고, 이로 말미암아 제2대대 주력이 정상을 정복하지 못하고 8부 능선에서 밤을 새워야 했다.

13일 15시 제2대대는 곤제봉을 공격하여 17시경에 완전히 점령했다.

1주일 동안 7차례에 걸친 곤제봉 공방전은 제17연대의 승리로 끝을 맺었고, 수도사단의 돌파구를 열 실마리를 풀었다.

홍계동 전투 – 제18연대

9월 6일 제18연대는 경주 동쪽 물천동(勿川洞-경주시 천북면)에 있었다.

적 제5사단 1개 연대 병력이 홍계동과 운제산을 우회하여 수도사단 우인접 제3사단 제22연대 지역으로 침투한 후 연일비행장을 공격하려고 시도했다. 군단에서는 제18연대(임충식 대령)를 이 지역으로 진출시켜 제3사단과 협동으로 이 적을 저지하게 하였다.

9월 7일 제18연대는 홍계동 북쪽에 있는 197고지를 향하여 진격했다. 제18연대는 적정을 파악하지 못하고 있었으므로 척후를 앞세워 전방의 적정을 먼저 탐색하고 주력이 후속하는 방법으로 진출하였다.

9월 10일 오전 제1대대(장춘권 소령)는 적 약 1개 중대 병력이 보급품을 지고 197고지 능선을 거쳐 운제산으로 남진하고 있는 것을 발견하고 대기하고 있다가 100m 정도 전방에 접근하였을 때 대대의 전 화력을 총집중하였다. 불의의 기습에 놀란 적은 막대한 피해를 입고 도주했고, 제1대대는 197고지를 점령했다.

운제산에 잠입한 적은 완전히 아군의 포위망 속에 들어갔고 수도사단과 제3사단 전선은 연결되었다.

9월 12일 제3사단과 미 처치특수임무부대는 운제산에 잠입해 있는 적을 공격했다. 적은 진지를 포기하고 제1연대와 제18연대 사이로 퇴각했는데 양 연대는 기관총사격으로 적의 퇴로를 차단하고, 포격과 소총사격을 집중하여 적을 거의 전멸시켰다.

적은 2,000여 명이 사살되고 50명이 포로가 되었다고 당시 대대장 장춘권 소령이 증언했다.

9월 13일 제18연대는 진지를 제3연대에 인계하고 안강탈환작전을 위하여 제1연대 좌측으로 이동했다.

기계 · 안강 지역 반격전

9월 13일 적 제15사단 일부 병력이 영천 방면에서 퇴각하여 동쪽으로 이동 중에 있었고, 적 제12사단은 형산강 북안으로 퇴각하여 유금동(有琴洞 경주시 강동면, 28번 국도변) 고지 일대에 집결 중이라는 정보를 입수했다.

아군은 방어에서 공격으로 전환하기 위한 부대 배치를 했다.

제17연대는 지경선을 넓혀서 좌측 제3연대 지역까지 담당하고,

제3연대는 좌 일선 형산 남쪽 제18연대진지를 인수하고,

제18연대는 제17연대와 제1연대 중간지점에 있는 모서동 서쪽과 호명동 서쪽을 남북으로 잇는 형산강 동안 능선 일대를 점령했다.

제1연대는 호명동에, 제17연대는 곤계봉에 배치되어 있었다.

9월 14일 제1연대는 적 제15사단이 안강에서 포항으로 이동하고 있는 것을 공격하여 섬멸했고, 제17연대는 곤제봉 북쪽의 적을 공격하여 안강 방면으로 퇴각시켰다.

새벽에 포항 북쪽 16km 지점에 있는 장사동해안에서 명 부대(독립 학도유격제1대대)가 상륙작전을 전개하고 있었는데, 이는 적 제5사단의 후방을 차단하는 동시에 인천상륙작전에 대한 양동작전이었다.

9월 15일 제18연대는 안강 남쪽 대동동(大同洞) 능선에 있는 적을 공격하여 북으로 퇴각시켰고, 사단 전 전선에서 적에게 숨통을 조여 갔다.

12시에 제17연대는 육군본부 직할연대가 되어 전선을 기갑연대에 인계하고 부산으로 이동했다. 인천상륙작전부대로 선정되어 간 것이다.

15시경에 기갑연대는 무릉산 일대에서 적의 공격을 받았다. 포병과 항공지원을 받으면서 반격하여 6시간에 걸친 사투 끝에 다음 날 05시 적을 격퇴하고 계속 추적하여 18일 12시에 안강을 탈환하였다.

9월 21일 기갑연대에 의해 안강에서 패주한 적 약 1개 연대 규모가 안강 북쪽 육통동(六通洞)과 노당동 북쪽 445고지 부근에 견고한 중화기와 포진지를 구축하고 아군의 진격을 저지하려고 안간힘을 쏟고 있었다. 아군의 포격과 공중공격에도 불구하고 기갑연대 진로에 화력을 집중하면서 최후 발악을 하고 있었다. 승기를 잡은 기갑연대의 사기는 충천하여 육박공격으로 돌진했고, 항공기가 가세하여 적 집결지를 맹폭격하자 적은 지리멸렬하여 환자만 남기고 퇴각하기 시작했다. 새벽부터 시작한 전투는 12시 10분경 455고지를 점령함으로써 끝을 맺었다.

이 고지는 8월 중순경부터 한 달 넘게 쟁탈전을 벌인 격전지였다.

9월 22일 10시에 기계를 점령했고, 계속 입암을 향하여 전진했는데 적은 완전히 전의를 잃고 무기를 버린 채 도평 방면으로 퇴각했다.

제18연대는 16일 이후 기갑연대 좌측방을 담당하여 근계동(根溪洞), 옥산동(이상 안강읍), 봉계동(鳳溪洞), 남계동(南溪洞-이상 영일군 기계면)을 거쳐 9월 23일 현재 지가동(芝柯洞-기계면)까지 진출했다.

사단 우측 제1연대는 18일 단구동을 점령하고 19일 양동 부근을 공격하였는데, 적은 끝까지 결사적으로 저항하다가 22일 북으로 퇴각했다.

이날 제1연대는 영천 경유 도평동으로 진출했다.

5. 창녕·영산 지구 전투(제2차) – 미 2사단

미 제2사단 전개

미 제2사단은 8월 24일 미 제24사단과 교대하여 영산 지구를 맡았다.

미 제5해병연대는 8월 초에 인천상륙작전부대인 미 제1해병사단에 편입되었고, 8월 30일 부산으로 이동하라는 명령을 받고 있었다.

미 제24사단은 이 지역을 미 제2사단에 인계하고 미 제8군의 예비대가 되어 경산으로 이동했다.

미 제2사단은 진지를 인수한 후

미 제9연대를 영산 정면의 낙동강돌출부에 배치하고,

미 제23연대를 창녕 정면에,

미 제38연대를 창녕 북쪽 현풍에 각각 배치했다.

전면의 적은 제2사단 제4, 제5, 제6연대*이다.

> * 국방부『한국전쟁사』제3권(p491)은 적 제2사단의 연대를 제4, 제6, 제17연대로 기술했다. 본문은 제4, 제5, 제6연대로 정리했다.(제8권「낙동강 방어선에 전개된 피아 전력」'북한군 사단 소속 연대' 참조)

적 제2사단은 김천에서 재편성한 후 8월 30일까지 신반리(新反里-의령군 富林면사무소 소재지)에 집결하였다가 31일 밤중에 제23연대 제1대대 정면 내재나루(적포교 남쪽)와 적포교(합천-창녕 간 24번 국도상) 그리고 삼밭머리 나루(적포교 북쪽)로 도강하여 창녕으로 뻗어있는 두 개의 도로(남쪽 24번 국도, 북쪽 67-1080번지방도)를 따라 접근했다.

이 지역은 8월 공세 때 북한군 제4사단이 미 제24사단에 의하여 괴멸된 곳이다. 적 제4사단은 이 전투에서의 패퇴하여 사단 건제를 잃었다.

창녕 전투 - 미 제23연대

미 제23연대는 창녕 정면 낙동강 연안 곱자골 서쪽능선 동단에서 부곡리 마수원에 이르는 14km선에 전개했다. 이 전선은 미 제24사단 제21연대가 8월 24일 미 제2사단 제38연대 제3대대에 인계하였고, 29일 제23연대가 다시 제3대대로부터 인수하였다.

제1대대(Claire E. Hutchin 중령)를 낙동강 연안 높은 지대에 배치하여 낙동강에서 창녕에 이르는 도로를 방어하도록 하고,

제2대대(대대장 미상)는 제1대대의 후방에 예비대로 배치했다.

제3대대는 미 제1기병사단에 배속되어 있었다.

8월 31일 밤에 낙동강을 건넌 적의 대부대가 미군의 포격을 받으면서도 논밭을 통하여 미군진지로 다가왔다. 부곡리 북쪽 낙동강 제방에 캐스고(Casgow) 소위가 지휘하는 B중대 제2소대(42명)가 진지를 점령하고 있었는데 이상한 불 행렬이 산에서 강 쪽으로 가고 있는 것을 보았다.

캐스고 소위는 이 사실을 대대본부에 보고하였고, 잠시 후에 미군 포격이 불의 행렬에 집중되었다. 그러나 포격으로 몇 개의 불이 사라졌을 뿐 불은 여전히 강 쪽으로 가고 있었다.

21시경에 이르자 적의 야포와 박격포 사격이 미군진지에 집중되었고, 포격이 계속되는 가운데 적 보병부대가 산으로 기어올라왔다. 23시경 포격이 멎으면서 녹색신호탄이 하늘로 치솟는 것과 동시에 수류탄이 캐스고 소대 진지에 빗발처럼 날아왔고, 곧이어 진입한 적과 육박전이 벌어졌다. 캐스고 소위는 소대를 철수하여 후퇴했다.

대대 모든 경계진지에서 이와 같은 방법의 공격이 동시에 일어났다.

대대장은 적의 야간 기습에 대처할 방도가 없자 부곡리~창녕 간 도로에 있는 C중대를 제외하고 모두 대대지휘소가 있는 창녕 전방 7.5km 지점에

있는 주매리(主梅里)로 철수시켰다. B중대는 많은 피해를 입었다.

9월 1일 03시경 C중대는 적이 기습하여 돌파당하였고, 중대장 바솔디(Cyril S. Bartholdi) 대위를 비롯하여 많은 병사들이 전사 또는 부상했다.

이어서 이 적은 제1대대 우측면을 통과하여 사단 포병진지를 거쳐서 제23연대본부까지 침투했다.

연대본부중대장 맥린타이어(Niles J. Mclntyre) 대위는 연대본부와 본부중대 그리고 연대참모들을 지휘하여 3시간에 걸친 혈전을 벌였고 백병전까지 치른 끝에 물리쳤다.

낙동강 연안 제1대대는 와해됐고, 3일 뒤에는 C중대 병력이 20명밖에 남지 않았다. 이번 전투가 얼마나 치열했는가를 짐작하게 한다.

제23연대는 주매리, 모산리(牟山里-창녕군 大池面)와 본초리(本招里-대지면) 세 곳에서 각각 포위되어 원형 속에서 고전하고 있었다.

적이 미 제2사단 정면 10km, 종심 13km까지 침투함으로써 사단 방어선이 창녕과 영산 두 지역으로 분리되었다. 사단장 카이저 소장은 2개 집단으로 분리된 사단을 남북 두 개의 특수임무부대로 편성하고, 북쪽 창녕 지역부대를 포병사령관 하인스(Loyal M. Haynes) 준장에게, 남쪽 영산 지역부대를 부사단장 브래들리 준장에게 지휘케 하여 북한군이 더 이상 돌파하지 못하도록 저지하고자 하였다.

9월 2일 저녁에 적은 창녕으로 침공했고, 17시경에는 창녕으로 철수하던 제1대대(허친 중령)를 포위하였는데 이를 구출하기 위하여 합세한 미 제38연대 재3대대를 공격하여 1개 중대가 격파당했다.

9월 4일 미 제23연대 제1대대는 적의 완강한 저항을 받으면서 포위망을 뚫고 부곡리~창녕 간 도로 서쪽에 있는 제2중대진지로 철수하여 그 우측에 방어진지를 구축했다.

제1대대는 5일간 전투에서 1,100명이던 병력이 600명으로 줄었다.

9월 8일 02시 30분경 적은 준비사격으로 포격을 집중한 후 미 제23연대를 공격했다. F중대가 돌파당했는데 F중대진지를 회복하지 않으면 제23연대의 모든 진지는 지탱할 수가 없게 된다. F중대는 전 장교가 부상을 입었으므로 대대부관 로빈슨(Ralph R. Robinson) 중위가 중대를 지휘하였는데 이 때 적이 급속하게 침투하여 후방이 위태롭게 되자 로빈슨 중위는 포위망을 뚫고 500m 거리에 있는 A중대에 가서 A중대의 예비소대를 이끌고 와서 진지를 사수했다.

9월 9일 날이 밝으면서 북한군 공격은 어젯밤에 비하여 약화되었고, 12시경부터 공격을 멈춘 채 방어태세로 들어간 듯이 보였다.

이날 이후 북한군의 대공세는 둔화되었으나 중대 단위 병력으로 후방교란작전을 계속하였으므로 정찰대가 매일 주 보급로를 경계하는 한편 창녕지구에 침투하는 적은 보는대로 공격하여 섬멸했다.

북한군 제2사단은 무모한 공격으로 많은 피해를 입었는데, 창녕 전투에서 1,300여 명이 전사하였고, 부상자는 2,500여 명에 이르러 매일 평균 300여 명의 부상자가 부곡리 야전병원으로 후송되었다.

미 제23연대도 손실이 많아 38% 밖에 남지 않은 병력으로 창녕을 고수했다. 미 제1기병사단에 배속된 제3대대를 복귀시켜 사단 주공으로 삼고 9월 16일 인천상륙작전이 성공할 때까지 창녕 지구를 확보했다.

아곡동 전투 - 미 제9연대

미 제9연대 방어 정면은 북쪽 낙동강 동안 부곡리에서 남으로는 낙동강과 남강이 합류하는 남지까지 20km에 이르는 넓은 지역이다.

8월 18일 적 제4사단이 패퇴한 후 이 지역은 평온을 유지하고 있었다.

8월 25일 적 제9사단이 낙동강돌출부 서안 신우리(新友里, 의령군 富林面) 부근 고지에 진지를 구축하고 도강준비를 시작했다.

적 제9사단은 38경비 제3여단이 승격한 사단으로 제87연대를 인천방어를 위하여 남겨 놓고 8월 23일 합천에 집결한 후 이곳으로 진출했다.

북한군은 8월 공세에서 대패한 후 전반적으로 전력이 크게 떨어졌고, UN공군 공격으로 수송의 어려움을 겪어 탄약, 무기, 연료, 피복, 식량 등 보급이 절대 부족한 상태인데다가 부족한 병력을 점령지에서 소위 의용군이라는 이름으로 강제 동원하여 교육도 제대로 시키지 않고 장비도 없이 전선에 내모는 무모한 방법으로 9월 공세를 취했다.

미 제9연대는 우로부터 G, F, B, C, A중대 순으로 진지를 점령했다.

A중대는 미 제72전차대대의 전차 2대 및 미 제82고사포대대의 0.4인치 쌍신포 1대와 0.5인치 기관총을 장비한 M-16 경전차 1대가 합세하여 아곡동(芽谷洞, 南旨邑 龍山里) 창날마을 앞 낙동강을 내려다볼 수 있는 능선에 진지를 점령하였다.

8월 31일 전차대 쿠마(Ernest R. Kouma) 상사는 전초병을 지휘하여 아곡동 기항(起港)나루에서 약 650m쯤 떨어진 곳에 위치하고 있었다. 이때까지 이 지역은 고요했고 짙은 안개가 끼어 있었다.

22시경 A중대진지에 적 박격포탄이 쏟아졌다. 미군도 이에 질세라 응사하여 주위는 삽시간에 천둥벼락의 소용돌이에 휘말렸다.

30분쯤 지나고 안개가 걷혔을 때 쿠마 상사는 강가에 2/3쯤 완성되어 있는 도보교량을 발견하였다. 포수에게 전차포(90mm)로 교량을 포격하도록 명령하고 자신은 포탑 뒤에 장치된 0.5인치 기관총으로 교량을 가설하고 있는 적병을 사격했다. 옆에 있던 대공포 2대도 합세하였다. 주교(舟橋)의 배가 떠내려가고 또 많은 배가 뒤집혔다.

23시경 A중대 좌측에서 예광탄이 오르기 시작하면서 적이 일제히 공격을 했다. 2~3분간 사격전이 계속 되는가 했는데 이 사이 A중대 전초병은 철수하고 전차대만 남았다.

곧이어 적 50여 명이 전차의 지원을 받으며 공격하여 전차병이 육박전까지 치르다가 모두 전사하고 쿠마 상사만 남아서 밤새도록 진지를 지키다가 다음 날 07시 30분에 본대로 돌아왔다.

밤중에 A중대 병사들은 강 건너편에서 나는 요란한 소리와 함께 강물을 헤치고 사람이 건너오는 소리를 들었다. 순간 녹색신호탄이 터지고 호각을 불어대면서 중대진지로 적이 돌진했다. 중대장 로드리게스(Adam B. Rodriguez) 중위는 중대를 산꼭대기로 철수하여 사주경계에 들어갔다.

A중대가 적과 싸우고 있는 동안 우측에는 소리만 치면 들릴 수 있는 가까운 거리에 C중대가 진지를 점령하고 있었는데, 쥐도 새도 모르게 C중대는 진지를 적에게 내주고 말았다.

9월 1일 적은 아곡동을 점령한 후 A중대가 있는 산꼭대기를 공격했다. 로드리게스 중대장은 중대원 대부분을 후방 능선으로 철수시킨 뒤라 희생은 없었다. 수많은 적병이 능선을 타고 진입했다.

제2소대장 펀(Fem) 소위는 전날 밤에 버리고 온 장비를 회수하기 위하여 수색대를 아곡동으로 보냈다. 수색대가 적병 수 명을 만나서 3명을 사살하고 2명을 부상시켰으며, 장비를 모두 회수해 왔다.

아침에 적은 A중대 정면에서 계속 강을 건너왔다. 사거리가 미치지 못해 저지할 수가 없자 중대장 로드리게스 중위는 아곡동 도하지점이 내려다보이는 능선 남단으로 경기관총을 가진 1개 분대를 내려 보냈다. 이 분대가 내려가다가 흑인병사 1명이 중상을 입고 있는 것을 보았는데 그 주위에는 적 시체 10여 구가 흩어져 있었다.

분대가 남단에 도착했을 때 산 밑 민가에 적병이 운집해 있는 것을 보고 소대장에게 보고하였고 곧이어 포격이 시작되었다. 이때 함께 경기관총에서도 불을 뿜었다. 적은 삽시간에 300여 명이 사살되었고 나머지는 강 쪽으로 달아났다.

A중대는 고립되었다. 경비행기가 탄약과 식량을 투하해 주었다.

대대장은 밤중에 중대를 철수하라고 명령했다.

A중대가 철수하기 시작하여 선두가 도로에 200m쯤 접근했을 때 400여 명의 적병 대열과 부딪쳤다. 중대장이 능선으로 올라가라고 소리를 쳤을 때는 이미 중대 주력이 적에게 포위되어 흩어지고 있었다. 중대 뒤를 따라오던 편 소위의 제2소대는 중대와는 연락이 끊어졌고, 사방에서 집중사격을 받아 꼼짝도 못하고 있었다.

9월 2일 새벽에 시계 20여m 밖에 안 되는 짙은 안개가 끼었는데 늦게까지 개지 않았다. 편 소위는 날이 밝기 전에 포위망을 탈출하여 나침반으로 방향을 잡으면서 길을 더듬어 12시가 넘은 때에 소대원 19명을 이끌고 영산 부근에 있는 제72전차대대를 찾아갔다.

이렇게 A중대는 제각기 흩어져서 사분오열된 모습으로 철수했다.

로드리게스 중대장은 이 전투에서 전사한 사실이 그 후에 확인됐다.

월상리(月上里) 210고지(박진교 동북 쪽 낙동강 동안)에 진지를 점령한 B중대는 박진나루를 통하여 도하한 적 제9사단의 공격을 받고, 많은 사상자를 낸 뒤에 분산 철수했다.

적 제9사단은 박진나루를 주 도하지점으로 하고 전차와 포병 그리고 수송차량과 보병부대가 도하하여 미 제9연대를 공격했는데 연대 최전방에 배치된 B중대가 가장 강력한 공격을 받았다.

대곡리 혈전 - 제9연대 D, H중대

8월 31일 미 제9연대 D, H중대는 만주특수임무부대를 지원하기 위하여 대곡리(大谷里, 남지읍) 150고지에 배치되어 있었다.

만주특수임무부대는 사단장 명령에 따라 적진을 위력정찰하기 위하여 연대장 힐 대령이 편성한 정찰부대 이름이다. 중대 규모의 위력정찰대를 강 건너 적 후방에 침투시켜 적 사단통신취급소를 습격하고, 포로를 잡아 심문하여 적의 작전기도를 파악하고자 하는 것으로 미군에서는 이를 만주작전(滿洲作戰)이라고 불렀다.주)1

8월 25일 침투계획을 세운 만주특수임무부대의 편성은 연대 예비 F중대를 중심으로 H중대의 경기관총 1개 반을 증강하였고, D, H 중화기중대에서 각각 1개 중기관총반, 1개 81mm박격포반, 1개 75mm무반동총반을 지원하고 4.2인치 박격포소대가 가세하였다.

만주특수임무부대는 31일 밤 박진나루에서 도하하도록 되어 있었다.

제2야전공병대대의 1개 소대가 단정(短艇)으로 도하시키도록 하였다.

이날 밤에 적 제9사단 주력이 미 제9연대를 공격하였고, 박진나루를 지키고 있던 만주특수임무부대 지원부대가 적에게 격파되어 만주계획은 31일 23시 55분에 취소되고 말았다.

8월 31일 21시 30분 적 제9사단 주력이 150고지를 공격했다. D, H중대는 150고지 정상에 급히 호를 파고 사주경계를 하면서 밤을 새웠다. 미군 병력은 장교 5명을 포함하여 70명 정도였고, 장비는 SCR-300무전기 1대, 중기관총 2정, 경기관총 2정, BAR 1정, 수술기(手術器) 1대였다. 양 중대가 중화기 중대여서 수류탄이 적었고, 소총은 M1 20여 정에 카빈 40여 정, 권총 몇 자루를 가지고 있었다.주)2

1, 2 국방부 『한국전쟁사』 제3권 p501, 502

양 중대에서 선임장교인 H중대의 슈미트(Edward Schmitt) 중위가 부대를 지휘했다. 편의상 슈미트부대라고 불렀다.

▎슈미트부대의 사투

일본 육전사연구보급회 『한국전쟁』 2 (p318)는 다음과 같이 기술했다.

"지금까지의 기술로는 미군이 마치 약한 군대라고 생각하는 사람도 있으리라 생각한다. 그러나 개개의 전투에서는 전의(全義) 동쪽의 빅슬리소대, 보은가도의 북크레이수색대, 대전의 스미드중대, 가산(架山)의 케네디중대 등등 용감하게 싸운 부대가 적지 않았다."

고 전제하고, 대표적인 예로 슈미트부대의 전투 상황을 소개했다.

"9월 1일 아침, 슈미트 중위가 산 위에서 사방을 둘러보니 주위에는 북한군이 득실거리고 있었다. 적은 북쪽 209고지의 B중대를 돌파하고 동쪽 구진산(九陣山)을 탈취한 후 동진하고 있었고, 눈 아래 보이는 낙동강 수중교로는 북한군 부대와 수송대가 계속 건너오고 있었다.

슈미트 중위는 대대에 상황을 보고하고 지원을 요청하였다.

적이 슈미트부대를 발견한 것은 10시경이었다.

14시경에 적의 본격적인 공격이 시작되었다. 슈미트부대는 계속되는 적의 도하와 진출을 막아낼 힘이 없었다. 그러나 적 주도하지점을 감제할 수 있는 대곡리 고지에 미군이 있다는 것은 적 제9사단으로서는 위협이 아닐 수 없었다. 어떻게 해서든지 제압해야 할 대상이었다.

적은 준비사격이나 지원화력이 없이 대곡리고지로 접근했다. 슈미트부대는 이 공격을 무난히 격퇴했다. 저들은 미처 철수하지 못하고 남아있는 소규모의 미군을 해치우는 것은 간단하고, 또 포로로 잡는 것도 간단할 것이라고 가볍게 생각하고 있는 것 같았다.

이날 밤에 적은 중대 규모 병력으로 3차례나 공격을 반복했지만 수류탄을 투척하여 격퇴했다. 고지가 급경사를 이루어 위에서 던지는 수류탄의 위력은 대단했다. 적이 가진 무기도 수류탄밖에는 없어 공격은 위력이 없었다.

9월 2일 아침에 진지 주위 비탈에는 헤아릴 수 없을 만큼 많은 시체가 흩어져 있었다. 슈미트부대도 사상자가 늘어갔고, 식량과 물과 탄약이 바닥났는데 특히 가장 긴요하고 중요한 수류탄은 어젯밤에 너무 많이 소모하여 얼마 남지 않았다. 어제 요청한 증원부대는 오지 않았고, 보급도 되지 않았다.

09시경 H중대 와킨스(Watkins) 상사는 죽은 적병의 수류탄을 회수하려고 호 속을 나오는데 45m 전방에 적 2명이 보여 이를 사살하고 수류탄과 소총을 회수하여 돌아오려는데 다시 적 3명이 나타나서 달려들었다. 와킨스 상사는 그 3명마저 사살하고 이들의 수류탄과 소총을 빼앗아 돌아왔다.

10시경에 적 6명이 기관총진지 20m 전방까지 접근하여 수류탄을 던졌다. 와킨스 상사는 호 속에서 뛰어나와 이들과 싸우다가 적 기관총에 등을 맞고 쓸어졌다가 잠시 후에 일어나서 죽을 힘을 다하여 적 6명을 모두 사살하고 저들의 수류탄과 무기 및 실탄을 노획하여 돌아와서는 호 속에 주저앉고 말았다. 그 와중에도 큰소리로 파이팅을 외쳐 전우들의 용기를 불러 일으켰다.

점심식사가 배식되었다. 와킨스 상사는 이렇게 말했다.

'나는 이제 틀렸다. 식량이 부족한데 내 몫을 내일 분으로 남겨 두어라.'

오후에 적은 포로가 된 미군을 통하여 1시간 안에 항복하라는 쪽지를 보내왔다. 슈미트 중위는 이를 묵살했다. 그로부터 40분 후 적은 북방고지에서 기관총 2정으로 사격을 집중하고, 남쪽 평지에서는 전차포로 사격을 해 왔으며, 동쪽 계곡에서는 박격포사격이 시작되더니 보병이 공격했다. 슈미트부대는 소총과 수류탄 그리고 육박전으로 격퇴했다. 그러나 피해는 늘어났고, 탄약은 바닥이 났으며, 위생병 한 명이 가지고 있는 구급품은 다 써 버렸다.

이날 L형 연락기가 날아와서 보급품을 공중 투하했으나 진지가 협소하고 고지의 경사가 급하여 대부분이 적지에 떨어졌다. 19시경까지 회수한 보급품은 기관총탄 3상자(한 상자 1,040발), 수류탄 11개, 식량 2상자 반, 위생품 약간, 맥주 21통이 전부였다.

슈미트 중위는 적탄을 무릅쓰고 보급품을 회수하다가 부상을 당했으나 이를 굽히지 않고 이리 뛰고 저리 뛰면서 직접 보급품을 회수하여 몇 명 남지 않은 장병들의 사기를 북돋우었다.

큐레드 일등병은 진지 밖에서 겨우 물통 하나를 찾아냈는데 물통이 깨져있었다. 그는 여기저기 널려 있는 적군 시체를 뒤져서 무기와 탄약을 모아가지고 왔다. 오다가 적군이 갑자기 나타나서 달려들자 주먹으로 때려 눕혔다.

날이 어두워지면서 박격포사격은 중지되고 보병공격이 시작되었으나 무난히 격퇴했다. 그러나 시간이 흐르면서 야간공격이 치열하여 다음 날 아침까지 20차례나 반복하여 공격을 받았다.

미 제9연대장 힐 대령은 가끔 통하는 무전기로 포병과 항공지원을 약속했지만 한번도 실행되지 않았다. 전장의 기온은 40도를 오르내렸고, 장병들의 갈증은 상상할 수 없을 정도로 심했다.

9월 3일 아침부터 적의 공격이 집요하고 끈질기게 거세어졌다. 슈미트부대의 실탄이 떨어진 것을 눈치 챈 적은 진지 앞까지 걸어와서 수류탄을 던졌다. 수류탄이 호 속에 날아들었고, 피비린내 나는 백병전이 벌어졌다. 병사들은 날아든 수류탄을 집어서 되던지거나 몸을 피하며 하루를 버텼다.

큐레드 일등병은 자신의 참호 속에 다섯 번이나 수류탄이 날아들었지만 그때마다 비호처럼 튀어나가 피하였는데 여섯 번째 수류탄을 피하지 못하고 전사했다. 최고의 훈장인 명예훈장을 받았다.

박격포사격도 치성을 부렸다. 박격포탄 한두 발 안 맞은 호가 없었다. 슈미트 중위는 호 속에서 박격포탄을 맞고 무전기를 껴안은 채 장렬하게 전사했다. 수

훈십자훈장을 받았다.

맥더니엘(Raymond J. McDoniel) 중위가 대신 부대를 지휘했다.

저녁부터 비가 내리기 시작했다. 반가운 보급이었다. 전날 공중으로 투하해 준 환자용 담요에 빗물을 받아서 5갤런 들이 물통에 빗물을 짜 넣었고, 사병들은 군복에 밴 빗물을 짜서 수통을 채웠다.

9월 4일 생존자는 장교 2명을 포함하여 30명이었다. 각자가 소지한 탄약은 소총실탄 8발 정도였고, 수류탄이 몇 발 있었다.

부대에 이상한 일이 일어나기 시작했다. 연일 거듭된 긴장으로 심신이 약해진 자와 정신이 이상해진 자들이 참호 속을 뛰쳐나와 적에게 사살되는 일이 일어난 것이다. 4일 동안 밤낮없이 얼굴을 들지 못하고 가마솥 같이 찌는 호 속에서만 지낸 탓에 정신착란을 일으킨 것이다.

날이 어두워지자 적은 만세를 부르며 돌격했다. 그러나 소리만 요란하였지 공격은 위력이 없었다. 날아오는 수류탄도 몇 발 되지 않았다. 수류탄을 주무기로 하고 있는 적군은 수류탄을 풍부하게 가지고 있을 것으로 생각되는데 이해가 되지 않았다. 후에 포로가 된 북한군의 진술에 따르면

'아무리 공격을 해도 점령할 수 없는 슈미트부대에 혼이 난 북한군은 공포에 질려 공격을 거부했다.'

고 했다. 소리만 지르고 공격은 하지 않은 것이다.

맥더니엘 중위의 저항도 극한에 이르러 더 이상 버틸 힘이 없었다. 싸울 사람도 없고, 실탄도 없으며, 먹을 것도 없었다. 22시에 적의 공격을 격퇴한 뒤에 29명의 사병을 4개 조로 편성하여 포위망을 뚫고 고지를 내려왔다.

부상한 와킨스 상사는 그때까지 살아 있었다. 전우들이 어떻게 해서라도 데리고 가려고 애를 썼지만 그는

'나는 상관없다. 나를 데려가려면 나로 인해 또 다른 희생이 따른다. 폐를 끼

치고 싶지 않다. 행운을 빈다. 카빈총을 이리 다오.'

일행이 산을 다 내려왔을 때 산 정상에서 한 발의 총소리가 들려왔다.

그는 명예훈장을 받았다.

맥더니엘부대는 강안을 따라 하류로 탈출하고자 했는데 강안을 따라 난 도로에는 북한군의 전차와 포, 수송대와 보병부대의 행렬이 쉴 새 없이 동쪽으로 이동하고 있었다.

맥더니엘부대는 적이 이동하는 행군종대의 사이를 뚫고 도로를 횡단하여 27명이 낮에는 숨고 밤에만 걸어서 미 제25사단진지에 도착했다.

도중에 골드웰 중위와 사병 한 사람이 적군 대열에 섞여들어 낙오했다. 그들은 용변을 보는 척 하면서 이탈하여 강변 밭에서 5일 하루를 보내고 사병은 탈출하는데 성공하였으나 골드웰 중위는 6일 밤에 적 2명에게 붙잡히고 말았다. 적은 골드웰 중위의 인식표와 군화를 뺏은 뒤에 돌로 중위의 앞이마를 치고는 벼랑 위에서 낙동강으로 굴러 떨어뜨렸다. 골드웰 중위는 상처가 심하지 않아서 생명에는 지장이 없었다. 낮에는 죽은 척 하고 있다가 밤에만 걸어서 9월 10일 무사히 미군 전선으로 돌아왔다.

9월 하순 미 제9연대가 반격 중 대곡리 고지에 올라갔을 때 참호 속에 시체들이 부패하여 하나의 호 속에 두 명이 들어가 있었는지, 세 명이 들어가 있었는지 구별할 수가 없었고, 시체의 총수는 30구로 추산할 수가 있었는데 신원을 확인할 수가 있는 것은 와킨스 상사 외에 14명뿐이었다. 와킨스 상사는 참호 속에 앉은 자세로 총구를 입에 물고 있었다고 했다."

영산 전투 – 미 제9연대, 미 제5해병연대

8월 31일 밤에 적 제9사단의 공격을 받고 낙동강돌출부 서안에 배치 된 미 제9연대 G, F, B, C, A중대 중 B, C, F중대는 전투력을 완전히 상실한 상태에서 9월 1일 현재 적에게 포위되어 연락이 두절된 상태에 있었고 연대도 전투력을 상실하고 있었다.

9월 1일 적 제9사단은 낙동강돌출부 정면에서 강을 건너

제85연대*는 북쪽 강리(講里)를 거쳐 영산으로,

제86연대는 남쪽 남지를 지나 영산으로

서로 호응하듯 빠른 속도로 진격하고 있었다.

> * 국방부 『한국전쟁사』 제3권은 가. 「참전부대 및 주요지휘관」에서는 북한군 제9사단 제85연대, 제86연대, 제87연대로 표시(p497)하였고, 전투경과의 개요에서는 "제9사단의 제1, 제2연대(제3연대는 인천에 남아있었다)"라고 기술.(p505) 본문은 앞의 연대로 정리했다.(제8권 「낙동강 방어선에 전개된 피아 전력」 '북한군 사단 소속 연대' 참조)

적 지원부대는 제1군단의 76mm포 1개 대대와 고사포 1개 대대였고, 배속부대는 제16기갑여단의 2개 전차대대, 제4사단의 1개 포병대대였으며, 제9사단 뒤에는 지난번에 미 제24사단에 괴멸되어 전투력을 상실한 후 신병을 보충받아 재편성한 제4사단이 따르고 있었다.

미 제9연대는

영산에 E중대와 제72전차대대 및 사단 수색중대를 배치하고,

영산 동남방 낮은 능선에 제2야전공병대대가 방어진지를 구축하였다.

공병대대 제4중대는 영산에서 낙동강에 이르는 선을 지키게 하였다.

오후에 A중대는 아곡동에서 적 약 300명으로부터 공격을 받고 화력전을 벌이다가 제72전차대대진지로 철수했다.

제72전차대대와 사단 수색중대도 적과 교전했다.

수색중대 토너(Charles W. Torner) 상사는 전차 기관총으로 적 기관총 7정을 격파하고 장렬하게 전사했다.

전 군이 돌파되고 있는 상황에서 미 제8군은 예비대를 어디에다 신속하

게 투입해야 할 것인가를 결정해야 할 중대한 시기라고 생각했고, 가장 위험한 정면은 영산일 것으로 판단했다.

9월 1일 10시가 지나자 워커 중장은 군의 반격 정면을 영산 정면으로 결정하고 미 제27연대에 영산 지역으로 이동할 준비를 하라고 지시했다.

워커 장군은 마산에 있는 미 제25사단사령부를 방문했다. 사단은 듣던 것보다 훨씬 더 위험한 상태에 놓여 있었다. 중앙 제24연대는 거의 괴멸 상태에 있었고, 우측 제35연대는 중·소대마다 포위되어 있었으며 사단포병대도 공격을 받았을 뿐만 아니라 마산 주변에는 끊임없이 게릴라가 출몰하고 있었다. 킨 사단은 그야말로 붕괴 직전에 놓여 있었다.

돌아가는 길에 밀양 서쪽 무안리(武安里, 밀양군 무안면)에 있는 미 제2사단사령부에 들렀다. 미 제2사단은 미 제25사단보다도 더 위급한 상황이었다. 창녕의 제23연대가 주매리, 모산리, 본초리 3개 소에서 각각 포위되었고, 낙동강돌출부를 방어하던 제9연대는 2개 소에서 돌파되어 3개 중대가 행방불명인데다가 연대는 전투력을 완전히 상실한 상태에 있었으며 사단은 창녕과 영산으로 양분된 지경에 있었다.

11시 워커 장군은 영산 반격에 해병대를 투입하기로 결심했다. 영산으로 진출한 적을 해병대가 아니고는 격퇴할 수 없다고 생각하였다. 해병대 투입이 인천상륙작전에 영향을 줄지 모르나 인천상륙작전이 부산교두보 확보가 전제가 되고 있는 이상 어쩔 수 없는 일이라고 판단하였다.

13시 30분 해병대에 영산으로 이동할 것을 명령했다. 반격명령을 내리지는 않았다. 인천상륙작전에 참가하는 해병대 임무를 알고 있었기 때문에 해병대 투입은 맥아더 원수의 승인을 받아야 했고, 또 가능하면 해병대를 투입하지 않고 사태를 수습하고 싶었기 때문이었다.

맥아더 원수의 승인이 나지 않을 경우에 대비하여 미제24사단과 미제27

연대에도 영산으로 이동할 준비명령을 내려놓고 있었다.

9월 2일 03시경 어제 저녁 영산에 침입한 적 1개 대대 규모가 모두 흰옷을 입고 피난민으로 가장하여 T-34전차 4대의 지원하에 영산 동쪽 작약산(芍藥山)에 있는 미 제2야전공병대대를 공격했다. 공병대대는 야포와 박격포의 지원을 받지 못하고 다만 좌 인접 제72전차대대와 협동하여 11시까지 사투를 벌인 끝에 적을 물리치고 진지를 고수했다.

미군은 12명이 전사하고 18명이 부상하였고, 적도 많은 피해를 입어 영산 남쪽 고지 비탈은 적의 시체와 파괴된 장비로 가득 차 있었다.

제2공병대대 전투가 한창일 때 미 제9연대는 800여 명의 병력으로 제2대대를 재편성한 후 오후에 공격을 개시하여 15시경에는 영산을 탈환하고, 항공기의 근접지원을 받으면서 적을 영산 서쪽 고지까지 밀어냄으로써 밀양으로 진출하고자 하는 적의 기도를 봉쇄했다.

9월 2일 서남부전선의 위기는 절정에 이르렀고, 영산 정면의 위급함은 미 제8군의 존망을 좌우하는 것으로 생각되었다. 사태가 이에 이르자 워커 장군은 마침내 해병대로써 역습을 감행할 결심을 했다.

09시 30분 워커 장군은 극동군사령부 참모부장 히키 소장에게 직접 전화를 걸었다. 해병대의 사용이 불가피하다는 것을 설명하고 맥아더 원수의 승인을 요청했다. 맥아더의 승인이 쉽게 나리라고 생각하지 않았다. 히키 소장은 뜻밖에도 즉석에서 이렇게 대답을 했다.

"맥아더 원수는 어제 만약 워커가 해병대를 사용하고 싶다고 말해 오면 언제든지 허가해도 좋다고 말씀하셨습니다." 주)

일본 육전사연구보급회 「한국전쟁」 [2] p300

맥아더는 9월 1일 전황에서 이러한 일을 예측하고 있었던 것이다.

워커는 제5해병연대를 미 제2사단에 배속하여 역습준비명령을 내렸다.

9월 3일 08시 55분 해병연대는 영산 서측면 능선을 점령하고 있는 적 제9사단을 공격했다. 보병과 포병 그리고 전차와 항공기 등 지원할 수 있는 모든 전투력을 총망라한 연합작전을 폈다. 이 역습으로 91고지는 점령하였으나 적도 전차를 앞세우고 강력하게 저항하여 116고지 탈환은 실패했고, 해병연대 D중대가 포위되어 고립되는 어려움을 맞았다.

해병연대는 대체로 영산 서쪽 3km까지 진출하였는데 34명이 전사하고 157명이 부상하는 손실을 감수해야 했다.

9월 4일 08시 해병연대는 다시 공격을 시작하여 영산 서쪽 언덕의 적을 격파하고 적 제9사단사령부를 급습했다. 이곳에는 천막이 그대로 쳐져 있었고, T-34전차 2대가 완전한 상태로 버려져 있었으며, 주위에는 수많은 시체와 장비가 흩어져 있었다.

적은 비가 쏟아지는 틈을 타서 미 제9연대 G중대를 공격했다. G중대를 구하기 위하여 해병대가 출동했다. 해병대 카우프먼(Loren R. Kaufman) 중사는 선두에 서서 백병전으로 적 4명을 찔러 죽이고 기관총진지를 파괴했으며, 박격포 사수들도 쏘아 죽였다.

9월 5일 아침에 10분간 공격준비포격을 끝내고 해병연대는 3일째 공격을 시작했다. 해병연대는 쏟아지는 빗속을 뚫고 일사천리로 진격하여 대봉리능선까지 진출했고, 미 제9연대는 8월에 미 제24사단이 고전을 겪은 클로버고지를 점령했다.

14시 30분경 T-34전차 2대를 앞세우고 적 약 300명이 역습해 왔으나 해병연대 A중대가 해병연대의 81mm박격포 지원을 받아 격퇴했다.

9월 3일부터 이날까지 북한군은 미군의 반격을 받고 극심한 타격을 받은 듯 이날 오후부터 공격이 점점 약해져 갔다.

9월 6일 전날까지의 전투를 마친 미 제5해병연대는 진지를 미 제9연대에 인계하고 인천으로 가기 위하여 부산으로 떠났다.

이 이후 9월 15일까지 미 제9연대는 클로버고지와 대봉리능선을 잇는 선에서 평온한 상태로 적과 대치하였다.

워커의 관심지역 현풍은 조용했다 - 영 연방 제27여단

현풍은 고령에서 대구에 이르는 접근로(26번 국도)가 있고, 그 서쪽 고령에 북한군 제10사단이 집결해 있어 미 제8군사령관의 관심을 끌고 있는 지역이면서 적 제10사단의 움직임은 미 제8군 관심의 초점이었다.

워커 장군은 이러한 이유로 이곳을 중시하고 미 제2사단 23연대 제3대대를 미 제1기병사단에 배속하여 이곳을 방어하도록 하였다.

8월 25일 한국에 도착한 영 연방 제27여단이 9월 5일 미 제23연대와 교대하여 현풍 지구를 맡고 미 제23연대는 창녕 전면으로 복귀했다.

적 제10사단은 현풍 동북방에 있는 409고지를 점령하고 있었다. 그러나 이 지역은 너무 조용했다. 워커 장군의 생각과는 너무 달랐다.

9월 6일 영 연방제27여단은 적이 있는 곳에 1개 중대의 정찰대를 보냈다. 정찰대가 적과 접전하여 중대장과 중대장 당번병이 부상을 입었다. 중대장 명령으로 부상한 중대장과 당번병을 남겨두고 중대가 철수했는데 그 후 중대장과 당번병은 다시 볼 수 없었다.

영국군이 처음으로 맛 본 북한군의 매우 맛이었다.

고령에 있는 적 제10사단이 동쪽으로 진격하여 대구 남쪽을 위협했다면 낙동강 서남부 지역의 위급함이 정도를 더 했을 것이나, 적 제10사단은 움직이지 않았다. 워커 장군은 참모장 랜드럼 대령에게 하루에 두 번씩 적 제10사단의 동정을 보고하도록 지시하였다. 저들 움직임이 대구의 운명을 결정지을지도 모르기 때문이었다. 저들은 움직이지 않았다.

낙동강전선에 배치된 영국군병사

후일 미 제8군이 노획한 문서에 의하면 적 제10사단 임무가

"북한군 제2군단이 대구를 점령할 때까지 409고지를 확보하고 있어라."

고 되어 있었다. 그러나 포로들의 진술에 의하면

"사단장이 무능했다."

고 했고, 미 공간사는

"이것은 북한군의 수수께끼"

라고 하면서

"409고지는 아늑하고 편안한 진지였으니까 무능한 사단장은 움직이기가 싫었겠지!"

하고 추측했다.주)

일본 육전사연구보급회 『한국전쟁』 2 p325

6. 마산 서북부 방면 방어전 – 미 제25사단

48km의 넓은 방어선

미 제25사단 방어 정면은 북쪽 낙동강과 남강이 합수하는 남지교에서부터 십이당산(지도상에는 삼봉산)을 지나 진주~마산 간 철도와 도로를 가로지르고 남쪽의 험준한 산악지대인 전투산(665고지)과 필봉(743고지)을 거쳐서 진해만에 이르는 약 48km의 넓은 지역이다.

제35연대가 우일선 남지교에서 진주~마산 간 도로까지 약 24km,

제24연대가 중앙 산악지대인 전투산과 필봉 및 함안 서쪽 산악지대,

제5연대전투단이 좌일선 서북산 남쪽에서 진동리의 해안선까지

의 정면을 각각 담당하고 있었고,

제27연대는 예비대로 사단사령부와 함께 마산에 있었다.

미 제25사단 정면의 적은 제6사단과 제7사단으로 적 제1군단 작전명령에 의하면 8월 23일 23시에

제6사단은 미 제24연대 정면을 돌파하여 진주~가야~마산 도로를 따라 중리로 진출하고,

제7사단은 미 제35연대 정면을 돌파하고 칠원으로 진출하여 남지~마산 간 국도를 차단하라고 하였다.

적의 궁극적인 목표는 마산을 점령한 다음 부산 방면으로 진출하여 삼랑진~구포선상에서 아군의 동맥선인 주보급로를 차단하는데 있었다.

남지 부근 전투 – 미 제35연대

8월 31일 23시 30분 적 제7사단은 미 제35연대 정면 남지 부근에서 남강을 도하하여 일제히 공격했다.

성당리(城堂里)와 돈지나루(이상 의령군 芝正面)에서 도하한 1개 연대 병력은 자주포 여러 문을 갖추고 포병의 엄호사격을 받으며 연대 우 일선 남지교 서쪽에 있는 제2대대를 공격했고,

그 상류 호미나루(의령군 正谷面)에서 수중교를 건너온 적은 제1대대와 제2대대의 경계선인 십이당산과 진주~마산 간 도로지점을 공격했다.

이 지점에는 한국경찰대 300명이 배치되어 있었다.

9월 1일 새벽에 적의 공격을 받은 E, F중대는 격전 끝에 진지를 고수하는 데 성공하였고, G중대는 적의 거센 압력에 버티지 못하고 일부가 새로운 진지로 이동하였고, 서촌리(西村里-함안군 伽倻邑)와 남강 사이 제3소대는 고립 상태에서 고전을 겪고 있었다.

제3소대와 함께 있던 중대장 마제스케(LeRoy E. Majeske) 대위는 항공지원과 포의 지원을 요청하였는데 11시 45분 적이 먼저 고지정상에 육박하여 이를 저지하던 중 중대장 마제스케 대위가 전사했다.

제3소대장 로치(George Roach) 소위가 재차 공중지원을 요청하여 전폭기 편대가 폭격함으로써 적의 공격을 잠시 멈출 수 있었다. 그러나 후속부대 진출을 저지하였을 뿐 일선 공격부대는 8부 능선에서 수류탄으로 계속 공격을 했고 오후에 들어 로치 소위마저 전사했다.

분대장 푸비(Junius Poovey) 중사가 소대를 지휘하여 18시까지 공방전을 계속했다. 소대원은 12명이 남아있었고, 29명이 부상했으며, 탄약은 다 떨어졌다. 푸비 중사는 더 이상 지탱할 수 없어서 상부의 승인을 받아 중대주진지로 철수했다. 부상자 중에서 회복 가능성이 있는 3명만을 들것에 싣고 왔는데 부상자 29명 중에서 12명이 전사했다.

같은 시각 호미나루에서 수중교로 도하하여 제1대대와 제2대대의 지경선으로 진출한 적은 한국경찰대의 수비진을 돌파한 뒤 일부는 우측 제2대

대 G중대진지로 우회하고, 주력은 말산리(末山里-함안군 가야읍, 함안군청소재지) 서쪽 십이당산을 공격했다.

십이당산은 관측에 유리하고, 미 제25사단에서는 가장 중요한 고지였다. 이곳에는 제1대대 B중대가 진지를 점령하고 있었다.

적은 23시 30분부터 자정까지 탄막 사격을 계속했고, 2개 대대가 포의 엄호를 받으며 B중대진지로 접근했다. 적 전차와 자주포 및 대전차포는 검암리(儉岩里-가야읍) 도로상에 있는 미군 전차대를 집중 포격했다.

9월 1일 새벽 미군 전차는 적 전차 1대를 격파했고, 3.5인치 로켓포조는 적 자주포 1대와 45mm대전차포 여러 문을 파괴했다.

B중대진지로 접근하던 적은 진지 전방 150m 지점에 이르렀을 때 진전에 매설해 둔 대인지뢰가 폭발하여 희생을 내면서 공격이 좌절되었고, 후속부대는 B중대의 맹렬한 사격과 지원포병의 집중포격을 받으면서도 결사적으로 접근을 시도하다가 날이 밝을 무렵에 모두 퇴각했다.

날이 밝았을 때 진지 전면에는 경기관총 30정과 중기관총 3정을 비롯하여 많은 장비와 적의 시체가 흩어져 있는 것을 목격했는데 시체 중에서 적 제13연대장 한일래 대좌가 죽어 있는 것을 발견했다.

낮 현재 미 제35연대와 한국경찰대는 진지 대부분을 확보하고 있었으나 G중대는 계속 적의 위협을 받고 있었고, 전선 후방에 적 3,000여 명이 집결해 있을 뿐만 아니라 검암리 동쪽 10km 지점과 칠원, 중리 등 미 제35연대 후방지역까지 적이 침투하여 미 제35연대와 한국경찰대는 사실상 적 제6사단과 제7사단에 의하여 포위된 상태가 되었다.

이때 함안 정면 미 제24연대마저 궤멸 직전에 있었다.

킨 사단장은 이때 사단사령부를 방문한 워커 사령관에게 군 예비 제27연대의 투입을 요청했다. 그러나 이때는 미 제2사단 정면 영산이 더 위급하여 미 24사단과 함께 미 제27연대를 영산으로 이동을 준비하도록 명령을 내린 상태였으므로 워커는 들어줄 수가 없었다.

시간이 갈수록 미 제35연대의 상황이 더 위급해지자 사단이 붕괴될 것을 염려한 킨 사단장은

'한 지역의 방어를 책임지고 있는 지휘관의 당연한 조치'

라고 생각하고 독단으로 미 제27연대 제2대대(머치 중령)로 하여금 미 제35연대 G중대를 구출하고 보급로를 타개하도록 명령하였다.

사후 승인요청을 받은 워커 장군은 뜻밖의 일로 생각했지만 엎질러진 물을 다시 주어 담을 수는 없는 일이었다.^{주)} 일본 육전사연구보급회 『한국전쟁』 ② p297

9월 3일 머치대대는 전차와 포병 그리고 공중지원을 받으며 공격 끝에 18시에 제35연대 G중대가 상실한 진지와 함께 장비를 되찾았다.

9월 4일 머치대대는 회복한 진지를 G중대에 인계하고 보급로를 개척하기 위하여 후방의 적을 공격하러 갔는데 G중대는 다시 진지를 적에게 내주었다. 머치대대는 다시 반전하여 진지를 재탈환하여 인계하고 후방공격을 다시 시작했다. 그러나 적은 3개 방향의 고지에서 기관총을 교차 사격했고, 수천 명으로 추산되는 병력이 역습을 해온 데다가 폭우가 쏟아지고 시계가 흐려져서 500m 후퇴하여 적의 역공을 피했다.

9월 5일 머치 중령은 탄약과 식량을 8대의 수송기로 공중보급받고 재차 공격하여 보급로를 확보하고 C중대 후방 800m 지점까지 진출했다.

9월 2일 미 제27연대 제2대대(머치대대)가 미 제35연대를 지원하기 위하여 중리를 떠난 뒤 후방으로 침투한 적이 미 제27연대지휘소와 몇 개의 포진지를 공격하여 분쇄하였다.

킨 사단장은 미 제27연대 제3대대로 하여금 이 적을 공격케 했다.

킨 장군은 그렇게 하는 것이 마산을 방어하는 길이고, 군(제8군) 전반의

의도에도 부합되는 것으로 생각하여 단독으로 결정한 것이다.

킨 사단장은 이 사실을 낮 12시 50분 워커 사령관에게 보고했다.

워커 사령관은 제5해병연대에 역습준비를 명령하고 만일의 경우에 대비하여 미 제24사단에 대해서도 수산리(水山里-마산 서남쪽 12km지점)로 이동하여 마산정면이나 영산정면 어디든지 공격할 수 있는 준비를 갖추도록 명령 한후 잠깐 한숨을 돌리고 있는 중이었다.

전날에는 제2대대를 임의로 사용하였고 이제 군 예비로 마지막 남아있는 1개 대대마저 사용한 것이다. 만일 이때 미 해병대의 사용이 허락되지 않았었다면 전투지휘에 중대한 차질을 가져다 줄 수 있었던 행위였다.

워커 장군은 감정을 삭이고 묵인했다고 하는데 당시 장군의 심경이 어떠했는지는 정확하게 알려지지 않았다.주) 일본 육전사연구보급회 『한국전쟁』 [2] p300

9월 3일 아침에 디차우(George H. DeChow) 중령이 지휘하는 미 제27연대 제3대대는 적을 격퇴하고, 15시경에는 검암리 동쪽 6km 지점에서 마산도로를 점령한 적을 공격하였는데 1,000여 명이 넘는 적이 반격하여 대격전이 벌어졌다. 디차우 중령의 제3대대는 전차와 공중지원을 받으면서 혈전을 벌인 끝에 적을 제압하고 도로를 확보하였다.

K중대 제임스(Elwood F. James) 중위를 비롯한 장교 13명을 포함하여 많은 전사자를 내는 피해를 입었다.

미 제35연대 제1대대 B중대가 점령하고 있는 십이당산은 진지가 가장 돌출되어 있고 진지에 이르는 보급로와 후방지역은 적이 점령하고 있어 완전히 고립되어 있었다. 8월 31일 밤 이후 매일 공방전이 계속되었다. B중대는 격전을 치르면서 진지를 확보하고 있었는데 이 진지에는 철조망, 대인지뢰, 부비트랩과 네이팜탄 등으로 장애물이 설치되어 있었고, 제64포병대대 A포대가 투입되어 전담 지원하고 있었다.

9월 1일 01시부터 3일 새벽까지 전투가 계속되었는데 진전에서만도 적 시체 149구가 흩어져 있었고, 적 사상자는 500여 명으로 추산되었다.

9월 3일 새벽에 적 약 50여 명이 B중대를 지원하고 있는 A포대진지를 공격했다. 기관총과 다발총을 난사하며 육박하여 포진지 전방에 있는 2개의 기관총진지를 격파하고 03시에는 포진지까지 접근하여 육박전이 벌어졌다. 혼란 중에 일부 포진지를 적에게 빼앗겼으나 제90포병대대 C포대의 화력지원을 받고 반격하여 포진지를 다시 탈환했다.

제64포병대대 A포대는 7명이 전사하고 12명이 부상했다.

9월 6일 함안에 있던 미 제27연대 제1대대(체크 중령)는 남강하류에서 적을 공격 중인 미 제35연대 제2대대와 합류하기 위하여 북상하면서 적의 대소 16개 집단을 공격하여 분산시켰다.

9월 7일 아침에 적 제7사단 패잔병들이 남강을 건너 도주하는 것이 목격되었고, 8, 9일 이틀동안 폭우가 내려 남강과 낙동강 수위가 2m나 불어나 적의 새로운 도하를 어렵게 하였다.

미 제35연대를 지원한 포병은 제159, 제64포병대대의 105mm포 5개 포대와 제90포병대대의 155mm포 1개 포대이고, 총 36문이었다. 포병들은 검암리와 중리 사이에서 적 제6사단의 많은 보급품과 장비를 격파했고, 9월 1일부터 반격이 개시된 20일까지 포살한 적병은 1,825명으로 추산했다.*주)

국방부 『한국전쟁사』 제3권 p517

* 일본 육전사연구보급회 『한국전쟁』 2(p327)은 이렇게 소개했다.
"미 제35연대 지역에 유기된 북한군의 시체는 2천 구 정도로 추산되었는데 이 시체들은 주로 진지 주변과 도하지점 및 미 제27연대의 작전지역을 연해서 산재해 있었다. 전장을 시찰한 피셔 연대장은 이 처참한 모양을 평하여 '시체는 노르망디 전장

인 후아라이즈토른 지구에 남겨진 독일병사의 시체보다 많았다. 시체로 모여들었던 파리들이 날면 시야를 가릴 정도였다.'고 술회하고 있다."

함안 부근 전투 – 미 제24연대

미 제24연대 제2대대(Paul F. Roberts 중령)는 함안 서쪽 1.5m 지점의 능선을 확보하고 있었는데 이때 적은 제2중대진지 중앙을 통과하여 함안으로 이어지는 진주~함안 간 도로를 확보하고 있었다.

8월 31일 적은 한밤중에 도로 북쪽 능선에 배치된 F중대를 공격하여 F중대진지와 함께 도로 좌측 130고지에 있는 한국경찰대진지를 돌파하고 도로 상에서 노획한 75mm무반동총으로 미군 전차 2대를 격파한 후 계속 남진하여 대대 81mm박격포진지를 점령했다.

9월 1일 새벽 G중대(Houston M. Memorray 중위)가 공격을 받았다.

메모레이 중위가 지휘하는 G중대는 69명 중 15명이 남아있었는데 8명이 제1소대이고 나머지는 한국경찰대였다. 적의 공격은 대수롭지 않았는데 철조망을 엄호하던 BAR사수가 공격을 받고 도망치는 바람에 수많은 적병이 일시에 돌입하여 진지는 속수무책으로 점령당하고 말았다.

제2대대 좌측 산비탈에 배치된 E중대(Ellis 중위)는 한밤중에 적 전차가 공격했다. 중대장 엘리스 중위가 좌측에서 나는 요란한 포성을 듣고 달려갔을 때 그곳에 있어야 할 제3소대는 진지를 떠나고 없었다

중대진지에는 중대장과 11명의 중대원이 남아있었다. 날이 밝으면서 진지에 접근한 적을 결사적으로 물리치고 진지를 지키는데 성공했다.

함안 북쪽 1.6km 지점에 있는 제159야전포병대대 C포대가 적의 공격을 받고, 제89전차대대의 엄호를 받아 함안으로 철수하였고, 연대장 챔프니 대령은 함안에 있는 연대본부를 함안 동북방 도로상으로 옮겼다.

제2대대를 공격한 적은 제6사단이었다. 저들은 9월 1일 02시에 600여 명의 병력이 제2중대진지를 돌파하고 함안으로 진격했다.

연대장 챔프니 대령은 함안 남쪽 5km 지점에 있는 제1대대(Eugene J. Carson)로 하여금 역습하여 돌파된 진지를 회복하라고 명령했다.

제1대대는 전투산과 필봉 전투에서 많은 희생자를 내고도 병력을 보충하지 못하였다. 분산된 대대 본부요원 40여 명을 수습하여 07시 30분경 함안으로 전진하였다. 그러나 중과부적으로 와해되어 제2대대와 함께 이날 오전에 함안 동쪽 산악지대로 퇴각했고, 9월 1일 아침에 함안은 적의 수중에 들어갔다.

킨 사단장은 미 제8군사령관에게 미 제27연대의 증원을 요청하였다. 마산에는 8월 31일 다부동에서 격전을 치르고 복귀한 미 제27연대가 군 예비로 있었다. 미 제8군사령부에서는 1개 대대를 증원해 주었다.

미 제27연대 제1대대(체크 중령)는 10시경 현지에 도착했다. 이때 챔프니

함안 동쪽 다리 밑에 있는 미 제27연대지휘소

연대장은 철수 병력을 수습하고 있었는데 16시경까지 200여 명을 집결시켰을 뿐이다. 이 때문에 증원부대의 반격이 6시간이나 지연됐다.

체크대대는 반격에 앞서 15분간 준비포격을 실시했고, 전폭기가 30분간 네이팜탄과 로켓포탄을 퍼부어 함안을 불바다로 만들었다.

16시 30분 체크대대는 제79전차대대의 전차 1개 소대를 앞세우고 함안으로 진격했다. 적의 저항도 만만치 않았다. 적의 화력에 전차 1대가 파괴되고 전차 뒤를 따르던 보병이 많이 희생됐다.

체크대대는 18시 25분 함안 남쪽 500m 지점 능선을 탈환했고, 20시에는 함안 서쪽 1.5km 지점에 있는 고지를 탈취한 뒤 방어에 들어갔다.

종일 계속된 전투기 폭격으로 적은 공격력을 상실하고 있었다.

이날의 전폭기 출격 작전은 극적인 장면이 많았다. 어떤 전폭기편대는 320km나 떨어진 기지에서도 출격했고, 27노트의 속력으로 한국으로 항해 중인 항공모함 밸리포지(Valley Forge)와 필리핀씨(Philippine Seas)는 항해 중에 함재기를 출격시키는 모험적인 지원을 아끼지 않았다.

9월 2일 아침에 적은 짙은 안개를 이용하여 체크대대를 공격했으나 안개가 개이면서 공중지원을 받아 격퇴하고 계속 진격하여 미 제24연대 제2중대진지를 회복했다. 진지에는 2일 전 미군이 버리고 간 공용화기가 그대로 남아있었다.

항공지원은 총 135회나 출격했고 연 400대의 전폭기가 적 전차 여러 대와 야포 여러 문 그리고 탄약집적소 3개 소를 파괴했다.

9월 3일 새벽에 적은 또 공격했다. 체크대대는 미 공군 전폭기와 전차 그리고 박격포로 제압했고, 후방지역에 침투한 적도 섬멸했다.

진지 주변에 적 시체 100여 구가 널려있었다. 포로 진술에 의하면 체크대대를 공격한 적은 4개 대대였고, 1,000명 이상 손실을 입었다고 했다.

9월 4일 20시 체크대대는 재편성한 미 제24연대 제2대대와 진지를 교대한 후 제2선으로 이동했다.

9월 5일 새벽 2개 중대 규모의 적이 함안으로 침투하여 미 제24연대지휘소를 경비하던 H중대를 공격하였다. H중대는 장비를 버리고 도망쳤다. 적은 H중대가 버린 기관총으로 연대지휘소에 사격을 하였고, 100m까지 접근한 후 수류탄으로 탄약고를 공격하여 명중시켰다.

20여 명의 적은 수류탄과 다발총으로 제1대대본부를 습격했는데 이때 대대본부에 있던 미군 45명과 국군 신병 20명이 이를 격퇴했다. 적이 물러난 후 대대본부에 남아있는 병력은 30명이었고 7명이 부상자였다.

연대지휘소와 제1대대본부가 공격을 받았을 때 진지에 배치되어 있던 백인장교 1명과 흑인병사 40명은 2.5km나 떨어진 미 제27연대 제1대대지휘소로 달려가서 2,000여 명의 적이 함안에 침입하여 미 제24연대 제1대대를 공격했고, 연대지휘소와 대대본부도 습격을 받았다고 알렸다.

체크 대대장은 상황을 사단장에게 보고하는 동시에 전차 1개 소대와 보병 1개 소대의 정찰대를 급파했다. 그러나 함안까지 아무런 저항 없이 진출했고, 연대지휘소는 피해 없이 그대로 남아있었다.

9월 6일 미 제24연대장 챔프니 대령은 함안 서쪽 일선진지에서 적의 저격을 받아 중상을 입고 후송되었다.

후임에 제3대대장 콜리 중령이 임명됐다.

전투산 · 필봉 · 서북산 전투

전투산 · 필봉 · 서북산은 남지에서 진동리 해안에 이르는 미 제25사단의 전투 정면 중 가장 험준한 산악지형으로 피아 간에 서로 물러설 수 없는 작전요충이었다.

8월 31일 현재 전투산과 필봉은 미 제25사단 제24연대가 점령하고 있었고, 서북산 정상은 적이 점령하고 있었다.

북한군 제6, 제7사단은 이 고지대를 계속 확보하기 위하여 이 일대에 간헐적으로 야포와 박격포를 쏘면서 국부적인 공격과 정찰을 계속했다.

미 제5연대전투단은 8월 21일 이후 서북산정상탈환을 위한 공격을 거듭하였으나 탈환하지 못하였고, 9월 초에는 제1대대가 미 구축함의 탐조등으로 서북산을 조명하고, 5인치 함포로 포격하는 가운데 서북산을 공격하였으나 정상을 점령하지 못하였다.

9월 7일 적이 전투산을 공격하여 점령했다. 꼴이 우습게 돌아갔다. 뺏어야 할 서북산은 뺏지 못하고 가지고 있던 전투산은 뺏겼다.

킨 사단장은 미 제27연대 제3대대(디차우 중령)로 하여금 전투산을 탈환하도록 명령했다.

디초우대대는 야포와 전폭기가 고지정상을 강타하는 지원을 받으면서 9일까지 공격전을 벌였으나 탈환하지 못하고 많은 피해만 냈다.

9월 10일 미 제5연대전투단이 미 제25사단에서 배속이 해제되어 삼랑진으로 이동했다. 이는 마산 지역에서는 위기가 해소된 반면 대구 북방의 위협이 계속되고 있었으므로 이에 대비하기 위한 조치였다.

미 제5연대전투단 진지는 미 제27연대가 인수했다.

9월 14일 적은 약 500명의 병력으로 미 제24연대 제3대대가 있는 필봉을 공격했다. 여러 차례의 공방전 끝에 격퇴시켰으나 L중대는 병력이 100명에서 40명으로 줄어들었다.

새로 부임한 대대장 블래어(Melvin R. Blair) 소령은 L중대의 남은 병력을 I중대에 합류시켜 저지하다가 대대장이 부상을 입은데다가 두 중대 병력으로는 진지 고수가 어렵다고 판단하고 필봉에서 철수했다.

서남부의 요충 전투산, 필봉과 서북산 모두 적의 수중에 들어갔다.

그럼에도 불구하고 미 제25사단은 서남부 방어선을 대부분 회복하여 반격의 발판을 확보하였고, 적에게 많은 손실을 입혔다.

미 제25사단은 전선 후방지역에서만 2,000여 구의 시체를 매장하였다.

9월 9일 전선을 시찰한 제35연대장 패셔 대령은 이렇게 술회했다.

"제2차 세계대전 시 구라파전선 트룬(Trun) 지역작전에서도 이런 처참한 광경은 보지 못했다."

유격대와 간첩 활동

9월 3일 밤 여자 1명이 낀 15명의 유격대가 창원에 있는 미군 무선중계소를 습격하여 천막 안에 있는 미군 7명과 국군 2명을 포박한 후 문서와 무전기를 빼앗고, 여자유격대원이 기관총으로 포박한 미군과 국군을 차례로 사살한 일이 있었다. 다행히 미군 2명이 살아서 미 제25사단에 알림으로써 사건이 알려지게 되었다.

마산 지역에는 남로당 조직과 활동이 비교적 활발한 지역이었다. 6·25 전 강력한 토벌작전에 밀려 일부는 전향하고 골수분자는 지하에 숨어들어 표면적으로는 평온을 유지하고 있었는데 북한군이 마산을 위협하게 되자 표면화하기 시작했다.

마산 서북 지역에서 공방전이 한창이던 8월부터 9월 초에 걸쳐 한국신문협회 마산지부장이었던 한금조는 남로당마산시당위원장으로 있으면서 마산 주변 군사정보를 수집하여 부산에 있는 남로당본부에 보고한 사실이 발각되어 체포되었고, 또 마산형무소의 한 간수장은 형무소 세포조직책으로 있으면서 7명의 간수를 포섭한 사실이 발각되어 체포되었다.

제3절 대구의 위기

1. 낙동강 방어선 철수 논의

미 제8군사령부 부산으로 이동

9월 4일에 이르러 전황은 극히 악화되어 있었고, 대구 북부의 미 제1기병사단과 국군 제2군단이 붕괴 직전에 놓여 있었다.

그만큼 북한군의 9월 공세는 위협적이었다.

미 제8군사령부는 데이비드슨선으로의 철수를 검토하기에 이르렀고, 워싱턴의 미 국방부와 도쿄의 맥아더사령부에서는 현 전선을 유지할 수 있을 것인지에 대하여 의문을 가지게 되었다.

워커 미 제8군사령관은 동부전선을 지휘하고 있는 부사령관 콜터 소장을 비롯하여 휘하의 사단장들을 소집하고 작전회의를 열었다.

작전참모 대브니 대령에게 철수에 관한 의견을 물었다.

"현재의 전선을 계속 그대로 유지함으로써만 장차 다가올 위기를 모면할 수 있으리라 확신합니다. 왜냐하면 지금까지의 경험에 의하면 적의 공격은 2~3일만 지나게 되면 약화되는 것이 전례였습니다. 따라서 이번에도 저는 그렇게 되리라고 믿습니다."

대브니 대령의 의견에 대하여 일부 사단장들은

"전 전선에서 돌파구가 형성되었는데 예비대도 없이 어떻게 이를 저지하느냐? 차라리 데이비드슨선으로 물러났다가 전선을 다시 정비하여 보급을 갖춘 다음 진격하는 것이 옳다."

는 이유를 들어 반론을 제기하였다.

사단장들이 그동안 얼마나 어려운 싸움을 하고 있었는가를 대변해 주는 한 단면이다. 작전회의는 갑론을박 결론 없이 시간만 끌었고, 워커도 결론을 내리지 못했다. 참모부장 랜드럼 대령의 제의로 전황을 관망한 다음 결론을 내리기로 하고 이동할 경우에 대비하여 9월 5일부로 철수 명령을 기안하라고 작전참모에게 지시하였다.

미 제8군사령부 작전참모 대브니 대령은 참모들과 협의하여 9월 5일 05시에 철수하는 명령을 기안하였으나 워커 사령관은 이 명령을 곧 시행하지는 않았다. 9월 5일 미 제8군사령부만 부산으로 이동하였고, 이에 따라 같은 날 육군본부도 부산으로 이동했다.

조병옥 내무부장관은 경찰관만으로 대구를 지키겠다는 강경한 입장을 천명했고, 이에 자극을 받은 미 제8군사령부와 육군본부는 대구에 전방지휘소를 개설하고 대구에서 작전을 통제했다.

참고문헌 : 국방부 『한국전쟁사』 제3권 「5. 대구고수와 부산으로 철수문제」(p606)

전면 철수를 고려하라 – 맥아더 극비 지시

9월 6일, 전략적 요충인 영천이 적에게 점령되어 국군 제1군단과 제2군단의 작전지역이 동서로 양분되었고, 대구~안강~포항선으로 연결되는 아군의 유일한 동서 횡단도로가 차단되어 대구와 경주가 동시에 위협을 받는 최대 위기를 맞았다.

9월 7일 맥아더 원수는 워커 장군에게 전면 철수를 고려하라는 극비의 긴급 지시를 내렸다.

계획된 인천상륙작전의 취소까지 상정(想定)한 지시였다.

미 제8군사령관 워커 장군은 이 긴박한 상황을 한국 육해공군총사령관 정일권 장군에게 전하면서 함께 자신의 구상을 밝혔다.

"국군 중에서 가장 믿을 수 있고, 잘 싸우는 2개 사단과 각계 각층의 민간인 10만 명을 극비리에 선정하여 철수준비를 하였으면 한다."

정일권 장군이 승낙하면 맥아더 원수에게 건의하여 수송 선박을 준비하겠다고 말하였고, 철수 장소는 아메리카 군도라고 했는데 괌 아니면 하와이로 생각하고 있는 듯 했다고 했다.

워커는 이 상황을 이승만 대통령에게 비밀로 해 줄 것을 요청했다.

9월 9일 정일권 장군은 부산 경무대로 이승만 대통령을 찾아가서 미군의 철수 계획을 보고했다. 이 대통령은 공산군이 부산에 오면 앞에 나가 싸울 것이라고 말하면서 떠나겠으면 자기들만 떠나라고 했다.

이 극비 철수계획은 영천이 위기를 맞으면서 비롯되었기 때문에 영천의 위기를 극복하면 취소될 수 있는 것이었다. 국군은 가용전투력을 영천에 집중했다. 북한군은 영천을 점령한 후 경주공격에 주력을 투입하였으므로 국군은 영천을 쉽게 탈환할 수가 있었다.

9월 10일 영천의 위기가 해소되자 전면 철수계획은 사라졌다.

9월 13일 워커 장군은 그의 구상을 밝혔다.

"우리는 이제 곧 지연작전으로 말미암아 부득이 취하였던 방어태세를 버리려고 한다. 현재 우리는 약화되어가고 있는 적을 볼 수 있으며, 어떤 진지에서는 적이 사라지고 있다. 따라서 우리가 전면의 포위를 뚫고 전진한다면 적은 패주할 것이다. 제8군은 지금까지 실로 번민과 고난의 수 주일을 보냈으나 이제부터는 공세를 취할 것이다."

인용문헌 : 전쟁기념사업회 『한국전쟁사』 제3권 「낙동강 방어선에서의 철수논의」 p508

▌멍청한 미군 수뇌부

1945년 2월 4일부터 11일까지 소련 크리미아반도 얄타에서 미국 루스벨트 대통령, 영국 처칠 수상, 소련 스탈린 수상이 만나서

얄타비밀협정을 체결하고 독일이 항복한 후 2~3개월 이내에 소련이 연합국 일원으로 일본에 선전하도록 함으로써 소련을 대일 전에 끌어들이려던 루스벨트의 희망을 성사시켰고 스탈린은 대일 참전 보상으로 러·일 전쟁의 모든 소련의 권익을 완전히 복구했다.

독일이 항복한 후 2~3개월 이내라는 기간을 정한 것은 만주에서 일본군은 40~50개의 정예사단을 동원할 수가 있고 이를 상대하기 위하여 30~60개 사단이 필요한데 이 병력을 유럽에서 극동으로 이동하는데는 그 만큼의 시일이 소요된다는 소련의 주장 때문이었다. 불과 6개월 뒤에 항복할 일본을 제대로 파악하지 못하고 과대평가한 루스벨트 대통령은 미국의 희생을 최소화하기 위하여 하루 빨리 일본과의 전쟁을 종식시켜야 하겠다는 강박관념에서 소련의 참전을 갈망하고 있었고, 1945년 7월 26일 대일 항복을 권유한 포츠담 선언 시점에서도 일본은 최소한 일 년 이상 더 버틸 것이라고 판단하고 있었다.

독일은 1945년 5월 7일 항복했다. 그로부터 3개월이 다 되었는데 소련은 감이 더 익어 떨어질 시기를 계산하고 있었다.

8월 6일 히로시마에, 9일 나가사키에 원자폭탄이 떨어졌다.

일본 패망은 확실해졌다. 감나무 아래 누워서 입만 벌리면 된다.

8월 9일 소련 지상군이 한·소 국경 지역인 함경북도 경흥과 훈춘에 있는 일

본군을 공격하였고, 전투기가 나진, 청진, 웅기를 폭격했다.

8월 15일 일본은 항복했다. 소련은 딱 1주일 일본과 싸웠다. 죽기는 고사하고 손가락 하나도 다치지 않았다. 한반도 북쪽 일부지역에 발을 들여놓는 것으로 대 일본 전승국이 되었다.

4년 동안 수십 만 명을 희생시켰고, 숫자로 계산할 수 없는 물량을 퍼부으면서 악전고투를 한 미국과 대등한 전리품을 챙겼다. 그 결과

한반도를 분할하여 북쪽을 챙겼고, 남쪽까지 먹겠다고 쳐들어왔다.

멍청한 미국! 일본을 너무 몰라서 저지른 인류 최대의 실책이었다.

그때의 일본군이나 이때의 북한군 사정은 같았다. 가만히 놓아두어도 무너질 단계에 이른 북한군의 사정을 모르는 미군 수뇌부는 북한군을 과대평가하여 그때까지도 부산으로 침공할 힘이 남아 있는 줄 알고 잔뜩 겁을 먹고 있었던 것이다.

UN군총사령부의 엉성한 정보, 헐렁한 판단, 멍청한 전략이 일을 크게 그르칠 뻔한 사건이었다. 등골이 오싹해지는 순간이었다.

적을 알고 나를 알면(知彼知己), 백번 싸워도 위태함이 없다(百戰不殆).

도망갈 궁리를 한 사람들

전황은 호전될 기미를 보이지 않았고, 급기야는 부산이 풍전등화가 되어 있었다. 일부 선각자(先覺者?)들은 미군이 부산에서 철수하고 대한민국은 바다를 건너 제주도나 아니면 어떤 섬에 기탁하여 망명정부를 세우게 될 것이라고 현명한(?) 판단을 내리고 진작부터 그 준비를 서둘렀다.

일부 부유층과 고위층(심지어 군인도)은 부산에 선박을 준비해 두고 만약에 전세가 불리하여 부산에서 철수하게 되면 해외로 떠날 준비를 하였고, 화교들은 대만으로 떠날 만반의 준비를 갖추고 있었다고 한다.

김홍일 장군 증언(육군종합학교장, 소장, 전 제1군단장)

김홍일 소장은 제1군단장에서 물러나 육군종합학교장으로 있었다.

하루는 미군 수석고문관이 찾아와서 심각한 어조로 제의를 했다.

"나는 장군에게 도와드릴 것이 하나 있습니다. 전세가 악화되어 한국을 떠날 경우 우리는 하와이로 철수하게 되어 있는데, 그때 장군과 장군의 가족을 일본으로 보내드리는 수송편을 보장하겠으니 미리 준비를 하고 계시기 바랍니다."

김홍일 소장은 이렇게 대답했다.

"만일 그런 사태가 벌어지게 된다면 우리 국민들이 어떻게 될 것인가를 생각해 본 일이 있소?"

김홍일 장군은 광복군 출신이다. 조국을 잃은 서러움을 아는 분이다.

"나는 장군의 마음 속을 잘 알 수가 없습니다."

고문관은 자기의 호의가 받아들여지지 않은 것에 대하여 매우 불쾌하게 여기는 눈치였다고 했다.주) 　　　　　　　국방부『한국전쟁사』제3권 p614

이러한 제의의 근원이 무엇이고 출처가 어딘지는 알 수가 없다.

당시 사정을 고려해 보면 미군이 한국을 버리고 떠날 경우 매우 어려운 처지에 놓이게 될 군의 고급지휘관에게 미군 입장에서 어떠한 특단의 배려를 구상하고 있었을 가능성을 배제할 수 없다.

낙동강 방어선에서 적을 효과적으로 저지하고 대반격의 발판을 마련하여 북진으로 전세를 반전함으로써 이러한 사실들은 하나의 풍문이나 유언비어로 묻혀지고 말았다.

김익렬 대령 증언(6·25개전 초 제13연대장, 부상치료 중)

"내가 대구 육군병원에서 치료를 받고 있을 때입니다.

7월 25일쯤인데 정일권 총참모장이 나에게

'현역 군인들이 부산·마산 지방에 많이 숨어 있다는데 색출하라.'

고 명령했어요. 국군이 초전에 크게 당해 거의 와해 상태에 들어가자 일선요원·후방요원 할 것 없이 많은 장병들이 숨어버렸어요. 국회의원 등 유명정치인·고급관리들도 그 꼴인 자들이 많았고요. 어떤 자들은 일본으로 아주 내빼버리기도 하고요. 전국계엄사령관을 겸하고 있는 정 총장은 숨거나 도망치는 자들을 모두 잡아내고 말을 안 들으면 즉결처분해도 좋다고 했어요.

그때 영덕 지구에서 23연대장을 하던 김종원 중령(고인)이 면직되어 육본대기로 있었어요. 나는 다리가 불편해 김종원 중령을 보좌관으로 하고 헌병 2명을 데리고 부산으로 갔어요. 텅텅 빈 5여단사령부를 접수, 1개 소대의 수색대를 편성해 시내 여관 등을 뒤졌어요. 중령급 이상의 고급장교만 8명을 색출했어요. …… 내가 고참대령이었는데 나보다 선임자도 있습디다. …… 나는 차마 잡으러 왔다는 소리는 못하고 그냥 육본으로 보냈어요.

다대포·송도·영도 등에는 일본으로 도망갈 배들이 있었어요.

정치인, 부자들이 단독으로 또는 합작으로 배를 사거나 빌어서 재물과 식량을 준비하고 있었어요. 어떤 자들은 숫제 배 위에서 살림을 하여 낮에는 내려오고 밤에는 배로 기어들고요. 그래서 '저것은 누구 배고, 이것은 아무개의 배다.' 라는 손가락질을 했어요. 한번은 영도 뒤쪽 신호등 있는 곳에 큰 배가 도망치려고 한다는 정보가 들어왔어요. 내가 김종원 중령과 1개 분대 병력으로 잡으러 나섰지요. 우리를 보고 막 발동을 걸고 도망하려는 것을 총을 쏴 정지시켰어요. 3백 톤급 화물선인데 정치인들과 군인, 그 가족 7, 80명을 하선시켰어요.

국회의원 수 명과 나보다 선임장교가 있는데 놀랐어요. 김종원 중령이

'역적 놈들!' 욕설을 하고 배에서 내리는 사람을 한 주먹씩 때렸지요.

그리고 모아 놓은 다음 '총살을 당할 테냐, 조국에 충성을 할 테냐?'고 얼러대고 충성 서약을 시켰어요. 어쨌든 나한테 잡힌 자들 중에 당시 국회의원이 10명

넘었고, 지휘관급 장교는 10명 정도였어요. 나는 7일 후 대구로 귀환했고, 그 후 김종원 중령이 계속 맡았어요.

나중에 들으니 당시 부대 사령관 장 모 중령은 잡혀서 군재에 회부되어 총살 당했고, 桂(계) 모 대령*은 역시 군재에서 사형선고를 받았어요. 桂 대령은 친구인 미군 고급장교가 빼돌려 일본으로 피신시켰어요. 桂 대령은 지금까지 해외에서 살고 있다고 들었어요."

* 계 모 대령은 계인주 대령이다.(제3장 제2절 「4. 김포반도 저지전」 참조)

2. 다부동을 적의 수중에 – 미 제1기병사단의 폐퇴

북한군의 기도

9월 2일 새벽 북한군 제13사단 제19연대 작전주임 김성준(金成俊) 소좌가 귀순했다. 그는 9월 2일 18시를 기하여 김무정 중장이 지휘하는 제2군단이 총공격을 개시한다는 것과 함께 그가 소속한 북한군 제13사단은 의용군 4,000명을 보충하여 사단 병력이 9,000여 명에 이르렀으나 그 반은 총을 갖지 못하였다고 알렸다.

구체적인 저들의 계획은

적 제1, 제3, 제13의 3개 사단은 왜관과 다부동 지역에서 아군 제1사단과 미 제1기병사단을 공격하여 대구를 점령하고,

적 제8, 제15사단은 영천 방면에서 아군 제6, 제8사단을,

적 제12, 제5사단은 동해안에서 아군 수도사단과 제3사단을

각각 공격하여 부산으로 진격하는 것이었다.

대구 북쪽을 담당하고 있는 미 제1기병사단은 서쪽 왜관에서부터 동쪽

가산성지에 이르는 산악지대에 진지를 점령하고 있었다.

미 제1기병사단 철수 작전

8월 30일 국군 제1사단으로부터 넘겨받은 수암산을 중심으로 한 다부동 좌측 산악지대진지는 미 제7기병연대가 인수하자마자 적 제13사단의 공격을 받고 물러나면서 모두 적의 수중에 넣어 주고 말았다.

9월 2일 미 제7기병연대(니스트 대령)는 수암산탈환을 위한 공격을 개시하여 4일까지 총공세를 취하였으나 적의 완강한 저항에 부딪쳐 많은 희생만 낸 채 5일부터 철수 작전에 들어갔다.

포로 진술에 의하면 수암산에는 1,200명의 병력이 참호 속에 있고, 120mm, 82mm박격포와 충분한 탄약을 가지고 있다고 했다.

9월 4일 미 제5기병연대와 제7기병연대 정면에서 최후발악을 하고 있던 적 제3사단 일부 병력이 미군 전투부대 후방으로 침투했고, 밤에는 수많은 적이 수암산 남쪽 비탈에 있는 미 제7기병연대 제3대대와 그 서쪽 제2대대 사이 공간을 뚫고 침투하여 남쪽 465고지를 점령하였다.

9월 5일 미 제7기병연대 후방 465고지에는 수암산에 있는 적보다 더 많은 적이 도사리고 있었으나 미 제7기병연대는 그 사실을 모르고 있었다. 왜관~다부동 간 도로는 차단되었고, 미군 상호간 통신은 서쪽(왜관 쪽)으로만 가능하였다. 설상가상격으로 수암산을 공격하던 미 제7기병연대 일부 병력이 철수하여 수암산 공격은 허황한 꿈 속으로 묻혔다.

이때 상황을 살펴보면 오른쪽 다부동은 적 수중에 있었고, 왼쪽 왜관은 무인지경을 이루고 있었다. 미 제7기병연대는 적에게 포위되어 빠져나가기 힘든 궁지에 빠지고 말았다.

미 제8군사령부는 미 제1기병사단이 밤을 이용하여 후방 방어진지로 철수하도록 명령을 내렸다. 제8, 제7, 제5기병연대 순으로 철수하여 새로운 방어진지를 점령하기 위한 것이다.

미 제7기병연대는 5일 밤에 철수하기 시작했다. 밤에 비가 몹시 쏟아졌고, 길이 진창이 되어 차량 행렬이 무척 어려움을 겪었다.

제1대대는 순조롭게 철수하였다.

9월 6일 제3대대는 적 전차와 박격포의 사격을 받아 18명의 사상자를 냈다. 한편 적과 뒤섞여 이동하면서 포로를 잡는 행운도 따랐다.

제2대대는 대대장대리 히치너 소령과 작전관 밀램(James T. Milam) 대위가 전사했고, 전차 2대를 버리고 나왔는데, 한 대는 기관고장을 일으켰고, 한 대는 진창에 빠져 끌어낼 수가 없었다.

적은 제2대대의 철수를 미리 탐지하고 공격을 했던 것이다.

이날 제2대대는 G중대(Herman L. West 대위)가 새로운 방어선의 목표인 465고지를 공격했고, 나머지 병력은 그 남쪽 능선상의 380고지를 공격하고 있었다. 대대는 야간행동이라 적정을 알지 못하여 어물거리는 사이 적에게 포위되었다. 연대장은 제2대대를 완전히 상실한 것으로 속단하는 해프닝이 벌어지기도 하였다.

제2대대 G중대는 80명밖에 남지 않은 병력으로 포위상태에서 고전을 면치 못하고 있었다. 6일 08시에 465고지 정상을 정복하고자 시도했으나 실패했다. 고지 중복에서 겨우 적 3명을 사살하는데 그쳤고 6명의 전사자를 낸 상태에서 고지 주변을 맴돌고 있었다.

이날 오후에 밤을 틈타서 철수하라는 대대장의 무전명령을 받았다. 날이 어두워진 뒤 전사자는 버리고 중상자만을 들것으로 운반하여 465고지 동쪽 안전지대로 철수했다. 철수를 시작하자마자 산비탈에서 우군기의 오폭으로 1명이 전사하고 중대장 웨스트 대위가 돌 파편에 맞아 부상을 입었으나 이에 굴하지 않고 분산된 병력을 수습하여 적중을 돌파하는데 성공하였다. 여기서 화기소대가 행방불명된 사실을 알았다.

9월 7일 G중대는 날이 밝기 전에 골짜기로 내려오다가 적 4명을 사살하였다. 산 정상에서 우군의 총소리가 들려 살펴보았더니 어젯밤에 행방불명된 화기소대였다. 화기소대는 밤중에 길을 잃고 중대와 떨어져서 철수하던 중 세 번이나 적과 접촉하였으나 서로가 우군으로 알고 지나쳤는데 새벽녘에 또 적을 만나 총격전 끝에 13명을 사살하고, 장교 1명을 포함한 3명을 사로잡았다. 장교로부터 입수한 작전지도와 서류에서 465고지가 대구로 진격하는 제3사단 일부의 집결지라는 사실을 알았다.

제2대대 우측 제1대대도 같은 날 적의 공격을 받아 4명이 전사하고 7명이 부상하는 피해를 입었다.

미 제7기병연대는 7일 대구 부근으로 철수하여 사단예비대가 되었다.

제1대대는 이날 제5기병연대에 배속명령을 받았다.

왜관을 점령했다 - 평양방송

제5기병연대 제2대대는 사단 우측 303고지를 점령하고 있었다. 5일 밤 철수 명령을 받았는데 이때 발악적인 적의 공격을 받고, 연대장에게 즉각 철수할 것을 건의하였다. 그러나 연대장 크롬베즈 대령은 제7기병연대가 철수로를 개척할 때까지 적과 교전하면서 지연작전을 펴서 적을 견제하라고 엄명을 내렸다.

제2대대는 303고지에서 많은 피해를 입으면서도 명령대로 임무를 완수하고, 7일 왜관~대구 간 국도 남쪽 새 방어진지로 이동했다.

적 제3사단은 미 제1기병사단 진지를 돌파한 다음 대구 정면으로 압력을 가했다. 미군 항공관측보고는 7일 저녁 왜관 북쪽 3km 지점에서 작은 배

15척이 병력과 포를 가득 싣고 도하하는 것을 발견했다고 했다.

9월 8일 평양방송은 왜관을 점령하였다고 보도했다.

9월 9일부터 14일까지 미 제5기병연대는 왜관 동쪽 174, 203, 188고지에서 치열한 공방전을 벌였고, 174고지의 L중대는 9일 4차례의 공격 끝에 고지를 점령했으나 14일 00시~04시 사이에 적이 공격하여 다시 빼앗겼으며, 14일 오후에 역습하여 탈환하는 공방을 되풀이하여 하루 동안에 7차례나 주인이 바뀌는 사투 끝에 다시 점령했다.

L중대는 이 전투에서 82명의 사상자를 냈고, L중대의 제2소대는 미군 29명과 국군 15명 계 44명이 공격하였는데 고지를 점령하였을 때는 미군 11명과 국군 5명 계 16명만이 남아있었다.

174고지를 점령한 L중대는 이후 1주일 동안 수류탄전만을 계속하면서 고지를 고수했다. 이곳에서 대구까지의 거리는 불과 20km 남짓하다.

가산산성 전투 – 공병중대가 선봉, 군악대도 투입

다부동 우측을 맡고 있는 미 제8기병연대는 9월 2일 밤 적 제13사단의 공격을 받고 다부동 주요거점 448고지를 빼앗겼고, 9월 3일에는 적 제1사단 일부 병력이 공격하여 제8기병연대 정찰소대와 한국 경찰병력 156명이 확보하고 있던 가산성지를 내주고 말았다.

제1사단으로부터 진지를 인수할 때 미 제8기병연대는 방어 정면이 넓은 것을 이유로 그 책임을 감당할 수 없다고 상부에 건의하여 논란을 일으켰던 지역이다.

대구 방어가 바야흐로 위기 국면에 접어들었다.

가산성지를 점령한 적 제1사단은 아군 후방을 포격하여 미 제99포병대대에 손실을 입히면서 그 위력을 과시했다.

미 제1기병사단장은 부사단장 앨런(Frank A. Allen) 준장으로 하여금 사단 본부중대, 근무중대, 보충중대와 군악대까지 쓸어 모아 '앨런특수임무부대'를 편성케 하여 대구 북쪽 위기에 대처하는 비상수단을 썼다.

이와 함께 미 제8군사령부는 대구 육군제1훈련소 제5교육대에서 훈련 중인 900명으로 1개 대대를 편성하여 교육대장 이상철(李相喆) 중령을 대대장으로 임명하고 미 제8기병연대에 배속시켜 전선에 투입하였다.

9월 3일 미 제8군사령관 워커 중장은 미 제1기병사단장에게 가산을 탈환하라는 명령을 내렸다.

미 제8군사령부 작전참모 대브니 대령은 미 제1기병사단 참모장 홈스(Ernest V. Holmes) 대령에게 이 명령을 전달하면서 그 확보책임까지 지라고 지시하고 사령부에서 1개 중대를 지원해 주었다.

참모장의 보고를 받은 게이 사단장은 오후 제8기병연대 E중대와 제8야전공병대대 D중대로 하여금 가산을 공격하도록 하고, 공병중대가 선두에 서되 고지를 점령하는 즉시 공병중대는 철수하도록 하였다. 공병중대를 공격에 참가시킨 것은 진지를 강화하기 위한 목적에서였다.

9월 3일 저녁 공병중대는 비가 오는 가운데 트럭을 타고 집결지로 이동했다. 도중에 가산산성에서 퇴각하는 한국경찰대 156명을 만났다.

9월 4일 아침에 공병중대는 가산을 향하여 공격을 개시했다. 험준한 바위 길을 800m쯤 전진했을 때 적의 집중사격을 받는데 가산산성에는 적 제1사단 제1연대 제2대대의 주력이 진을 치고 있었다.

11시경 다시 공격을 시작하여 1.5km쯤 전진하였을 때 좌우측면에서 기관총사격이 집중하여 몇 명의 사상자가 났다. 무전으로 포격지원을 요청하여 정상에 집중 화력을 퍼부은 뒤, 17시경 가산 정상 남쪽 2km 지점에 있는 756고지(가산산성 동단)를 점령했다. 그러나 공격 중 피터슨(Robert Peterson)

소위가 지휘하는 정찰소대인 제2소대가 집중되는 적의 박격포 공격에 2명이 전사하고 8명이 부상하는 피해를 입었고, 소대장도 신장병으로 쓰러져 글리프(Gliph) 상사가 소대를 지휘했다.

제3소대가 산 정상에 도착하였을 때 동쪽 300m쯤 떨어진 능선에서 적 박격포 3문이 쉴 새 없이 포탄을 퍼붓고 있었다.

소대장 존스(Thomas T. Jones) 소위는 중대장 케네디(John T. Kennedy) 중위에게 박격포를 제압하기 위한 포격지원을 여러 번 요청하였으나 중대장은 후방 굴 속에 처박혀 앉아서 들어주지 않았다.

공병중대는 제3소대를 제외하고는 모두 진지가 바위로 쌓여있어서 안전했다. 존스 소대장은 각 분대로 하여금 숲이 우거진 진지를 점령케 하였는데 날이 어두워졌을 때 1개 분대가 보이지 않았다. 분대를 확인하기 위하여 연락병을 보내고 나서 그가 돌아오기를 기다리는 동안 후방 중대진지 쪽에서 총소리가 들려왔다. 총소리와 고함소리로 보아 중대가 돌파당한 것으로 추측되었다. 존스 소대장은 남은 소대원 8명을 데리고 산을 내려와서 무전기로 중대를 불렀으나 응답이 없었다.

다음 날 존스 소위 일행은 적에게 포로가 되었다.

9월 5일 중대장은 존스 소대를 확인하기 위하여 정찰대를 보냈다. 그들은 소대는 확인하지 못하고 로켓포 2문과 기관총 2정을 회수해 왔다. 그것은 존스 소위의 제3소대 것으로 추측됐다.

아침 756고지 산정은 어제 밤새도록 내린 비로 안개가 자욱했고, 적은 깊은 안개를 이용하여 공격했다. 공병중대는 적을 격퇴시켰으나 약간의 피해를 입었고, 무전기가 파손되어 중대와 소대 간에는 전령이 오가야 했으며, 보급이 끊겨 C-46수송기로 공중보급을 받아야 할 판이었다.

중대장은 오렌지빛 대공포판을 깔았는데 이것을 본 적도 같은 색깔의 대공포판을 깔았다. 미군 수송기가 나타나서 몇 번을 선회하더니 이윽고 탄약과 식량을 적진에 떨어뜨리고 돌아갔다. 또 얼마 후에는 미군 전폭기 2대가 나타나서 미 공병중대에 기총소사를 퍼부었고, 네이팜탄 2발이 중대진지에 떨어졌다. 다행히 1발은 불발이었고 터진 1발에도 아무런 피해를 입지 않았다.

이렇게 완벽한 오판을 할 수가 있을까? 기가 막힐 노릇이다.

전폭기가 돌아가자 이번에는 적 포격이 집중되었다. 공병중대장 케네디 중위가 다리와 무릎에 부상을 입었다.

10시 미 제8기병연대 E중대 선두소대가 756고지에 도착하여 공병중대를 지원하였는데 공병중대는 E중대를 적으로 오인하고 일제사격을 퍼붓는 해프닝이 벌어졌다.

공병중대장 케네디 중위는 E중대 선두소대가 진지에 배치되자 진지를 인계한 후 부상자 12명을 데리고 산을 내려가다가 적으로부터 사격을 받았다. 이때 미군장교가 인솔하는 한국인 노무자가 보급품을 지고 오다가 몇 명이 사살되자 미군장교는 노무자를 버려 둔 채 내려가 버렸다.

공병중대 글리프 상사의 소대는 E중대 선두소대와 연결되었을 때 적으로부터 공격을 받았다. 글리프 상사는 소대의 탄약이 떨어지자 적병의 탄약을 수집하여 사용하였는데 탄약과 함께 소총 40정, 다발총 5정, 수류탄 약간을 수집하였다. 글리프 상사가 무기와 탄약을 수집하러 제3분대 자동소총 사수 브라운(Melvin L. Brown) 일등병 참호 앞에 갔을 때 주변에 적 시체 20여 구가 흩어져 있는 것을 발견하였다. 브라운 일등병은 적이 올라오는 대로 한 놈씩 죽였다고 했다.

브라운 일등병은 실탄이 떨어지자 수류탄으로 적을 사살했고, 마지막에는 야전삽으로 기어오르는 적의 머리를 쳐서 죽이기까지 했다. 그는 아침에 부상을 입었으나 스스로 붕대를 감고 끝까지 싸우다가 전사했다.

하산하던 공병중대장 케네디 중위도 주변에서 시체로 발견됐다.

570고지의 사투 – 공병중대

9월 5일 공병중대 뒤를 따라 가산을 공격하기로 된 기병연대 E중대 본대가 공병중대를 찾아 756고지로 올라가던 중 대대본부에 들렀다. 이때 적 박격포사격이 집중되자 중대장은 포격이 심하여 더 이상 올라갈 수가 없다고 하였다. 대대장 홀리(Holly) 중령은 무전으로 연대장에게 보고하였고, 연대장은 중대장을 바꾸어서 계속 올라가라고 엄명했다.

새로 임명된 중대장은 마침 안경이 돌에 맞아 깨졌다. 그래서 앞을 볼 수 없어서 올라갈 수 없다고 했다. 대대장은 직접 연대장에게 무전으로 보고하라고 했는데 얼마 있다가 그 중대장은 다리에 부상을 입었다. 그래서 연대장에게 보고할 필요도 없어졌다.

홀리 대대장은 세 번째로 중대장을 바꾸어 공격하게 하였다.

9월 5일 20시에 출발한 E중대가 날이 밝을 무렵 정상 300m 지점에 이르렀을 때 적이 일제사격을 했다. 이 적은 9월 2일 다부동 448고지 제2대대를 공격한 적 제13사단 소속 같은 중대로 밝혀졌다.

적의 저항이 완강하여 더 이상 진격할 수 없고 희생만 늘어나는 형국이었다. 13시 30분 사단장은 미 제8기병연대의 철수를 명령했다.

가산이 중요한 관측고지이기는 하나 사단방어정면이 넓고 야포와 박격포탄이 부족하여 충분한 지원을 할 수가 없어 포기할 수밖에 없었다.

이 철수 명령은 공격 중대에까지 전달되지 않았다.

산 정상 부근은 짙은 안개로 지척을 분간할 수 없었다. 진지를 교대할 공병중대는 아직도 산비탈에 있었고, 글리프 상사의 공병중대 제2소대와 E중대의 선두소대는 고립되어 있었다. 적은 이 두 소대를 공격했다.

실탄은 바닥났고 희생자는 늘고 있었으며, 병사들은 전의를 잃었다.

글리프 상사는 연락병을 중대에 보냈다. 30분 후에 돌아온 연락병은 부상으로 몸도 제대로 가누지 못하면서 보고했다.

"중대본부는 간 곳이 없고 적의 시체만 있었다."

글리프 상사는 기병연대 E중대의 소대장을 찾아가서 상의하였더니 그들은 성벽을 넘어간다고 했다. 사방에서 적 사격이 집중되어 상황은 절망적이었다. 글리프 상사는 온 길로 철수하기로 하고 가지고 갈 수 없는 무기는 모두 파괴하였다. 집결된 대원을 점검한 결과 브라운 일등병이 보이지 않아 분대장 필립(John J. Philip) 상사에게 연유를 물었다. 필립 상사는 진지를 살펴보고 와서 브라운 일등병이 전사한 사실을 알았다.

글리프 상사 소대는 조용히 산을 내려왔다. 산 밑에서 제8야전공병대대장 홀터(Holter) 중령 및 공병중대원과 기병연대 E중대원을 만났다.

공병중대가 모두 집합했을 때 부상자가 18명, 실종자가 30명임을 확인했다. 50%에 달하는 병력 손실이었다.

철수 중 공병중대 장교 1명이 언덕을 뛰어내리다가 다쳤다. 산 밑으로 운반한 후 뒤에 지프로 후송할 작정으로 민가에 남겨두었다. 미 제1기병사단이 4주일 후에 반격하여 그곳에 이르렀을 때 그 장교는 불에 타 죽어 있었다. 손발이 묶여 있었고, 눈알이 빠져 있었고, 손톱도 빠져 있었다. 고무 끝에 처참하게 학살한 것이다.^{주)}   국방부『한국전쟁사』제3권 p483, 484

북한군의 야수와 같은 만행이 여기서도 저질러졌던 것이다.

8월 15일 왜관 작오산 전투에서 북한군은 미군 포로 26명을 잔인하게 학살하였다. 맥아더 원수는 북한군총사령관에게 이를 비난하는 성명을 방송을 통하여 발표하고 전단을 만들어 전선에 살포했었다. 북한군은 전선 각

부대에 포로를 학살하지 말라고 문서로 지시한 사실이 확인되었다. 그러나 저들의 만행은 그치지 않고 계속되었다.

이 지구상에서 북한군보다 더 야만적인 군대는 없을 것이다.

9월 4일 08시경 국군이 가산산성 근처에서 잡은 포로 진술에 의하면 가산산성에는 800명의 병력이 방어하고 있고, 이들을 증원하기 위하여 3개 대대 병력이 북에서 오고 있다고 하였는데 다음 날 18시쯤에 가산산성 안에는 약 1,500명의 병력이 있었고, 우마차가 박격포탄과 식량을 나르고 있었다. 며칠 뒤에 이 우마차는 국군에게 모두 붙잡혔다.

9월 6일 미군이 가산산성 공격에서 철수하자 적은 다부동 남쪽 4.5km 지점 도로를 막았고, 대구가도를 감제 할 수 있는 570고지를 점령했다.

9월 8일 아침 미 제8기병연대 제3대대(Harold K. Johnson 중령)는 570고지를 공격했다. 이 고지를 중심으로 3개 봉우리가 형성되어 있는데 봉우리에 구름이 끼어 공중지원이나 포격이 불가능했다.

3개 중대가 은밀히 공격하여 2개 봉우리를 점령하였고, 가장 높은 세 번째 봉우리는 적의 저항이 너무 커서 점령하지 못했다. 이 고지를 공격하던 L중대는 중대장과 중대부관 그리고 여러 명의 하사관이 전사하는 피해를 입었다. 점령한 570고지에서는 적이 모두 잠들어 있었다. 저들이 눈을 떴을 때는 포로 신세가 되어 있었고, 눈만 깜박거리고 있었다.

미 제8군사령부는 570고지 일대에 약 1,000여 명의 적이 있는 것으로 판단했고, 대구에서 12km 거리에 불과하여 큰 위협이 아닐 수 없었으나 이즈음 탄약이 크게 부족하여 더 큰 고통을 느끼고 있었다.

미 제8군은 105mm포탄 사용을 하루 50~25발로 감소하였고, 8인치 곡사포로 장비한 미 제18포병대대는 포탄이 없어서 전투에 투입하지 못하는 상황에 이르렀다. 카빈소총 실탄도 부족하여 보병도 고민이 따랐다.

9월 9일 105mm포탄 172,790발을 실은 2척의 탄약선이 요코하마를 출항했다. 미 제8군의 안위는 이 보급선의 속도에 달려 있었다. 이 배는 11일 부산항에 도착예정이었으나 사태를 우려하고 있던 맥아더 원수는 스스로 서명한 긴급전보를 쳤다.주) 일본 육전사연구보급회 『한국전쟁』 [2] p334

"선체가 허용하는 범위 내에서 최대 속도로 달려라."

탄약 사정이 얼마나 다급했는가를 알만한 상황이다.

9월 10일 적 제1사단은 미 제1기병사단 정면에서 빠져나가 우 인접 제1사단 지역으로 공격 방향을 바꾸었다. 적 제1사단 제2연대 1,200명이 가산에서 남쪽 팔공산으로 이동하여 정오 무렵에는 목적지에 도착하였는데 저들이 제1사단에 포착되어 800여 명이 사살되었다. 저들은 보충병을 증원받아 후방을 교란하기 위한 공격을 꾀하고 있었다.

미 제1기병사단은 이날 겨우 전투부대 대부분이 대구 동쪽에 집결하여 방어진지를 정비했다.

5일 포로가 되었던 미 제8야전공병대대 D중대 제3소대장 존스 소위가 돌아왔다. 그는 건너편 능선 위에 500명에 가까운 적이 있었고, 미군 정찰기가 상공에 나타났는데도 이를 발견하지 못하고 돌아갔다고 했다.

이날 현재 가산을 점령한 적 제13사단과 적 제1사단은 대구를 공격할 준비를 끝내고 있었다.

대구에 가장 가까이 온 적 – 314고지

9월 11일 현재 미 제1기병사단의 보병 전력은 말이 아니었다.

제5기병연대 E중대는 병력이 장교 3명에 사병 63명이었고,

제7기병연대 C중대는 모두 50명밖에 되지 않았으며,

제8기병연대의 경우 제3대대는 각 중대가 100명 미만의 병력밖에는 가

지고 있지 않았다. 그래도 가장 형편이 나은 편이었다.

9월 11일 11시 미 제7기병연대 제3대대는 314고지를 공격했다.

314고지는 570고지 남쪽 능선상에 있는 고지이고, 대구시 중심부에서 12km 밖에 안 되는 거리에 있다.

미 제8기병연대가 570고지를 공격하는 동안 적 제1사단 일부 병력이 공격하여 점령하였다. 이 적이 대구에 가장 가까이 온 북한군이다.

대구시내가 북한군 122mm 곡사포의 유효사거리 안에 들었다.

제3대대는 535명의 적은 병력으로 대대장 린치(James H. Lynch) 중령이 지휘하여 단독으로 공격을 시작했다. 포병은 탄약이 없어서 준비포격을 하지 못하였는데 적의 120mm박격포는 공격제대 앞뒤에 정확한 조준사격으로 포격을 집중하여 공격은 지지부진한 가운데 희생만 컸다.

L중대 정면에 400여 명의 적이 반격준비를 하고 있는 것을 목격하고 무전으로 항공지원을 요청했었는데 14시경에야 전폭기가 나타나서 적이 있는 고지와 능선을 폭격하였다.

공중공격이 끝난지 15분 후에 공격을 계속했다. 간간이 포격지원을 받았으나 적의 완강한 저항과 함께 적 박격포가 맹렬하게 포격을 집중하여 희생자만 계속 늘어났다.

많은 장교가 사상하여 하사관들이 소대를 지휘하였다. I중대는 25%의 손실을 입었는데 중대장 필즈(Joseph A. Fields) 중위는 부대를 재편성하다가 박격포탄에 부상을 입었고, 같은 중대의 헤이스 중위는 전사했으며, 화기소대장 맥콜(Roye E. McCall) 상사는 어깨와 팔 등에 3차례나 부상을 당하고도 소대를 지휘하다가 머리에 총상을 입고 전사했다. 또 엥글(Marshall G. Engle) 소위는 두 군데나 포탄 파편에 부상을 당하고도 후송을 거절하고 위생병에게 다른 중상자를 먼저 후송하라고 명령하고 12시간이나 고지에 누위 있다가 마지막으로 후송되었는데, 후송 중에 박격포탄의 파편을 맞고 또 부상을 당했는데도 죽지 않았다.

L중대와 I중대는 사상자가 많아 두 중대를 통합했다.

적의 완강한 저항을 물리치고 근접전 끝에 고지정상에 이르렀으나 기관총사격을 받고 물러났다. 두 차례 공격을 반복한 끝에 다시 공중지원을 받고 세 번째로 공격하여 15시 30분 314고지를 탈환하였다.

양 중대 병력은 각각 40명이 못 되었고, 장교는 I중대장 워커(Robert W. Walker) 중위만 남고 모두 사상했다.

314고지를 공격한 미 제7기병연대 제3대대는 2시간 동안의 전투에서 229명을 잃었는데 전사자는 38명이었다.

제3대대는 6일동안 314고지를 확보하고 있으면서 적의 장비와 탄약을 많이 수집하였다. 이 고지에서 싸운 적은 모두 미군 복장에 미군 헬멧을 썼고, 미군 군화를 신었으며, 대부분이 M1소총과 칼빈 소총으로 무장을 하고 있었다. 고지 주변에는 200여 구의 적 시체가 버려져 있었는데, 포로 진술에 의하면 적은 500여 명의 손실을 입었다고 했다.

9월 12일 오후에 웨벨(James B. Webel) 대위 시체를 발견했는데 손발이 묶인 채로 불에 타 죽었다. 주위에 5갤론 들이 휘발유통이 있는 것으로 보아 손발을 묶고 휘발유를 뿌린 뒤 태워 죽인 것임을 알 수 있었다.

또 다른 곳에서는 미군병사 4명이 손이 묶인 채로 참살(慘殺) 당해 있는 것이 발견되었다.

314고지를 점령함으로써 대구에 대한 위협은 어느 정도 사라졌다.

9월 14일 미 제8기병연대 제2대대는 314고지로부터의 지원사격에 힘입어 570고지 주변 나머지 고지를 점령했다.

9월 15일 756고지에서 팔공산에 이르는 연봉 곳곳에서 간헐적인 전투가 계속되었고, 부근 일대에 약 3,000여 명, 가산산성에 1,500~2,000명의 적이 있는 것으로 추산했는데 이 무렵 적 제1사단은 대부분 가산산성에서 철수하였고, 적 제13사단도 북으로 퇴각한 것으로 보였다.

14일 오후 항공관측 보고에 의하면 약 500명의 적이 다부동에서 북으로 이동 중이라고 하였다.

팔공산 전투 - 제1사단

8월 들어 북한군은 왜관~다부동선에서 대구공략목표를 세우고 간단없는 공세를 취해 왔으나 번번이 아군의 저항에 막혀 그 기도가 좌절되자 아군의 방어가 허술한 산악지대로 우회 침투하여 대구를 공격하라는 상부 명령이 떨어졌다.

북한군은 8월말에 이르러 효령 방면에서 다부동으로 남진하고 있던 적 제1사단이 가산~도덕산(道德山, 660고지, 칠곡군 東明面사무소 동쪽 약 4km)선과 대율동~팔공산선으로 진출하여 동쪽에서 영천을 공격하고 있는 적 제8사단과 합세하여 대구를 공격하도록 하였다.

적 제1, 제8의 2개 사단이 대구 동북쪽으로 나타나자 미 제8군사령부는 다부동에서 작전 중인 제1사단 정면을 미 제1기병사단에 인계하고 제1사단을 신령(新寧-영천군 신령면) 지구에서 작전 중인 제6사단 좌측으로 이동시켜 제6사단과 함께 대구 동북쪽을 방어하도록 하였다.

8월 31일 신령 부근으로 이동한 제1사단은 이날부터 가산 동북방에서 싸워 온 제6사단진지 인수에 들어갔다. 제12연대는 우 일선 제6사단 제7연대가 점령하고 있는 운산동 서쪽 일대 270고지~284고지~370고지를 잇는 진지를 예정대로 인수하였고 제7연대는 신령으로 이동하여 사단예비대가 되었다.

제11연대는 제6사단에 배속된 제7사단 제5연대와 독립기갑연대지역인

가산동 북쪽에서 대율동 북쪽에 이르는 558고지～527고지～655고지 선을 인수하기로 되어 있었으나 간밤에 진지가 적의 수중에 들어갔으므로 제11연대는 이들 진지를 되찾기 위하여 제5연대 및 기갑연대와 협동으로 이날 13시를 기하여 일제히 공격을 시작했다.

9월 1일 기갑연대는 교대부대인 제11연대 제2대대(차갑준 소령)의 지원을 받아 11시 558고지(가산 동북쪽 4km)를 탈환한 후 제11연대 제2대대에 인계하고 신령으로 이동했다.

제5연대 제2대대(이창범 대위)는 12시 655고지(제2석굴암 북쪽)를 공격하여 점령하고 이어서 527고지를 공격하였으나 포격지원을 받은 적의 반격에 부딪혀 끝내 탈환하지 못하고, 655고지만을 제11연대 제3대대(정영홍 소령)에 인계하였다.

9월 2일 제11연대 제1대대(김소 대위)는 전날 381고지(655고지 북쪽)를 인수하여 확보하고 있다가 적의 반격을 받고 02시 318고지로 이동하였고, 이로 말미암아 우측 제12연대 제1대대가 적의 위협을 받게 되었는데 예비대인 제2대대가 증원하여 침공하는 적을 격퇴하고 진지를 고수했다. 이 전투에서 전차 3대를 격파하였다.

제5연대 제2대대는 3일째 527고지 탈환전을 벌였다. 제11연대 제3대대의 화력지원을 받아 03시 공격을 시작하였다. 수류탄과 총검으로 근접전을 벌이면서 8시간 사투 끝에 11시에 탈환하고, 14시에 진지를 제11연대 제3대대에 인계한 후 연대 주력을 따라 대구로 이동했다.

9월 3일 04시 사단 좌측 제11연대가 적의 공격을 받았다.

제2대대는 583고지(제2석굴암 서남쪽) 남쪽 비탈에서 적 2개 대대 규모의 공격을 받고 사투를 벌였으나 역부족으로 14시 583고지로 이동하였고, 제1대대와 제12연대는 진지를 고수했다.

9월 5일 제6사단에 배속되었던 제15연대가 제1사단에 복귀했다.

9월 6일 02시 적 제1사단은 대구에 이르는 최단 접근로인 583고지로 주력을 투입하여 가산 부근의 적과 합세한 후 중리(中里)로 남진했다. 마침 이 날 오전에 중리에 도착한 제15연대 제1대대가 뜻밖에 이 적을 만나 격퇴하고 12시경 583고지를 확보했다.

제1사단 정면의 적은 미 공군 폭격과 제17포병대대의 포격으로 위축되어 더 이상의 움직임을 보이지는 않았다.

9월 9일 19시에 적 제1사단은 팔공산 북쪽 일대에서 공격을 시작했다. 2개 중대 병력이 선발대로 도덕산에 침투하여 제1사단 후방으로 침투를 기도했으나 제15연대 제6중대와 연대교육대가 이를 저지했고, 예비대로 있던 제11연대 제1대대는 새벽 파계재(把溪峙, 팔공산 서쪽 약 4km 지점 능선상)에서 사단 좌측으로 침투하는 1개 대대 규모의 적을 고지터(古道峴, 파계재 서쪽)에서 저지하였으며, 제15연대 제3대대는 22시경 적 1개 대대 규모의 공격을 받고 치열한 교전 끝에 물리쳤다.

9월 10일 적 제1사단은 제2연대 병력 1,200명으로 가산에서 팔공산을 공격했다. 적은 신병으로 제1파를 삼고, 고참병을 제2파로 하여 뒤에서 독전을 하면서 돌격했다. 제1사단은 지원사격도 없고, 다발총만으로 장비한 저들을 어려움 없이 격퇴했다.^{주)} 국방부 『한국전쟁사』 제3권 p485

전장을 정리하던 한 병사는 적 사상자 중에서 중상을 입고 신음하는 동생을 발견하고 불운을 한탄하였다고 한다.^{주)} 일본 육전사연구보급회 『한국전쟁』 ② p335

9월 13일 제1사단이 미 제2군단장의 지휘를 받게 되었다.

9월 14일 제11연대 제1대대는 756고지를 주간에 기습으로 공격하였으나 성공하지 못했다. 제2중대장 대리 박승조(朴勝照) 소위는 대대장 김소 대위에게 단독으로 야간 공격을 하겠다고 건의하여 승인을 받았다.

제2중대는 20시에 공격을 개시하여 756고지 9부 능선에 이르렀을 때 보초가 졸고 있는 것을 발견하여 대검으로 찔러 죽이고 포복으로 정상에 접근했다. 때마침 약 200명의 적이 저녁식사를 하고 있었는데 일시에 돌격하여 모두 무찌르고 고지를 점령하여 사주방어에 들어갔다. 일단 퇴각했던 적이 후사면 바위틈에 숨어 있다가 아군이 더 이상 돌진하지 않고 경계에 들어가자 수류탄을 던지며 역습했다. 제2중대는 40분에 걸친 저항을 하다가 후퇴하였는데 이때 제2중대를 지원하기 위하여 제1중대(손병준 대위)가 달려오다가 756고지 9부 능선에서 후퇴하는 제2중대를 만나자 함께 휩쓸려 후퇴하고 말았다.

제15연대 제1대대는 783고지를 탈환했다.

9월 15일 04시 제11연대 제3중대(이재인 대위)가 756고지 탈환전에 나섰다. 적은 호 속에서 수류탄전으로 완강하게 맞서 종일 진전이 없었다. 17시경 폭격과 포격을 집중하여 적의 저항을 무력하게 만들어 놓고 돌격하여 고지를 점령하였고, 여세를 몰아 가산산성까지 진출하였다.

이로써 팔공산 방면에서의 대구 방어전은 대미(大尾)를 장식하였다.

팔공산 북쪽 능선은 주야 가릴 것 없이 계속된 폭격과 포격으로 초토화됐고 산등성이는 잿더미로 변했다. 곳곳에서 뿌연 연기와 함께 화염이 솟아오르고 진한 화염 냄새가 대구시내까지 진동했다.

3. 신령 지역 방어전 – 제6사단

부대 전개

북한군 제8사단은 8월 초에 안강 · 포항 지구로 진출할 계획이었다가

8월 7일 의성에서 아군 제8사단에 의하여 1개 대대 이상의 병력 손실을 보고 그 진격이 느려지자 의흥~신령으로 진로를 바꾸어 대구를 노리게 되었고, 8월 말에는 신령 북쪽 조림산(鳥林山, 639m-군위군 의흥면, 산성면, 고로면 경계) 부근에 진출하여 아군 제6사단과 대치하기에 이르렀다.

제6사단은 예하 제2, 제7, 제19연대와 제7사단 제5연대 및 기갑연대를 증원받아 동서 32km에 이르는 산악지대를 방어하고 있었다.

8월 26일 제1사단 제15연대가 제6사단에 증원되었다.

8월 31일 제1사단이 제6사단 좌측으로 전진하여 가산에서 운산동(雲山洞-군위군 山城面, 중앙선 화본역 남쪽)에 이르는 17km의 정면을 담당하고, 제6사단은 운산동에서 화산(華山, 828m 화산산성-군위군 古老面과 영천시 신령면 경계)에 이르는 15km의 정면을 담당하게 되었다.

조림산 전투

8월 30일 제6사단은 우에서 좌로 제19연대, 제2연대, 제7연대, 제5연대, 기갑연대 순*으로 방어진지를 점령하였다.주) 국방부 「한국전쟁사」 제3권 p542

> * 인용문헌 상황도(24호, p543)의 8월 31일 부대배치상황을 보면 우로부터 전방 괴산동(槐山洞)에 제8연대 제2대대, 그 후방에 제7연대 제1대대, 그 좌측에 제15연대, 제19연대, 제2연대 순으로 되어 있고, 같은 별책부도 제24호는 9월 1일 현재 우에서 좌로 제8연대 제2대대, 제19연대 제1, 2대대, 제15연대 제2대대, 제19연대 제3대대, 제2연대 순으로 되어 있어 서로 맞지 않고, 본문 기술 내용과도 다르다.

04시 제2연대 제3대대(송대후 소령)가 370고지에서 적의 공격을 받고 격전 끝에 격퇴하였고, 제1대대(김병진 소령)와 제2대대는 조림산 부근에서 공격한 적을 맞아 21시까지 치열한 전투를 벌였다.

제19연대 제1대대는 여덕동(汝德洞)에, 제2대대(김욱전 대위)는 723고지

(조림산 동남쪽)에 배치되어 있었는데 북쪽 인각사(麟角寺) 쪽에서 공격한 적 1개 대대와 쉴 새 없이 교전을 계속했다.

8월 31일 좌 일선 운산동의 제19연대 제3대대는 그 좌측 제1사단 제15연대 제2대대(이존일 소령)와 합동으로 조림산을 탈환하고자 공격을 개시하여 23시 현재 8부 능선까지 진출하였다가 적의 완강한 저항에 부딪혀 원진지로 돌아왔다.

9월 3일 아침 제2연대 제3대대는 진지를 좌 인접 제1사단 제12연대에 인계하고 무암동(武岩洞-군위군 산성면) 서쪽으로 옮겼다.

적 제8사단은 대규모 병력이 전차 12대를 앞세우고 제19연대 정면을 공격했다. 제19연대 제3대대와 우 인접 제15연대 제2대대는 증원된 제7연대 제3대대(조현목 중령)와 합세하여 격전 끝에 11시경 이를 격퇴하고 여세를 몰아 조림산으로 추격해 가다가 날이 저물어 포기하고 원진지로 돌아와서 진지를 강화했다.

사단 좌 일선 돌출된 진지에 있던 제2연대는 우측면이 노출되어 부득이 제19연대와 동일선인 무암동 일대로 진지를 이동했다.

제19연대 우 일선 제1대대(許容尤 소령)는 도로를 따라 화산 부근으로 남하하는 적 전차 6대를 발견하고 포격을 집중하였다. 전차는 조림산이 있는 화수동(華水洞-군위군 고로면)으로 도주했다.

적은 전 전선에서 공세를 취했다. 미 제5공군 전폭기편대가 출격하여 저 지상부대에 큰 타격을 주었고, 전차 3대와 야포 3문을 파괴했다.

9월 4일 적 제6사단은 많은 피해를 입어 공격이 주춤했다.

제19연대 제1대대는 전날 전차가 도주해 간 화수동 깊숙한 곳에 적 전차 8대가 숨어있는 것을 발견했다.

제1대대장 허용우 소령은 제1중대 제3소대장 변규영(卞圭暎) 소위를 대장으로 하고 사병 5명을 선발하여 특공대를 조직하였다. 특공대는 3.5인치 로켓포 1문과 각자 수류탄 2발, 폭약 2발 및 소총으로 장비한 다음 4일 03시에 전방 3km 지점인 집실 부락(화수동)까지 은밀히 침투하여 도로교차점 (28번 국도와 908번 지방도)에 매복하였다.

얼마 지나자 전차 8대가 요란한 굉음을 울리며 다리를 건너서 도로를 따라오고 있었다. 특공대는 선두전차가 15m 전방에 접근했을 때 1번 전차 무한궤도 측면에 로켓포탄을 꽂았다. 전차는 멈추면서 순식간에 화염에 싸였다. 변 소위는 로켓포조로 하여금 후미 전차를 사격하게 하고 자신은 2번 전차에 뛰어올라 수류탄을 포탑 안에 던졌다. 2번 전차도 폭음과 함께 주저 앉았다. 로켓포는 전차 2대를 더 파괴했다. 맨 나중에 따라오던 전차는 당황한 나머지 방향 감각을 잃은 채 기관총을 마구잡이로 쏘아대면서 뒤로 도망가다가 교량 입구에서 스스로 전복되었다.

변 소위는 전복된 전차에 달려가서 전차에서 뛰어내리다가 압사한 전차병의 군복을 찢어 휘발유를 묻힌 후 전차 안에 불을 질렀다. 나머지 전차들은 앞뒤가 막혀 꼼짝 못하였고, 목표도 모른 채 기관총을 난사하였다. 변 소위는 다음 전차에 올라가서

"이놈들아, 이제는 너희가 마지막이다. 손들고 나와라!"

소리치자 전차 안의 적병들은 기관총 사격을 멈추고는

"나가면 살려 주겠소?"

라고 묻고는 소위 1명을 포함하여 5명이 투항했다.

중간에 갇혀있던 전차병들은 모두 도주했다. 변 소위는 나머지 전차를 수류탄과 휘발유로 파괴하고 포로 5명을 호송하여 돌아왔다.

특공대원들은 일기당천(一騎當千)의 능력을 발휘했고, 변규영 소위는 신출귀몰(神出鬼沒)하는 초인적인 민첩함을 보였다.

변규영 소위는 금성을지무공훈장과 함께 김종오 사단장으로부터 포상금 50만원을 받았고, 특공대원 전원은 1계급 특진의 영예를 받았다.

제8연대 제2대대가 신령으로 이동하여 원대로 복귀했다.

제15연대는 13일 제7연대에 진지를 인계하고 연정동(蓮亭洞-영천군 신령면)으로 이동했다.

제7연대 제2대대(김종수 중령)는 제15연대가 빼앗긴 730고지를 공격하여 12시에 탈환했고, 이어서 20시에 포병이 준비사격을 한 후 동정동(洞庭洞, 군위군 고로면) 방면 적진지를 공격하여 별다른 저항 없이 점령했다.

적 시체 300여 구가 버려져 있었고, 노획한 무기가 3트럭이었다.

중상자 중에서 '어머니'를 부르며 죽어 가는 어린 소년의 애처로운 모습을 보고, 죽고 죽이는 것을 일상으로 하는 전장에서조차 보는 사람을 안타깝게 했다.

화산 전투

제6사단 우측 보현산 지구에서 용전분투하던 제8사단이 9월 4일 기룡산(騎龍山-961고지-영천군 자양면)으로 이동하자 적 제15사단이 영천을 넘보게 되었고, 제2군단은 제8사단과의 전선 균형을 유지하기 위하여 9월 5일 24시까지 좌측 제6사단과 제1사단을 신령선으로 이동시켜야 했다.

이날 제6사단에 배속되었던 제15연대가 제1사단으로 복귀했다.

육군본부는 제1군단 소속 제8사단을 제2군단으로, 동해 지구 수도사단과 제3사단을 제1군단으로 각각 예속을 변경하였다.

제2군단에는 제1, 제6, 제8사단이 예속되었고, 제7사단은 육군본부 직할 사단으로 두어 필요에 따라 각 사단을 증원케 하였다.

제6사단은 신령으로 이동하여 화산을 중심으로

좌측 능선에 제2연대를,
우측 능선에 제7연대를 배치하고
사단지휘소를 계포동(桂浦洞-영천군 淸通面)에 두었다.

제19연대는 군단예비대로 제8사단을 증원하기 위하여 곡상동(谷上洞)으로 이동 중에 있었다.

이날 적 제15사단이 영천을 점령하였고, 이에 고무된 적 제8사단도 제6사단 정면에 주력을 투입하여 신령으로 진출을 기도하고 있었다.

9월 7일 04시에 조림산에서 진출한 적 2개 대대 병력과 운산동에서 침입한 적 1개 대대 병력이 합세하여 제2연대를 공격했다. 제2연대는 포병 지원 화력과 자체 화력을 총집중하여 적을 진전에서 섬멸했다.

06시 제7연대도 적 2개 대대 규모의 공격을 받았다. 진지를 약간 뒤로 물리면서 24시까지 치열한 격전을 벌였다. 포병의 지원화력과 자체화력을 총집중하여 적에게 큰 타격을 주었고, 미군 전폭기가 근접항공지원을 하여 인해전술로 나온 적에게 많은 인명 손실을 입혔다.

9월 8일 제7연대는 전날에 이어 적을 계속 공격하여 17시 50분 원 진지인 723고지를 탈환하였다. 이 과정에서 1,000여 명의 적병을 살상하고, 많은 무기를 노획하는 전과를 올렸다.

적 제8사단이 신령 지구 전투에서 막대한 타격을 받고 전투력을 상실하게 되자 적 제2군단장이 기도한 적 제15사단의 경주돌파작전과 적 제1, 제8사단의 하양 방면에 대한 최후 공격이 암초에 부딪히게 되었다.

북한군총사령부는 최전방 부대가 침체되어 있음에도 불구하고 여전히 9월 11일 안으로 대구를 점령하라고 일방적인 명령만 내리고 있었다.

9월 9일과 10일 이틀 동안 공방전은 계속되었다. 주로 적이 공격을 하고 아군은 방어하는 형태로 전투가 벌어졌다. 지역적인 공방은 대등한 전투

양상을 띠었으나 전투를 하면 할수록 적의 전력은 감소되어 갔다.

적은 상부명령에 따라 무모한 공격을 일삼아 애꿎은 사병들의 희생만 늘어났고, 여기에 더하여 주간에는 미 전폭기의 공중공격으로 많은 손실을 감수해야 했다. 결국 저들의 전력은 크게 저하되어 제대로 된 공격은 할 수가 없는 상태에 이르렀다.

반대로 제6사단 장병들의 사기는 하늘을 찔렀고, 싸우는 족족 이겼다.

9월 11일부터 14일까지 때때로 산발적인 정찰전이 간헐적으로 일어났으나 전선은 대체로 평온했다.

9월 15일 제7연대 제1대대는 화산동 북쪽 적진을 기습하여 닥치는 대로 휩쓸었고, 적은 큰 혼란에 빠져 도망쳤다. 포병은 조림산 부근으로 집결하는 적을 정확한 조준사격으로 두들겨 적의 전후방을 뒤흔들어 놓았다.

인천상륙 소식이 전선에 전해져 장병들의 사기가 하늘로 치솟았다.

4. 영천대첩 – 제8사단

부대 전개

영천은 인구 25,000여 명의 시골읍이면서 중앙선과 대구선의 분기점이고, 도로가 서쪽으로는 대구, 남쪽으로는 경주를 거쳐 부산, 동쪽으로는 경주를 거쳐 포항, 북쪽으로는 청송~안동으로 연결되는 교통의 요충이다.

영천에서 대구는 34km, 경주 28km, 포항 40km이다.

영천을 적이 점령할 경우 대구와 경주가 직접적인 위험을 받고 제1군단과 제2군단이 분리되며, 대구와 포항을 잇는 동서보급로가 차단된다.

북한군은 이러한 이유로 제15사단을 투입하여 결사적으로 영천을 공략하고자 했고, 영천을 점령한 후에는 저들 제8사단과 제15사단을 경주 또는 대구 방면으로 진출시키려고 기도하고 있었다.

만일 적 제15사단이 영천을 점령한 다음 기계~안강 방면으로 진출한 적 제12사단과 합세하여 부산 방면으로 진출한다면 우리에게는 결정적인 위협이 아닐 수 없었다. 그래서 영천은 전략적 요충이었고, 전략상 초미(焦眉)의 관심지역이 되어 있었다.

제8사단은 보현산과 입암 지구에서 적을 저지하다가 전세가 불리하자 9월 4일 영천 북방 기룡산으로 이동하여 새로운 진지를 점령하고 적의 남진에 대비하고 있었다.

제8사단은 기룡산 좌우 능선을 중심으로
오른쪽에 제7사단 제5연대,
중앙에 제8사단 제16연대, 제3연대 제1대대(전 제1유격대대),
왼쪽에 제21연대를 배치하였다.

육군본부 직할 제7사단은 제2군단에 배속되었다. 제7사단 제8연대는 제8사단의 예비로 영천으로 이동하였고, 제8사단 제10연대는 제1사단에서 복귀하였다가 동해안 지구가 위급하여 다시 제3사단에 배속되었다.

제8사단에 배속된 제50포병대대는 3개 포대가 각 연대를 직접지원하였고, 9월 5일 제7사단 공병대 200명이 추가로 영천에 투입되었다.

제8사단 좌측에는 제6사단, 우측에는 수도사단이 포진하였다.

영천 공방전

▎영천선에서 적을 저지해야 한다

9월 4일 적 제15사단장 박성철 소장(9월 5일 조광렬 소장으로 교체)은 제2군단장 김무정 중장으로부터

"제12사단은 안강을 돌파하고 경주를 점령하였는데 박 동무의 사단은 무엇 때문에 영천을 점령하지 못하는가?"주) 국방부 「한국전쟁사」 제3권 p558

라고 질책을 받고 각종 포 166문과 전차 5대를 지원받아 영천을 정면돌파하기로 결심하고 4일 안으로 영천을 점령하라고 명령을 내렸다.

9월 5일 01시 비가 쏟아지는 가운데 적 제15사단은 제8사단 전면에서 총공세를 취했다. 제8사단 각 연대는 치열한 교전을 벌였으나 적의 강한 압력을 저지하지 못하고 전 진지에서 물러나야 했고, 10시 30분경에 이르자 사단 중앙이 돌파되어 작전 지휘가 곤란하게 되었다.

제2군단장 유재홍 준장은 5일 아침 신령에 있는 제6사단 전황을 시찰하고 하양 군단사령부로 돌아오자마자 작전참모로부터 제8사단 방어진지가 돌파되어 전황이 매우 불리하다는 급보를 받았다.

유재홍 군단장은 이 위기를 타개하기 위해서는 적을 영천 방어선에서 섬멸해야 한다고 결심하고 당장 지휘관을 소집하여 작전회의를 열었다. 제1사단장 백선엽 준장, 제6사단장 김종오 준장 그리고 군단참모장 이한림 대령과 군단 작전참모 이주일 대령이 참석했다.

군단장은 영천이 적의 수중에 들어가면 경주와 대구가 위험하고 적 제15사단과 제12사단이 합세하여 부산 방면으로 직접 진격할 경우 전선은 걷잡을 수없이 무너진다는 사실을 전제한 후

"영천은 오늘밤이 고비인데 만일 영천이 무너지면 우리는 부산으로 후퇴하지 않으면 안 된다. 영천 방어선에서 적을 저지 섬멸해야 한다."

고 강조하고 제1사단과 제6사단에서 각각 1개 연대씩을 뽑아 군단장이 집중 사용할 수 있게 협조해 줄 것을 당부했다. 양 사단장은 방어 전면이 넓은데다가 병력이 부족함을 이유로 반대 의사를 개진했으나 군단장의 결심이 확고하여 군단장의 뜻에 따르기로 했다.주) 국방부 「한국전쟁사」 제3권 p560, 561

9월 6일 밤부터 영천읍내에 적의 포탄이 떨어지기 시작했다. 03시경에 적 주력 약 1개 연대 병력이 수 대의 전차를 앞세우고 영천읍내로 침입했다. 이날도 비가 내렸다. 영천 동북방에서 방어중이던 제16연대, 제8연대와 제3연대 제1대대 그리고 대전차 공격대대가 격전을 벌이다가 세가 불리하여 금호강 남쪽으로 철수하였고, 일선의 각 연대와 사단지휘소와는 통신이 두절되어 전황을 파악할 방법이 없었다.

사단 작전참모 권태순 중령은 적 침공지점 조교동(早橋洞-당시 영천읍 동쪽)을 지키고 있는 대전차공격대대와 통신이 두절되자 02시 30분쯤 전황을 파악하기 위하여 지프를 타고 조교동으로 가다가 적의 습격을 받고 되돌아

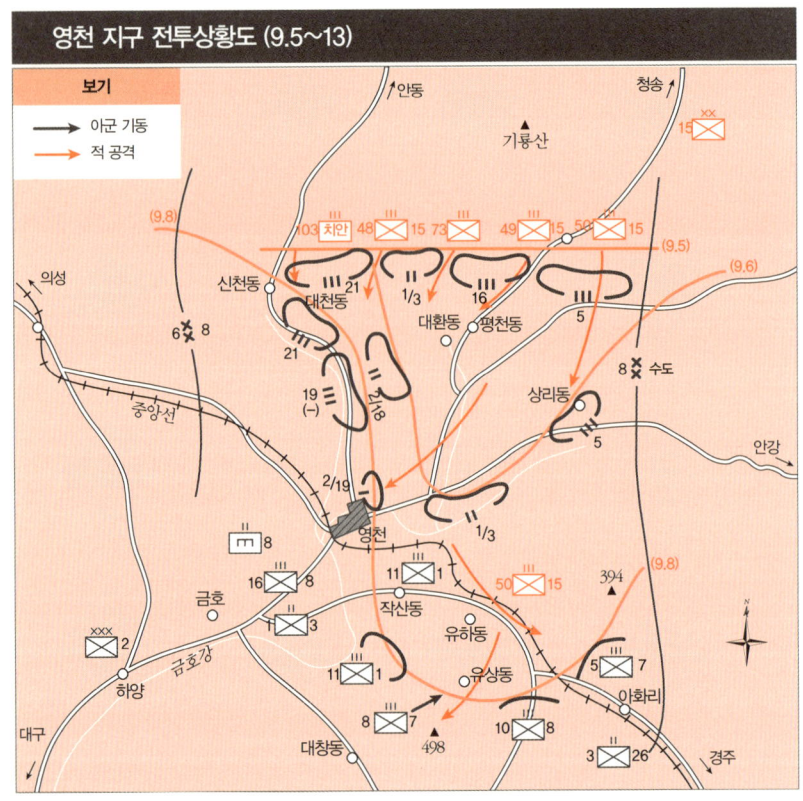

와서 사단장에게 사태의 긴박성을 보고하였다.

사단장은 사단지휘소를 교촌동(校村洞-당시 영천읍)에서 금호강 서쪽 오수동(五樹洞-당시 영천읍)으로 옮기고 사단 본부중대를 영천 서쪽 금호강 제방에 배치하여 적의 침공을 막게 하였다. 결국 사단의 마지막 병력까지 모조리 동원한 상태가 됐다. 그러나 그 후에 잡은 포로 진술에 의하면 그 시각에는 적이 이미 영천읍내를 통과한 뒤였다고 했다.

사단장은 각 연대장에게

"오수동에서 부대를 재편성하라."

고 명령하고 작전참모에게 군단에 상황을 보고하고 증원부대를 요청하라고 지시했다.

영천읍을 점령한 적은 07시경 영천읍내를 휩쓸면서 남하했고, 일부가 조교동에서 금호강을 도하한 후 철도를 따라 경주 방면으로 진격하고 있었으며, 08시경에는 일부의 적이 금호강 남쪽 임포동(林浦洞-영천군 북안면)으로 진격하고 있었다.

전차 구걸 – "군단장의 몰골이 말이 아니더군요"

유재흥 군단장은 5일 지휘관 회의를 마치고 미 제1기병사단장 게이 소장을 찾아가서 전차 1개 소대(5대)를 지원해 달라고 부탁했다.

게이 사단장은 자신의 정면이 불안하기 때문에 전차 지원은 어렵다고 난색을 표했다.

유재흥 군단장은 대구 미 제8군사령부로 가서 워커 중장을 만났다.

"현재 제2군단이 당면하고 있는 위기를 극복하려면 전차가 절대로 필요한데 만일 그것이 허용된다면 우리 장병들은 사기 백배하여 싸울 수 있을 것이지만 지금은 필승의 신념을 기대할 수가 없어 영천을 끝내 막아 낸다고 장담할 수 없습니다."

워커 중장은 유재흥 군단장의 전황 보고를 주의 깊게 듣고 난 뒤에
"게이 소장과 다시 협조해 보시오."
라고 말했다.^{주)}

국방부 『한국전쟁사』 제3권 p562

미 제8군사령부에서 나온 유재흥 군단장은 전황을 알아보고자 영천 제8사단지휘소에 가 있었다. 이때 미 제8군사령부로부터 통보가 왔다.
"내일 미 제1기병사단에서 전차 1개 소대를 직접 지원한다."
야전의자에 앉아있던 군단장은 만감이 교차했다.

이때 상황을 당시 총참모장 정일권 장군은 이렇게 회고했다.
"8일 정오 무렵에 북괴군 주력이 또 다시 시내(영천)에 진입했다.
유(劉) 군단장이 직접 전화해 왔다. 비통해 하는 목소리였다. 적세는 전차12대를 앞세운 강력한 보전연합부대였다고 한다.
…… 비를 무릅쓰고 하양으로 차를 몰았다. 유 군단장은 군단사령부에 있지 않았다. 전방연대에 나가 있다고 한다. 다시 차를 몰았다.
연대지휘소는 영천을 굽어보는 언덕에 있었다.
'지금 내 머릿속에는 전차밖에 없습니다. 단 한 대라도 좋으니 우리 병사들에게 우리한테도 전차가 있다 하고 보여주고만 싶군요.'
낮게 가라앉은 목소리였다. 하나, 통분의 고함소리로 들어야 했다. 며칠 사이에 몰라보게 야윈 옆 얼굴에 눈물 한 줄기마저 흐르고 있었다. 가난한 지휘관, 6·25야전에서 우리 국군 지휘관 모두가 겪어야 했던 가난한 지휘관으로서의 통곡을 소리없이 삼키고 있는 것이었다.
'실은 어제의 일인데 ……'
참다못해 좌 인접의 미 제1기병사단장을 찾아갔다고 한다.

비 때문에 공군 지원을 받지 못하는 고충을 서로 나눈 뒤

'게이 장군! 귀 사단의 전차 1개 소대를 이틀간만 빌릴 수 없겠습니까?'

하고 용건을 꺼냈다.

낯 뜨거웠으나 이것도 장병들을 위한 일이고 보면 창피를 무릅써야 했다.

당시 미 제8군은 …… (전차) 약 600대를 보유하고 있었으므로 사단마다 약 100여 대는 될 것으로 봐서 1개 소대의 5대쯤은 결코 무리한 부탁일 수가 없었다. 한데, 게이 사단장은

'모처럼의 부탁이오나 아시다시피 이쪽도 고전을 겪고 있는 중이라서…….'

하고 얼버무리는 말투로 완곡히 거절했다.

유 장군은 여기까지 얘기하고 나서 쓸쓸히 웃어 보였다.

'정말 내 몰골이 말이 아니구나 하고 서글퍼지더군요. 명색이 군단장이면서 전차 5대를 구걸하다가 거절당했으니 말입니다. ……'

하고 초점 없는 시선을 멀리 던지고 있었다." (『정일권회고록』 p228, 229)

9월 6일 07시 30분경 제2군단장 유재홍 준장은 영천이 함락되었다는 보고를 받고 오수동에 있는 제8사단지휘소를 찾아갔다. 전황을 확인한 후 마침 도착해 있는 미군 전차 1개 소대와 제1사단 제12연대의 전차엄호부대를 군단장이 직접 지휘하여 영천읍내로 돌진시켰다.

전차소대는 아무런 저항 없이 영천읍내로 진입하여 역을 지나고 도동(道洞-당시 영청읍)까지 진출하여 공병대대를 만났다.

이보다 앞서 제8사단에 배속된 제9공병대대는 영천읍 성내동(城內洞) 낮은 고지에 진지를 점령하고 있었는데 부사단장 장춘근(張春根) 대령이 부대 수습차 공병대대본부에 들렀다가 공병대대장 김묵 소령에게

"영천 시내에 소수의 적이 있으니 이를 공격하라."

는 명령을 내렸다.

08시경에 김묵 소령은 예비중대와 본부중대 고참하사관으로 공격중대를 편성하여 영천읍내로 돌입시켰다. 아무런 저항 없이 영천교를 건너 영천역으로 진격했는데, 영천역을 경비하고 있던 적은 불의의 기습을 받고 완산동(完山洞-당시 영천읍) 155고지 쪽으로 퇴각했다.

공병대는 별 저항을 받지 않고 쉽게 영천역을 점령하고 그 근처에서 차량 40여 대와 대전차포 10여 문을 노획하였다. 그리고 계속 읍내를 소탕하고 있을 때 미군 전차소대를 만났다. 공병대는 미군 전차의 지원을 받아 완산동과 금로동(金老洞-당시 영천읍)을 탈환한 후 날이 어두워지자 적의 반격을 우려하여 21시에 관정동(官亭洞-영천시 금호읍, 대구선 황정역 서쪽)으로 이동하여 부대를 정비하고 경계에 들어갔다.

제8사단 우측 제7사단 제5연대 주력 제1, 제2대대는 적이 중앙을 돌파하여 고립 상태에 빠지자 연대와는 통신이 두절된 채 산악지대를 통하여 건천(乾川-경주시 건천읍-대구선 역)으로 철수하고 있었다.

제5연대장 최창언 대령은 주력 부대와 통신이 두절되자 연대 본부요원 및 제3대대와 제16연대 일부 병력을 직접 이끌고 적진을 돌파하여 영천읍내로 돌입했다. 공병대대가 영천읍을 탈환한 뒤였다. 최창언 연대장은 제1, 제2대대의 행방을 모른 채 영천외각 방어태세에 들어갔다.

18시경 제6사단 제19연대가 영천으로 이동하여 영천방어에 들어갔다.

▌제8사단 제21연대

9월 6일 제21연대는 배속된 제18연대 제2대대와 함께 선천동(仙川洞-영천군 화남면) 북쪽 능선에서 신기동(新基洞-당시 영천읍) 서남쪽 181고지에 이르는 선에 고립된 상태에서 적 제45연대의 공격을 격퇴하고 진지를 고수했다. 적 제45연대는 이날 오후 공격 임무를 적 제103연대*와 제73독립연대에 인계한 다음 영천 방면으로 이동했다.

> * 북한군은 전선을 총지휘하는 전선총사령부와 점령지역의 치안을 담당하는 경비총사령부의 2원 체제로 운영하였다. 제103치안연대는 경비총사령부 예하연대로 안동에 본부를 두고 안동, 함창, 청송, 군위 지역의 군정을 담당하는 치안부대다.(제7장 제1절 1.「점령정책의 특징」 참조)

적 제103연대와 제73독립연대는 제21연대를 좌우측에서 계속 공격하였고, 제21연대 우측을 공격하던 적 제73연대는 제21연대 제1대대의 반격에 치명타를 입고 붕괴되었다.

9월 7일 이른 새벽 제21연대 좌일선 제2대대는 적 제103연대의 공격을 받았다. 우 일선 제6중대는 후퇴하고, 좌 일선 제5중대는 제2소대(金在儀 상사)가 중대진지 전방 약수터 북쪽 310고지를 점령하고 있었다.

05시 30분경 적 약 1개 대대 병력이 짙은 안개를 틈 타 310고지를 공격했다. 제2소대장 김재의 상사는 분대사격구역을 재배치하여 적의 공격에 대비하고 있다가 적이 310고지 8부 능선에 올라왔을 때 일제히 집중사격을 가했다. 적은 불의의 역공에 1개 중대가 전멸하다시피 하였는데도 필사적으로 2차, 3차 계속된 무리한 공격을 자행하여 대부분의 적은 진전에서 거의 섬멸되었고, 소대 화망을 벗어나지 못한 적병은 투항했다. 소대는 통신 두절로 중대 지휘는 물론 아무런 지원을 받을 수 없는 상황에서 독자적으로 퇴각하는 적을 추격하여 완전히 섬멸했다.

민가에 숨어있는 적 7명을 사살하였는데 그 중에 제103연대의 지휘부요원으로 짐작되는 좌관(佐官-영관)급 및 위관급 군관이 끼어 있었다.

제2소대는 적 300여 명을 사살하고 98명을 생포하였으며, 박격포 4문, 기관총 4정, 각종 소화기 2트럭 분을 노획하였다. 피해는 없었다.

제5중대 제2소대가 310고지에서 적을 물리치고 있을 때 후퇴하였던 제6중대도 반격을 개시하여 원진지를 회복하고 퇴각하는 적을 추격했다.

적 제103연대는 이 전투에서 주력이 섬멸되어 전투력을 완전히 잃었다.

9월 8일과 9일에도 적 제103연대와 제73연대가 제21연대를 공격했으나 전력이 소진된데다 전의마저 상실하여 맥을 추지 못하고 물러났다.

적 제15사단은 의기양양하게 제8사단의 중앙을 돌파하고 24km를 진격했으나 우 일선 2개 대대가 제21연대에 의하여 섬멸됨으로써 적 제15사단 주력은 영천 남쪽에서 고립되고 말았다.

▌제6사단 제19연대

9월 6일 12시경 적 제50연대는 임포동으로 진출했고, 제56연대는 제50연대 뒤를 따라왔는데 그 중 1개 대대가 영천으로 진출했다.

영천으로 이동한 제6사단 제19연대는 우 일선 제2대대가 영천으로 진출하는 적을 포착하고 배후에서 기습 공격하여 섬멸했다.

9월 7일, 전날 밤에 제19연대 제2대대는 제16연대 제3대대와 진지교대 명령을 받았으나 밤중에 방향 유지가 어려워 아침에 교대했다.

제19연대 제2대대는 이동 중 정치공작대 1개 소대와 조우하여 이를 섬멸하고 진지를 교대했다.

새로운 진지를 편성한 제19연대 제2대대는 적 후방부대가 남진해 오는 것을 발견하고 이들이 제1, 제3중대진지 전면에 접근할 때까지 기다렸다가 제1, 제3대대와 합세하여 완전히 섬멸하였다.

적 200여 명을 사살하고 차량 30여 대를 파괴하는 전과를 올렸다.

이 공으로 제19연대는 육군본부로부터 포상금 300만원을 받았다.

9월 8일 14시에 제2대대는 영천읍내로 진격하여 잔적을 추격하였고, 제

1대대는 망정동 적 제15사단전방지휘소를 공격하여 점령하였다.

9월 9일 제1대대는 영천읍내 야사동(也史洞)까지 진출하여 방어진지를 편성하였고, 제2대대는 영천읍에서 퇴각하는 적을 섬멸하기 위하여 퇴각로로 판단되는 요소에 병력을 잠복시켰다.

▎제1사단 제11연대

제1사단 제11연대는 제8사단에 배속명령을 받고 9월 6일 금호로 이동하여 황정동(凰亭洞-영천군 금호읍, 대구선 역)에 진지를 점령하였다.

9월 7일 정오경 포병지원을 받아 완산동 155고지의 적을 공격하여 고지를 점령하였는데 조교동 쪽에서 철로를 따라 남진한 적 제45연대의 공격을 받고 격전을 벌이다가 금로동과 작산동(鵲山洞-당시 영천읍)을 잇는 선으로 물러나서 사주방어를 하고 있던 중 밤중에 다시 적 1개 대대규모의 공격을 받아 포위상태에 들어갔다.

9월 8일 06시경 적 주력은 전차 2대를 앞세우고 포병 화력지원을 받으면서 영천읍으로 침공했고, 어젯밤부터 제11연대를 공격한 1개 대대 병력은 포위망을 압축하기 위하여 계속 화력을 집중했다.

이날 비가 내리고 안개가 짙게 끼었다. 제11연대는 이를 호기로 잡고 포위망을 돌파하고자 총력전을 폈으나 탄약과 식량이 떨어져서 고전을 겪었다. 연대장 김동빈 대령은 신병 1개 중대를 편성하여 포위된 연대의 보급로를 타개하고자 시도했으나 실패했다.

15시경에 이르러 포위된 제2대대장 차갑준 소령과 제3대대장 이무중 소령은 협의 끝에 제2대대가 도남동(道南洞-당시 영천읍) 일대 들판으로, 제3대대는 우측 능선으로 돌파하여 치열한 적의 저항을 필사적으로 물리치고 105고지로 탈출하는데 성공했다. 제3대대는 경주 쪽으로 철수하면서 도중에 적의 공격을 받아 많은 희생자를 냈다.

제11연대 제2대대와 제3대대는 병력을 수습하여 관정동에 집결하였다.

제11연대 제1대대는 이때 제15연대에 배속되어 팔공산에 있었다.

9월 9일 제11연대는 이른 아침 공격을 개시하여 08시 30분 105고지와 구암동(龜岩洞-금호읍) 163고지를 점령하였고, 13시경에는 유하동(柳下洞-영천시 北安面-영천 동남쪽) 서쪽 130고지의 적을 격퇴하였으며, 18시경에는 유하동을 완전히 장악하고 반격준비에 들어갔다.

제11연대를 직접 지원하는 제17포병대대 B포대는 대전차포 6문으로 금로동, 유하동, 송포동(松浦洞-북안면) 일대의 적진에 포격을 집중하였고, 포격에 당황한 적 독전대가 먼저 도망을 치는 바람에 적진은 큰 혼란에 빠졌다. 대구 점령의 꿈을 가지고 겁도 없이 전선 깊숙이 침투해 온 적 제45연대는 지리멸렬하여 퇴각했다.

▎제7사단 제3연대

9월 6일 제7사단 제3연대 제1대대(정진 소령-전 제1유격대대)는 박준호(朴浚鎬) 중위가 지휘하는 일부 병력이 미군 전차 1개 소대의 지원을 받아 영천읍으로 돌입하여 적을 격퇴하고 영천읍내를 점령했다.

9월 8일 제11연대가 적에게 포위되었을 때 제3연대는 포위망을 벗어나 동쪽 임포동(林浦洞-북안면) 남쪽으로 이동하여 임포동에 있는 적을 공격하고 1개 중대의 적을 섬멸했다.

9월 10일 박준호 중위는 경주 방면에서 본대가 고전하고 있다는 소식을 듣고 사단장에게 건의하여 경주에 있는 본대로 복귀했다.

제3연대 제1대대는 그동안의 전투에서 병력이 400명으로 감소하였다. 병력보충을 받지 못하고 있었지만 유격대대로 편성할 당시 신병으로만 구성한 대대였는데도 불구하고 1개월간의 실전경험으로 정규편제의 대대와 마찬가지로 전투력이 향상되었다.

▍제7사단 제8연대

제7사단 제8연대는 군단예비로 있다가 9월 5일 영천이 위험하게 되자 전선에 투입되어 영천 동북쪽 단포동(丹浦洞-영천시 고경면)과 언하동(彦河洞-임고면)을 잇는 선에서 방어하고 있던 중 적의 공격을 받고 오수동으로 후퇴하여 부대를 재정비했다.

9월 8일 제11연대 우측 임포동 방면에서 제7사단 제5연대에 밀린 적이 진로를 바꾸어 채약산(采藥山-498고지-당시 영천읍, 금호읍과 대창면의 경계)으로 침투하여 아군 제11연대와 제7사단을 양분하려고 기도하였고 1개 대대 규모의 적은 대구로의 진출을 기도하는 것으로 파악되었다.

제8연대는 채약산에서 이 적을 맞아 격전 끝에 격퇴했다.

9월 9일 14시 30분경에 제8연대는 좌 인접 제11연대와 협동으로 일부 병력을 채약산에서 유상동(柳上洞-북안면)까지 진출시켜 영천~경주 간 도로 남쪽에 침투한 적을 물리치고 19시 15분경에는 유상동 우측 303고지를 확보하여 반격 태세에 들어갔다.

▍제8사단 제10연대

제8사단 제10연대는 8월 30일부터 포항 지구에서 전투 중인 제3사단에 배속되어 형산강전선에서 전투하고 있다가 9월 6일 영천전선이 돌파당하자 9월 8일 복귀하여 영천으로 이동했다.

9월 9일 제10연대가 복귀하자 제26연대 제3대대는 진지를 제10연대에 인계하고 군단예비가 되어 경주로 이동했다.

제10연대는 14시 30분경에 아화(阿火-경주시 서면-대구선 역)로 이동하여 제7사단 제5연대와 제1사단 제11연대의 중간지점에 진지를 점령하고 영천 쪽으로 퇴각하는 적을 쫓아 임포로 추격전을 벌였다.

제7사단 제5연대

9월 6일 아침에 영천이 적에게 점령당하면서 퇴로가 차단된 제5연대 제1대대와 제2대대는 산악지대에서 적과 교전하면서 철수하고 있었다.

9월 7일 오후 공군 정찰기 L-5기가 건천 방면에서 소속 미상의 부대가 남진하고 있는 것을 발견하고 제2군단사령부와 미 제8군사령부에 보고했다. 유재흥 군단장은 제7사단장 신상철 대령에게 어젯밤부터 연락이 두절된 제5연대가 아닌지 알아보라고 했고, 제5연대장 최창언 대령이 지프로 현지에 가서 제5연대인 것을 확인했다. 연대장은 곧 주력부대를 아화지서로 집결시켜 부대를 수습했다.

육군본부에서는 적 주력이 영천에서 경주 방면으로 계속 이동하고 있다는 정보를 입수하고 안강 방면에서 전투 중인 제26연대 제3대대를 아화로 급진시켜 이에 대비하게 하였다.

9월 8일 제26연대 제3대대(申健善 대위)는 아화 방면으로 진출하던 적이 임포동에 집결하여 정비하고 있는 것을 기습하여 섬멸한 후 북쪽으로 진출하여 아화 북쪽 295고지 일대를 점령하고 적의 퇴로를 차단했다.

9월 9일 아화지서에서 부대를 수습한 제5연대 제1, 제2대대는 포병과 공중지원을 받으면서 임포동 남쪽에서 보병을 지원하고 있는 적 제15사단 포병연대를 기습하여 완전히 섬멸하였다.

적의 포병은 공중공격을 피하기 위하여 포를 임포역 남쪽 철도터널 속에 엄폐해 놓고 필요한 때에만 끌어내 포격하였는데 이날은 사태가 악화되자 낮에 보병의 경계도 없이 전 포를 끌어내 대규모 포격을 하다가 제5연대의 기습을 받아 괴멸했다.

<mark>이 기습공격에서 제5연대는 야포 9문과 차량 50대를 파괴하고 차량 9대를 노획하는 전과를 올렸다.</mark>

▎제8사단 제16연대

9월 6일 09시 현재 제1대대와 제2대대는 영천 동북쪽 156고지와 179고지 능선 일대에 진출해 있었고, 제3대대는 179고지를 점령하여 제21연대 후방으로 침투하는 적에 대비하고 있었다. 좌측(북쪽)은 제21연대, 우측은 제19연대가 배치되어 있었다.

9월 7일 18시경 제1대대는 제19연대 제1대대와 협력하여 망정동의 적을 공격하여 단포동으로 퇴각시켰다.

9월 9일 미명에 연대 주력이 공격하여 금호강 건너 작산동(鵲山洞-완산동 남쪽) 139고지를 점령하였고, 일부 병력은 대의동(大儀洞-영천시 고경면) 2km 지점까지 진출하였다. 제1중대장 이종윤(李鍾潤) 중위는 신병 170명을 보충 받아 완산동(完山洞) 155고지(영천역 서쪽)를 공격하여 격전을 치른 끝에 점령하였는데 이 과정에서 60여 명의 사상자를 냈다.

적은 이 전투에서 1개 소대에 불과한 병력으로 1개 중대의 공격을 저지하기 위하여 기관총사수의 발을 쇠사슬로 기관총에 묶어 도망치지 못하도록 해 놓고 계속 사격을 하게 하는 저들의 전매 특허 같은 잔인한 수법을 사용하면서 최후발악을 하였다.

24시경 적 중대 병력이 반격하여 제1중대는 155고지에서 철수했다.

영천 반격전

　북한군은 진격이 부진한 이유를 들어 9월 5일 제15사단장 박성철 소장을 해임하고 후임에 팔로군 출신인 군단 포병부군단장 조광렬 소장을 임명하여 전세를 만회하고자 무서운 저력으로 영천을 공략했다.

　적 제15사단장 박성철 소장은 7월 7일 동락 전투에서 우리 제7연대에, 7월 18일 화령장 전투에서 우리 제17연대에 의하여 각각 1개 연대가 전멸하는 참패를 하고도 김일성과 빨치산 활동을 함께 한 인연으로 김일성의 은총을 입어 사단장 직을 그대로 유지하다가 이번 영천 전투에서의 부진으로 결국 해임되고 말았다.

　제8사단은 이러한 적의 공세에 밀려 중앙이 뚫리고 영천을 적의 수중에 넘겨주었으나 증원부대 투입과 공중지원 및 포의 집중지원으로 5일간의 용전 끝에 전세를 만회하고 반격 태세에 들어갔다.

　9월 9일 현재 다음과 같이 부대 전개하였다.

　　북에서 남으로　　　제8사단 제21연대 선천동~208고지

　　　　　　　　　　　제6사단 제19연대 208고지~155고지

　　　　　　　　　　　제8사단 제16연대 완산동~작산동

　　　　　　　　　　　제1사단 제11연대 유하동 130고지~유상동

　　제11연대 우측 동으로 제7사단 제8연대 유상동 우측 지역,

　　　　　　　　　　　제8사단 제10연대 서당동~아화동(중앙선 역)

　　제10연대 우측 북으로 제7사단 제5연대 아화~신촌동선.

　제2군단은 이상과 같이 7개 연대를 낚시바늘 모양으로 전개하여 영천 지구에서 적 제15사단을 섬멸할 수 있는 포위망을 굳게 형성하였다.

제8사단 제21연대

제21연대는 9월 10일 미명에 사단 좌 일선에서 공격을 개시하여 9월 12일 구전동(龜田洞-영천시 화남면)~자천동(滋川洞-같은 화북면)선까지 진출했다.

9월 10일 김용배(金容培) 연대장은 사단장으로부터 명령을 받았다.

"영천~자천 간 국도를 따라 적의 전차가 북상 중이니 이를 격파하라."

제5중대 제2소대장 김재의 상사는 10시 30분 3.5인치 로켓포 1문을 자천동 남쪽 149고지에 배치하고 기다리다가 전차 1대가 접근하자 로켓포로 가격하여 파괴하고 군관 1명과 전차병 4명을 포로로 잡았다. 군관이 가지고 있는 문서에 적 제15사단장이 군단장에게

'영천 지구의 전황과 함께 증원부대를 시급히 보내 달라.'

고 요청하는 내용이 있었다.

제8사단 제10연대

제10연대는 사단의 가장 남쪽 방어선인 좌측방 아화 서쪽 지역에서 임포동을 공격하고 있다가 9월 11일 12시에 제21연대와 제19연대 사이로 이동하여 신기동(新基洞-영천시) 일대에 남아있는 적을 공격하고 퇴각하는 적을 추적하여 평천동(平泉洞)과 고천동(古川洞-이상 임고면)까지 진출했으며, 12일 제1대대는 백병전까지 치르면서 용화동(龍花洞-영천시 紫陽面)을 확보했고, 제3대대는 삼매동(三梅洞-임고면) 서남쪽 188고지까지 진출했다.

제6사단 제19연대

9월 10일 제19연대 정면의 적은 고천동과 우항동(愚港洞-임고면)에서 방황하고 있었고, 우측 제16연대 정면의 적은 단포동과 조교동에 집결하여 동북쪽으로 퇴각하는데 정신이 없었다.

9월 11일 연대는 신기동 181고지의 적을 공격하여 추적 중 12시경에 제8사단 제10연대가 투입되어 진지를 교대하고 16시경에 운천동(雲川洞) 제방과 단포동선으로 이동하여 372고지와 상리동(上梨洞-영천시 古鏡面)으로 진격했다. 적은 저항은 커녕 도주하기에 바빴다.

9월 12일 10시에 영천으로 철수한 후 원대인 제6사단으로 복귀했다.

▎제8사단 제16연대

9월 10일 사단 중앙을 맡고 있는 제16연대는 04시 반격을 개시하였다. 제1대대 제1중대장 이종윤 중위는 중대를 진두 지휘하여 155고지를 점령하고 퇴각하는 적을 추격하여 대의동 196고지를 공격하던 중 적의 기관총탄을 맞고 부상을 입었다. 부상당한 몸으로 끝까지 중대원을 독려하다가 고지를 점령한 부하들이 부르는 만세 소리를 듣고 의식을 잃었다.

제8사단 정면에서 적의 저항이 미약해지자 연대 우측면을 맡고 있던 제1사단 제11연대가 원대 복귀하였고, 제16연대는 제11연대의 정면까지 맡아서 계속 적을 추격했다.

9월 11일 16시에 단포동 우측 153고지를 점령했고, 12일 상리동을 거쳐 13일에는 인구동 동남쪽 2.5km 지점에 있는 489고지까지 진출하였다가 명령에 따라 영천으로 되돌아왔다.

▎제7사단 제8연대

제8연대는 9월 10일 04시 유상동 우측에서 동쪽으로 공격을 개시하여 11일 15시 30분경에는 오류동(五柳洞-고경면) 북쪽 211고지와 삼귀동(三歸洞-고경면) 일대 적 1개 대대 규모를 섬멸하고 이 지역을 점령하였다.

▌제1사단 제11연대

9월 10일 유상동과 유하동에 이르는 선에서 공격을 개시하여 10시에 대의동 동쪽 187고지를 공격하고 있던 중 군단작전명령에 따라 진지를 일부는 제16연대에, 일부는 제8연대에 인계하고 원대로 복귀했다.

▌제7사단 제5연대

9월 10일 04시경 아화 북쪽에 포진하고 있던 제5연대는 서쪽 진지를 점령한 제10연대와 협동으로 임포동의 적을 공격하였고, 10시 30분에는 적 제56연대본부를 기습하여 전차 2대를 격파하고 임포동을 점령했다. 이로써 5일 동안이나 차단됐던 영천~경주 간 보급로가 뚫렸다.

9월 11일 퇴각하는 적을 계속 공격하여 일대 적을 섬멸하고 관산(冠山-394고지)을 탈환하였으며, 12일 기계와 안강 방면으로 퇴각하는 적을 추격하여 15시경 덕암동(德岩洞-영천시 화산면) 남쪽 무학산(舞鶴山-450고지)과 청정동(淸亭洞-앞 같은 고경면) 남쪽 384고지의 적을 모두 무찔렀다.

9월 13일에도 기계 방면으로 퇴각하는 적을 계속 추격했다.

영천을 잃었을 때 패배하였다

북한군은 영천을 점령한지 8일 만에 경주를 거쳐 부산을 공격하려던 꿈을 접고 많은 희생만 강요당한 채 영천 지구에서 완전히 물러났다.

북한군은 이렇게 말한 것으로 알려졌다.[주]   국방부 『한국전쟁사』 제3권 p581

"영천을 점령했을 때 승리할 수 있었고, 영천을 잃었을 때 패배하였다."

그만큼 영천 공방전은 피아간 전략적 의미가 컸으며 전국을 대전환시키는 분수령이었음을 알 수 있다.

9월 5일부터 13일까지 9일간의 영천 공방전은 남침 이후 승승장구하던 북한군을 패퇴의 길로 몰아넣은 일대 전기를 가져온 전투다.

북한군은 영천 지역에 5개 연대 약 12,000명으로 추산되는 병력과 122mm 야포 18문, 76mm야포 38문과 전차 12대를 투입하였다.

아군은 7개 연대 약 15,000명의 병력이 동원되었고, 장비는 105mm야포 26문과 57mm대전차포 6문이었다.

병력면에서는 다소 우세하였으나 장비면에서는 여전히 열세를 면치 못하였는데 다행히 미군이 지원해 준 경전차 1개 소대(5대)가 전력과 함께 사기에 크게 보탬이 되었다.

영천 전투에서 아군이 올린 전과는

적 사살 3,799명, 포로 309명에

전차 5대, 장갑차 2대, 각종 차량 85대를 파괴했고,

각종 화포 14문과 소화기 2,327정을 노획하였다.

9월 5일부터 20일까지 아군의 피해는

전사 29명, 부상 148명, 실종 48명이었다.^{주)}　　　국방부 『한국전쟁사』 제3권 p581

"박 일병 적 전차야! 적 전차!"

9월 10일경 금로동(金老洞-당시 영천읍) 벌판에 나가 있던 제16연대 김 모 이등병이 영천으로 달려가는 전차를 발견하고

'올라잇!'하고 통과시켰다.

얼마 후 대령 계급장을 단 장교가 지프를 타고 달려와

"지금 전차가 통과하지 않았느냐?"

고 물었다. 김 이병은

"조금 전에 통과시켰습니다."

라고 대답했다. 대령은

"야, 이놈아! 그것은 적이란 말이야, 적!"

하고 뒤쫓아갔으나 놓치고 말았다.

김 이병은 영천 전투에서 미군 전차를 봤기에 아군 전차인줄 알았고, 그 대령은 김익렬 대령인데 지프에 3.5인치 로켓포를 달고 있었다.

그 전차는 임포동으로 진출했다가 북으로 도망가는 길인데 영천을 통과하여 약 10km쯤 북으로 진출했을 때 승무원은 자기들 진지에 도착한 것으로 착각하고 속도를 줄였다.

이때 분대장(趙 모)으로부터 연락 임무를 띠고 길가에 나와 있던 박 모 일등병이 전차가 달려오자 이왕이면 타고 갈 생각으로 길 가운데서 손을 들었고, 전차는 멈추었다. 박 일병은 전차에 오르기 위하여 전차 주위를 맴돌고 있었다. 이 광경을 고지 중복에서 내려다보고 있던 조 모 분대장은 눈을 의심하며 소스라치게 놀랐다. 조 분대장은

"박 일병! 적 전차야, 적 전차!"

라고 소리치며 뛰어내려가 박 일병을 낚아챈 후 비호같이 전차에 뛰어올라가서 전차포를 붙들고 포구에 수류탄을 넣을 채비를 했다.

전차병은 그때서야 적인 줄 알고 조 분대장을 떨어뜨리기 위하여 포신을 돌리기 시작했고, 포신에 매달린 조 분대장은 고래고래 고함을 질렀다.

"항복하면 살려준다!"

포신을 몇 바퀴 돌리던 적 승무원은 햇치를 열고 수을 들고 나왔다. 군관 1명을 포함하여 5명을 포로로 잡았다. 저들은 그곳이 적진임을 알고 승산이 없다고 판단한 것 같았다.

포로가 된 군관은 전차 앞을 가로막기에 우군인줄 알고 정지했고, 국방군 3.5인치 로켓포를 맞을까 겁이 나서 항복했다고 말했다.

이 공으로 조 분대장과 박 일병은 훈장을 받았다.

"고문관*이 전차를 잡았다."고 화제가 되었다.

영천 전투에 참가한 사람이면 누구나 다 아는 무용담이고, 오늘까지 구전으로 전해오고 있으나 영웅적인 전공에도 불구하고 그들이 누구인지 알 수 없는 것이 안타까운 일이라고 했다. 인용문헌 : 안용현 『한국전쟁비사』 2 p239~241

* 나이가 들고 우둔한 사병을 고문관이라고 불렀다.

5. 9월 공세로 북한군이 얻은 것은 파멸이다

적 제1군단 : 군단장 김웅 중장

제6사단

병력이 4,500명 이하로 줄었다. 2개 연대는 전투력을 상실했다.

개성~문산을 거쳐 서울을 침공하였다. 사단장병은 전투경험이 많은 중공군 출신으로 구성되어 있고, 사단장도 중공군 출신 방호산 소장이다. 서울을 점령한 공로로 김일성으로부터 '서울사단' 이라는 칭호를 받았다.

경부축선을 따라 천안까지 진출하였다가 서남으로 우회하여 전주를 점령한 후 군량미 조달을 위하여 목포와 여수에서 이틀을 묶고, 하동을 거쳐 진주를 점령했으며, 마산 서쪽에 진출했다가 궤멸되다시피했다.

제7사단

사단 병력이 4,000명 이하로 줄었다. 어떤 대대는 병력이 장교 6명, 하사관 34명, 사병 151명만 남았다고 한다.

남침 후 38경비여단이 사단으로 승격하여 대전에서 편성을 마치고, 예비 사단으로 전주~남원~함양을 거쳐 진주로 진출했고, 여기서 제6사단 예비로 전선에 투입되었다. 의령 정면에서 타격을 입었다.

제9사단

병력은 5,000명 이하다. 어떤 연대는 권총 3정, 소총 66정, 자동소총 13정, 수류탄 92발, 경기관총 6정에 정당 실탄 300발 이하를 가졌다.

제7사단과 함께 38경비여단이 사단으로 승격한 후 예비사단으로 후방에서 대기하다가 제7사단과 함께 서남부로 이동하여 낙동강 서안 영산 정면에 투입되었고 첫 전투에서 궤멸했다.

예하 제87연대를 서울방어부대로 남겨놓았다가 저들의 9월 공세에 합류시키기 위하여 9월 13일 낙동강전선으로 보냈고, 9월 15일 김천에 도착했을 때 연합군의 인천상륙작전이 개시되자 다시 반전시켜 20일 경인 지구 작전에 투입하였다.

제2사단

병력이 7,000명 이하로 줄었다. 사단장은 소련군 출신 최현 소장이다.

개전 초 춘천으로 침공하여 홍천~진천~청주~보은을 거쳐 저들 제3사단과 함께 영동을 점령하고 김천에서 재정비한 후 창녕 정면에 투입되었다가 다시 막대한 손실을 입었다. 춘천에서 제6사단에, 진천에서 수도사단에 큰 타격을 입었고, 춘천 전투에서 패전한 책임을 물어 사단장이 소련군 출신 이청송에서 같은 소련군 출신 최현으로 바뀌었다.

제4사단

병력은 4,000명 이하. 8월 공세에서 타격을 입고 전투력을 상실한 사단이다. 사단장은 중공군 출신 이권무 소장이다.

동두천으로 침공하여 의정부를 거쳐 제3사단과 함께 서울로 진격하였다. 경부축선으로 오다가 전의 전투 후 서남부로 우회하여 군산~진안~거창을 거쳐 합천으로 진출하였고, 대구 점령의 사명을 띠고 대구 서방 영산 정면으로 진출하였다가 타격을 입어 전투력을 상실하였다.

제10사단

사단 병력 9,000명을 보유하여 건재를 유지한 사단이다. 예비사단으로 후속하다가 무주~김천을 거쳐 현풍에 진출했으나 전투에 투입되지 않았다. 왜 진격하지 않았는지 미 제8군을 궁금하게 한 사단이다.

제16기갑여단

제17기갑여단과 함께 소련에서 창설하여 만주를 거쳐 8월 23일 평양에 도착하였다. 명칭은 기갑여단이지만 2개 전차 대대로 편성되었고, 대대는 2개 전차 중대로 편성되었다.(중대당 전차 20대) 8월 말경 낙동강전선으로 진출하여 9월 공세 때 적 제9사단과 함께 영산 정면에 투입되었다. 전차 43대를 가지고 왔으나 20대 이하만 남았다.

적 제2군단 : 군단장 김무정 중장

제3사단

사단 병력이 4,000명 이하로 줄었다. 사단장은 소련군 출신 이영호 소장이다. 포천으로 침공하였고 의정부에서 제4사단과 합세하여 서울로 진격한 북한군 정예사단이다. 경부축선을 따라 대전을 점령하고, 영동~김천을 거쳐 약목에서 낙동강을 도하하여 석적으로 진출하였다. 우리 제1사단에 궤멸했다.

제13사단

병력이 2,300명 수준으로 줄었다. 사단장은 소련군 출신 최용진 소장.

개전 후 예비사단으로 후속하다가 함창 전투에 투입되었다. 대구주공사단으로 상주~낙정~해평을 거쳐 다부동으로 진출하였고, 다부동 전투에서 제1사단에 의하여 궤멸했다. 사단 포병연대장 정봉욱 중좌가 귀순한 것을 비롯하여 참모장 이학구 총좌와 자주포대대장, 의무부장 그리고 2개 연대장이 귀순하여 완전히 소멸한 사단이다.

제1사단

병력이 6,000명 이하로 줄었다. 사단장은 소련군 출신 최광 소장이다.

개전 초 고랑포로 침공하여 서울에 진출한 사단이다. 수원~충주~문경~상주~군위를 거쳐 가산으로 진출했다가 타격을 입었다.

제8사단

UN군이 판단한 병력은 7,000명이나 실 병력이 얼마인지 확인되지 않았다. 공격력을 상실한 사단이다.

개전 후 38경비여단이 승격한 사단이다. 예비사단으로 제2, 제7사단을 따라 춘천~홍천으로 진출하였고 저들 제7사단이 춘천에서 패전한 후 전선에 투입되어 원주~단양~영월~영주를 거쳐 제12사단과 함께 안동을 점령하고 의성을 거쳐 영천에 진출하였다가 타격을 입었다.

제15사단

병력은 7,000명으로 UN군이 판단했으나 패잔병부대로 알려졌다.

사단장은 김일성의 혁명동지 박성철 소장이었다가 영천에서 대패한 후 팔로군 출신 조광렬 소장으로 바뀌었다.

개전 초 예비사단으로 제7사단을 따라 춘천~홍천~장호원으로 진출한 후 음성에서 일선에 투입되었고, 동락에서 우리 제6사단 제7연대에, 동관리에서 우리 제17연대에 각각 연대 병력이 전멸하였다.

단양~상주~낙정을 거쳐 다부동에 진출했다가 유학산과 수암산에서 대패하고 다시 영천 정면으로 진출하였다가 참패했다.

제12사단

UN군이 판단한 병력은 8,000명이었다. 연일 지구에서 전투력을 상실.

개전 초 제7사단으로 춘천에 침공하였다가 우리 제6사단 제7연대에 대패하여 사단장이 전우에서 최충국으로, 군단장이 김광협에서 김무정으로 바뀌는 수모를 당하였고, 사단 명칭도 제12사단으로 바뀌었다.

저들 제8사단과 함께 홍천~평창~충주~괴산~단양~영주를 거쳐 안동을 점령하고 포항에 진출했다가 경주 정면에서 큰 타격을 입었다.

안동을 점령한 공으로 '안동사단'이라는 칭호를 받았다.

제5사단

병력 5,500명 이하. 사단장은 팔로군 출신 마상철 소장이다.

개전 초 강릉으로 침공하였고, 동해안을 따라 삼척~울진을 거쳐 포항에 진출했다. 연일 정면에서 큰 타격을 입었다.

전선전반 지원부대

제105기갑사단

전차 120대를 가지고 개전 초부터 전선을 선도하여 연합군을 공포의 도가니로 몰아넣은 기갑부대이다. 개전 초 서울 주공부대인 제3, 제4사단을 집중 지원하였다. 승승장구하던 이 사단은 미군의 공중 공격과 연합군 보병사단에 3.5인치 로켓포가 지급되면서 궤멸되기 시작하여 낙동강 방어선에서는 전차가 40대 이하로 줄어들 정도로 전력이 약화되었고 연료와 실탄 부족으로 전투력을 상실하여 보병사단으로 전락하였다.

제17기갑여단

제16기갑여단과 같다. 전차 40대를 가지고 참전했으나 전차 20대 이하만을 남기고 있다.

▶ 앞「제16기갑여단」참조

제4절 대반격작전

1. 연합군의 공세 계획

맥아더 사령관의 반격 개념

　맥아더 원수는 태평양전쟁 중 바탄(Bataan) 전투 이후부터 작전지휘 때마다 계속 수륙양용작전을 펼쳐온 경험을 살려 한반도의 지세적(地勢的) 특성과 교통망이 서울을 중심으로 하여 남북으로 연결되어 있는 지리적 여건과 서울에서 인천이 불과 40km 미만의 거리인 점을 감안하여 인천을 통하여 서울을 탈환하는 것이 한국민에게는 심리적 효과를 안겨줄 것이고, 적에게는 결정타를 먹일 수 있는 중요한 수단이라고 생각하였다. '적의 약점을 강타' 하여 기습 효과를 증진시킨다는 동서고금의 전사적 교훈을 거울삼아 일거에 전세를 역전시켜 결정적인 승기를 잡을 원대한 대전역(大戰役)의 작전을 구상한 것이 인천상륙작전이다.
　인천상륙작전을 감행하여 서울을 탈환함으로써 적의 최고지휘부와 낙동강전선에 포진한 전선부대 간 통로를 차단하고, 낙동강 방어선에 있는 국군과 미 제8군이 총반격을 개시하여 인천상륙부대와 협공함으로써 적을 섬멸시킨다는 것이 UN군총사령관의 작전 개념이었다.

미 제8군의 반격 계획

미 제8군사령관 워커 중장은 낙동강전선 중부 지역인 대구 전면에 전개한 부대를 주공으로 삼고 경부축선을 따라 신속하게 진격하여 수원에서 인천상륙부대와 연결함으로써 낙동강전선에 투입된 적을 동서로 분리시킨 후 조공부대가 반격하여 퇴각하는 적을 섬멸한다는 계획을 세웠다.

미 제8군사령관은 9월 16일부터 공격을 감행하기로 계획하고 이를 9월 7일 UN군총사령부에 보내어 승인을 얻었다.

9월 15일 공격 명령을 시달했다.주) 일본 육전사연구보급회 『한국전쟁』 ④ p53

미 제8군은 9월 16일 09시에 현 접촉선에서 공격을 개시하여 주공은 왜관~김천~대전~천안~수원 선으로 진격하여 적을 격멸하고 신속하게 미 제10군단과 연결한다.

주공부대 : 미 제1군단 - 미 제1기병사단, 미 제24사단, 국군 제1사단

　　　　미 제1기병사단에 미 제5연대전투단과 영연방 제27연단을,

　　　　국군 제1사단에 미 제10고사포병단을 각각 배속한다.

(1) 미 제1기병사단과 제5연대전투단이 정면의 적을 돌파하고, 왜관 대안에 교두보를 설치한다.

미 제24사단은 왜관 하류에서, 국군 제1사단은 그 상류에서 조공으로 도하하여 주공의 정면 돌파를 용이하게 한다.

(2) 낙동강 대안에 교두보가 설치되면 미 제24사단은 김천을 거쳐 대전으로 진격하고, 미 제1기병사단은 그 후방의 방어와 함께 보급로를 확보하면서 후속한다.

조공부대 : 미 제9군단 - 미 제2사단, 미 제25사단 (서부전선)
　　　　　국군 제2군단 - 제6사단, 제8사단　　(중동부전선)
　　　　　국군 제1군단 - 수도사단, 제3사단　　(동부전선)

(1) 미 제9군단은 지리산 부근을 거쳐 금강하류로 진격한다.

(2) 국군 제2군단은 원주를 거쳐 춘천으로 진격하고,

(3) 국군 제1군단은 동해안 가도를 따라 38선으로 진격한다.

군 예비 : 국군 제7사단

주공 미 제1군단의 공격 계획

미 제1군단은 9월 13일 24시부터 지휘권을 행사했다.

(1) 미 제1기병사단은 제5연대전투단이 북한군 제3사단 우측방으로 판단되는 금무봉을 탈환한 후 왜관으로 진출하여 낙동강 동안(東岸)에 도하지점을 확보한다.

(2) 미 제1기병사단은 제5연대전투단 공격이 진전되면 주공을 왜관에서 다부동으로 전환하여 대구 북방 적 제13사단을 격멸하고 왜관에서 낙동강을 도하하여 대안에 교두보를 확보한다.

(3) 국군 제1사단은 팔공산에서 가산으로 진격하여 적 제1사단을 격멸하고 왜관 상류 낙정에서 낙동강을 도하하여 상주로 진격한다.

(4) 미 제24사단은 미 제1기병사단의 엄호를 받으며 낙동강을 도하하여 김천으로 진격한다.

국군의 반격 계획

육군본부는 미 제8군의 반격계획을 기본으로 하고 국군이 전개할 반격계획을 보완하여 독자적인 작전 개념으로 수립하였다.

9월 15일 현재 접촉선에서 공격을 개시하여 제1차 목표를 8월 1일 형성한 최초의 낙동강 방어선인 낙동강 북부에서 반변천을 잇는 선까지 진출한 후 전황의 추세를 보아 전과를 확대하거나 추격하되 중간지점에 다시 진출 예정선을 설정하여 같은 방법으로 기동하는 융통성을 지닌 작전 개념이다.

　제1군단　　수도사단 - 안강~대전동~인지동~천지동
　　　　　　제3사단 - 포항~청하~상옥동~영덕
　제2군단　　제6사단 - 신령~도원동~예천~함창
　　　　　　제8사단 - 자천(滋川)~구산동~의성~안동
　군예비　　 제7사단 - 경주에 집결한 후

별도 명령에 따라 제1, 제2군단의 간격으로 침투한 적을 포착하여 격멸하거나 제2군단을 후속하면서 돌파구 확대 임무를 수행한다.

「연합군의 공세 계획」 참고문헌 : 전쟁기념사업회 『한국전쟁사』 제4권 「2. 아군의 반격준비」 p112
일본 육전사연구보급회 『한국전쟁』 [4] 제1절 「제8군의 공세준비」 p25

9월 중순 피아의 대치 상황

9월 중순 현재 피아 지상군 전력 비교

	병력	포	전차	항공기
UN군	157,000명	400문	500대*1	1,200대
국　군	72,730명*2			
미 제8군	84,473명			
북한군	70,000명	100문	60대	

자료 : ① 국방부 『한국전쟁사』 제4권 p20, ② 일본 육전사연구보급회 『한국전쟁』 [4] p37
제8권 「9월 중순 현재 피·아 지상군 전력」 참조

* 1 자료 ②는 UN군 전차 600대, 북한군 포 250~300문으로 기록(p281)
* 2 9월 중순 국군 병력 72,730명은 9월 1일 현재 병력 91,696명보다 19,000명이 줄었다. 사단별 병력기록이 없어 확인할 수 없으나 그렇게 줄어들 이유가 없다.

UN군 병력은 9월 1일 현재와 비슷하나 절대 수가 부족하여 보병중대 실 전투병력이 50~80명에 불과하고 편입된 국군은 교육훈련을 제대로 받지 못하여 전투력은 크게 기대할 수가 없다. 그러나 항공기와 전차, 포의 증강으로 전세를 뒤집을 수 있는 전력의 우위를 확보하였다.

북한군은 9월 1일 현재 97,850명에 비하여 27,000여 명이 줄었다. 이는 무모한 9월 공세에서 많은 희생을 낸 때문으로 풀이되고, 다른 한 편으로는 UN군이 북한군 병력을 잘못 판단한 것도 원인이다.

UN군은 9월 공세에 들어가면서 북한군 실 병력을 100,000명이 넘는 것으로 오판하였다. 이로 미루어 9월 중순 현재 병력을 판단하는데 있어서도 그와 같이 과대하게 본 면이 있을 수 있다.

북한군 병력은 사단평균 5,000명 수준에 불과하고 남한에서 강제로 모집한 소위 의용군이 70%를 차지했는데 이들은 기초훈련도 제대로 받지 못한데다가 사기가 떨어졌다고 하기보다는 당초부터 전의를 기대할 수 없는 오합지졸이었고, 장비는 편제의 50% 이하를 가졌다.

이것은 전후에 조사한 실제 전력의 추정치다.주)

일본 육전사연구보급회 「한국전쟁」 [4] p39

북한군은 새로운 공세를 취할 능력이 없는 것으로 평가하였다.

그럼에도 불구하고 UN군 측에서는 북한군의 전력을

총 병력은 101,417명(편제의 75%)으로, 장비는 편제의 75% 수준으로

판단하여 전 전선에서 공격을 지속할 수 있는 것으로 보았고, 3개 사단을 경인 지역으로 전용하더라도 낙동강 정면에서 방어능력을 가지고 있다고 과대평가하였던 것이다.

9월 중순 피아군의 대치 상황
(9월16일 반격개시)

아 군	병 력	작전 지역	병 력	적 군
제3사단	11,000명	포항 지구	6,500명	제 5 사단
수도사단	5,000명	안강 지구	8,000명	제12사단
제8사단	10,000명	영천 지구	7,000명	제15사단
제6사단	8,730명	신령 지구	7,000명	제 8 사단
제1사단	10,000명	팔공산 지구	7,000명	제 1 사단
미 제1기병사단	13,904명	왜관·다부동 지구	8,000명	제 3 사단
			8,000명	제13사단
영 제27연단	1,693명	현풍 지구	8,000명	제10사단
미 제2사단	15,191명	창녕·영산 지구	8,000명	제 2 사단
			8,000명	제 9 사단
미 제25사단	15,334명	마산 지구	8,000명	제 6 사단
			7,600명	제 7 사단
제7사단	10,000명	군·군단예비	7,400명	제 4 사단
미 제24사단	18,955명			

자료 : 대치상황 - 전쟁기념사업회 『한국전쟁사』 제4권 p111
제8권 「9월 중순 현재 피·아 지상군 전력」, 「9월 중순 피아군 공격 제대별 병력과 지휘관」 참조

2. 공격개시(16일) - 공세 제1일

공격 명령이 내렸다

8월 4일 낙동강 방어선을 형성한 이래 1개월 반동안 연합군은 북한군 13개 사단의 압축된 포위망 속에서 여러 차례 위기를 극복하면서
　'시간과의 경쟁'
에서 이겼고, 북한군의 최후발악적인 9월 공세 속에서도 반격준비를 착착 진행하여 반격 명령을 기다리고 있었다.

9월 15일 밤 인천상륙작전이 순조롭게 진행되고 있음을 확인한

미 제8군사령관 워커 중장은

9월 16일 00시, 반격작전개시 명령을 내렸다.

공격개시 시각은 전 전선 모두 09시로 하였다.

전쟁이 시작된 이래 두 달하고도 20일이 넘는 기간동안 수동적인 작전만을 강요당해 우울한 나날을 보내고 있던 연합군 장병들은 억압된 분위기를 말끔히 씻어낼 기회가 마침내 찾아온 것이다.

공격개시 시각에 비가 억수같이 쏟아졌고, 비구름이 짙게 드리워 앞에는 아무것도 보이지 않았다. 이 때문에 왜관 부근에 실시하려고 했던 B-29에 의한 융단폭격이 취소되었고, 각 사단이 계획한 공격준비사격도 실시할 수 없었다. 반면에 이러한 기상조건을 이용하여 북한군은 도처에서 국지적인 도발을 하여 대부분의 사단은 공격은 고사하고 진지를 확보하기에도 급급한 실정이 되었다.

특히 대구에 대한 북한군 공격이 얼마나 맹렬하였는지는 16일 미 제8군이 후송한 전상자 373명 중 200명이 대구 북방을 맡고 있는 미 제1기병사단 장병들이었음이 이를 대변해 준다.주) 국방부 「한국전쟁사」 제4권 p203

국군 각 사단의 반격

삼척 앞 바다에서 양동작전을 끝내고 돌아온 전함 미주리호가 400mm거포로 지원사격을 시작한 것을 신호로 제1군단 공격이 시작되었다.

제3사단 - 포항 지구

연일 정면 제3사단은 북한군 제5사단을 추격하면서 형산강 남안으로 진출하여 북안에 배치된 적을 공격할 준비를 하였다.

수도사단 – 경주 지구

제17연대가 서울탈환작전에 참가하기 위하여 9월 15일 부산으로 이동하고, 제2군단 예속 제1기갑연대가 같은 날 수도사단에 편입되었다.

9월 16일, 사단 우측 제1연대(한신 중령)는 양동(良洞)과 유금동(有琴洞-이상 경주시 강동면)로 진격했다.

정면 적 제5사단 제10연대는 양동~유금동~덕남동(德南洞) 일대에 사주방어진지를 구축하여 최후발악을 하고 있었고, 그 배후 기계~안강~호동(虎洞)에 중원부대가 집결하는 것을 이하영 중위가 지휘하는 특공대가 견제하여 중원을 막았다.

적은 돌파당한 지역을 만회하기 위하여 기습작전을 기도하고 있었으므로 김기수(金基壽) 하사가 지휘하는 수색대가 적진에 잠입하여 기습공격을 시도하는 첨병대를 궤산(潰散)시키고 1명을 사로잡았다.

제18연대(임충식 대령)는 전날 점령한 갑산동(甲山洞) 무명고지에서 05시 30분에 출발하여 안강 서남쪽 고지군으로 진격했다.

정면 무릉산에 거점을 둔 적 제12사단은 완강하게 저항하여 쉽게 물러가지 않았다. 공격제대는 화력으로 적진을 제압하여 예봉을 꺾고 13시 50분 안강을 제압하는데 필수적으로 유리한 무릉산을 탈환하였다.

제1기갑연대(백남권 대령)*는 전날 경주로 이동하여 부대정비를 마쳤다.

23시 적 제12사단은 경주를 침공하기 위하여 무릉산 남쪽 344고지를 기습적으로 공격했다. 기갑연대는 사단에 배속된 제10야전포병대대의 화력지원을 받으면서 반격에 나서 6시간 동안 혈전을 편 끝에 적을 격퇴했다. 적은 무릉산과 안강 방면으로 퇴각했다.

* 제1기갑연대는 처음에 나오는 단대명이다.

국방부 『한국전쟁사』 개정판 제1권은 기갑연대(p356), 개정판 제2권은 독립기갑연대(p606), 제3권은 수도사단기갑연대(p67), 제4권은 제1기갑연대(p71)로 기술했다.
독립연대로 8월 1일 수도사단에 배속되었고(위 개정판 제2권 p618), 9월 15일 수도사단(위 제4권 p73)에 예속되면서 제1기갑연대로 바뀐 것으로 보인다.

제6사단 - 영천·신령 지구

9월 15일 05시, 적 1개 대대 병력이 제2연대(함병선 대령) 제1대대(石順天 대위) 정면 469고지를 반복적으로 공격했다. 대대는 포병지원을 받으며 3시간에 걸친 사투 끝에 이를 물리쳤다.

17시 50분경 연대 정면 금양동(錦陽洞-군위군 산성면, 신령 서북쪽 7km) 부근에서 남하하고 있는 적 1개 대대 규모의 증원 병력을 발견하고, 포병화력으로 포위하여 치명타를 입혔다.

9월 16일 02시 사단장 김종오 준장은 제19연대(김익렬 대령)를 남원리(南元里-신령 서쪽 7km)로 전진시켜 부대를 정비하게 하고, 제2연대와 제7연대는 담당전투 정면에서 무제한 공격을 하도록 명령을 내렸다.

제2연대는 08시 공격을 개시했다. 적이 동북쪽 고지에서 측방화기로 집중사격을 하여 공격이 여의치 않았다. 연대는 포병화력으로 측방화기를 제압하도록 요청하고 돌진하여 격전 끝에 17시 30분 정면 349고지와 332고지를 탈환하고 적을 조림산 쪽으로 격퇴시켰다.

이 전투는 전력의 대소보다는 사기의 강약이 전세를 가른 한 판이었다.

우측 제7연대(임부택 대령)는 제2연대와 보조를 맞추어 21시 40분 조림산 우측 능선을 점령했다.

국군 제2군단 반격

영천 정면 제2군단은 서쪽에서부터 제6, 제8, 제7사단 순으로 정면의 적 제8, 15사단을 공격하였으나 별 진전이 없었다.

❙ 국군 제1사단(미 제1군단 예속)의 반격

정면의 적도 제1사단이다. 적은 사단지휘소를 가산산성에 두고 756고지로부터 655고지에 이르는 지대에 중화기로 장비한 2개 대대가 견고한 진지를 구축해 놓고 대구 진출의 미련을 버리지 못한 채 버티고 있었다.

9월 16일, 공세 첫날 종일 비가 내렸다. 09시 공격을 개시하였다. 우천을 틈 탄 적이 국부적인 공격을 하여 제15연대 제3대대(최병순 소령)가 우측 538고지에서 교전을 벌였고, 제1대대는 783고지 일대에서 남진하려는 적과 교전 중에 있었으며, 배속된 제11연대 제1대대(김소 대위)는 사단 좌 일선 756고지에서 운무가 자욱한 가운데 능선을 따라 적 제1사단을 기습 공격하여 가산 일각을 점령했다. 가산은 정상에 성터가 있고, 보국사(寶國寺)라는 명찰이 있는 성산(聖山)이다. 가산은 대구가 한눈에 바라보이는 감제고지로 미 제8군사령관은 항상 신경을 써 왔던 요충이었기에 이 산의 일각을 탈환한 것은 연합군으로서는 기분 좋은 성과였다.

제11연대 제2대대(차갑준 중령)와 제3대대(이무중 중령)는 09시에 불로동(不老洞-대구시 東區)을 출발하여 18시 30분에 둔덕동(屯德洞-군위군 부계면)까지 진출했고, 제12연대는 창평동에 집결하여 진격을 대기하고 있었다.

미군 각 사단의 반격

❙ 미 제1기병사단 - 왜관 지구

미 제8군 주공으로서의 중임을 맡은 미 제1기병사단은 공격을 하고 있는지 방어를 하고 있는지 분간할 수 없었다.

정면 적은 제3사단과 제13사단 일부이다. 적 제3, 제13, 제1의 3개 사단은 이때까지도 대구 전면 다부동~가산~팔공산선에서 아군 제1사단과 미 제1기병사단을 돌파하려고 기도하고 있었다.

미 제1기병사단은 09시에 폭우를 무릅쓰고 항공이나 포 지원을 받지 못한 채 공격을 개시하였는데 적이 완강하게 저항하여 진전이 없었다.

우 일선 570고지 제8기병연대(파머 대령) 제2대대는 적의 반격을 받아 전진하지 못했고, 좌 일선 제5기병연대(크롬베즈 대령)는 대구~왜관 국도 북쪽 203고지를 공격하였으나 별 진전이 없었다.

적은 174고지~203고지에 연하는 선을 제1선으로, 장원봉(壯元峰) 동쪽 371고지~253고지를 연하는 선을 제2선으로 방어선을 구축하고 적 제3사단 제8연대 약 1,000명이 저항하고 있었다.

▎미 제5연대전투단 – 왜관 지구

왜관탈환전은 미 제5연대전투단(오드웨이 대령)이 맡았다. 미 제5연대전투단은 9월 13일 미 제1군단에 배속되었고, 다음 날 미 제1기병사단에 배속되었으며 15일 왜관탈환작전에 참가하여 16일 낙동강을 따라 왜관으로 진격하기 시작하였다.

미 제5연대전투단은 병력이 2,599명으로 편제 인원보다 1,194명이 부족하여 각 대대 병력은 586명~595명 수준에 불과했다.

▎미 제2사단 – 창녕 부근

9월 16일, 09시에 연합군이 전 전선에서 반격을 개시하였으나 아침부터 폭우가 쏟아져 왜관 부근에 계획되었던 B-29에 의한 융단폭격이 취소된 데다가 공격준비포격도 없이 공격을 개시한 전 전선은 적의 완강한 저항에 막혀 쉽사리 돌파구를 열지 못하였다.

공세전환 첫날 전 전선에서 진격이 부진한 가운데 가장 눈부신 성과는 국군 제1사단의 가산 돌파와 미 제2사단의 낙동강 도하였다.

미 제2사단은 전면의 적 제4, 제9, 제2사단을 축출하기 위하여 3개 연대가 종격대형으로 공격을 시작하였다.

제9연대(힐 대령)가 좌측에서 공격을 시작하였으나 사곡산(寺谷山-201고지)에 진지를 점령한 적이 완강히 저항하여 공격이 좌절되었다.

중앙 미 제23연대(Paul L. Freeman 대령)는 날이 밝기 전에 공격을 받았다. C중대진지에서 백병전이 벌어졌는데 C중대 장교 전원과 배속된 중화기 소대장을 포함하여 25명이 전사함으로써 전투 능력을 상실하였다.

미 제23연대는 제3대대(R G. Sherrard 중령)를 주공부대로 하여 반격에 들어갔다. 제3대대는 미 제1기병사단에 배속되어 현풍 지구에 있다가 15일 복귀하였고, 그동안 전투를 치르지 않아 부대가 건재하였다.

10시 제3대대는 미 제72전차대대 C중대의 지원을 받아 대대장 셰라드 중령이 직접 지휘하여 공격을 시작했다. 비가 와서 항공지원은 말할 것도 없고 포병사격도 뜻대로 되지 않아 공격은 별 진전이 없었다.

오후에 비가 그치고 구름도 개어 항공지원을 받을 수 있었고, 전차의 화력도 발휘할 수 있었으므로 보·전·포 합동작전으로 공격이 급진전하여 16시에 적진지 중심부를 탈취하였다. 건재한 제3대대를 투입한 것이 주효하여 2주일 동안이나 교착상태에 빠졌던 전선의 균형을 깼다.

항공정찰보고는 적이 낙동강변을 따라 속속 철수하고 있다고 했다.

미 제23연대장 프리먼 대령은 이 호기를 놓치지 않고 미리 준비해 두었던 연대전차중대와 제82고사포대대 B포대로 구성한 특수임무부대를 편성하여 강안을 따라 진격시켰다.

16시 특수임무부대는 항공지원과 함께 막강한 화력으로 퇴각하는 적을 강타하면서 진격하여 성산리(城山里-24번 국도상) 도하지점을 확보했다.

우측 제38연대(페플로 대령)는 감제고지 구룡산(九龍山-208고지)을 공격하였으나 다른 연대와 마찬가지로 오전 중에는 별 진전이 없었다. 오후에 F-51 전투기 4대가 출격하여 네이팜탄과 기총소사로 고지정상을 강타하는데 힘입어 구룡산을 탈취했다.

구룡산 정상에서는 적의 여러 개 중대가 강변을 따라 철수하고 있는 것이 보였으므로 이를 추격하여 격멸하였다.

후일 확인한 바에 따르면 이날 밤에 북한군 제2사단사령부가 낙동강서안으로 철수했고, 다음 날 아침까지 그 예하의 제4, 제5, 제6연대가 강을 건너 퇴각한 것으로 알려졌다.

포로가 된 제2사단 군의관 진술에 따르면 북한군 제2사단 예하 각 연대 잔류 병력은 700명 정도에 불과하다고 했다.

미 제2사단은 "공격을 시키는 것이 무리하다고 생각" 했는데 예상외의 전과를 올려 전 전선에서 공격 1일째의 최대 수확으로 기록되었다.

▎미 제25사단

9월 16일 09시, 낙동강전선에서 총 반격개시 시각이 다가왔으나 마산 서부 지역에 있는 미 제25사단은 공세는 고사하고 수세에서 벗어나지 못하고 있었다. 미 제25사단은 미 제8군 최 좌익을 맡고 있었는데 정면 필봉, 서북산, 전투산에서 적이 전에 볼 수 없이 강력하게 저항하여 고전을 면치 못하고 있었고, 이들 적 때문에 진주로 진격할 수가 없었다.

미 제25사단장 킨 소장은 제35연대 제3대대장 울포크(Robert L. Woolfolk) 소령에게 대대 특수임무부대를 편성하고 대대장이 직접 지휘하여 다음 날 07시에 전투산과 필봉을 공격하라고 명령했다.

3. 공세 제2일(17일) – 군산상륙작전을 구상해 보라

9월 17일 낙동강전선에서 공세 제2일을 맞은 이날 인천상륙작전은 예상대로 진전되었고 염려했던 북한군 반격이나 중공군 개입 징후는 나타나지 않았다. 항공정찰보고에 따르면 김천 부근에서 전차를 동반한 대부대가 속속 북으로 이동하고 있다고 했다.

인천 앞바다에서 작전을 지휘하고 있는 맥아더 원수와 그의 참모들은 미 제8군의 공세에 관심이 쏠려 있었고, 미 제8군 각 사단은 인천상륙 성공과 기상이 회복된 것에 고무되어 제2일째의 공격을 개시하였다.

국군의 반격

| 제3사단 – 형산강 도하 실패

10시, 제23연대는 형산강 북쪽에 있는 A목표(自明洞 북쪽 145고지와 동쪽 102고지)를 향하여 공격을 개시하였다. 포항지방에는 비가 계속 내렸다.

적은 형산강대안 제방에 2개 중대 병력을 배치해 놓았고, 제방 후면고지에 약 2,500명으로 추산되는 병력이 주진지를 점령하고 있었다.

형산강은 하폭이 하구 쪽은 약 400m이고 형산교 부근은 약 200m이며 그 상류 형산고지 부근은 약 100m로 가장 좁다. 9월 초부터 계속 내린 비로 강물이 불어 도섭이 곤란하고, 형산교는 9월 5일 제3사단이 철수할 때 폭파하여 1경간(徑間)을 파괴하였는데 파괴된 경간 일부가 연결되어 있어서 한 사람씩 도보로 통과하는 것은 가능한 상태였다.

이러한 여건으로 사단 주력 도하에 앞서 일부 선견대가 강행도하하여 강북안에 교두보를 확보한 후에 사단 주력을 도하시키기로 하였다.

제1대대(金尤榮 소령)의 1개 중대가 교두보를 확보할 선봉대로 포병지원

아래 진격하여 17시경에는 일부가 배로 형산강을 도하하는데 성공하였으나 제방에 있는 적으로부터 완강한 저항을 받았고, 후방고지에서도 사격이 집중되었으므로 많은 병력 손실이 우려되어 철수하고 말았다.

형산교를 사이에 두고 적과 대치하고 있던 제26연대(이치업 대령)는 형산교 우측 무명고지에 전 화력을 집중하면서 소대 규모의 특공대를 조직하여 1차로 형산교를 통하여 도하하고, 2, 3차로는 주정을 이용한 도하를 감행하여 무명고지를 점령하는데 성공하였으나 19시경 적의 강한 반격에 밀려 다시 철수하여야 했다.

수도사단 - 안강탈환

전날 적의 사주방어에 막혔던 제1연대는 제1대대와 제2대대가 병진하여 적 제10연대가 버티고 있는 129고지를 점령하고, 이어서 제2대대는 제10야포대대와 보·포 협동작전을 펴 153고지를 점령했다.

제18연대는 전날 점령한 무릉산을 거점으로 그 북하록(北下麓) 근계동 일대를 점령하고 옥산동 방향으로 퇴각하는 적을 추격했다.

제1기갑연대는 전날 344고지를 점령한 여세를 몰아 무릉산을 거쳐 안강읍으로 진격했다. 무릉산 일대에 준동하고 있던 적은 전날 인접 제18연대가 후방을 차단하자 지리멸렬한 듯 서북쪽 산록을 타고 도망치기에 바빴다. 저들은 전방지휘소이면서 집결지로 예상된 안강읍마저 비워 놓고, 그 4km 후방 노당치(老堂峙) 부근으로 퇴각했다.

적은 저들의 반격전 거점 내지 유격전 거점으로 이용할 것으로 예상한 무릉산선이 무너지고 안강 측배가 차단될 위험에 노출되자 더 이상 기댈 언덕이 없어져 사기는 급전직하로 떨어져 패주하기에 바빴다.

사단 정훈참모 백도흠(白道欽) 대위는 비행기로 귀순 전단을 뿌렸다.

"투항해 오면 따뜻하게 보살펴 줄 것이다."

좌측 제7사단 제8연대가 도덕산 방면으로 진출하여 2주일 동안 공백상태로 남아있던 제1군단과 제2군단의 경계가 연결되었다.

제6사단 - 신령 지구

제2연대는 종일 조림산 탈환전을 벌였다. 제7연대는 용아동(龍牙洞-신령 북쪽 8km)과 그 남쪽에 있는 덕천(德泉) 북쪽고지 그리고 723고지 일대에서 조림산 공격을 위한 전선을 정리하였다.

제1사단 - 가산 지구

제15연대 제2대대(이존일 소령)는 12시에 남산동(南山洞-군위군 부계면) 서쪽 능선에서 적 1개 중대를 격파하고 계속 적을 추격하여 17시에는 응추동(鷹秋洞-칠곡군 가산면, 가산 북록)까지 진출했다.

제3대대는 14시 현재 어제에 이어 538고지를 공격 중에 있었다.

제15연대 제1대대(유재성 소령)와 제11연대 제1대대(김소 대위)는 가산바위에서 적 1개 대대 규모와 공방전을 벌였다.

제11연대는 15시에 서북 방향으로 진격하여 18시에 우익 제3대대(이무중 중령)가 381고지를, 좌익 제2대대(차갑준 중령)가 655고지를 점령하고 계속 적을 추격하여 제3대대와 제2대대의 1개 중대가 합세하여 527고지 일대를 탈환하였고, 제2대대는 복고개(卜峴-칠곡군 가산면 龍旹里-군위군 효령면 梅谷里 경계)로 진출하여 가산동(架山洞-칠곡군 가산면)과 응수동 일대 퇴로를 차단하고 제15연대 정면의 적을 교란하였다.

제12연대는 908번 지방도를 따라 장기동(場基洞), 금산동(金山洞-이상 군위군 효령면-5번 국도변)까지 진출했다.

미군의 반격

▎미 제1기병사단 – 다부동 지구

인천상륙작전이 계획대로 순조롭게 진전되고 있었고, 날씨가 회복되었음에도 불구하고 미 제1기병사단은 공격의 실마리를 풀지 못하였다.

제8기병연대는 전날에 이어 570고지에서 적의 공격을 받았고, 대구~다부동 간 공격도 적의 집중사격을 받아 진전이 없었다.

제5기병연대의 대구 서북방 203고지 공격도 적이 완강히 저항하여 진전이 없었다. 정면에는 약 1천 명으로 추산되는 적이 253~371고지에 사주방어진지를 구축해 놓고 203고지에서 174고지에 연한 선에 일선부대를 배치하여 경부국도를 통제하고 있었는데 저들의 전의도 왕성했다.

제7기병연대는 왜관~다부동 간 도로를 따라 진격준비를 하고 있던 중 사단장 게이 소장 명령으로 제2대대(William O. Wither Spoon 소령)가 도로를 건너 북쪽 253고지를 공격하였으나 적의 치열한 사격과 수류탄 공격을 받아 도로 남쪽고지로 철수하고 말았다. 이 과정에서 중대장은 치명적 부상을 입고도 중대 철수를 엄호하면서 절명 직전까지 추격하는 적 6명을 사살하는 용맹성을 보였다.

기대를 걸었던 미 제1기병사단의 2일째 공격은 아무런 소득이 없었다.

▎미 제5연대전투단 – 왜관 지구

미 제5연대전투단은 왜관 동남쪽 금무봉을 공격했다. 보병대대 병력이 580명 정도로 줄어 전력이 약화된 데다가 금호강을 건너는데 시간이 많이 소요되었고, 전차 등 지원부대의 진출이 늦어져 공격이 뜻대로 진전되지 않았다. 금무봉의 적진지는 예상외로 견고하고 깊이 2m에 이르는 교통호로 연결된 유개진지가 편성되어 있었다. 하루 종일 공격 끝에 해질 무렵 겨우 산기슭의 제1선 진지를 탈취할 수 있었다.

▌미 제2사단 – 창녕 지구

미군전투기는 네이팜탄 110g짜리 260개를 창녕 서쪽 낙동강가에 투하하여 많은 적을 살상했다. 적은 수많은 장비와 무기를 버리고 도주하기에 바빴다. 미 제23연대와 제38연대는 적을 추격하면서 강변으로 진격하여 9월 2일 밤부터 낙동강 동안에서 맹위를 떨친 북한군 제2사단을 완전히 격퇴했다. 제23연대는 야포 13문, 대전차포 6문, 박격포 4문을, 미 제38연대는 야포 6문, 대전차포 12문, 박격포 9문을 노획했다.

미 제23연대와 제38연대는 부곡리에 있는 교량 교각 2개를 8월초에 미 제24사단이 파괴하여 복구가 불가능하였으므로 성산리 부근 강안에서 적전 도하준비에 들어갔다.

저녁에 미 제8군 참모장 앨런(Leven C. Allen) 소장은 도쿄에 있는 UN군총사령부 참모장 히키 소장과 낙동강전선에서 전개되고 있는 반격상황에 대하여 즐거운 통화를 하고 있었다.

"적은 단 한번의 반격도 감히 기도하지 못하고 퇴각하고 있다."

▌미 제25사단

07시 울포크특수임무부대는 항공과 포병지원을 받으며 전투산과 필봉을 공격했으나 적의 자동화기에 밀려 별 진전이 없었다.

군산상륙작전을 구상해 보라

인천 방면 전황은 예상하고 있었던 것 이상으로 진전되었다. 이날 밤 인천 앞바다 맥킹리호에서 작전을 지휘하고 있는 맥아더 원수는 고민에 싸여 있었다. 그가 예측한 바로는 인천상륙작전이 성공하면 낙동강전선에 있는 북한군 주력이 곧 무너질 것으로 생각했었다. 그런데 미 제8군의 공격은 크게 진전되지 않았고, 어떠한 변화의 조짐도 보이지 않았다.

맥아더는 상륙군사령관 도일 제독에게 군산상륙작전을 구상해 보라는 지시를 하기에 이른다. ▶ 제10장 제3절 1.「맥아더의 고뇌 – 군산상륙작전 구상」참조

4. 공세 제3일(18일) – 낙동강을 건너다

제3사단 – 형산강 도하

종일 흐렸다. UN해군의 함포와 항공기의 지원 아래 제3사단은 형산강 도하작전이 계속되었다.

제23연대 A목표(자명동 북쪽 145고지와 그 동쪽 102고지) 탈환 선견대는 04시에 적전 도하를 감행하여 적과 치열한 교전 끝에 12시에 제1, 제3, 제9중대가 도하에 성공하여 대안에 좁은 공간을 확보할 수 있었다.

사단장 이종찬 대령은 적의 총·포탄이 날아오는 가운데서도 이 작전을 진두에서 지휘하여 도하장병들을 크게 고무시켰다.

강 북쪽에 교두보를 확보한 선견대는 16시경에 포격과 공군기 폭격지원을 받으면서 공격을 감행하여 전면의 적을 격퇴하고 102고지 남단을 확보하였고, 후속한 제11중대는 18시에 102고지 측방 구릉지대를 확보하여 적을 위협하기에 이르렀다.

제22연대(김웅조 중령)는 제23연대의 도하를 엄호한 뒤 16시에 기동하여 23시까지 주력이 강을 건넜다. 그리고 적진에 육박해 갔다.

제26연대는 06시에 공격을 개시하여 사투 끝에 18시에 제2대대가 도하

에 성공한 것을 비롯하여 제3대대도 이어서 도하를 완료했다.

사단 공병대는 이날 형산교와 생지교(生旨橋) 수리 작업에 들어갔다.

수도사단 - 안강 진격

공세 3일째에 접어든 사단은 진격의 고삐를 늦추지 않았다.

원한이 맺힌 저주의 땅인 양 맑은 하늘에 불벼락을 맞아 풀 한 포기 남아 있을 것 같지 않게 초토화된 안강평야도 절기는 아는 듯 벼 이삭을 누렇게 물들여 모진 생명력의 강인함을 일깨워주고 있었다.

제1연대는 전날 점령한 129고지와 153고지에서 좌측 전면 104고지와 110고지로 진격했다. 제1대대가 선봉이 되고 제2대대가 측면 지원을 하였다. 적은 각 고지에서 1개 분대씩 결사대를 조직하여 조직적으로 저항했으나 우리의 진격을 막지는 못했다. 제3대대(李聖鳳 대위)는 후속했다.

제1대대는 사단 선두에서 공격 중추가 되어 항상 적에게 노출될 수밖에 없었다. 이 때문에 적의 강한 저항에 부딪쳐 집중사격을 받으면 이쪽도 그에 상응한 사격을 하게 되어 총·포탄의 수요가 급격하게 늘어났고 이로 말미암아 한때 실탄이 부족하여 어려움을 겪기도 하였다.

사단공병대는 탄약을 비롯한 보급수송을 촉진하기 위하여 밤을 새워 연대후방에 있는 안강교를 보수했다.

사단 좌일선 제18연대는 10시 30분 제1대대가 안강 서북쪽에 있는 117고지를 점령하고 이어서 그 북쪽 300고지로 진격했다. 제3대대는 05시에 근계동을 출발하여 09시에 기계남쪽 445고지 밑까지 진출하였고, 계속 445고지를 공격하였다.

제1대대와 제3대대가 공격하고 있는 고지군은 해발 4~500m 연봉으로 이루어진 가파른 지형인데다가 적 제12사단 집결지여서 견고한 방어진지가 구축되어 있었으므로 공격하기가 매우 힘든 목표였다.

제1기갑연대는 12시에 안강을 완전히 확보하고 기계로 진격했다.

안강읍에는 122mm곡사포 1문, 76mm곡사포 2문, GMC트럭 2대와 많은 포탄이 버려져 있어 저들의 다급한 사정을 짐작케 하였다.

제6사단 - 신령 지역에서 고전

03시 30분, 제2연대의 공격을 받은 적 제8사단은 더 이상 견디지 못하고 조림산 쪽으로 퇴각했다. 포로로부터 얻은 정보에 의하면 조림산 북쪽에 있는 원산동(元山洞-군위군 의흥면) 부근에서 1개 연대 규모의 병력이 조림산에 있는 적을 증원하기 위하여 진출하고 있다고 했다.

사단장 김종오 준장은 이 정보에 따라 예비대인 제19연대를 조림산 서북방으로 진출시켜 조림산을 우회공격하게 하고 제7연대를 조림산 양익에 포진하여 조림산을 사수하고 있는 적을 포위 공격하도록 하였다.

적은 조림산 정상을 거점으로 방어진지의 종심을 강화하고 완강하게 저항하여 포위섬멸전이 순조롭지 않았다.

제1사단 - 다부동 돌파

적 제1사단은 그 주력을 가산산성 일대에 집중 투입하였기 때문에 저들의 좌측방에 구멍이 생겼고, 이로 인하여 저들 좌측 적 제8사단과의 사이에 큰 간격이 벌어졌다. 제12연대는 이를 간파하고 이 공간으로 침투하여 5번국도 다부동 북쪽 16km 지점까지 진출했다. 이 과정에서 제2대대(조성래 소령)는 05시 30분 장군동(將軍洞-효령면) 부근에서 저항하는 적 직사포 2문과 3개 중대 규모의 병력을 격퇴하였고, 제3대대(류문호 대위)는 거매동에서 저항하는 적 1개 중대 규모를 격파하였다.

제12연대 진격에는 미 제10고사포단이 시종 함께 하면서 지원하였고, 제12연대 1개 중대가 이 고사포단을 호위하였다.

미 제10고사포부대 장병들은 그들이 지원했고, 그들을 호위해 준 제12연대를 이렇게 평가했다.^{주)}　　　　일본 육전사연구보급회 『한국전쟁』 4 p83

"이 연대와 동행하고 있는 동안에는 안심하고 전투를 할 수가 있었다. 이 연대는 언제 어디서나 가까이에서 항상 완벽한 경계를 제공해 주었다. 그리고 또 무리라고 생각되는 요구도 잘 들어 주었다."

제12연대가 다부동~군위 간 국도로 진출하여 적 제1사단과 제15사단의 퇴로를 차단함으로써 사단의 진격에 활로가 뚫렸고, 나아가서 지지부진하던 좌 인접 미 제1기병사단의 진격에도 숨통이 트였다.

제15연대 제2대대는 웅수동을 탈환한 다음 384고지를 공격하였는데 이 고지에 있던 적 약 700여 명이 558고지를 지원하기 위하여 이동해 갔기 때문에 그 고지를 무난히 점령할 수가 있었다.

전날부터 558고지를 공격하던 제3대대는 저들 증원군이 합세하여 저항이 완강해졌으나 격전 끝에 14시에 고지를 탈환했다.

제1대대와 제11연대 제1대대는 함께 산성 일대를 공격하다가 적의 저항이 약해지자 538고지로 이동하였고, 제11연대 주력은 매곡동~상평(上坪) 효령면) 일대에서 분산 배회하는 약 2개 연대 규모로 추정되는 적을 공격하면서 다부동~군위 간 국도를 따라 진격했다.

전사는 제1사단의 작전을 이렇게 평가했다.^{주)}　　앞 같은 『한국전쟁』 4 p82

"미 제8군 지휘부를 깜짝 놀라게 할 정도의 큰 공을 세웠다."

미 제1기병사단 - 철옹성 왜관에서 고전

제8기병연대공격은 전날과 같이 별다른 진전이 없었다. 오히려 적의 반격을 받아 방어태세로 전환하였다. 이에 불만을 가진 밀번 군단장은 사단장이 직접 독전하라고 지시했고, 미 제8군사령관 워커 중장의 불만은 군단장보다 더 커서 직접 일선에 나아가 공격을 독려했다.

다부동 남쪽 적진지는 이외로 견고하였고, 여기에 있는 적 제1, 제13사단의 저항도 예상외로 강력하여 연대장이 고심했으나 끝내 공세로 전환할 계기를 찾아낼 수가 없었던 것이다.

이러한 난관을 타개해 준 것이 우측 제1사단이었다. 제1기병사단 우 인접 제1사단은 제12연대가 다부동~군위 간 국도로 진출하여 적 제1, 제13사단의 퇴로를 차단하였고, 다부동 일대 적은 퇴로를 타개하기 위하여 후퇴하지 않을 수 없었다. 이로써 미 제1기병사단의 활로가 활짝 열리게 되었을 뿐만 아니라 1개월 반 동안이나 계속된 대구에 대한 위협이 제거되어 제8군 지휘부를 깜짝 놀라게 하기에 충분하였다.

제5기병연대는 아침에 미 제5연대전투단의 금무봉 공격을 지원하기 위하여 203고지와 174고지에 대한 공격을 재개하였다. 이때 보병중대의 병력은 40~60명으로 감소되어 있어서 공격이 무리였으나 연대장은 자신의 임무를 수행하기 위하여 공격 시기를 늦추지 않았던 것이다.

제2대대가 203고지를 공격했다.

제2대대 장병들은 이 203고지에 대한 공격이 몇 번째인지 기억하지 못하고 있었으나 당시의 "203고지를 탈취하라."는 구호를 이 전쟁에서 살아남은 대대장병들은 약 20년이 지난 지금도 그 전투가 어제 있었던 일처럼 기억하고 있다고 한다.주)

앞 같은 『한국전쟁』 [4] p80

203고지를 탈환하더라도 이어서 253고지 일대를 점령하지 못하면 왜관으로 갈 수 없다. 대대는 제70전차대대 A중대의 퍼싱전차를 선두로 공격했으나 매번 격퇴당했고, 어제와 오늘 이틀간 전차 9대와 탱크도저 1대를 잃었다. 6대는 지뢰에 걸려 파괴되었고, 2대는 대전차포에 의해서, 나머지 2대는 적 T-34전차의 85mm포에 의해서 파괴되었다.

공격이 실패한 결정적인 원인은 적 T-34전차 3대가 측방에서 아군이 공격하는 203고지 남사면을 사격하였기 때문이었는데 이 전차들은 호 속에 숨어 있다가 필요할 때 포탑만 내놓고 사격하여 이를 발견할 수 없었던 것이다. 종내는 미군의 퍼싱전차가 사각으로 접근하여 적 전차의 사격을 유도하고, 위치를 확인한 후 90mm주포로 2대를 격파했다.

저녁 때 드디어 2주간에 걸쳐서 쟁탈의 초점이 된 203고지를 점령했다. 제2대대는 계속하여 그 서북쪽 371고지를 공격해야 했으나 371고지는 적 주력이 점령하고 있어 저항이 강했고, 제2대대는 3개 소총 중대 병력이 165명에 불과하였는데 특히 F중대는 45명에 불과하였으므로 연대장은 다음 날 제1대대로 하여금 371고지를 공격하도록 하였다.

제8군에서는 주공 미 제1군단 정면의 공격이 전혀 진전되지 않자 공군에 요청하여 왜관 낙동강 서안 일대에 B-29 42대가 융단폭격을 실시하였다. 그러나 폭격 효과는 확인되지 않았고, 적 제3사단의 저항이 전혀 약해지지 않았다는 것만 확인되었다.

미 제5연대전투단 – 꿈쩍 않는 금무봉

전날에 이어 금무봉을 계속 공격했다. 금무봉에 약 1,200명으로 판단되는 적이 견고한 진지를 구축하여 저항하고 있었다. 북한군 제3사단은 금무봉에 의지하여 경부국도를 따라 공격하였는데 금무봉을 잃으면 저들의 대구 공격이 불가능하고 대구 포위의 구상도 무너지며, 어렵게 얻어진 지금까지의 성과가 허사로 돌아가고 만다. 그래서 적 제3사단 제7연대는 격렬한 독전을 받으며 필사적으로 금무봉을 확보하고 있었다.

종일 격전을 벌였다. 막강한 포격과 폭격지원 아래 제1대대(John P. Jones 중령)는 저녁 무렵 경부국도가 내려다보이는 금무봉 서쪽 178고지를 탈환했고, 제2대대(스록모턴 중령)는 왜관 남쪽 121고지를 점령했다. 제3대대는 야간에 금무봉을 공격했으나 꿈쩍도 하지 않았다.

미 제5연대전투단은 이날 미 제24사단으로 복귀했다.

미 제24사단 – 낙동강을 도하할 시간에 겨우 금호강 도하

미 제24사단은 예비대로 경산에서 반격명령을 기다리고 있었다.

미 제1군단장 밀번 소장은 공세 첫날 미 제1기병사단 공격을 보고 최초의 공격계획에 의문을 가졌다.

미 제24사단은 미 제1기병사단이 금무봉을 탈취하고 이어서 왜관을 탈환하여 낙동강 동안에 도하지점을 확보한 다음 그 엄호 하에 낙동강을 도하하여 김천으로 진격하기로 되어 있었다.

공세 첫날 제8군 주공 미 제1기병사단은 공격을 하고 있는지 방어를 하고 있는지 분간할 수가 없었고, 공세 이전의 선도부대인 제5기병연대의 금무봉 공격은 첫날부터 전혀 진전이 없었다. 결국 이대로 가면 미 제24사단은 20일이 지나야 도하가 가능해지고 이렇게 되면 적은 용이하게 제8군 정면 병력을 경인 지역으로 전용할 수가 있게 된다.

밀번 군단장이 이렇게 고심하고 있을 때 전날 왜관 남쪽 12km 지점에 있는 하산동(霞山洞)에서 예정도하지점을 탐색하고 있는 미 제5연대전투단으로부터 도하지점 대안에 적이 없는 것 같다는 보고를 받았다.

밀번 군단장은 재빨리 이 허점을 찌를 생각으로 제8군사령관의 승인을 얻어 계획을 크게 변경하기로 결심하였다. 그리고 17일 정오에 미 제24사

단장을 대구로 불러 명령을 내렸다.㈜   국방부 『한국전쟁사』 제4권 p223

"제24사단은 18일 밤에 하산동과 금남동(錦南洞)에서 낙동강을 도하하여 일부 병력으로 성주가도를 확보하고 주력은 왜관 대안으로 진출하여 김천으로 진격할 준비를 갖추라. 20일 영 제27여단을 배속시킬 예정임."

1개 사단이 큰 강을 도하해야 하는데 준비기간은 하루 반밖에 되지 않았다. 그러나 처치 사단장은 이 명령에 흔쾌히 따르기로 하고 제21연대를 금남동에서, 제19연대를 하산동에서 도하하도록 준비에 들어갔다.

대구에서 위 2개 도하지점으로 가려면 대구 북쪽을 둥글게 서쪽으로 흐르는 금호강을 파호동(巴湖洞)에서 건너야 하므로 제8군 공병대가 18일 아침까지 이 도하지점에 미 임시 교량을 가설해 놓기로 하였다.

도하 선봉부대인 제21연대(스티븐스 대령)는 연대장을 선두로 아침에 금호강 도하지점에 이르렀다. 그러나 미 제8군의 약속과는 달리 파호동 도하지점에는 교량이 가설되어 있지 않았고 미 제8군 공병은 그림자도 보이지 않았다. 사단장은 하는 수 없이 사단공병으로 하여금 이미 미 제5연대전투단이 만들고 건너간 수중가도 위에 모래주머니를 쌓아 올려 대형 차량이 통과할 수 있게 수중교를 보수하도록 하였다.

전차와 포병은 가교를 이용하여야 도하가 가능한데 이때 가교용 자재가 대구에 있었고, 도하지점까지 약 5km에 이르는 도로에는 제6전차대대 전차와 공격부대 차량행렬이 장사진을 치고 있어 자재 운반이 불가능하였으므로 응급 수단으로 수중가도를 보수하게 한 것이다.

사단 공병대는 제21연대 후미에서 따라오고 있었으므로 공병대가 연대의 긴 행군대열을 앞지르는데 많은 시간이 소요되었고, 또 모래주머니를 만드는데도 잔손이 많이 가서 보수하는데 시간이 많이 걸렸다.

소형 차량과 병력은 응급조치로 공격단정(攻擊短艇)을 얽어 매어 임시변

통으로 만든 배를 이용하여 건넜지만 전차와 포병, 가교차량이 금호강을 도하하지 않으면 주력부대의 낙동강 도하를 지원할 수가 없었다.

시간은 자꾸만 흘러갔다.

이렇게 뜻하지 않은 어려움을 겪으면서 겨우 장비가 도하할 수 있게 수중가도를 보수하였으나 많은 차량이 도하하다가 빠져서 또 시간을 잡아먹었으므로 밤중이 되어도 중차량(重車輛)은 도하하지 못했다.

사단장과 연대장은

"오늘밤에 낙동강을 건너지 못하면 내일은 큰 손실을 입게 될 것이다."
라고 걱정을 하면서 초조해 했지만 이날 18시까지 낙동강을 도하하여야 할 연대는 금호강을 겨우 도하하는데 그쳤을 뿐이다.

반격작전이 개시된 지 3일째 되는 날, 미 제24사단의 도하가 뜻하지 않은 착오로 지연되는 바람에 미 제8군 수뇌들을 초조하게 만들었다.

미 제2사단 - 창녕에서 낙동강 도하

미 제38연대 제2, 제3대대 정찰대가 정찰한 결과 창녕 서쪽 낙동강 대안에는 적이 없는 것으로 보였다. 제2대대장 스켈던(James H. Skeldon) 중령은 2인용 고무 보트로 2개 분대를 도하시켜 거점을 확보하도록 하고, 이어 소대 규모를 보내어 대안 일대를 정찰시켰다. 그 결과

"308고지에는 적이 있는 것 같고, 대안 하적포(下赤布)에는 적이 없다."
는 보고가 들어왔다.

도하 기회를 잡았으나 사단 주력 도하가 이틀 후인 20일로 예정되어 있어 주정과 가교 등 도하에 필요한 준비가 되어 있지 않았다. 그렇다고 대안에 적이 없는 이 절호의 기회를 놓칠 수 없고 더구나 적은 308고지에서 미군의 척후가 강을 건너는 것을 보았을 것이므로 적이 강안 경계를 강화할

것은 필연적인 사실인데 이렇게 되면 사단은 적전도하를 강행할 수밖에 없게 되어 많은 희생을 치러야 한다.

13시 20분, 사단장 카이저 소장은 페플로 연대장에게 지시했다.

"1개 대대를 도하시켜 주력의 도하지점을 확보하라."

16시에 제2대대가 공격용 보트로 강폭 약 100m, 수심 약 4m에 이르는 낙동강을 건넜다. 적의 저지 포격이 있을 것을 예상하여 항공지원을 요청하고 포격준비도 해 두었으나 적의 사격은 단 한 발도 없었다. 대대는 강을 무난히 건너서 가벼운 저항을 물리치면서 2시간 뒤 초계(草溪-합천군 초계면-낙동강 서쪽)가도를 감제할 수 있는 308고지를 점령했다.

308고지 서쪽 계곡에는 약 1개 대대 규모로 보이는 적의 종대가 앞다투어 초계 방면으로 퇴각하는 것이 내려다 보였다.

미 제38연대는 낙동강도하작전에서 132명을 포로로 잡았는데 소좌 1명을 포함한 장교 8명과 여자간호사 32명이 포함되어 있었고, 부근 모래 속에 파묻었거나 도랑에 숨겨둔 125톤이 넘는 탄약과 포장도 뜯지 않은 소총을 비롯하여 많은 장비와 보급품을 노획했다.

미 제38연대는 미 제8군 전선에서 낙동강을 '최초로 도하' 했으며, 미 제2사단의 작전을 이틀이나 앞당긴 쾌거였다.

미 제8군사령관 워커 중장은 미 제2사단 도하작전 성공을 기뻐하면서

"공격 3일째에 있어서 최대 전과"

라고 칭찬했다.

좌 일선 미 제9연대는 공세 3일째가 되는 이날까지 사곡산에서 고전을 면치 못하고 있었다. 사곡산은 부곡리 도하지점으로 통하는 도로를 통제하고 있는 요충이다. 폭격과 포격의 지원을 받으면서 전차를 앞세우고 공격하였으나 전면의 적 제9사단은 한 발도 물러서지 않았다.

미 제23연대 정찰대 22명은 낙동강 하류에서 물이 깊어 건너지 못하고 주저하다가 적의 사격을 받고, 3명이 전사하고 1명이 부상하는 손실을 입고 동쪽으로 이동하였다.

미 제25사단 – 서로가 "이제는 틀렸다"고 물러나

울포크특수임무부대는 전날에 이어 필봉과 전투산을 공격했으나 적의 저항은 여전히 완강하여 공격은 진전이 없었다. 17~18일 양일간 공격에서 미 제27연대 A중대는 57명이 사상하여 공격할 기력을 잃었다.

킨 사단장은 공격을 단념하고 특수임무부대를 해산하였다.

이날 밤 적도 필봉의 방어를 체념하고 철수하기 시작하였다.

양쪽이 같이 "이제는 틀렸다."고 생각하고 동시에 물러난 꼴이 되었다.

'승부는 최후의 5분간'

서로가 상대의 전술을 모르고 있었다.

5. 공세 제4일(19일) – 군산상륙을 준비하라

제3사단 – 포항 탈환 실패

전날 형산강을 도하한 사단 주력 부대는 적 주진지를 공격하였고, 후속 부대는 도하작전을 계속했다.

적 주진지는 대부분 견고한 토치카가 ㄱ자로 구축되어 있었고, 아군이 확보한 진지는 적과 불과 30m거리 이내였으므로 박격포나 로켓포는 사용하지 못하고 수류탄에 의한 근접전으로 치열한 공방을 벌였다.

제23연대 제1대대는 제1목표인 102고지를 공격하였으나 적의 저항이 완강하여 종일 여러 차례 육박전을 거듭하다가 18시에 그 남쪽 500m 지점에 공격진지를 점령하는데 그쳤고, 제3대대(박종병 대위)는 백병전을 치르면서 공격 목표 111.6고지를 20시에 완전히 점령했다.

제22연대는 이날 06시까지 전 연대가 도하를 끝냈다. 08시에 공격을 시작하여 선두부대인 제1대대(崔廷植 대위)는 18시에 이동(梨洞-포항시) 동쪽 능선을 점령하였고, 제2대대(金世洛 대위)와 제3대대(鄭淳珉 소령)는 이동과 용흥동(龍興洞-포항시)에 각각 진지를 점령했다.

제26연대는 제3대대(은석표 소령)가 포항을 공격하였으나 적의 저항에 밀려 그 남쪽 해도동(海島洞-포항시) 부근에 진지를 점령했다.

수도사단 - 안강에서 제자리걸음

사단 선공 제1연대는 전면 145고지와 마곡(馬谷)마을에 적이 병력과 화력을 급증하고 있는 정황을 포착하고 전날 점령한 104고지와 110고지에서 방어태세로 들어가 다음 공격준비를 했다.

적 제5사단 제10연대는 퇴각하는 중에도 직사포 3문을 비롯하여 자동화기를 증강하고 병력 600명을 수습하여 재편성한 후 야간 기습공격으로 아군의 진격을 저지하고자 했는데 그곳이 저들의 거점인 기계와 비룡산을 고수할 수 있는 요충이기 때문인 것 같았다.

제18연대 제1대대(장춘권 중령)는 안강 서북쪽 5km 지점에 있는 561고지 남쪽 산록과 호동 북쪽 우측 능선을 점령한 후 증원된 제7사단 제8연대(김용주 중령)와 협동하여 20시 40분 561고지 일부를 점령했다.

제3대대(정승화 소령)는 03시 노당동 서북쪽 5km지점 445고지와 무명고지 일대를 공격하여 08시에 고지 중복까지 진출한 후 불리한 지형조건에 적 화력이 급증하여 더 이상 진격하지 못하고 하루를 보냈다.

제2대대(김봉상 소령)는 561고지를 공격하는 주력 제1대대를 지원했다.

사단 중앙 제1기갑연대는 안강을 점령한 여세를 몰아 그 북쪽 2.5km 지점에 있는 육통동(六通洞-안강읍)을 점령하고 기계에 이르는 주요 거점인 노당동 북쪽 고지군을 향하여 진격했다.

제6사단 - 조림산 공격

9월 19일, 제2연대와 제7연대를 좌우로 병립하여 주공으로 삼고, 제19연대를 조공으로 하여 조림산을 포위 공격하고자 하였으나 최후발악하는 적의 강력한 저항에 부딪쳐 현 전선을 유지하는 선에서 적의 반격에 대비하고 있을 수밖에 없었다.

사단장 김종오 준장은 조림산의 지형적 조건이 불리하고 예상외로 적의 저항이 완강하여 돌파가 불가능하자 제2연대가 정면을 돌파하고, 우측 제7연대와 좌측 제19연대가 현 진지에서 화력으로 제2연대의 돌파를 엄호하는 일면 돌파, 양면 엄호작전을 구상하였다.

제1사단 - 군위가도 차단

가산산성에서 저항하고 있던 적 제1사단은 퇴로를 타개하기 위하여 가산 남쪽 비탈로 철수하기 시작했다.

제15연대 제1대대는 558고지(가산 북쪽)를 출발하여 불동(佛洞-가산면, 5번 국도상)을 거쳐 효령 서쪽으로 진격하고, 제2대대는 석우동(石隅洞-칠곡군 가산면)에 진출하여 266고지(중앙고속국도 가산터널 서쪽) 적과 교전 중에 있었으며, 제3대대는 주력이 신주막에 진출하여 저항하는 적을 격퇴하였다.

제11연대는 마시동(馬嘶洞-효령면)~221고지~373고지를 잇는 선에 진출하여 대구~군위 간 통로를 완전히 차단하였다.

전날 다부동~군위 간 국도를 장악한 제12연대는 퇴로를 확보하려는 적의 완강한 저항을 받았다.

제1대대는 5번 국도 우측에 있는 갈뫼(효령면) 북쪽 272고지와 국도 좌측에 있는 장군동(효령면, 5번 국도변) 서북쪽 392고지를 공격하였으나 견고한 진지를 구축하고 강력하게 저항하는 약 1개 연대 규모로 추산되는 적으로부터 화력 반격을 받아 많은 희생을 내면서 공방전을 펴고 있었고,

제3대대는 19시에 공격을 개시하여 적의 저항을 받으면서 23시 다부동~군위, 영천~군위 간 도로교차점인 중구동(中九洞-효령면) 북쪽에 있는 매봉산(梅峰山) 서쪽에 진출하였는데 적은 발악적으로 저항했다.

미 제1기병사단 - 왜관 진격

국군 제1사단이 다부동 북쪽으로 깊숙이 진출하여 적의 퇴로를 차단함으로써 미 제1기병사단은 적을 섬멸할 수 있는 절호의 기회를 잡았다.

제8기병연대는 제7기병연대 제3대대(린치 중령)를 배속받고, 제1대대(케인 중령)를 공격제대로 하여 기세 등등하게 국도를 따라 다부동을 공격했으나 정면 적 제13사단은 여전히 다부동을 확보하고 있으면서 도로 동서쪽 가산과 351고지에서 전 화력을 집중하면서 역공하여 한 발자국도 전진하지 못했다.

제5기병연대는 제7기병연대 제2대대를 배속받아 제1대대가 300고지를, 제7기병연대 제2대대가 253고지를 각각 공격했는데 이곳은 왜관 정면이어서 최대 격전이 됐다. 정면 적 제3사단은 사단의 운명을 이 방어에 걸고 있었다. 미 제5연대전투단이 금무봉을 탈환하고 왜관으로 진격하는데 힘입어 제1대대는 정오경에 300고지에 돌입하여 여러 차례에 걸친 적의 수류탄

공격을 격퇴하고 정상을 탈환했다.

고지 정상에는 적 시체 205구가 버려져 있었고, 미군은 전사 28명, 전상 147명, 실종 4명, 국군 실종 28명, 계207명의 피해를 냈다.주) 1

제7기병연대 제2대대도 253고지를 탈환했으나 제2대대는 전투 병력이 30%밖에 남아있지 않았다.주) 2

1, 2. 국방부 『한국전쟁사』 제4권 p206

미 제5연대전투단 - 난공불락 왜관 탈환

미 제24사단은 18일 복귀한 미 제5연대전투단으로 하여금 금무봉과 함께 왜관을 공격케 하고 사단 주력은 낙동강 도하를 강행했다.

제5연대전투단 제3대대가 금무봉 정상을 공격했다. 이곳에는 아직 약 200명의 적이 엄체호와 산병호 속에 숨어서 고지를 사수하고 있으면서 아군이 공격하면 위에서 수류탄을 굴러내려 피해만 늘어갔다. 연대는 위력이 약한 105mm포의 지원으로는 적을 제압할 수 없게 되자 항공지원을 요청하였고, 정오경 무스탕기 12대가 출격하여 네이팜탄과 로켓탄으로 산정을 불바다로 만든 다음 공격하여 금무봉을 탈환했다. 3일간에 걸친 금무봉쟁탈전은 이렇게 막을 내렸다.

금무봉 정상에는 적 제7연대장 김창봉 대좌를 비롯한 250여 구의 시체가 널려 있었다.주) 1

미 제5연대전투단 주력은 왜관을 공격하여 치열한 격전을 벌인 끝에 15시 30분 왜관을 탈환하였다. 양 대대는 약 300명에 이르는 병력 손실을 보았고, 45mm대전차포 22문, 82mm박격포 10문, 중기관총 6정, 소총과 기관단총 등 250정을 노획하였다.주) 2

1, 2. 국방부 『한국전쟁사』 제3권 p219

오전에 실시한 항공정찰에서는

"왜관 북방의 도하지점에서 약 1,500명으로 추산되는 적이 종대를 이루어 낙동강 서안으로 도하 중에 있다."

고 보고하였고, 오후에 실시한 항공정찰에서는 이렇게 보고했다.

"왜관 북쪽 도로 일대에는 쏟아져 나온 적 패잔병들이 길을 매워 대혼잡을 이루었다."주)

일본 육전사연구보급회 『한국전쟁』 4 p94

미 제1기병사단이 253고지~300고지 능선을 탈취한 것과 미 제5연대전투단이 왜관에 진입한 것은 왜관 정면 돌파가 성공한 것을 의미한다.

게이 사단장은 계획대로 적을 포위하기로 결심하고 대구 북방에 집결해 있는 미 제7기병연대 주력을 왜관 정면으로 진출시켜 20일 아침부터 실시하는 다음 공격을 준비하도록 명령을 내렸다.

미 제24사단 – 금남동에서 낙동강 도하

전날 금호강 도하에서 많은 시간을 빼앗겨 전날 18시까지 낙동강을 도하했어야 할 미 제24사단은 날이 밝아서야 도하를 강행하였다.

05시 30분, 밤을 새면서 도하 준비를 끝낸 미 제21연대는 왜관 남쪽 9.6km 지점에 있는 금남동(錦南洞-왜관읍, 낙동강 동안)에서 공격지원 사격과 동시에 상륙용 주정이 낙동강으로 진출했다. 대안에는 174고지와 그곳에서 남쪽 도흥동(道興洞-성주군 船南面, 낙동강 서안)으로 길게 뻗은 능선이 도하지점을 감제하고 있었고, 짙은 안개로 말미암아 맞은편 제방에 있는 적의 동태를 파악할 수 없었다. 포병은 지도상에 표정(標定)해 놓은 목표지점에 사격을 했으나 안개 속에서 폭음만 들릴 뿐 포탄이 어디에 떨어졌는지 알 수가 없었다.

강폭 약 800m, 물이 흐르는 폭은 약 300m, 수심 약 2m. 공격용 보트에 20명씩 탄 제1제대가 횡대를 이루어 안개 속으로 빨려 들어갔다.

사단장, 연대장, 대대장이 숨을 죽이고 지켜보고 있다가

"제1제대는 무사히 서안에 상륙하여 내륙으로 진출하고 있다."
는 보고를 받고 안도했다.

이 제1제대가 한국전 최초로 참전하여 오산에서 큰 피해를 입고 지리멸렬한 스미스특수임무부대다.

안개가 차츰 걷히고 대안 지형이 분명하게 보이기 시작했을 때 대대장이 제2제대를 지휘하여 출발했다. 제2제대가 강 중간지점에 진출했을 때 맞은편 능선에서 박격포와 기관총사격이 집중되었다. 전멸할 위기에 직면했다. 여러 척의 보트가 침몰하였고, 어떤 보트는 빙글빙글 돌기도 하고, 떠내려가기도 했으며, 떠내려가다가 되돌아오기도 하였다. 대대장은 단호하게 도하를 계속하도록 엄명을 내리고 폭격과 포격지원을 받으면서 적이 퍼붓는 포화를 무릅쓰고 07시전에 도하를 완료하였다.

도하 중에 120여 명의 사상자를 냈다.

07시경 전투기가 나타나서 네이팜탄과 기총소사로 174고지를 제압하였고 강을 건넌 제1대대는 강 서안에서 재편성하여 174고지를 점령했다. 적의 저항은 급격히 약화되었다. 제3대대는 오후에 아무런 저항도 받지 않고 강을 건너서 가벼운 접전 끝에 저녁에 180고지를 점령했다.

이렇게 미 제21연대는 사단 주력의 도하지점을 확보하였다.

16시 제19연대 제2대대는 제21연대가 도하한 지점 남쪽 하산동(霞山洞-달성군 河濱面, 성주대교 북쪽)에서 도하하여 18시에 강 대안 일대를 점령하였다. 대대가 도하를 대기하고 있을 때 적의 야포와 박격포 사격을 받아 약 50명의 사상자를 냈고, 승선장 시설이 파괴되어 도하 가능 여부가 우려되었으나 최대의 화력지원을 받으면서 도하를 강행하였다.

적은 성주 방면으로 퇴각한 듯 이후로는 별 저항이 없었다. 밤에 연대 주력이 도하를 완료하였고, 공병대가 도보교(徒步橋)를 가설하였다.

미 제24사단 도하는 중대한 착오와 이로 인한 많은 희생이 있었지만 이 날 낙동강 서안에 확고한 발판을 마련하였고, 비로소 미 제1군단이 계획한 왜관 정면 돌파가 겨우 진전을 보이기 시작했다.

미 제2사단 – 창녕 지역 사곡산 탈환

미 제38연대 제3대대는 몇 대의 전차와 포병 그리고 중박격포와 더불어 낙동강을 도하하였다. 제3대대는 전날 도하한 제2대대가 진격하는 동안 교두보를 확보하는 것이 주요한 임무였다.

이미 도하한 2개 대대를 지원하기 위하여 차량과 중장비 등을 도하시켜야 했으므로 제2야전공병대대로 하여금 창녕 서쪽 모래등(沙嶝)과 하적포 (下赤布) 사이(적포교 북쪽)에 부교를 설치하도록 하였다.

미 제9연대 정면 사곡산이 적 수중에 있어 창녕~부곡 간 도로가 통제당하고 있었으므로 사단 주력이 도하할 수 없을 뿐만 아니라 도하자재는 물론 가교자재와 중차량을 도하지점까지 옮길 수도 없었다. 이 때문에 미 제9연대는 사단의 독촉을 받고 무리하게 사곡산 공격을 계속하였지만 전투력이 한계에 이르러 공격은 진전이 없었다. 사곡산 탈환을 제9연대에 맡겨 놓고 있는 한 사단 도하가 언제 이루어질지 알 수 없었다.

미 제24사단이 도하를 개시하였다는 통보를 받은 사단장은 제23연대를 사곡산 탈환에 가담시키기로 하고 공격 명령을 내렸다.

제9연대 제1대대가 사곡산 북쪽 사면을 공격하고 있을 때 연대 전차중대 1개 소대(M-4전차 4대)가 증원되었다. 전차소대 밴턴(George E. Vanton) 소대장은 고지 남쪽 사면을 정찰한 후 전차가 올라갈 수 있는 완경사라는 것을 확인하고는 전차 4대를 이끌고 보병부대를 앞질러 눈 깜짝할 사이에 고지 정상에 올라가서 피아가 함께 보고 있는 가운데 적진을 유린하여 그토록 끈질기게 저항하던 적을 물리치고 정상을 탈환하였다.

밴턴 소대장의 대담한 행동이 그처럼 어려웠던 사곡산을 탈환하게 만들었다. 그러나 적은 아직도 산기슭과 능선에서 끈질기게 저항하여 제9연대는 저녁 때가 다 된 후에야 사곡산 적을 완전히 소탕할 수 있었다.

제2사단이 도하지점으로 갈 수 있는 길이 열렸고, 미 제23연대는 강안으로 이동하여 다음 날에 실시할 도하준비에 들어갔다.

미 제25사단 – 전투산에 적은 없었다

전날 킨 사단장은 필봉과 전투산 탈환은 이제 틀렸다고 체념하고 부대를 철수시켰고 적도 같은 생각을 품고 퇴각하기 시작했다.

아침에 해가 높이 솟은 뒤 전투산을 살펴보았더니 정상에서 적이 철수하고 있었다. 즉시 정찰을 시켜 본 결과 전투산 정상은 텅 비어 있었고, 우 일선 미 제35연대 정면 중암리에도 적이 없다는 보고가 왔다.

미 제35연대장 피셔 대령의 명령을 받은 제1대대(티터 중령)가 중암리가 내려다보이는 136고지를 점령했다. 이 고지는 한 달 동안 적의 공격거점 역할을 한 곳이다. 중암리에 적이 보이지 않아 대대가 중암리로 들어가려고 할 때 뜻밖에도 후방에서 기관총탄이 날아왔다. 제압하고 보니 기관총사수가 엄폐호 속에서 나올 수 없게 몸이 묶여 있었다.

6. 공세 제5일(20일) – 돌파의 실마리가 풀렸다

제3사단 – 포항 탈환

제23연대는 전날 점령하지 못한 102고지를 예비 제2대대(崔尙俊 대위)가 제1, 제3대대의 지원을 받고 야간 공격을 감행하여 20시에 탈환했다.

제22연대는 제1대대가 포항 동쪽 2km 지점 우현동(牛峴洞)으로 진출하였고 제2대대는 포항 서북쪽의 100고지를 확보하고 적과 대치했다.

제22연대가 18일에 반격전을 개시하여 이날까지 거둔 전과는

적 사살 375명(200명은 폭격에 의한 사망), 포로 28명,

장비 노획 각종 소총 126정(M1소총 30정), 수류탄 65개, 직사포 2문,

대전차포 2문, BAR 1정, 책코식 기관총 3정, 트럭 1대,

직사포탄 3트럭분, 각종 실탄 5트럭분이고,

피해는 장교 2명과 사병 12명이 전사했고, 장교 3명과 사병 42명이 중·경상을 입었다.주)

국방부 『한국전쟁사』 제4권 p55, 56

제26연대는 포항을 탈환했다. 적은 전면적으로 퇴각하기 시작했고, 주력부대 퇴각을 엄호하는 일부 병력의 저항이 집요하게 계속되었다.

수도사단 - 안강 지구의 적 구축

사단 우측 단구동 앞산 145고지와 그 동쪽 마곡(馬谷·말골) 앞산 236고지에 약 300명으로 추산되는 적이 2선 3선으로 방어진지를 구축하고 화력을 배치하여 끝까지 최대한 지연전을 펴려는 듯 보였다.

제1연대는 3개 대대로 공격제대를 편성하여 이 적을 돌파하기로 하고, 미 공군 및 사단포병으로 하여금 그 지역을 강타하게 하였다.

사단 좌측 제18연대는 제1대대가 09시에 561고지를 공격하였다. 고지 일대는 적 제12사단이 패잔병들을 모아 최후의 지탱지점으로 삼고 거세게 저항하여 치열한 격전을 벌인 끝에 12시 30분 완전히 점령했다.

제2대대는 옥산동으로 우회하여 그 전방 571고지를 점령했고, 제3대대는 옥산서원(晦齊 李彦迪선생 서원)으로 진출했다.

제1기갑연대는 노당리 북쪽에서 공격을 계속했다. 전면의 적은, 안강에서 물러난 약 1개 연대가 육통동 북쪽 및 그 좌측 무명고지에 집결하여 기갑연대 진격을 극력 저지하고 있었다.

제8사단 - 청송 보현산 지역 적 격파

제8사단은 9월 5일부터 13일까지 영천 부근에서 사투를 벌이며 영천을 점령하고자 하는 적의 야욕을 분쇄하고 영천을 고수하여 구전동~자천동~삼해동(三海洞) 북쪽~인구동 남쪽을 연결하는 선(영천 북쪽 영천~안동 간 35번 국도 좌우)에서 병력을 재정비한 다음 총반격작전에 대비하였다.

적 제15사단은 8월 공세 때 다부동 지구로 진출하여 대구를 목표로 유학산에서 제1사단 제12연대를 공격하다가 많은 피해를 보았고, 또 저들 좌 인접 제13사단과 우 인접 제3사단이 괴멸되자 다부동을 통한 대구로의 공격을 포기하고, 8월 20일 영천 방면으로 전진하여 대구 또는 경주 방향으로 진출을 기도하면서 제8사단을 공격한 적이다.

적 제15사단은 미 제8군사령관 워커 중장이 직접 지휘하는 국군 제8사단과 다부동에서 적 제13사단을 궤멸시키고 전진한 제1사단 제11연대 및 증원된 제7사단 제5연대의 반격에 밀려 영천 북쪽으로 퇴각한 후 재편성 기회를 얻고자 국부적인 반격으로 아군 진격에 저항하고 있었다.

9월 15일 인천상륙작전 성공에 힘입어 전 전선이 공세로 전환하면서 제2군단(유재흥 소장)은 제6사단을 주공으로 도원동(의성군 봉양면사무소 소재지)에서 함창~충주선으로 진격하도록 하고, 제8사단을 조공으로 하여 의성~안동~영주선으로 진격하도록 하였다.

가랑비가 내리는 가운데 진로에 있는 보현산에서 적 1개 연대 규모가 완강히 저항했다. 제21연대가 포병지원을 받아 이 적을 돌격전으로 격파하고 퇴각하는 적을 추격하면서 제1차 진출예정선인 의성행 도로망을 확보하기 위하여 구산동~의성선으로 쉴 새 없이 진격을 계속하였다.

제6사단 – 적 조림산으로 퇴각

19시에 제7연대 제3중대가 적 1개 대대 규모로부터 공격을 받았다. 이때 제3중대는 다음 전진을 위하여 병력을 보존해야 했으므로 남쪽 445고지로 이동하여 병력을 재배치한 상태에서 고전하고 있었다.

제1대대장 김용배(金龍培) 중령은 제1중대를 전진시켜 제3중대를 증원케 하였는데 22시에 적은 다시 1개 대대 규모의 병력을 증원하여 445고지까지 일거에 반격했다.

피아간 혈전이 벌어졌다. 그러나 시간이 가면서 전력이 쇠잔해진 적은 공격의 예봉을 꺾고 조림산 쪽으로 물러가기 시작했다.

제1사단 – 상주가도 진출

제12연대 제1대대와 제2대대가 합세하여 전날에 이어 272고지 및 392고지를 공격했으나 적의 저항이 완강하여 별 진전 없이 공방을 계속했다. 제3대대는 어제 공격하던 매봉산 서쪽 342고지에 특공대를 투입하여 백병전으로 적을 물리치고 04시 342고지를 완전히 점령하였다. 적은 사분오열하여 퇴각했다. 16시에 적 전차 1대가 연대 정면에 나타났으나 제9중대 제3소대가 육박공격하여 파괴했다.

제15연대 정면의 적은 가산산성에 지휘소를 두고 있으면서 그 주력은 군위에 집결하기 위하여 742고지를 거쳐 374고지로, 일부는 466고지를 거쳐 진목정으로 우회하여 구미 방면으로 퇴각하고 있었다.

제15연대는 5번 국도변 구효령까지 진격한 다음 퇴각하는 적을 역습하기 위하여 다부동으로 역진했다. 제2대대는 석우동 북쪽 266고지에서 적 전위대를 격파하고, 역진하다가 하판동에서 적 1개 대대 규모를 격파했다. 제3대대는 금화동 남쪽 고지로 진출했고, 제1대대는 불동에서 퇴로를 잃은 적을 포착하여 섬멸했다.

제15연대 OP가 적의 기습을 받아 위기를 맞았다.

석종섭 소령이 지휘하는 연대 보충대는 전날 밤부터 연대 OP를 경계하고 있었다. 후퇴하던 적 2개 중대 규모가 연대 OP를 기습하여 포위하였다. 보충대 백남수(白南秀) 하사를 위시하여 김인석(金仁錫), 이춘승(李春承), 이기원(李基元), 임용순(任龍淳), 이현영(李玄永) 일등병 등 6명이 자동소총(BAR) 1정과 경기관총 2정을 가지고 우측 송림으로 탈출하여 적 우측방에서 일제히 사격을 하였고, 이 사격으로 적이 혼란에 빠진 사이 연대지휘부는 약간의 손실을 입고 탈출해 나온 후 부대를 수습하여 2시간 동안 교전한 끝에 적을 모조리 섬멸하였다.

제11연대는 제3대대는 대대 주력이 13시에 상장동에 진출하여 대구~상주 간 25번 국도를 장악하였고 대대 수색대는 01시 다부동 미 제1기병사단 정면에서 저항하는 적을 포착하여 군관 등 수명을 사살하였다.

미 제1기병사단 – 적을 섬멸할 기회를 놓치다

새벽에 제7기병연대 제1대대(클레이노스 중령)가 왜관~도개~다부동 간 도로를 따라 진격했다. 국군 제1사단과 미 제8기병연대와 합동하여 적 제13사단을 다부동 지역에서 포위하여 섬멸하기 위해서였다. 이때 미 제5연대전투단은 왜관 북쪽 303고지를 공격하고 있었는데 이 고지는 낙동강 동안에 있는 적 제3사단의 마지막 진지로 저들의 도하지점을 엄호하는 가장 중요한 요충이다. 적은 이 고지를 반드시 확보해야 했고, 그 동쪽에 있는 좁은 길목을 함께 사수해야 하기 때문에 그곳에 많은 병력을 배치하여 필사적으로 방어하고 있었다.

제1대대는 09시 왜관 동남방 3km 지점에 있는 왜관~다부동 간 도로와 연결되는 좁은 길에 들어서서 미 제5연대전투단이 303고지를 공격하는데 호응하여 이 좁은 길에 배치되어 있는 적을 공격했다. 적은 곳곳에 지뢰를 매설해 놓고, 주위를 둘러싼 고지에서 사격을 했다.

제1대대는 미 제70전차대대 C중대 전차 1개 소대가 선두에서 공격을 주도했으나 오후에 이르도록 3km 정도밖에 전진하지 못하였는데 엎친 데 덮친 격으로 선두전차가 지뢰에 걸려 정지하는 바람에 대대공격은 좌절되고 말았다.

제1대대의 진격이 늦어지자 흥분한 사단장이 최전방에 나와서 직접 상황을 파악하고 있던 중에 미 제5연대전투단이 303고지를 탈환했다는 보고를 받았다. 사단장은 대대장 클레이노스 중령에게

"303고지 서쪽 강변도로를 따라 적을 우회하여 도개동으로 진출하라."

고 지시했다.

303고지를 빼앗긴 적 제3사단은 지리멸렬한 채 북쪽으로 패주하고 있었고, 일부 후위부대가 계속 저항하면서 서서히 후퇴하고 있었다. 뒤에 확인된 바에 의하면 9월 초순경 적 제3사단의 병력은 약 5,000명이었는데 1,800명으로 줄어 있었고, 이 사단을 지원하던 적 제105기갑사단 전차는 제203전차연대 9대, 제107전차연대 14대만이 낙동강 서안으로 철수해 갔다고 했다. 왜관 부근에는 T-34전차 잔해 28대와 적병시체 수천 구가 널려 있었다.[주]

일본 육전사연구보급회 『한국전쟁』 [4] p103

제1대대는 강변도로를 따라 순조롭게 우회진출하여 저녁 무렵 다부동 4km 못 미친 도개동에 진출했다. 다부동에서 울리는 포성이 들려왔다.

왜관에서 다부동에 이르는 도로는 다부동 전투 때 제1사단이, 9월 초에는 미 제7기병연대가 수암산을 공격할 때 보급로로 사용한 도로다. 도로가에는 적 전차 및 야포의 잔해와 장비, 탄약 등이 어지러이 흩어져 있었고, 북한군 수송수단으로 이용한 소와 노무자와 북한군 시체가 여기저기서 썩어가며 9월의 뜨거운 햇볕 아래서 악취를 풍기고 있었다.

제1대대가 도개동에 도착했을 때 제3대대를 따라온 연대장 니스트 대령이 앞질러 와서 제1대대 전방에 험한 산이 나타나자 그곳에 적이 있을 것으로 판단하여 야간 진격을 멈추게 한 후 다음 날 미명에 공격하기로 하고 야영준비에 들어갔다. 야영준비 중 대대장 클레이노스 중령이 지뢰에 걸려 부상을 입었는데 대대장은 후송을 거부하고 지휘용 들것을 만들게 하여 계속 대대를 지휘했다. 제3대대가 도개동에 도착했다.

제3대대는 미 제8기병연대에 배속되어 있다가 19일 저녁에 배속이 해제되었고, 당일 저녁 왜관 남쪽으로 이동하여 20일 아침부터 제1대대를 앞질러 공격할 수 있도록 준비 명령을 받고 있었다. 그러나 대대가 야간 이동에 시간이 많이 걸려 이동지점에 이르지 못하고 20일 새벽 대구 북방에서 차량을 이용하여 왜관으로 급행하였는데 도중에 적의 포격을 우려한 연대장 니스트 대령이 병력을 하차시켜 도보로 행군하게 하였다. 이렇게 해서 제3대대는 집결지에 늦게 도착하였을 뿐만 아니라 장병들에게 불필요한 도보행군을 강요하여 지치게 만들었다.

제3대대는 16일 이후 잠도 못 자고, 휴식도 없이 부대행동을 계속해 왔기 때문에 장병들의 피로가 극에 달해 있었으므로 공격할 기력을 상실한 상태였다. 제3대대는 저녁 늦게 제1대대 뒤를 따라 도개동에 진출했고, 같이 오던 연대장은 앞선 제1대대를 따라 먼저 갔던 것이다.

미 제7기병연대장 니스트 대령은 16일 제2대대가 이동할 때에도 이번과 같은 과오를 저질러 사단장으로부터 꾸지람을 들은 일이 있었다. 이 두 번의 과오는 사단장의 심기를 대단히 불편하게 했고, 사단장으로 하여금 미 제7기병연대에 대하여 좋지 않은 인상을 갖게 하였다.

사단 우 일선 미 제8기병연대는 다부동으로 진격했다. 적 제13사단의 저항이 완강하여 진격이 부진했고, 제70전차대대 전차 7대를 잃었다.

게이 사단장은 제7기병연대가 제대로 진출했으면 다부동에서 이 적을 협공하여 섬멸할 수 있을 것으로 판단하고 있었다. 그런데 제7기병연대가 진격을 늦추고 있었기 때문에 적을 섬멸할 수 있는 기회를 놓쳤을 뿐만 아니라 전차까지 손실을 입게 되어 화가 났던 것이다.

실제로 적 제13사단은 이날 밤부터 무질서하게 상주 방면으로 철수하였고, 멀지 않아 전투부대로서의 조직과 전투력이 소진되고 말 것이라고 다음 날 귀순한 동 사단 참모장 이학구 총좌의 증언을 감안하면 미 제7기병연대가 이날 다부동으로 계속 진격하였다면 적 제13사단 주력을 포착하여 섬멸할 수 있었을 것이다. 게이 사단장의 판단은 정확했다.

사단장 게이 소장은 미 제7기병연대가 해가 지기도 전에 야영에 들어간 것에 대하여 몹시 화를 냈다. 두 번의 실수는 용납할 수가 없었다.

사단장은 연대장 니스트 대령을 해임하고, 연대를 지원하던 제77야포대 대장 해리스 중령을 연대장으로 임명했다.

보병연대장에 포병을 임명한 이유를 알 수 없으나 위급한 상황에서 어쩔 수 없이 사단에서 선임자이고 용감하기로 소문난 그를 일시적으로 임명한 것으로 해석했다. 그러나 그는 명 연대장으로서의 능력을 발휘하여 오래 그 자리에 있게 된다.

갑자기 밤중에 연대 지휘를 맡은 해리스 중령은 대대장을 집합시킨 후 다음 날의 공격 명령을 하달했다.

제1대대는 제1선으로 다부동을 향하여 진격하되 제8기병연대 정면의 적을 배후에서 공격한다.

제3대대는 제2선으로 다부동에서 제1대대의 좌익을 초월하여 진격함으로써 제1대대의 배후를 엄호하는 동시에 국군 제1사단과 제휴하여 일대의 적을 섬멸한다.

미 제5연대전투단 - 왜관 대안에 교두보 확보

미 제5연대전투단은 최종 목표인 작오산(303고지)을 공격했다. 공세전환 이후 연속 5일간의 공격이었다. 이 고지에서 적의 저항은 아직도 완강하였다. 오전 중에 고지가 민둥산이 되도록 폭격과 포격을 반복한 후에 제2대대가 정상을 탈환했다. 제3대대는 북쪽 328고지를 탈환했다.

미 제5연대전투단은 왜관 도하지점을 확보한다는 임무를 완수했다.

이 반나절의 공격에서 연대는 전사 18명, 부상 111명, 행방불명 3명이라는 많은 피해를 냈다.

전날 도하한 미 제24사단 제21연대가 대안에 교두보를 확보하였으므로 제5연대전투단은 20시경에 도하하여 교두보에 진지를 점령했다.

미 공군은 9월 18일부터 21일까지 한국전쟁 중 최대 규모의 근접지원을 감행했다. 전투기와 폭격기편대는 일본 이타쓰케 기지에서 하루에도 몇 차례씩 출격하여 네이팜탄과 로켓탄으로 적의 거점을 불바다로 만들었고, 개활지에서 패주하는 적에게 기총소사로 불세례를 퍼부었다.

미 제24사단 - 낙동강 도하 완료

미 제21연대는 낙동강 서안에 교두보를 확보했다. 제19연대는 낙동강을 도하한 다음 성주가도에 연한 강 서쪽 감제고지를 전진기지로 점령했고,

제24정찰중대는 밤에 낙동강을 건너서 성주의 적정을 정찰하기 위하여 제19연대를 앞질러 성주가도로 진격했다.

영 연방 제27여단이 미 제24사단에 배속되어 낙동강을 도하함으로써 미 제24사단은 전 병력이 낙동강 도하를 완료했다.

영연방 제27여단은 적 포격에 몇 명의 부상자를 냈다. 적은 포 1문으로 종일 사격을 하면서 도하를 방해했는데 포 위치를 발견하고자 공중 관측을 하였으나 관측기가 뜨면 포는 침묵하고 관측기가 돌아가면 다시 치성을 부리는 숨바꼭질을 하며 끈질기게 괴롭혔다.

미 제5연대전투단은 왜관~김천 간 도로상의 높은 지역을 장악했고, 미 제21연대는 그 남쪽에, 미 제19연대는 제21연대의 뒤를 이어 그 남쪽에 위치했으며, 제24정찰중대와 영 제27연단은 성주가도를 장악하였다.

사단이 도하를 완료하고 진격준비를 하고 있었으나 수송, 포병, 전차 및 근무부대 등 지원부대 도하가 지연되어 전투부대의 진격도 늦어지고 있었다. 파괴된 교량은 북한군이 교각에 임시로 사다리를 걸어 놓고 도보부대가 사용하였으므로 중장비는 이용할 수가 없었다.

미 제11야전공병대와 제55공병주교중대가 임시교량 건설에 착수했다.

미 제2사단 - 왜관에서 낙동강 도하

미 제2사단은 전날 사곡산을 탈환하고 도하지점에 이르는 도로를 개척하여 새벽부터 상포나루(적포교 하류)에서 사단 주력이 도하를 개시했다.

미 제23연대 제3대대는 상포 도선장 서쪽에 있는 낙동강지류 신반천(新反川)이 합류하는 지점에서 공격 단정으로 강을 건넜는데 별다른 적의 저항은 없었다. 선두 L중대가 적 대대본부를 습격하여 잠자고 있는 대대장으로 보이는 중좌 1명과 참모들을 사로잡고 서류를 노획하였다.

노획 문서에 들어있는 상황도에 의하면 적 제2, 제4, 및 제9사단의 신반리(新反里-의령군 富林面) 부근 배치상황이 그려져 있었는데 이것은 적이 전면적으로 철수 중에 있음을 나타내고 있었다.

미 제23연대 제3대대는 계속 진격하여 저녁 때까지 도하지점을 감제할 수 있는 227고지(왕령산-신반리 북쪽)를 탈환했다.

연대장은 제3대대로 하여금 신반천 북안에 있는 207고지를 점령하도록 명령하고 제1대대(허친 중령)의 도하를 재촉했다. 207고지는 신반천 굴곡지점을 통제하는 주요한 고지다. 제3대대 L중대가 기세 좋게 공격을 하였는데 뜻밖에도 207고지 기슭에서 신반천이 가로 막고 있었다. 이곳에 신반천이 흐르고 있는 사실을 아는 사람은 아무도 없었다. 신반천은 유속이 빠르고 수심이 깊어서 도섭장을 발견할 수 없었다. 진격이 난관에 부딪치자 사단에서 급히 수륙양용차를 지원하여 해질 무렵에 겨우 도하를 완료하고, 207고지를 공격하였는데* 적은 이미 철수하고 없었다. 결국 신반천 도하에 귀중한 시간을 허비하였고, 이 틈새를 이용하여 적은 무사히 퇴각했다.

미 제23연대 제3대대 K중대는 227고지에서 사단 주력의 도하를 엄호하고 있었는데 억수같이 쏟아지는 비를 피하느라고 경계가 소홀하였고, 이 틈을 타서 적 약 1개 중대가 은밀히 산꼭대기로 기어오르고 있었다.

---

* 인용문헌 일본 육전사연구보급회 『한국전쟁』 4(p108)의 기술요지는
  제1제대인 제23연대 제3대대가 도하지점을 감제하는 227고지 탈취하였다.
  제23연대장은 제3대대에게 지체 없이 신반천 북안의 207고지를 탈취하도록 명령함과 동시에 제1대대의 도하를 재촉하였다.
  제3대대는 L중대가 207고지를 공격하고 K중대가 227고지에서 도하지점을 엄호.
  상황을 정리하면 다음과 같다.
  제3대대 K중대가 277고지에서 제1대대의 도하를 엄호하고, 제3대대 L중대가 207고지를 공격하였으며, 제1대대는 K중대의 엄호 하에 도하했다.
  국방부 『한국전쟁사』 제4권은 이와 다르게 기술하였다.

> 9월 20일, "이날 날이 새기 전에 제23연대 제3대대장(세라드 중령)은 …… 강을 건넜는데, 이때 선두중대인 L중대는 …… 도하지점을 감제할 수 있는 227고지를 점령하였다. …… 제23연대 제1대대 …… 선두중대인 L중대는 …… 도강한 다음, …… 207고지를 기어 올라갔다.(p237, 238)
>
> 상황을 정리하면 다음과 같다.
> 제3대대 L중대가 227고지를, 제1대대 L중대가 207고지를 각각 점령.
> L중대는 제3대대이다. 후속 도하한 제1대대가 207고지를 공격한 것으로 착각한 것 같고, 그래서 L중대를 제1대대로 잘못 기술한 것으로 보인다.

미 제25사단 - 진주로 진격

제35연대 제1대대는 중암리를 점령했고, 제2대대(John L. Wikines 중령)는 북서쪽에서 남강으로 뻗은 능선을 점령했다. 사단 좌측 진동리에 있던 제27연대도 공격으로 전환하였으나 예상과는 달리 적의 저항이 완강하여 공격이 진전을 보지 못한 채 제자리걸음을 하고 있었다.

7. 공세 제6일(21일) - 대구 정면의 위협은 사라졌다

제3사단 - 흥해 진출

적 제5사단은 덕순산(德順山) 일대에서 끈질기게 저항을 계속했다.

제23연대는 제1대대가 학전동(鶴田洞-영일군 延日邑) 동쪽 고지를 공격하였고, 제2대대는 못골(池谷-포항시)에 진출했으며, 제3대대는 자명동(自明洞-학전동 남쪽) 144고지를 공격하였다.

제22연대는, 제1대대가 충곡동(忠谷洞-포항시) 일대로 진출하였고, 제2대대는 석주동(石柱洞-포항시) 능선 일대를 공격하여 적 방어선을 돌파하였다.

연대예비대인 제3대대는 이인동(里仁洞-영일구 흥해읍) 일대 적을 격파하고 학천동(鶴川洞-앞 같은)에 진출했다.

제26연대는 제1대대가 해안선을 따라 진격했고, 제2대대는 장성동(長城洞)으로 진격 중이며, 제3대대는 흥해 동남쪽 천마산(天馬山)까지 진출했다.

수도사단 - 기계 탈환

날씨가 청명하여 항공지원을 받는데 좋은 조건이었다. 9월 하순에 접어들면서 가을 정취를 한껏 느끼게 하는 청명한 날씨가 적을 격퇴하고 북진하는 장병들의 마음만큼 상쾌했다.

제1연대는, 제1대대가 145고지를 점령하였고, 제2, 제3대대는 마곡 부근 적을 모조리 격쇄(擊碎)했는데 살아남은 적은 단구동 우측 산록을 타고 비학산(飛鶴山, 762m-연일군 神光面과 杞北面 경계)으로 패주했다.

제18연대는 이내현(移來峴, 이리재-청송~영천 간 921번 지방도상)~신당동(新堂洞)을 목표로 진격했다. 제1대대는 우측 공격제대로 봉계동(鳳溪洞-포항시 기계면)으로 진격했고, 제2대대는 좌측 공격제대로 571고지에서 이내현을 목표로 진격하여 17시 40분 그 우단의 무명고지를 점령했다.

사단 중앙을 맡은 제1기갑연대는 기계를 향하여 돌진했다. 기계는 미리 미 공군의 폭격과 사단포병의 집중 포격으로 초토화됐고, 연대가 기계에 진입했을 때는 적은 부상자를 남겨둔 채 퇴각하고 없었다.

이날 사단장 송요찬 대령이 준장으로 진급했다. 사단사령부 요원들은 연전연승하는 사단의 전세와 함께 두 배의 기쁨을 느꼈다.

제6사단 - 조림산 공격

사단장 김종오 준장이 구상한 일면 돌파, 양면 엄호 작전에 들어갔다. 14시에 제2연대는 제7, 제19 양연대의 화력 엄호를 받으면서 조림산(637.9m)을 공격했다. 그러나 산 정상이 깎아지른 듯한 절벽을 이룬 불리한 지형인데다가 적의 저항이 이외로 강하여 조림산 일각(一角)도 뺏지 못한 채 되돌아오고 말았다.

정상적인 공격 방법으로는 조림산 탈환이 불가능하다고 판단한 연대장 함병선 대령은 양동에 의한 기만전법을 쓰기로 했다.

연대가 보유한 차량 170대를 모조리 동원하고 여기에 기간요원을 맨 앞차와 맨 뒤차에 태운 다음 전조등을 켜고 큰소리로 군가를 부르면서 신령에서 북쪽으로 전진하였다가 다시 전조등을 끄고 조용히 남쪽으로 돌아온 다음 다시 전과 같이 갔다오는 방법을 세 차례 되풀이하였다. 대규모 부대가 차량으로 증원되는 것 같이 오판하도록 한 것이다.

제7연대와 제19연대는 좌우 진지에서 적이 조림산 쪽으로 증원하지 못하도록 견제하였다.

제8사단 – 보현산 적 격파

제21연대는 전날 보현산 일대 적을 격파하고 06시경 구산동 남쪽에 있는 거무실(35번 국도상)까지 진격했다. 여기서 고평동(古坪洞-청송군 현서면)에서 남진하는 적 증원부대 약 2,000명과 부딪쳐 3시간에 걸친 격전이 벌어졌다. 피아간 전 화력을 동원했고, 나중에는 육박전을 치르는 사투 끝에 적을 격파했다. 적은 지리멸렬하여 의성~청송 방면으로 퇴각했다.

제10연대는 고평동 우 측방에서 적의 저항으로 진격이 여의치 않았다. 이성가 사단장은 제16연대를 증원하였다.

제1사단 – 천생산 탈환

제15연대는 다부동 쪽으로 역진하면서 퇴각하는 적을 격파하였다. 제1

대대는 하판동 남쪽 356고지에 진출했고, 제2대대는 하판동 서쪽 279고지로 진격했으며 제3대대는 금화동 방면으로 진출했다.

제11연대 제3대대는 천생산(天生山, 406.8m-구미시 장천면)을 공격하여 16시에 점령했다. 천생산은 임진왜란 때 축성한 산성이 있는 전략요충으로 왜관~구미~선산 간 국도(33번) 및 다부동~해평 간 국도(25번)와 낙동강 연안 일대를 감제할 수 있는 요충이다. 제2대대는 상림동 부근에 집결중인 적을 격파하고 그 일대를 확보했다.

제12연대 제1, 제2대대는 전날부터 공격 중인 272고지와 392고지에 대한 공격을 계속했다. 사흘째 완강히 저항하는 적을 미명에 공격하여 종내에는 육박전 끝에 16시 50분 고지를 점령했다. 적은 퇴로가 차단되고 정면에서 공격을 받게 되자 분산되어 패주했다.

미 제1기병사단 - 다부동 탈환

제7기병연대는 새로 부임한 포병 중령 해리스 연대장의 독려 아래 새벽에 공격을 재개하였다. 제1대대는 도개동을 출발하여 12시 55분에 다부동 외각에 진출한 후 깎아 세운 듯한 가파른 산을 이용하여 필사적으로 저항하는 적을 격파하고 16시 35분에 다부동에 돌입하였고, 계속 남쪽을 공격하여 1시간 뒤에는 다부동 남쪽 삼학동(三鶴洞)에서 북으로 진격하고 있는 제8기병연대와 연결하였다.

제7기병연대 제3대대는 다부동에서 다부동~군위 간 도로를 차단하고 있는 적을 공격하면서 북진하여 군위 방면에서 다부동 쪽으로 역진하고 있는 제1사단 제15연대와 연결하였다.

적 제1사단과 제13사단은 미 제1기병사단과 제1사단의 협공을 받아 지리멸렬했고, 살아남은 적 일부가 상주 방면으로 퇴각했다.

미 제1기병사단이 다부동을 탈환함으로써 미 제1군단의 대구 정면 돌파는 성공을 거두었고, 공격 제1단계 작전은 끝났다.

적 제13사단 참모장 이학구 총좌(대좌 위 계급)가 투항했다.

그는 새벽에 다부동 남쪽 4km 지점 미 제1기병사단 제8기병연대진지인 삼산동(三山洞) 길가에서 잠자고 있는 미군 병사 2명을 흔들어 깨워서 투항했다. 그는 간밤에 혼자 탈출했다고 했다. 한국전쟁 중에 포로가 된 북한군 최고위 계급의 군관이다. 이학구 총좌로부터 많은 정보를 입수했다.

그는 인천상륙작전을 모르고 있었다.

이학구 총좌 투항

북한군은 인천상륙작전을 숨기고 낙동강전선에서의 사수를 명령한 것으로 보이며 UN군의 인천상륙에도 불구하고 제8군 정면의 전선이 유지된 것은 이 때문인 것으로 판단되었다.

이학구 총좌가 밝힌 적 제13사단의 형편은 다음과 같다.

(1) 병력 현황 : 제19연대가 200명, 제21연대가 330명, 제23연대가 300명 수준으로 사단 병력 합계가 1,500명에 불과하고,

8월 중순 이후 병력 구성은 70% 이상이 남한 점령지에서 강제로 모병한 신병이고, 북한군 출신이 이들을 지휘하였다.

사단사령부와 각 연대 간 연락이 두절된 상태이며, 사단은 전선을 유지

할 능력을 상실했다.

각 연대는 살아남기 위해 필요한 행동을 제멋대로 하고 있다.

(2) 장비 현황 : 배속된 전차는 모두 파괴되었고, 포병은 야포 9문과 120mm박격포 5문이 남아있으며 포탄이 없다.

(3) 보급 현황 : 식량은 1개월 전부터 정량이 반으로 줄어 병사들 체력은 한계점에 와 있다. 탄약 등의 보급은 철원~서울~안동 간 철도로 수송하여 소화기탄약 보급은 충분했으나 중량품의 보급은 두절되기 일쑤였다.

(4) 장병들의 사기 : 체력 소모, 전황 불리, 계속되는 UN군의 폭격과 포격 등으로 겨우 붕괴를 막아내고 있는 실정이다.

(5) 적 제13사단은 9월 17일 이래 방어태세를 갖추고 현 전선을 고수하도록 명령받았으나 지난밤부터 전열이 흩어져서 상주 방면으로 퇴각하기 시작했다. 멀지 않아 전투부대로서의 조직력과 전투력이 소진되고 말 것이다.^{주)}

일본 육전사연구보급회 『한국전쟁』 [4] p112~114

이학구 총좌의 진술은 다른 포로들의 진술과 일치했다.

미 제8군사령관 워커는 직접 도쿄의 UN군총사령부 히키 참모장에게 전화를 걸어 이학구 총좌의 진술 요지를 설명하고 상황을 보고했다.

"북한군 제2군단장 김무정 장군은 9월 17일 예하 전 사단에 방어태세로 전환할 것을 명령했다. 정면의 사단급 북한군은 인천상륙작전에 관해서는 아무것도 아는 바가 없다. 그들의 전의가 약해지지 않은 것도 바로 이 때문이다. …… 미 제1군단의 돌파는 곧 성공할 것이다.

군산상륙준비명령*을 철회해 주기 바란다."^{주)}

일본 육전사연구보급회 『한국전쟁』 [4] p114

『실록한국전쟁(This Kind of War)』은 이학구의 귀순 모습을 이렇게 전했다.

"9월 21일 아직도 컴컴한 이른 아침, 한 괴뢰군 총좌가 다부동 남쪽 4마일 지점의 좁다랗고 먼지투성이의 길을 걸어내려 오고 있었다. 그는 양쪽 어깨에 계급장을 달고 까만 머리에 모자를 쓰고 완전한 정장을 한 채 미군전선까지 근접해 와서 날이 밝기를 기다렸다. 그 총좌의 이름은 이학구. ……"

"날이 밝자 괴뢰군 이학구 총좌는 제8기병연대가 점령하고 있는 작은 마을로 조용히 걸어 들어왔다. 그는 아이러니컬하게도 자고 있는 미군병사 두 사람을 조심스레 깨워 항복한다고 했다. 미군이 그를 후송하자 젊고 강직하며 넙적한 얼굴을 한 괴뢰장교는 심문자에게 매우 협조적이었다."

"그의 투항이 너무나도 감격적인 것이라 워커 장군은 그 소식을 듣고서 대구에서 동경으로 전화를 걸었다. 이학구는 한국전쟁 중 UN군이 잡은 포로 중 가장 높은 장교였다. 그러나 훗날 그는 포로로 있으면서 오히려 괴뢰군에 복무하고 있을 때보다 더 많은 손해를 UN군에 끼치게 되었다." (p228, 229)

이학구 총좌는 6·25개전 전 북한군 제2군단(김광협 중장)의 작전참모로 있으면서 소위 저들의 조국해방전쟁 작전계획의 주역을 맡은 두뇌가 명석한 작전통으로 알려졌다.

이학구 종좌는 개전 당시 제2군단장 김광협의 작전참모로 있다가 김광협이 제2군단 참모장으로 좌천되었을 때 그는 제13사단 참모장으로 보직이 바뀌었다. 그의 나이 28세였다. 그는 귀순 후 많은 중요한 정보를 제공하였지만 그를 귀순으로 처리하지 아니하고 일반 포로와 같이 취급하여 거제도 포로수용소에 수용한 결과 제76포로수용소장 도드 준장을 납치한 포로 폭동이 일어났을 때 이 사건을 총지휘했다. 이로 말미암아 위장투항 여부가 논란이 되기도 하였다.㈜ 　　일본 육전사연구보급회 『한국전쟁』 4 p112

미 제24사단 - 지원부대의 도하를 기다리다

미 제24사단은 전날 도하를 완료하고 지원부대가 도하할 때까지 계속 전열을 정비하고 있었고, 공병대의 교량가설 작업은 계속되었다.

왜관 부근 전투에서 적은 많은 병력과 장비를 잃었는데 특히 전차 29대를 파괴당했다. 적 제105기갑사단 제203연대는 전차 9대, 제107연대는 전차 14대만 가지고 후퇴한 것으로 알려졌다.주) 국방부 『한국전쟁사』 제4권 p227

미 제2사단 - 밥 먹다가 습격을 받았다

상포 도하지점을 감제하는 227고지에서 제1대대의 도하를 엄호하고 경계임무를 맡고 있던 제3대대 K중대는 아침식사를 하고 있는데 갑자기 약 100명에 가까운 적이 기습을 했다. 적은 사격과 수류탄을 던지면서 공격하여 순식간에 26명의 사상자를 내고 산정에서 밀려났다.

대대가 반격하여 정오경 다시 고지를 탈환했다.

전날 억수같이 내리는 빗속에서 중대 규모의 적이 고지정상으로 올라가고 있었는데 경계를 소홀히 하여 이를 발견하지 못했던 것이다.

미 제23연대 제1대대는 제72전차대대 1개 소대와 함께 강 서쪽 8km 지점 적 제2사단사령부가 있는 것으로 믿어지는 신반리로 도로를 따라 진격했다. 적의 강력한 저항에 막혀 고전을 겪으면서 쌍신(雙身) 40mm포와 50mm자주고사포의 지원을 받아 치열한 격전 끝에 저녁 무렵 227고지 서쪽 4km 지점에 있는 286고지를 탈환했다.

우측 제38연대는 황강을 연하는 지역에서 초계 방향으로 진격하던 중 정면에서 강력한 적의 저항에 부딪쳐 접전이 시작되자 즉시 항공지원을 받았다. 전투기가 네이팜탄과 소이탄으로 집중 공격하여 적을 격퇴하고 초계 일대를 감제할 수 있는 239고지를 탈환했다.

저항하는 이 적의 이면에는 무자비한 지휘관의 통솔과 독전대의 독전이 있었던 것 같았는데 조직이 흩어지고 독전대 자체가 무너지는 바람에 북한군은 놀라운 속도로 붕괴되어 갔다.

미 제25사단 - 괘방산과 오봉산 탈환

미 제25사단은 진주로 통하는 도로로 진격하였다.

3일 동안 끈질기게 저항하던 적은 18일부터 등을 보이기 시작하였다. 18일 밤에 적 제6사단은 적 제7사단 엄호 아래 철수하기 시작하여 19일 아침까지 남강 북쪽으로 퇴각했다. 적 제7사단은 엄호부대로서 전술원칙에 따른 조직적인 지연작전을 펴 아군의 진격을 쉽사리 허용하지 않으면서 서북산에서 퇴각하기 시작하였다.

우측 제35연대는 8월 초순 2번이나 격전을 치렀던 괘방사~오봉산 능선을 탈취했다. 고지와 계곡에는 지난 날 겪었던 전흔이 남아있어 장병들을 감회에 젖게 했다. 연대는 추격을 계속하여 22시경 진주고개에 진출했다. 이곳은 진주로 들어가는 길목이다.

중앙 미 제24연대(화이트 대령)와 좌측 미 제27연대는 미 제35연대가 중암리로 진출했기 때문에 적이 없을 것으로 생각하고 진격했으나 공격지역이 서북산에서 병풍처럼 뻗어 내린 암석지대여서 생각과는 달리 상당 수의 적이 남아있었는데 이들은 한 달 동안 구축해 놓은 벌집 같은 견고한 진지에서 적 제7사단 주력의 철수를 엄호하면서 조직적으로 저항하고 있기 때문에 진격이 쉽지 않았다.

제5절 낙동강아 잘 있거라!

1. 적의 저항은 극도로 저하되었다

미 제8군사령관 추격명령

공세 7일째가 되는 9월 22일, 항공정찰보고에서 북한군의 전체적인 동향을 파악할 수 있는 것은 없었다.

"대부대가 북으로 철수하고 있다."

"상당한 규모의 부대가 남하하고 있다."

"새로운 방어진지를 편성하고 있다."

등 보고가 종잡을 수 없자, 제8군 정보처는 이렇게 판단하였다.

"적이 각 방면에서 철수하고 있는 것은 사실이지만 계획적으로 전면적인 철수를 하고 있다는 징후는 보이지 않는다. 적은 뒤로 물러서서 새로운 전선을 구성할 가능성이 있다."

북한군은 가산과 성주, 초계, 신반리, 진주고개에서 희생을 무릅쓰고 저항하였기 때문에 그러한 판단을 하였던 것이고, 다른 한편으로는

"신비스러울 정도로 강하다."

고 평가했던 북한군 인상이 아직까지 씻어지지 않았음을 말해 준다.

제8군사령관 워커 중장은

"21일의 전투는 돌파가 성공하였음을 보여주고 있다." 고 평가하고

"북한군이 전면적으로 철수를 하거나 새로운 전선을 구성하든 하지 않든 간에 제8군은 단호하게 적을 추격하여 신속히 미 제10군단과 연결하지 않으면 안 된다."

고 판단하고 맥아더 원수에게 건의하여 군산상륙계획을 철회케 하고 23일을 기하여 추격 명령을 내렸다.㈜ 일본 육전사연구보급회 『한국전쟁』 ④ p121, 123, 124

(1) 정면의 북한군 저항이 점차 약화되고 있으므로 지금이야말로 총 반격으로 전환할 수 있는 상황이다.

이 상황은 적진 깊숙이 진격하여 적의 약점을 무자비하게 유린함과 동시에 포위와 우회 작전으로 적의 퇴로를 차단하고 계획적인 철수를 저지하는 등 모든 노력을 적의 격멸에 지향해야 할 상황이다.

(2) 군은 총반격으로 전환하여 신속히 미 제10군단과 연결하고 38선 이남의 적을 포착하여 섬멸한다.

미 제1군단은 주공을 대구~김천~대전~수원 축선으로 지향시키고 신속히 공격하여 미 제10군단과 연결한다.

미 제9군단은 합천~거창~안의~진주~강경 가도를 따라 추격한다.

(3) 각 부대는 진격노상의 요충지에 일부 병력을 잔류시켜 병참선 엄호와 잔적 소탕 임무를 부여하고 아울러 치안도 회복토록 한다.

(4) 지휘관은 측방 안전을 염려하지 말고, 진격에만 총력을 경주하라.

미 제1군단 추격 개시

미 제1군단의 계획은 미 제1기병사단이 왜관 대안에 교두보를 설치하고

그 엄호 하에 미 제24사단을 도하시켜 적을 추격하는 것이다.

적이 전면적으로 패퇴하고 있지 않은 상황에서 미 제24사단만을 진격시키는 것은 위험하다고 판단되었고, 또 미 제1기병사단은 보병중대 병력이 50~80명에 지나지 않을 정도로 전력이 많이 약화되어 있음에도 장병들의 사기가 왕성할 뿐만 아니라 사단장이 추격에 참가시켜 줄 것을 요구하였고, 국군 제1사단 역시 전투에 참가시켜 줄 것을 요구하여 결국 3개 사단이 경쟁적으로 추격에 참가하기를 갈망하고 있었다.

한편 우려했던 군수지원 준비가 예상보다 빨리 진척되어 군단 전 병력이 진격해도 충분히 지원할 수 있을 것으로 판단되었다.

9월 22일 미 제1군단장 밀번 소장은 여러 가지 상황에서 자신을 가지고 군단예하 전 사단을 동시에 병진시켜 추격하는 방안을 구상하고 제8군의 승인을 받아 추격 명령을 하달했다.^{주)}　일본 육전사연구보급회 『한국전쟁』 ④ p124, 125

(1) 미 제24사단은 중 차량 도하가 끝나는 대로 군단 주공으로 김천~영동~대전가도를 따라 추격하라. 영 연방 제27여단은 성주를 거쳐 김천을 공격하고 김천 부근에서 적을 포착하도록 노력하라.

(2) 미 제1기병사단은 다부동~선산~상주~보은~청주~수원가도를 따라 신속히 수원을 향해 진격하여 미 제10군단과 연결하라.

(3) 국군 제1사단은 다부동 주변을 소탕하면서 부대를 정비한 후 미 제1기 병사단에 이어 낙동강을 도하하여 군단예비가 된다.

미 제9군단 지휘권 행사

9월 22일 미 제9군단 지휘부가 한국에 도착하였다. 제8군은 미 제9군단이 23일부터 지휘권을 행사할 수 있도록 하고 미 제2사단과 미 제25사단을 예속시켰다.

육군본부 작전명령 (제191호)

9월 22일, 육군본부는 다음과 같은 요지의 작전명령을 하달했다.

(1) 국군 정면의 적 저항은 극도로 저하되고 있으므로 현 진지로부터 총공세를 취할 수 있음. 군은 만반의 노력을 다하여 깊이 적선에 침투하고 적의 약점에서 돌파구를 완전히 확대하는 동시에 적의 퇴로로 진출하여 후퇴를 기도하는 적을 차단 섬멸하려 함.

미 제8군은 주력으로서 현재 선에서 총공격을 개시하여 전진 지구 내의 적을 섬멸하며 급속히 대구~김천~대전~수원 축선을 따라 계속 전진하여 미 제10군단과 합세하려 함

(2) 군은 담당지구 내에서 무제한 공격을 실시하려 함.

▎제1군단 - 지휘소 도지리(道只里)

㈎ 주공은 청하~영덕~평해 축선을 따라, 조공은 인지동~천지동~춘양 축선을 따라 담당지역 내에서 무제한 공격을 계속 실시하라.

㈏ 제3사단은 제7사단과 청하선에서 교대한 후 즉시 집결시켜 육군본부 예비대가 되게 하라.

㈐ 평해와 춘양을 확보한 후 북방으로 이동할 준비를 갖춰라.

▎제2군단 - 지휘소 하양(河陽)

㈎ 주공은 도원동~함창~충주 축선을 따라, 조공은 의성~안동~영주 축선을 따라 담당지구 내에서 무제한 공격을 계속 실시하라.

㈏ 충주와 영주를 확보한 다음에 육군본부 명령에 의하여 북방 혹은 서북방으로 이동할 수 있도록 준비를 갖춰라.

㈐ 제7사단과 제3사단이 교대하면 그와 동시에 제3연대는 제7사단 지휘

하로 복귀하라.

예하부대 지휘관 간의 적당한 직접 통신을 허가함.
각 지휘관은 필요시에 횡적 접촉 여하에 구속되지 않고 전진하라.
각 부대는 제1차 진출예정선을 통과할 시에는 보고하라.
지휘소　　육군본부 부산(1950. 9. 23. 18:00부터 대구 개설)
　　　　　제1군단 도지리 제2군단 하양

북진 경쟁 – 전우야 잘 자라
드디어 국군의 추격이 시작되었다. 추격이라기보다는 북진경쟁이라는 표현이 옳다. 국군 전선에는 태백산맥과 소백산맥이 가로놓여 있는데다가 차량이 부족하여 도보로 진격할 수밖에 없는 어려운 실정에서 그 사투에 가까운 투혼은 가히 전사에 예가 없는 장거였다.

제3사단과 제8사단의 38선 돌파 경쟁, 제1사단과 미 제1기병사단의 평양 진격경쟁은 전사에 특기되어 있고, 특히 기동력이 완벽한 미 제1기병사단을 앞질러 평양을 먼저 점령한 제1사단의 쾌거는 국군의 우수성을 과시하고 군의 사기를 높이는 데 결정적으로 이바지했다.

돌이켜 보면 꼭 3개월이다. 국토의 90%가 적도(賊徒)에게 유린되었고, 김일성이 말대로 '고양이 얼굴만 한 땅'의 마지막 끝자락 벼랑에서 손만 놓으면 남해바다에 떨어질 운명에 놓여 있었다. 백척간두(百尺竿頭)란 이를 두고 하는 말일 것이다.

천우신조(天佑神助)하여 원한이 피에 맺힌 적구(赤狗)를 무찌르고 피로 물든 산과 들, 구국의 발판 낙동강을 뒤로 한 채 우리는 원수의 하나까지 쳐서 무찌르기 위하여 전진했다.

이 때를 노래로 표현한 것이 진중가요 〈전우야 잘 자라〉*다.

* 제9장 제4절 「6. 몇 가지 짚고 넘어가자」 참조(가사 제8권 뒷표지에 수록)

미 제8군이 지휘하는 병력 현황

이 무렵에 부산에는 새로운 증원군이 도착하여 미 제8군 후방경비력을 증가시켰다.

9월 19일, 필리핀 제10대대전투단 1,200명

9월 22일, 미 제65연대전투단 - 미 제3사단 일부로서 푸에토리코연대

9월 23일, 스웨덴 적십자야전병원

9월 23일 육군본부와 미 제8군사령부가 부산에서 대구로 이동하였다. 이것은 추격전을 보다 효율적으로 지휘하기 위해서이다.

추격을 개시한 1950년 9월 24일 현재 미 제8군이 지휘하는 병력

	미 제8군	국 군	영연방 제27여단	총 계
병력	76,837명 (84,478)	74,987명 (72,730)	1,676명 (1,693)	약 160,000명 (157,000)

자료 : 일본 육전사연구보급회 『한국전쟁』 ④ p133. ( )의 숫자는 9월 중순에 보유한 병력

북한군 작전계획

9월 15일 UN군이 인천에 상륙하자 김일성은 인천상륙부대를 격파하기로 하고 전선사령관 김책에게 명령을 내렸다.

"현 전선을 확보하는 동시에 가급적 많은 병력을 차출하여 수원 지역으로 전용하라."

이때 낙동강전선을 보강하기 위하여 제9사단 제87연대와 제18사단 그리고 독립 제849대전차포연대가 낙동강전선으로 이동 중에 있었는데 그 부

대의 선두는 이미 김천에 이르러 있었다.

　전선사령관 김책은 이들 부대를 다시 경인 지역으로 되돌아가도록 반전명령을 내리는 한편 철원에서 새로 편성한 제78연대를 경인 지구로 진출시켰고, 또 낙동강전선에 있는 제105기갑사단을 급히 서울로 불러 올렸으며, 낙동강전선에 있는 부대에는 인천상륙을 알리지 않은 채 현 전선을 유지하도록 독전을 했다.

　김일성의 속셈은 저들 경인 지구 방어부대로 하여금 인천에 상륙한 UN군을 격파케 하고 낙동강전선에 있는 부대는 UN군이 인천에 상륙한 사실을 숨긴 채, 현 전선을 그대로 유지하면서 부산을 끝내 점령하겠다는 그의 야망을 실현하고자 하는데 있었다.

　9월 들어 전력 격차가 나기 시작한 낙동강전선에서는 9월 18일경부터 북한군의 붕괴조짐이 나타나기 시작하였다. 이 날 김포비행장이 탈취당했고, 영등포가 위협받게 되어 인천상륙부대의 격파는 고사하고 낙동강전선 유지도 어렵게 되었다는 사실을 알게 된 김일성은 전선을 정리하여 서울을 확보하는 전제하에 우측방을 금강과 소백산을 잇는 선까지 물려 새로운 전선을 구축하기로 심경의 변화를 가져왔다.

　김일성은 전선사령관 김책에게
　'낙동강 주공전선을 금강~소백산선으로 물려 새로운 전선'
을 빨리 형성하라고 호통을 쳤다.

　북한군의 낙동강전선은
　제1군단이 낙동강을 따라 서쪽에서 동쪽을,
　제2군단은 중·동부 산악지대에서 남쪽을 향하고 있었다.
　새로운 전선을 구축하기 위해서는
　동쪽을 향하고 있는 제1군단을 먼저 물려서 금강선을 확보하게 하고 남쪽을 향하고 있는 제2군단을 소백산맥선으로 철수시켜야 했었다.

전군을 동시에 철수시키는 것은 불가능한 상황이다.

18일 저녁에 전선사령관 김책은,

중동부내륙 제2군단은 현 전선을 확보하도록 하고,

낙동강 남쪽 제1군단이 먼저 철수하여 금강선을 점령하게 하되 부채꼴로 기동하게 하여 방향 전환의 축심(軸心)이 되는 왜관 지구를 사수하도록 엄명을 내렸고, 제1군단은 남쪽에 있는 사단이 먼저 후퇴하고 다음 축차적으로 북쪽 사단을 철수하여 금강선을 점령하라고 명령을 내렸다.

왜관 지역이 돌파되면 금강선으로 철수하는 제1군단 퇴로가 차단되기 때문에 금강선에서 새로운 전선을 구축하는 것은 왜관 지역 확보 여부가 관건이었다. 그동안 왜관 지역 특히 금무봉과 253고지에서 적이 결사적으로 저항했던 것은 이러한 이유에서였던 것이다.

적 제1군단장 김웅은 이 명령에 따라 제일 남쪽에 있는 제6, 제7사단이 먼저 철수하고, 축차적으로 북쪽에 있는 사단들이 철수하도록 명령하여 제6사단은 18일 밤부터 이동을 개시하였고, 북쪽에 있는 제9, 제4, 제2사단은 20일 밤에 거창 방면으로 이동을 시작하였다.

9월 18일 밤중에 적 제6사단이 철수하여 진주로 향하였는데, 19일 적 제1군단 기동축인 왜관 제3사단 전선이 붕괴되었고, 20일 다부동과 포항이 국군의 수중에 들어감으로써 적 제2군단 전선이 혼란에 빠졌다.

설상가상격으로 21일 북한군 전 전선에 인천상륙 소식이 전파되기 시작하여 전선은 걷잡을 수 없는 소용돌이에 휘말려 들었다. 장병들의 사기가 극도로 저하되었고, 남한에서 강제로 모집한 의용군들이 부대를 이탈하기 시작하였다. 독전대의 제지나 협박은 더 이상 통하지 않았다.

22일 적 전선에는 패주의 발길이 연쇄 반응을 일으켜 전선은 급속도로 붕괴되기 시작하여 전선 부대를 수습할 방도가 없었다.

이날 수원과 영등포가 UN군 수중에 들어갔다. 서울의 운명도 바야흐로 끝장이 날 시점에 와 있음을 깨달은 김일성은 남쪽에서 새로운 전선을 구축해 보겠다는 구상을 체념한 것으로 보인다.

23일 김일성은 전선사령관 김책에게 북으로의 총퇴각 명령을 내렸다.

참고문헌 : 국방부 『한국전쟁사』 제4권 「적에 관한 사항」(p9)

2. 포항에서 38°선으로 – 제3사단

청하~울진 진격 (9월 22일~27일)

9월 22일

제3사단은 적 제5사단의 끈질긴 저항을 격파하면서

제23연대는 도음산(道陰山, 384.6m) 남쪽 능선상의 295고지에 진출하였고,

제22연대는 06시에 흥해를 탈환하고 11시에는 청하(淸河) 길목의 고현리(古縣里-청하면, 7번 국도 서쪽)선까지 진출했다.

제26연대는 포항시내의 잔적을 소탕하면서 진격하여 청하 남쪽 4km 지점 소동리(蔬東里) 부근에 진출했다.

적 제5사단은 지난 5~6일 동안에 거의 제기불능일 정도의 타격을 입고 주력은 국도를 따라 울진 방면으로 퇴각 중이었고, 일부는 비학산(飛鶴山)으로 잠입했다.

육군본부는 '제3사단을 청하선에서 제7사단과 교대시켜 육군본부 예비대가 되게 하라.' 는 명령을 내렸으나 제7사단은 신편사단으로 대부분이 신병으로 구성되어 있어 교대하지 못하고 경주에서 안강으로 이동했다.

9월 23일

제26연대는 05시 30분 기동하여 해안선 일대에 출몰한 적 편의대를 격파하면서 청하를 탈환하고 15시에 청하 북쪽 2km 지점까지 진출했다.

제22연대는 제26연대를 후속하여 18시에 청하에 진입했다.

제23연대는 06시에 기동하여 천곡사(泉谷寺) 일대 적을 격파하고 09시에 입석(立石) 동쪽에 있는 286고지를 점령했다.

이승만 대통령은 담화를 발표하고 이북으로의 진격을 강조하였다.

"원래 38°선이란 없다. 이는 사상적 줄거리인데 이때까지 참아온 것은 국제관계 때문이었다. 이제 38°선은 인정하지 않는다." 주)

국방부 『한국전쟁사』 제4권 p86

9월 24일

제26연대는 17시에 강구 남쪽 4km 지점인 남호동(南湖洞)에 진출했고,

제22연대는 제26연대를 후속하여 17시에 장사동에 집결하였으며,

제23연대는 286고지와 입석 일대에서 적 제5사단 수용부대로 보이는 저항부대를 격파하고 흥해국민학교에서 부대를 정비했다.

9월 25일

제26연대는 영덕을 탈환했다. 영덕은 불바다가 되어 화염이 하늘은 덮고 있었다. 적 제5사단 트럭 몇 대가 시동이 걸린 채 서 있었고, 야포진지에는 탄약이 버려져 있었으며, 북한군 보급마차를 끄는 몽고말이 나무에 매어 있었는데 말은 발을 절고 있었다.

포로 진술을 종합해 보면 북한군 제5사단 잔여 병력은 1개 연대 병력을 넘지 않았고, 모두 산속으로 도망쳤는데 연대장이 3트럭분의 식량과 탄약을 부하들에게 나누어 주고 유격전을 준비시켰다고 했다. 이 패잔병들은 그 후 일월산과 태백산으로 입산한 정황은 확인되었으나 그 후의 행적은

알려지지 않았다.

사단 고문관 아이버(Cortis J. Iver) 소령은 제1군단 고문관 맥파일(McPhail) 대령이 주선해 준 2.5톤 트럭(GMC) 25대를 수령하여 사단에 공급하였다.

사단의 기동력이 많이 좋아졌다.

워커 제8군사령관은

"용맹한 국군이 방어에서 공격으로 전환한 뒤부터의 탁월한 작전수행은 말로서 다 표현할 수 없다."

고 극찬했다.

제26연대는 제3대대를 영덕에 남겨놓고, 제1대대는 계속 북진하여 영해를 탈환한 다음 울진을 향하여 계속 진격했다.

장사동을 출발한 제22연대는 장사동 서북방 4km 지점의 봉황산(鳳凰山-270.7고지)에 있는 적을 공격하기 위하여 병력 일부를 출동시키고 주력은 트럭을 타고 영덕을 거쳐 13시 30분에 영해선에 진출하였으며,

제23연대는 흥해를 출발하여 영덕을 거쳐 영해선으로 진출했다.

사단공병대는 1개 연대에 1개 중대씩 배속하여 지뢰탐지와 도로 보수를 했고, 사단 포병대대는 영덕으로 전진했다.

제1군단사령부는 경주에서 기계로 이동했다.

9월 26일

제26연대는 계속 사단 선두부대로서 진격을 선도했다. 제1, 제2대대는 평해를 향하여 북진했고, 영덕에 남아있던 제3대대는 해안선을 따라 적을 추격하면서 북진했다.

제3사단의 노도와도 같은 진격에 패퇴를 거듭하던 적 제5사단은 차량과 포마(砲馬)를 버려 둔 채 주력은 울진 방면으로 퇴각했고, 일부는 일월산으로 분산 도주했다.

제22연대는, 제1대대(김상균 대위-24일 교대)와 제2대대가 영해에서, 제3대대는 영덕에서 각각 05시에 기동하여 제1, 제2대대는 제26연대를 앞질러 평해선을 통과한 후 계속 북진하였고, 제3대대는 공병 1개 소대의 작업을 엄호하기 위하여 청송 부근으로 이동했다.

제23연대는 04시에 영해에 진출한 후 제26연대를 앞질러 평해를 점령하였고, 13시에는 평해 뒷산에서 기습을 감행한 적을 추격하여 3시간 동안 격전 끝에 격퇴하였다. 이 전투에서 얻은 전과는

사살 80명, 포로 82명 외에

트럭 1대, 기관포 2문, 각종소총 32정과 각종 실탄을 노획하였다.

제1군단사령부는 기계에서 청송으로 옮겼다가 진보로 옮겼다.

9월 27일

제26연대를 앞질러 평해에 진출한 제22연대와 제23연대는 합동으로 울진에서 발악하는 적 제27대대와 제28대대 및 신병부대를 섬멸하고자 북진하여 18시에 울진에 진출하였다. 낮에 F-51 전투기가 소이탄 공격을 하여 시가지는 불타고 있었고, 적 주력은 후퇴하고 없었다.

제26연대는 평해를 거쳐 울진 외각선에 진출하였다.

군단사령부는 진보에서 춘양으로 전진했다.

울진~38°선 진격 (9월 28일~30일)

사단 전면의 적은 삼척 방면으로 분산 퇴각 중에 있었고, 좌측 수도사단은 27일 04시에 춘양에 진출했다.

9월 28일

공격선두가 된 제22연대는 제1, 제2대대가 죽변리(竹邊里)를 돌파한 뒤에 계속 진격하여 19시에 삼척 남쪽 10km 지점까지 진출했다.

제23연대 주력 제2, 제3대대는 울진에서 임원진(臨院津)으로 진출했다.

제26연대는 사단예비대로 울진에서 임원진으로 이동했다.

14시에 제2군단이 풍기～내성～영주～문경으로 진출하여 영주～춘양 간 도로가 소통됨으로써 제1군단과 제2군이 연결을 유지하였다.

육군본부는 훈령 제78호와 제79호를 하달했다.

훈령 제78호 요지

결전 방향에 계속 부단한 부대 지향과 적이 재편하여 저항할 여유를 주지 말고 직접 압박 및 우회, 포위하여 적의 퇴로를 차단하는 동시에 야간에도 주간보다 일층 밀접한 접촉을 유지하여 적을 이탈하지 못하게 하면서 철저한 공격을 속행하라.

훈령 제79호의 요지

군은 공세 이전을 계기로 하여 기습적인 인천상륙작전의 성공과 그 10일 만에 남북부대가 연계, 합세하였으며, 전격적인 진공으로서 38°선 돌파는 목첩지간(目睫之間)에 있음. 이에 감(鑑)하여 대통령 각하께서는 38°선 선착부대에 대하여 기념장(記念章) 혹은 표창장을 하사하신다는 유시가 유(有)하오니 각급 지휘관은 차지(此旨)를 납득시켜 영예의 상을 획득하여 부대 전사에 찬연한 사적을 기록토록 할 사(事).

9월 29일

10시 30분 육군본부로부터 다음과 같은 작전명령이 내려왔다.

"제3사단은 삼척～강릉 축선으로 주문진까지 전진하여 주문진에서 재편한 다음 차기 작전을 수행할 수 있도록 준비를 갖춰라."(제199호)

제22연대는 주력 제1, 제2대대가 삼척을 탈환하고, 계속 진격하여 묵호를 점령한 뒤 18시에는 강릉 남쪽 12km 지점까지 진출하였다.

제23연대는 제2, 제3대대가 삼척을 거쳐 묵호에 집결 중에 있었고, 죽변리에서 밤을 새운 제1대대는 2개 중대를 춘양 방면으로 진출시켜 준동하는 잔적을 소탕하였다. 연대본부는 해로로 묵호에 상륙하였다.

제26연대는 제1, 제2대대가 임원리에, 제3대대는 죽변리에 남아있었다.

적은 삼척선에서의 저항을 포기하고 강릉으로 퇴각하였는데 그 병력 규모는 1개 연대 정도로 알려졌다.

9월 30일

제22연대 제1, 제2대대는 08시에 강릉 남쪽 6km 지점 운산리(雲山里)에 진출한 후 제23연대 제2, 제3대대와 합동하여 포병대대의 화력지원을 받으면서 강릉을 공격하여 15시 30분 강릉에 진입했다.

좌측 수도사단 제1연대도 대관령을 넘어 강릉으로 진출했다.

제22연대는 강릉을 점령한 후 부대정비에 들어갔다. 청송 방면으로 출동한 제3대대는 5일 동안 청송~철암~삼척선을 따라 강릉에 집결했다.

제3대대의 진출 과정은 험난했다.

대대장 정순민 소령의 증언 요지(국방부 『한국전쟁사』 제3권 p64, 65)

"영덕을 탈환한 제3대대는 군단작명에 따라 공병소대의 작업을 엄호하기 위하여 청송 방면으로 진출하였다가 진보~청리(靑里)~영양선으로 진격하여 삼척으로 가는 길목인 철암에 이르렀다. 그동안 군단과는 통신이 두절되었고, 보급도 단절되었다. 군단에서는 대대를 찾기 위하여 무진 애를 썼다. 그러던 중 철암에서 비행기가 대대를 발견하고 통신통을 투하했는데

지휘관 귀하! 귀하가 한국군 지휘관이면 사병으로 하여금 OX를 그리시오."

라고 했다. 당시 우리로서는 우리가 어느 정도 북진한 것인지 또는 이 작전이 전체적으로 어떠한 연관을 띠고 전개되고 있는지의 여부를 전연 모르다가 그것을 받고 매우 기뻤다.

OX를 그렸더니 다시 통신통이 투하되었는데 이번에는

"병력을 이끌고 삼척으로 이동하라."

고 했다. 이렇게 해서 삼척으로 진출했던 것이다.

철암~삼척 간 도로를 따라 진격하던 중 거듭되는 패전으로 전의를 잃고 퇴각하는 3,000명 내지 4,000명으로 추산되는 적을 추격하였는데 주력은 산악 지대로 퇴각했고, 나머지는 사로잡아 영월로 이송한 다음 영월에 임시 수용소를 마련하고 1개 중대를 파견하여 감시하였다.

도로변에는 적의 부상자와 시체가 즐비하였고, 굴 속에는 민가에서 약탈한 소가 10마리 또는 20마리씩 갇혀 있었는데 일부를 장병들의 부식에 대비하여 가지고 있었다. 또 50여 필의 말을 노획하여 북진 중 원산에 이르기까지 보급품 운반, 장비 운반, 승용 및 연락용으로 유용하게 활용했다."

대대장 정순민 소령은 그 후 계속 말을 타고 다녀 '말 탄 대대장'이라는 별명이 붙었다.

제23연대 주력은 강릉~주문진 간 국도로 진격하던 중 20시경 주문진 북쪽 4km 지점 무명고지에서 적 약 300명과 부딪쳤다. 23시까지 이 적을 공격하여 진지를 점령했는데 적 22명을 사살하고 20명을 사로잡았으며, 체코식 경기관총 3정과 수류탄 90개, 쌀 100가마니와 많은 소총 및 실탄을 노획했다. 아군은 2명이 전사하고 10명이 부상했다.

연대는 계속 전진하여 38°선 남쪽 2km 지점 인구리(仁邱里-양양군 현남면)까지 진출했다. 이때 제3대대(허형순 소령) 전초중대는 38선을 넘어 양양 부근까지 진출했다. 육군본부는 주문진에서 부대를 정비하고 차기작전을 수행할 수 있도록 준비를 갖추라고 지시했다.

제26연대는 제3대대가 죽변, 제1, 제2대대는 임원리에서 LST편으로 삼척에 상륙하여 연대가 모두 집결한 후 다시 LST를 이용하여 주문진으로 출발하였다.

제3사단은 포항~38°선 간 장장 260km의 거리를 9월 17일부터 30일까지 14일 동안 매일 평균 18.6km의 속도로 진격하여 드디어 38°선에 도달한 후 다음 작전명령을 기다렸다.

적 제5사단은 제3사단 진격에 밀려 무제한 후퇴를 강요받았다. 저들 주력과 9월 15일 강릉, 삼척, 주문진에서 강제로 모병한 의용군 약 3,500명은 38°선을 넘어 양양에 집결한 것으로 알려졌고, 낙오된 병력은 일월산, 비학산 등 태백산맥에 연한 산악지대로 숨어 들어갔다.

제3사단이 진격작전에서 적 사살 1,351명, 포로 230명 외에
박격포 151문, 로켓포 7문, 대전차포 19문, 기관총 60정 등을 비롯하여 많은 장비를 노획하는 전과를 올렸고,
전사 71명, 부상 477명, 실종 2명의 피해를 입었다.주)

국방부 『한국전쟁사』 제4권 p67

3. 기계에서 38°선으로 – 수도사단

기계~청송 진격 (9월 22일~25일)

9월 22일

수도사단은 도평동~춘양을 연하는 태백산맥 좌측도로(31번 국도)를 따

라 진격하고, 제3사단은 청하～평해를 연하는 동해안도로를 따라 진격하였다. 두 사단은 거의 같은 선상에서 38선 돌파경쟁을 벌였다.

제18연대 제1대대는 31번 국도 좌측 남계동으로 진출했고, 제2대대는 이내현(이리재)에서 그 동쪽 인비동(기계 서쪽)을 목표로 공격을 계속했으며, 제3대대는 인비동 남쪽 144고지와 상이동(上伊洞)에 진출했다.

제1기갑연대는 제18연대와 평행선으로 진출하여 10시에 기계 북쪽 4km 지점 지가동을 점령하고 입암으로 진격했다.

배속된 사단 공병대가 도로상에 매설된 지뢰를 제거해 주었다.

제1연대는 단구동 앞산 145고지서 부대정비를 마치고 적 퇴로를 차단하기 위하여 차량 편으로 안강～영천을 거쳐 구산동으로 진출했다.

9월 23일

수도사단은 제18연대와 제1기갑연대가 도평동～청송(31번 국도)으로 진격하고, 제1연대는 구산동에서 도평동(68번지방도)을 공격케 함으로써 정면의 적을 압박하는 동시에 적 후방 깊숙한 곳에서 퇴로를 차단하여 적을 일거에 격멸하는 작전을 폈다.

제18연대 제1대대는 09시 남계동 경유 신당동(입암과 4km거리)에 진출한 다음 운주산 기슭에 진지를 점령하고 전방 적정수색에 나섰다.

제2대대는 08시 남계동에서 출발하여 13시에 405, 602고지를 점령하고 우 인접 기갑연대의 진출을 엄호하였다.

지가～입암 도로상에 적이 버린 직사포 2문, 탄약 적재 차량 2대, 트럭 2대가 있었다. 적이 얼마나 급하게 도주했는가를 보여주는 단면이다.

제1연대는 구산동에 진출함으로써 사단의 최선두부대가 되었다. 도평동을 향하여 공격 중 안덕동(安德洞-구산～도평 중간 지점) 북쪽 475고지에서 적의 엄호부대인 듯이 보이는 약 1개 대대를 격퇴하고 계속 진격했다.

9월 24일

송요찬 사단장은 예하 연대가 연전연승하면서 파죽지세로 진격을 계속하자 주력부대는 국부적인 공격을 지양하고 국도를 따라 노상거점을 확보하면서 38°선을 목표로 추격을 감행하게 하고, 돌파된 지역의 전과 확대와 잔적소탕은 후속부대가 맡도록 하였다.

제18연대는 도평동을 탈환하고 그 북쪽 대전동(大前洞-청송군 부남면, 31번 국도변)까지 진격했다. 전면의 적 제12사단은 보급품을 적재한 마차 10대와 군마 10여 필을 버려둔 채 주력은 북쪽으로 도주했고, 패잔병들은 태백산맥으로 흩어져 잠입해 들어갔다.

제1기갑연대와 제1연대도 이날 도평동에 진입했다.

제1연대는 도중에 신읍(新邑-새마을) 북쪽 무명고지에서 적과 조우하여 제1대대와 특공대(이하영 대위)*가 이를 무찔렀다.

> * 제1연대 특공대는 반격할 무렵 학도병을 모집하여 조직하였다. 특공대장은 이하영 대위였다. 경주에서 1주일간 M1 조작훈련과 사격훈련을 받고 안강탈환전에 참가하였고, 그후 양양까지 차량으로 진출했다.(국방부 『한국전쟁사』 제4권 p92)

도평동에 집결한 제1연대는 한신 연대장이 중대장 이상의 지휘관을 모아놓고, 다음과 같은 훈시를 했다.

"우리는 지금부터 지난날 적이 밀고 내려오던 속도보다도 더 빠른 속도로 진격해 나가야 할 것이다."

사단참모장 이상근 대령과 작전참모 최정택(崔貞澤) 소령이 도평동 북쪽 적 대전차지뢰가 폭발하여 전사하는 안타까운 일이 일어났다.

9월 25일

제18연대는 경미한 적의 저항을 받으면서 청송을 탈환한 후 청송농업중학교에서 숙영에 들어갔고, 제1기갑연대는 도평동을 거쳐 청송에 진입했으며, 제1연대는 덕천동에 진출했다.

사단전방지휘소와 각 연대전방지휘소를 청송에 설치하였다.

사단장 송요찬 준장은 제1연대와 제18연대의 용전을 치하하는 표창장과 상금 50만원을 각각 수여하여 장병들의 사기를 북돋웠다.

이날 오른쪽 제3사단이 영덕에, 왼쪽 제8사단이 안동에 진출하여 육군본부의 반격명령에 의한 제2차 진출예정목표 'A선'을 돌파했다.

청송~38° 선 진격 (9월 26일~30일)

9월 26일

제18연대는 영양을 거쳐 도천동(刀川洞-봉화군 명호면)까지 진격했고, 제1기갑연대는 영양 북쪽 도계동(道溪洞-영양군 일월면, 31번 국도변)에 진출했다. 제1연대는 영양에 진출한 다음 예비대가 되어 잔적을 소탕했다.

9월 27일

제18연대는 05시에 도천을 출발하여 도보로 접적행군을 하면서 12시에 봉성(鳳城-봉화군 봉성면, 태백선 봉성역)에 진출했고 계속 진격 중 13시에 봉성2동 고개 밑에서 적 약 1개 중대와 조우하여 1시간 여의 접전 끝에 격퇴하고 19시에 춘양에 도착했다.

제1기갑연대는 도계동에서 춘양으로,

제1연대는 영양에서 춘양으로 각각 진출했다.

시간 차이는 있었으나 군단, 사단과 3개 연대의 지휘소가 모두 춘양에 설치되어 군단장 이하 각급 지휘관이 모처럼 재회하는 기쁨을 누렸고, 38°선 진격을 위한 작전구상에 머리를 맞대고 골몰하였다.

9월 28일

제18연대는 02시 춘양면사무소 소재지에서 자동차 편으로 기동하여 13

시에 영월에 진격한 후 약 3시간 동안 부대정비를 마치고 다시 차량으로 기동하여 17시에는 평창읍까지 진격했다. 평창읍에서는 약 3개 중대 규모의 적이 저항하여 1시간 여의 교전 끝에 궤산(潰散)시켰다.

제1기갑연대는 춘양에서 영월까지 진출했다. 진격 중 퇴각하는 적 67명을 사로잡고, 소총 45정과 사이드카 2대를 노획하였다.

9월 29일

사단 정면 적 제12, 제15사단은 주력이 오대산으로 들어가 인제 방면으로 도주 중에 있었다. 9월 15일 모집한 인민의용군 약 3,500명을 간부 30여 명이 인솔하여 후퇴하고 있었는데 지휘체계가 서지 않아 뿔뿔이 흩어진 채 무리를 지어 패주하면서 때때로 민가에 내려와 식량과 피복을 탈취하는 만행을 저질렀다.

제18연대는 차량 편으로 출발하여 12시에 하대화(下大和-평창군 대화면, 31번 국도변)에 진출한 후 도보행군으로 19시에는 연대가 모두 장평동(長坪洞-평창군 용평면, 31번 국도와 6번 국도의 교차점)에 진출했다.

제1대대가 대화로 진격하는 도중, 휴식하면서 식사를 하려는데 사단장이 전방 시찰을 나와서 물었다.

"지금 선공대가 어디까지 진출했는가?"

"최선두 부대가 대화까지 진출했습니다."

라고 대대장 장춘권 소령은 엉겁결에 보고했으나, 그때 선두부대는 대화에 이르지 못하였다.

사단장은 순간에 차를 몰아 대화로 달려 나갔다. 사단장이 대화 못 미친 곳에서 후퇴하는 적 1개 중대 규모와 부딪쳤는데 당시 적이 우리 군복을 많이 입고 있었으므로 아군인줄 알고 바짝 다가갔다가 적임을 확인하고 급히 차를 되돌리는 촌극을 벌였다. 호위헌병이 지프에 설치된 기관총을 쏘아대

자 불시에 후면에서 사격을 받게 된 적은 반사적으로 손을 들었고, 이어서 도착한 본대가 이들을 모두 붙잡아 후송했다. 그야말로 위기일발의 상황에서 뜻밖의 전과를 거둔 전화위복의 사례가 됐다.

제1연대는 영월에 진출한 다음 1개 중대가 영월발전소를 경비했다.

9월 30일

제18연대는 장평에서 창촌(蒼村-홍천군 內面)을 거쳐 38°선 2km 못 미친 서림리(西林里-양양군 서면, 이상 56번 국도변)까지 진출했고, 선견부대는 이날 밤 서림리를 지나서 38°선을 돌파하고 계속 진격했다.

제1기갑연대도 뒤질세라 서림가도를 따라 광원리(廣院里)에 진출했다.

제1연대는 평창에서 대화(大和-평창군 대화면)를 거쳐 속사리(束沙里-평창군 龍坪面)까지 진격하여 대관령~강릉 간 적을 추격할 준비에 들어갔다.

4. 청하에서 서울 진격 – 제7사단(9월 22일~10월 7일)

제7사단은 8월 20일 창설한 신편사단으로 병력 약 10,000명을 보유하였고, 사단장은 신상철 준장이다. 영천 지구에서 작전을 수행하다가 공세로 전환하면서 육군 예비사단이 되어 경주 부근에 집결하였고, 제6사단과 제8사단의 뒤를 따라 패잔병을 소탕하면서 서울로 진격했다.

제7사단은 9월 19일 경주에서 군장 검사를 실시한 다음 9월 21일 안강으로 진출했고, 제5연대(최창언 대령)는 기계로 진격하여 적을 소탕했다.

9월 22일

청하선에서 제3사단과 교대하라는 명령을 받았으나 제7사단은 신편사단으로 신병으로만 구성되어 있어서 교대하지 못하였다.

9월 24일

제8연대는 경주 부근 상옥동(上玉洞)으로 진출하여 잔적을 소탕했다.

9월 25일

사단은 제3연대와 함께 안동으로 진격하였고, 제8연대(김용주 중령)는 상옥동 전투를 끝내고 안강으로 진출했다.

9월 26일

제5연대는 기계 전투를 마치고 안동에 진출했다.

9월 29일

제3연대는 안동을 출발하여 22시에 예천까지 진출하였고, 휴식과 장비 점검을 마친 후 24시에 예천을 출발하여 북으로 진격했다.

9월 30일

제3연대는 10시 점촌에 도착하였고, 12시에 출발하여 장장 10시간 강행군 끝에 22시 문경에 진출했다. 적의 저항은 없었다.

연대는 야영에 들어가 다음 날 05시까지 잠을 잤다.

10월 1일

제3연대는 05시에 출발하여 15시 30분에 수안보에 도착했다. 수안보 전방 8km 지점 오가자(吳佳子) 부근에 적정이 나타났다. 각 대대가 17시에 출동하여 추격하였다. 적은 일부가 도망치고 일부는 투항했다. 포로 17명, 소총 15정, 다발총 11정을 노획하고 22시에 수안보로 복귀했다.

제5연대는 연대장이 바뀌었다. 연대장 최창언 대령이 부사단장으로 전임하고 사단사령부부로 있던 박승일 중령이 부임했다.

제8연대는 안동에서 충주까지 도보행군으로 진격했다.

10월 2일

사단사령부가 안동에서 예천~문경을 거쳐 충주로 진출했고, 제3연대는

10시에 수안보를 출발하여 충주로 진출했다.

10월 4일

제3연대는 07시에 충주를 떠나 17시 횡성에 진출했다. 도중에 패잔병들의 산발적인 저항을 받았으나 가볍게 물리쳤다.

제5연대는 충주를 출발하여 원주로 진격했다.

10월 5일

사단은 서울을 향하여 진격을 개시했다. 사단장과 사령부요원은 장호원~이천~광주를 거쳐 서울이 바라보이는 광장교 앞에 이르렀다.

"서울이다!" "저기가 서울이다!"

탄성과 함께 서로 얼싸안고 환호했다. 눈물을 흘리는 병사도 있었다.

광장교를 건넌 사단은 왕십리~을지로 6가를 거쳐 을지로 4가에 이르렀고, 여기서 우측으로 돌아 이름마저 새삼스럽게 느껴지는 창경원(현 창경궁)을 지나서 혜화동에 있는 동성중학교에 짐을 풀었다.

10월 6일

제3연대는 10시에 횡성을 출발하여 양평~망우리고개~청량리로 진출하여 서울대학교 사범대학부속중학교에 연대본부를 설치했다.

제5연대는 원주를 출발하여 양평에 도착했다.

10월 7일

제8연대는 충주를 출발하여 서울로 진격했다. 군수품과 보급품은 트럭으로 수송하고 병력은 도보로 원주까지 와서 원주에서 사단이 주선한 트럭으로 횡성~양평~망우리~중량교~신설동을 거쳐 돈암동에 있는 한성여자중학교에 주둔했다.

제8연대 제2대대(고한조 대위)는 제8사단 제10연대(고근홍 대령)와 교대하여 북한산에서 패잔병을 소탕하면서 다음 명령을 기다렸다.

5. 구산동에서 연천까지 - 제8사단

의성~안동~영주~단양 진격전 (9월 22일~29일)

9월 22일

제21연대는 진출목표선 구산동을 확보하고 의성 공격을 준비했다.

제10연대는 06시에 어봉산과 그 동북쪽 역마산(驛馬山-648고지)에 있는 적을 공격하였다. 어봉산을 직접 공격하는 제1대대가 어봉산 남쪽 불로동까지 진출했을 때 동남쪽 능선에 있는 적이 자동화기를 집중하였다. 대대는 지형조건까지 불리하여 더 이상 진격하지 못하였다.

포병지원화력으로 적진을 강타하여 적의 자동화기를 잠재우는 사이 원사촌(어봉산 남쪽)으로 진출한 제2대대가 제1대대 좌측으로 우회하여 어봉산을 공격했다. 제1, 제2대대가 합세하여 육박전으로 돌입하자 어봉산의 적은 구산동 계곡으로 패주하였고, 이때 제3대대가 지체하지 않고 도로를 따라 추격하여 11시 30분 역마산 서남쪽 모계동에 진출하여 역마산의 적을 공격하였다. 이미 전의를 잃은 적은 산발적인 저항을 하였을 뿐 주력은 역마산 북쪽 명당동(明堂洞-청송군 안덕면) 방면으로 패주했다.

연대는 12시 30분에 역마산 일대를 점령했다.

제21연대는 제10연대와 병진하여 의성 방면으로 진격했고, 제16연대는 예비대로 제10연대 뒤를 따랐다.

9월 23일

제10연대는 밤새도록 패주하는 적을 쫓아 아침 08시에는 구산동 서북쪽 443고지를 점령했다.

정보에 의하면 의성과 안동에 각각 1개 연대 규모의 적이 급편진지를 마련하고 아군의 진격을 저지하고자 기도하고 있으며 안동에는 패주하는 적 주력부대가 집결하고 있는 것으로 알려졌다.

9월 24일

구산동에서 참패한 적은 약 1개 연대가 의성 남쪽에 있는 250고지 일대를 점령하고 최후발악적인 저항을 기도하고 있었다.

제21연대는 05시 30분 기습부대를 선두로 전 연대가 공격을 개시했다. 선두부대가 적진에 육박하자 적은 전 화력을 총집중하면서 저항했다. 선두 제3대대는 09시에 우회하여 의성 북쪽고지를 점령하고 적의 퇴로를 차단한 후 포위망을 압축하면서 적의 숨통을 조여 들어갔다. 적은 퇴로를 뚫기 위하여 더욱 거세게 저항했고, 제21연대는 백병전으로 맞서면서 적이 도망할 수 있는 활로를 틀어 막았다. 탈출하기 위하여 광분하던 적은 궤멸되었고 의성은 아군 수중에 들어왔다. 의성읍은 적이 퇴각하면서 모두 불태웠고, 주변에는 적의 시체가 어지러이 널려 있었다.

포로 진술에 의하면 의성에 적 제2군단사령부가 있었고, 군단장 김무정 중장은 권총을 빼들고 패주하는 병사들에게 발악하면서 독전하다가 어느새 자취를 감추었다고 했다.

의성에서 100톤 이상의 쌀과 물자 그리고 1개 사단 장비에 해당하는 많은 장비를 노획했다.

9월 25일

적은 안동으로 통하는 낙동강교량을 파괴하고, 도섭이 가능한 수중에는 지뢰원을 설치하여 제8사단의 진격을 지연시키면서 저들 대부대가 퇴각하는데 필요한 시간을 얻고자 기도하였다.

항공지원을 받아 적 집결지점에 집중폭격을 하고 지뢰지대에 포병화력을 집중하여 기선을 제압한 후 사단의 도하지점을 확보하였다.

9월 26일

사단은 제10연대를 안동공격의 주공부대로 하고, 제21연대, 제16연대 순으로 그 뒤를 잇게 하여 낙동강 도하작전을 폈다.

제10연대는 적의 산발적인 포격과 중소화기의 집중사격을 받으면서 도하를 개시하여 허리까지 차는 물 속을 헤치면서 강을 건넜다. 대안에 지뢰지대가 설치되어 있었으므로 지원공병대가 신속하게 지뢰를 제거하여 통로를 확보한 후에 연대가 진출하여 대안에 교두보를 확보하였다. 이어서 후속 2개 연대도 도하를 강행하여 안동시내로 진입했다.

안동시내에 집결해 있던 적은 공중공격을 받고 북으로 패주했고, 일부가 경미한 저항을 하여 시가전과 함께 야산으로의 추격전을 펴야 했다.

시가에는 파괴된 전차 10여 대와 많은 차량 및 장비가 버려져 있었다.

9월 28일

제10연대와 제16연대는 어젯밤부터 진격을 계속하여 09시에 영주를 탈환하고 풍기를 거쳐 죽령까지 단숨에 진출했다. 이곳은 천험(天險)의 요새로 촌각(寸刻)의 여유 없이 신속히 돌파해야 하는 곳이다. 전날 적의 퇴로를 차단하기 위하여 죽령 깊숙이 우회 침투한 제21연대와 합세하여 퇴각하는 적 2개 연대 규모를 협공하였다. 적은 최후발악으로 혈로를 찾아 북으로 패주하기에 여념이 없었다.

사난 공병대대 제2중대는 중대장 홍도진(洪道振) 중위 지휘하에 영주 남쪽 4km 지점에서 퇴각하는 적 1개 대대 규모를 발견하고, 도로 양쪽에 병력을 은밀히 배치하여 교량(죽계천?)에 폭약을 장치한 다음 적이 접근하기를 기다렸는데 전차 5대를 앞세운 적이 접근했다. 전차가 교량을 통과하는 순간 폭약에 불을 붙였다. 순간 천지를 진동하는 폭음과 함께 화염이 치솟으며 전차 5대는 강물 속으로 곤두박질쳤다. 동시에 도로 양쪽에서 중화기가 불을 토하여 적은 순식간에 섬멸되었고, 살아남은 적 군관 7명을 비롯한 50여 명이 두 손을 들고 투항했다.

인천에 상륙한 미 해병대가 서울을 탈환했다는 소식과 북한 괴뢰의 수괴 김일성이 북한군에게 38° 선 이북으로 퇴각명령을 내렸다는 소문이 퍼져 아군의 사기가 충천한 반면 북한군은 완전히 전의를 잃었다.

9월 29일

제10연대는 12시에 단양을 탈환하고 주변 일대에서 준동하는 1개 중대 규모의 적을 소탕하였으며, 제21연대와 제16연대의 진출을 엄호한 후 부대 정비에 들어갔다.

제8사단은 단양에서 다음 작전 명령을 기다렸다.

양평~연천 진격전 (9월 30일~10월 10일)

9월 30일

제8사단은 육군본부로부터 다음과 같은 작전명령을 받았다.

"제8사단은 원주~횡성~양평~수유리선으로 의정부까지 계속 진격하여 의정부 근방에서 재편성한 다음 차기 작전준비를 갖춰라."

제8사단 정면의 적은 제8, 제2, 제15사단 및 제1사단의 각 일부이다.

제8사단은 제천을 점령하고 원주를 향하여 신림까지 진출하였다. 제천에서 원주로 이어지는 5번 국도는 험준한 산악지대가 연속되어 진격하는 부대에는 장애요소가 된다. 신림에서 원주까지는 치악산 남쪽 봉우리 남태봉(南臺峰, 1,182m)과 그 서쪽 백운산(白雲山, 1,087m) 사이를 통하는 험준한 치악재가 있고 이 고개 전후에는 긴 계곡으로 이어지는 통로가 있어 특별히 경계를 요하는 지역이다.

사단은 신림에서 부대정비를 마친 후 사주경계에 들어갔다.

10월 1일

제21연대는 원주를 향하여 진격 중 고개마루턱에서 1개 연대 규모의 적과 부닥쳤다. 이 적은 적 제2군단 패잔병들로 제6사단이 원주를 점령함으로써 퇴로가 차단되자 제천과 원주 사이에서 고립 상태에 빠졌다. 저들은 하나밖에 없는 제천~원주 간 5번 국도를 따라 원주 쪽으로 퇴각해야 했으므로 밤을 틈타 원주 북쪽으로 탈출하기 위한 시간을 벌기 위하여 최후발악을 하고 있었다.

이성가 사단장은 원주에 있는 군단장에게 적정을 보고하고 적을 남북에서 협공하여 섬멸할 수 있도록 원주로 넘어가는 고갯길 주변에 병력을 배치하여 줄 것을 건의하였고 군단장은 제6사단장 김종오 준장에게 명령하여 고갯길 주변에 병력을 배치하도록 조치하였다.

제2군단사령부가 원주시내로 진출하여 제6사단사령부와 함께 있었는데 밤중에 적 패잔병으로부터 기습을 받았다. 원주시내에는 전차공격대대와 제7연대 본부중대가 경계를 맡고 있었다. 위기에 처한 군단사령부는 군단과 사단사령부 기간병력을 풀어서 이를 격파했다.

원주~제천 사이에서 고립된 적 제2군단 소속 패잔병 약 2,000명이 외길인 원주 쪽으로 퇴로를 뚫고 나가면서 군단사령부를 기습한 것이다. 이 기습으로 시민 약 1,000여 명과 미군 장교 5명이 피살되었다.

제8사단장 이성가 준장은 군단사령부가 습격을 받은 사실을 모른 채 적을 협공하여 섬멸하지 못한 아쉬움을 달래면서 진격했다.

연대가 고개를 넘었을 때 적 군용트럭 30여 대가 북쪽을 향하여 2열 종대로 늘어서 있는 것을 발견하고 이를 공격하여 모두 노획하였는데 이 차량은 북진할 때 사단의 기동력으로 크게 이바지했다.

적은 퇴각하면서도 아군이 진출하는 길목 요소요소에 소수 병력을 배치하여 발악적으로 저항해 왔으므로 이성가 사단장은 포병진지를 신림까지 급속 전진시킨 후 정면에 대하여 요란사격을 실시하면서 제10연대와 제21연대를 진격시켰다. 적은 원주 방향으로 패주했다.

10월 2일

제8사단은 새벽에 원주에 돌입하였고, 숨 돌릴 새도 없이 군단작명에 따라 양평으로 진격했다. 양평 지역에는 적 약 1개 연대 규모가 저지진지를 편성하고 저항을 기도하였다.

제10연대가 동북쪽으로 급진하여 적의 퇴로를 차단하고, 제21연대는 양평을 정면으로 공격했다. 정면을 공격하는 제21연대는 완강한 적의 저항에 부딪쳐 17시까지 2시간 동안이나 격전을 벌이면서도 진로를 뚫지 못하였다. 사단장은 제16연대를 투입하여 합동 공격케 함으로써 진로를 개척했고, 적은 용문산 줄기를 타고 패주했다.

10월 3일

양평에서 부대정비를 마친 제8사단은 서울을 향하여 길을 떠났다. 남한강과 중앙선 철로가 함께 하는 6번 국도를 따라 양수리~도농을 거쳐 미아리에 도착했다.

10월 6일

제8사단은 미아리에서 3일간 휴식하면서 부대정비를 마치고 의정부를 거쳐 동두천으로 진격했다. 제10연대가 동두천에 진입했을 때 주민들로부터 열렬한 환영을 받았고, 또 국군 낙오병과 청년들로 조직하여 적중에서 유격전을 해 온 유격대가 합류했다.

사단장은 이들을 사단유격대로 편성하여 작전에 참가시켰다.

10월 7일

제8사단은 38°선 남쪽 2km 지점 초성리 부근에 진격하여 38°선 돌파준비를 하였다.

독 안에 든 쥐를 놓친 허술한 작전

제8사단장 이성가 준장은 원주를 탈환한 즉시 전날의 작전경과 보고와 함께 작전지시를 받기 위하여 군단장 유재흥 소장을 방문했다.

이성가 사단장은 군단장으로부터 칭찬을 받을 것으로 생각하였다.

유재흥 군단장은 기분이 좋지 않은 인상으로 인사도 받지 않은 채 마루에 앉아 있었고 군단 참모장 이한림 준장이 추궁하듯 말했다.

"왜 좀 빨리 진격해 들어오지 않았는가?"

제8사단이 빨리 진격해 왔으면 군단사령부가 기습받는 일은 없었을 것이라는 생각에서 이성가 사단장을 힐책하는 어조로 말한 것이다.

그러한 사연을 모르는 이성가 사단장은

"누가 빨리 진격하고 싶지 않아서 지금 들어왔겠습니까? 적이 있는데 적을 격파하면서 진격해야 할 것 아닙니까?"

라고 퉁명스럽게 대답했다. 그리고

"사단에서 무전으로 적정보고를 했는데 받았습니까?"

하고 물었다. 이한림 준장은

"보고를 받고 즉시 제6사단에 명령하여 고갯길 주변에 병력을 배치하도록 조치하였다."고 대답했다.

제6사단은 도로 주변이나 개활지 등 적을 쉽게 발견할 수 있는 곳에 병력을 배치하지 아니하고 좌우 측면 고지에 배치하여 적은 쉽게 아군에게 발견되지 않고 원주를 거쳐 북으로 퇴각하면서 원주시내에 있는 군단사령부를 습격하여 혼란에 빠뜨리는 상황으로까지 벌어진 것이다.

이성가 사단장은 협공을 위한 병력이 배치되지 않은 것으로 알았다. 그래서 독 안에 든 적을 섬멸하지 못한 것을 분해하고 있었던 것이다.

전후 상황을 파악한 군단 참모장 이한림 대령은 무릎을 탁 치면서
'실수했다!'
고 되뇌이고는 제6사단이 병력을 배치할 때 전술 원칙을 고려하지 않았다고 하면서 분하다고 하였다.주) 국방부 「한국전쟁사」 제4권 p114, 115, 185 「이성가 장군 증언」

6. 신령에서 춘천까지 – 제6사단

신령~조림산 점령 (9월 22일)

9월 22일

09시에 제2연대는 전 병력을 돌격제대로 하여 조림산을 공격하였다. 그러나 적은 밤중에 소리 없이 북으로 퇴각하기 시작하여 벼르던 조림산 일전은 무산되고 제2연대는 조림산을 싱겁게 점령했다. 이로부터 북한군의 전면적인 총퇴각이 시작되었고, 제6사단 정면의 적은 안동~영주~단양 방향으로 썰물처럼 물러났다.

8월 5일부터 9월 22일까지의 제6사단의 전과와 피해는 다음과 같다.

	전과			피해	
인 명	살상(추정)	20,304명		전 사	1,073명
	포 로	1,538명		부 상	6,060명
	귀 순	110명		실 종	3,760명
노 획	각 종 포	259문			33문
	중 화 기	440정			54정
	소 화 기	1,780정			2,761정
	차 량	150대			63대

자료 : 국방부 「한국전쟁사」 제4권 p130

충주~원주~횡성~춘천 진격전 (9월 29일~10월 6일)

제6사단은 조림산을 탈환한 이후 계속 적을 추격하여 9월 29일에 단양~충주선을 따라 충주에 집결하여 차기 명령을 기다렸다.

제6사단은 9월 30일 육군본부로부터 같은 작전명령을 받았다.

"제6사단은 제천~주포리~원주 축선으로 춘천까지 진격한 다음 춘천 근방에서 재편성하고 차기 작전을 수행할 수 있도록 준비를 갖춰라."

9월 30일

제2연대는 선발 제3대대(송대후 소령)가 11시 원주에 진출하였고, 계속 북진하여 16시에 횡성에 진격했다.

제7연대는 제2대대가 차량 편으로 07시 충주를 출발하여 10시경 청풍에 이르렀는데 이때 적 패잔병이 산발적인 저항을 하여 이를 격파하고 청풍 일대를 점령한 다음 주변 경계에 들어갔다.

제1대대와 제3대대는 충주에 진출하여 다음 진격에 대비하였다.

제19연대는 예비대로서 06시 충주를 출발하여 원주 외각지대에 집결한 후 외각경계임무에 들어갔고, 선발 제1대대(허용우 소령)는 진격 도중 11시 20분경 양평 부근에서 적 패잔병 80여 명을 포로로 잡았다.

10월 1일

제2연대는 연대선봉 제3대대가 06시 횡성을 출발하여 10시에는 홍천에 진출했고, 12시 20분에 춘천을 향하여 진격하던 중 원창리(原昌里-춘천시 東山面) 부근에서 패주하는 적 1개 중대 규모를 포착하고 대대의 전 화력을 집중하여 섬멸한 후 일거에 춘천까지 진격했다.

제1대대는 24시에 홍천에 진출했고, 제2대대는 충주에 진출하였다.

제7연대는 원주로 진격 중 제1대대가 원주 남쪽 남송(南松)에서 패잔병의 기습을 받고 이를 추격 중에 있었고, 제3대대는 원주로 진격했다.

제19연대 제3대대(朴徹 소령)는 06시 원주를 출발하여 횡성을 거쳐 12시 50분에 용두리(龍頭里-양평군 淸雲面)에서 잠복 중인 적 패잔병을 추격하여 10여 명을 포로로 잡았고, 16시경 양평에 이르렀을 때 1개 대대 규모의 적이 저항했으므로 이 적을 격파하고 양평읍에 진격하였다.

제2대대(김욱전 소령)는 사단예비대가 되어 사단사령부와 같이 원주에서 주변경계에 들어갔고, 제1대대는 문막~양평 중간지점에서 적 1개 대대 규모를 맞아 교전을 벌였다.

10월 2일

제2연대는 제3대대가 춘천 쪽으로 진격하던 중 춘천 남쪽에서 패주하는 적 약 1개 대대 규모를 포착하고 일망타진한 후 13시 춘천시내에 돌입하여 적 패잔병 소탕작전에 들어갔다. 제1대대는 홍천 부근에서 수색과 경계에 들어갔고 제2대대는 홍천으로 진격하였다.

제7연대는 제1대대가 02시 원주 남쪽 537고지에서 적 1개 중대 규모의 패잔병을 격파하고 원주 방면으로 진격하였고, 제2대대는 원주에 진출하였으며, 제3대대와 연대본부는 원주를 거쳐 16시 횡성에 진출했다.

제19연대 제1대대는 문막 부근에서 저항하는 적을 격파하고 양평에 진출하여 전날 양평에 진출한 제3대대와 협동으로 정찰수색을 실시하면서 용문을 거쳐 홍천에 진출했다. 18시에 전 연대 병력이 홍천에 집결했다.

10월 3일

제2연대는 선봉 제1대대가 09시에 홍천을 출발하여 14시에 춘천에 도착한 후 38°선 돌파준비를 서둘렀다.

제7연대 선발 제2대대는 차량 편으로 14시 50분 춘천시내에 돌입했고, 제2, 제3대대도 후속하여 춘천에 진출했다.

이날 동이 틀 무렵 연대 수색대가 소양강을 건너서 북한강 모진교(일명

38교)까지 진출했다. 모진교 북쪽 고지 북한군 진지에는

'환영! UN군, 국방군'

'이승만 박사 만세'

'우리는 적이 아님, 건너오시오!'

'총부리를 북쪽으로 돌리자.'

는 현수막을 걸어놓고, 태극기를 흔들면서 귀순 의사를 비쳤다.

수색중대가 고지로 진격하자 적 소대장 이경남(李敬南-제26여단 제3대대 제1중대 제3소대) 소위는 두 손을 번쩍 들고 소대원 41명과 함께 귀순했다.

제19연대는 홍천 주변을 경계하면서 하루를 묵었다.

전날까지 원주에 머물러 있던 제6사단사령부는 홍천으로 이동했고, 제2군단사령부는 서울로 진출하여 보성중학교에 사령부를 설치했다.

10월 4일

제2연대는 선발 제1대대가 17시에 소양강을 도하하여 춘천 서북쪽 18km 지점에 있는 말고개를 목표로 진격하면서 패주하는 적을 격파하고 북한강 모진교를 사이에 두고 적과 교전 중에 있었다.

제7연대는 춘천시내에 집결하여 재정비에 들어갔다.

제19연대 제1대대는 홍천에서 정비를 마치고 가평~춘천 간 도로를 확보하기 위하여 16시에 차량 편으로 가평을 향하여 떠났다. 도중 15시경에 적 패잔병 100명의 습격을 받았으나 무난히 격파하고 계속 진격했다.

10월 5일

제2연대는 제1대대가 말고개에서 완강히 저항하던 적을 물리치고 15시에 말고개 일대를 완전히 장악하고, 38선을 넘어서는 첫발을 디뎠다.

제7연대는 제1대대가 05시에 춘천을 출발하여 춘천 북쪽 17km 지점 서원에 이르렀을 때 정면 지촌리(芝村里-춘천시 史北面, 모진교 서북쪽) 동북쪽

고지에서 적 1개 대대 규모가 불시에 저항하여 치열한 교전을 벌였고, 제2대대는 예비대로서 제1대대의 뒤를 따라 춘천을 경유 인람리(춘천 북쪽 16km, 춘천호 동안)로 진격 중이며, 제3대대는 지촌리에 진출하였다.

제19연대는 제1대대가 가평에 진출하여 주변 경계에 들어갔고, 제2대대는 홍천 지구에서 경계를, 제3대대는 춘천에서 부대정비를 하였다.

10월 6일

제2연대는 제1대대가 말고개에서 수색 정찰을 실시하였고, 제2대대는 07시에 춘천을 출발하여 12시 30분 가일리(佳日里-춘천시 史北面, 인람리 북쪽 북한강 동안)에 진출했으며, 제3대대는 11시에 인람리에 진출했다.

제7연대 제1대대는 지촌리 동북쪽 고지에서 계속 교전 중에 있었다.

제7연대장 임부택 대령은 적이 퇴각하면서 구만리(九萬里)발전소(화천댐-38선 북쪽)를 폭파하려고 한다는 정보를 입수하고 제2대대장 김종수 중령에게 구만리발전소를 긴급히 점령하라는 명령을 내렸다.

제2대대는 2일분의 비상식량과 실탄을 휴대하고 밤중에 산을 타고 진격하여 12시에 발전소를 점령하였다. 진격 중 발전소 남쪽 8km 지점 오음리(梧隂里-화천군 看東面) 뒷산에서 적 1개 대대 규모를 맞아 일격에 격퇴하였고, 발전소 고개에서도 적의 완강한 저항을 받았으나 대대 주력이 돌격하여 격파하고 발전소를 파괴 직전에 점령하여 귀중한 재산을 우리 손에 넣을 수 있었다. 대대는 이 과정에서 200여 명을 포로로 잡았다.

제3대대는 11시에 지촌리를 떠나 용담리(龍潭里-화천군 史內面)에 진출했다.

제19연대 제1대대는 제1중대가 경춘가도를 경계하고 대대 주력은 서울 쪽으로 진출하다가 반대편에서 오는 미 해병대와 감격적인 조우를 하고 합세하여 청평댐과 그 주변 일대 경계에 들어갔다.

제19연대 주력은 춘천에 진출하여 사단예비대로서 부대를 정비하였다.

제6사단은 진격의 여세를 몰아 38°선 북쪽 김화, 금성, 평강을 거쳐 원산으로 진격할 준비를 갖추었다.

북한군 이경남 소위의 귀순(국방부 『한국전쟁사』 제4권 p144)

"1950년 6월 25일, 나는 평양사범대학 국문과에 재학 중이었다."

"마침내 북괴군의 남침이 시작되자 대학민청위원회는 전교생을 소집, 소위 '인민군지원궐기대회'를 열었다. 강제로 連署名(연서명)을 마친 나는 하숙으로 돌아와 밤새도록 짐을 쌌다. 다음 날 기독교신자인 동급생(여대생)이 학부장실에서 귀향증을 훔쳐다 주어 그것을 방패 삼아 2백리 길을 도보로 달렸다. 그러나 고향의 은신처도 안전한 곳은 못되었다. 대학당국에서는 군에 입대하지 않고 행방을 감춘 학생들의 연고지로 수색 의뢰를 해 온 것이었다. 내가 입대를 기피하고 어디엔가 숨어있음을 알게 된 이상 가족들만 곤욕을 치르게 되었다. 나는 할 수 없이 평양으로 돌아가 대학당국에 자수했다. 때마침 북괴군은 낙동강으로 승승장구하고 있었으므로 소위 자수자에 대한 관용책을 쓴다면서 군관학교로 보내는 것이었다."

"8월 10일부터 한 달 동안 속성훈련을 마치자 황해도 남천에서 막 편성 중인 제26여단으로 배속되었다.

중화기 제3대대 제1중대 제3소대장이 된 나는 漏川(누천)에서 주로 방어 전투훈련을 하였다. 팔로군 출신인 대대장은 '인민군이 곧 전 국토를 해방하게 될 것이므로 앞으로는 공격 아닌 방어 전투만 익히면 된다.'고 말하는 것이었다.

비당원인 나는 겨우 고교 재학생이면서 당원이란 명목 때문에 중대장이 된 어린 상관을 거의 손아귀에 넣고 주무를 수 있었다.

9월 20일경이었다. 북괴군 제26여단은 38°선으로의 이동 명령을 받았다. 내가 소속한 중화기 제3소대는 남천에서 신계~이천~철원~김화를 거쳐 화천으로 야간행군을 강행하여 9월 26~27일에 38°선 가까이 포진을 완료하였다.

행군 도중 낙동강전선에서 패주해 오는 북괴군으로부터 UN군의 인천상륙작전과 김책 전선사령관의 철퇴명령 소식을 들었는데 제26여단의 임무는 국군의 북진을 38°선에서 저지하라는 것이다. 나는 연하의 중대장에게 '우리 제3소대가 제일 훈련이 잘 되어 있으므로 모진교(거의 38°선에 위치한 북한강의 다리)를 감시할 수 있는 고지를 맡게 해 달라.'고 말해 그 고지에 진지를 구축하였다. 중대본부는 약 2km, 대대본부는 10km 후방에 있었으므로 내가 거느린 소대는 최전방에 돌출한 고지에 독립진지를 형성한 셈이었다.

9월 29일 공병대가 모진교를 폭파했고 30일 국군수색대가 다리 남쪽에 나타났다. 폭파된 교량을 사이에 놓고 2일간 대진 상태가 지속되었다."

"10월 3일 아침 나는 며칠동안 구상해 온 모반을 단행키로 하였다.

부소대장과 분대장 등 노동당원에게 '대대본부에서 조직원 회의가 있다고 하니 빨리 가보라.'고 일렀다. 그들을 따돌리기 위한 위계였다. 소대 안에 당원이 한 명도 없게 되자 연락병과 부분대장들을 나의 개인호로 불러 국군에 투항 귀순하겠다는 뜻을 밝혔다. 반항자는 즉결 사살할 대비도 있었지만 다행이 그들은 전원일치로 나의 명령을 따르겠다고 하였다. 너무 기뻐서 우는 사람도 있었다."

"우리는 곧 매트레스 白布에 귀순의사를 적은 플랜카드를 만들어 진지 사방에 내걸었다."

7. 다부동에서 38°선으로 – 제1사단

낙동에서 낙동강 도하 (9월 22일~28일)

9월 22일

제15연대는 다부동으로 역진하면서 퇴각하는 적을 섬멸하고 다부동에서 미 제1기병사단과 연결한 후 반전하여 북으로 진격했다.

제1대대는 전날 점령한 356고지에서 학하동 북쪽 157고지로 진출하여 군위에서 방황하는 적 1개 대대 규모를 격파하였고, 제2대대는 인동에, 제3대대는 동곡(東谷-구미시 산동면) 남쪽에 진출했다.

배속된 제11연대 제1대대는 가산동을 완전히 탈환한 후 복귀했다.

제11연대 제2대대와 제3대대는 22시 금호동(琴湖洞-구미시 해평면)에 진출하였다.

제12연대는 사단 우일선을 맡아 계속 산악지대로 진격하면서 적을 격파하고 고지군을 점령한 후 상림동에 집결하였다. 제3대대 수색대는 노인동(老人洞)에서 적의 포진지를 발견하고 1시간에 걸친 공격 끝에 격파했다.

9월 23일

제11연대는 3개 대대가 낙동강 동안 고지군을 점령하고 도하준비를 서둘렀다. 제2대대는 선봉대로 진격하면서 제5중대로 하여금 해평에서 낙동강을 건너 강북안 일대의 적정을 수색하도록 하였다.

사단사령부는 동촌으로부터 선산군 장천면 상장동으로 옮겼다.

9월 24일

제15연대는 전날 성수동(星水洞-구미시 산동면)에 집결하였다가 낙동리 남방으로 진출했고, 제11연대는 용정동(龍井洞-구미시 挑開面) 일대에 진출하여 잔적을 소탕하였으며, 제12연대는 제1대대가 상림동에서 연대본부와 함께 대기하고 있었고, 제3대대는 342고지 일대를 확보하였으며, 제2대대는 군위로 진격했다.

9월 25일

제1사단은 주력이 선산 부근에서 낙동으로 낙동강을 도하하여 상주~보은 방면으로 북진을 시작했다. 대부분 도섭으로 강을 건넜다.

제11연대는 제2대대가 조치원 방면으로 진출하고, 연대본부와 제1대대는 안곡동(安谷洞-구미시 舞乙面)에 진출하여 선산지방의 잔적을 소탕했다.

제15연대는 개령(開寧-선산~김천 중간지점)으로 진출했고, 사단사령부는 선산읍으로 약진하였다.

9월 26일

제12연대는 01시에 상림동을 출발하여 낙동강을 도하한 후 24시에 가천동(佳川洞-상주시 靑里面)까지 진출하는 강행군을 하였다.

군단 선두 미제1기병사단 선견대가 청주를 거쳐 천안~수원 간을 진격하던 중 22시 26분에 오산에서 남진 중인 미 제10군단 선두부대와 만났다. 이로써 경부축선을 완전히 장악하였다.

9월 27일

사단 수색대는 조치원 방면으로 진출하여 오송리(五松里-연기군 江外面)에서 저항하는 적 200여 명을 육박전으로 격파하고 조치원에 진출했다. 이 전투에서 적 전차 1대를 격파하고 수송차량 수 대를 노획했다.

제11연대는 관기리(官基里-보은군 馬老面사무소 소재지)에 진출했고, 제15연대는 보은읍으로 진출 중에 있었다. 사단사령부는 감회도 새롭게 후퇴할 때 격전을 치른 화령장을 거쳐서 보은에 진출했다.

제15연대 제2대대장이 김진위 소령으로 바뀌었다.

9월 28일

경부축선이 인천상륙부대에 의하여 차단되자 호남 방면에서 패주하는 적이 대구, 영천 방면에서 후퇴하는 적과 합세한 다음 소백산맥을 통하여 월북하고자 회인(懷仁-보은군 懷北면사무소소재지)~청주 간 25번 국도로 진출하여 아군의 진로가 차단되었다.

제11연대는 미원을 지나 20시에 청천(靑川-괴산군 청천면)까지 진출하여 적의 퇴로를 역차단하였다.

제15연대는 주력이 보은에 집결하여 다음 진격을 준비하였다.

미원, 보은 부근 전투 (9월 29일~10월 5일)

보은 지역은 동쪽으로 속리산 등 소백산맥연봉이 백두대간으로 이어지는 산악지대이면서 분지형의 평야를 이루어 도로망이 비교적 잘 발달되었다. 제11연대에 의하여 퇴로가 차단된 적은 이러한 지리적 조건을 이용하여 이곳에서 활로를 개척하고자 최후의 저항을 꾀할 수밖에 없었다.

9월 29일

제11연대가 미원 지역을, 제15연대가 보은 지역을 맡아서 적 소탕작전을 폈다. 회인~청주 간 도로를 차단한 적은 피반령(皮盤嶺-보은군과 청주시의 경계, 25번 국도상)을 가로질러 퇴각을 기도하였다.

회인에 진출한 제11연대 제3대대가 미원으로 우회하여 피반령 일대를 점령한 적을 격파한 다음 수장(壽長)을 거쳐 송정리(松亭里-청주시 남일면, 25번 국도변)에 진출했고, 제1대대는 피반령~566고지~쌍암리(雙岩里-보은군 懷北面)~604고지~삼일치(三日峙) 일대에 포진한 적을 계속 추적했다.

제15연대는 문의(文義-보은군 문의면)~중초(中草-같은 內北面)~선곡(仙谷里-같은 三升面)에서 준동하는 잔적을 격멸하였다.

상초(상초계-中草里) 동쪽 300고지대(정상 399.7m)에 밤을 이용하여 집결한 적 약 500명이 11시에 50여 명의 정찰대를 내보냈는데 연대본부 직할대가 고스란히 사로잡은 다음, 12시 40분 300고지 일대를 공격하여 2시간 격전 끝에 섬멸했고, 제1, 제2중대는 11시 30분에 문산리(文山里-청주시 文義面) 전면 무명고지에 집결해 있는 적 유격병 약 500명을 포위 공격하여 30분 만에 섬멸하였다.

제15연대 제3대대장이 안병건 소령으로 바뀌었다.

9월 30일

전날 적을 격파하면서 피반령을 넘은 제11연대 제1대대와 제3대대는 송정리에 집결한 후 제1대대는 미원으로 이동하였고, 제2대대는 청천리~강평리(江坪里-이상 괴산군 청천면) 북쪽고지~379고지~금단리(金丹里)선에 진지를 점령하여 속리산으로 퇴각하는 적의 퇴로를 차단하였다.

제15연대 제2대대(김진위 소령)는 363고지(속리산 남쪽)에서 저항하는 적과 치열한 교전 끝에 150여 명을 사살하거나 포로를 잡는 전과를 올렸다.

10월 1일

제11연대는, 제1대대와 제2대대가 창리(倉里-보은군 내북면) 남쪽에서 저항하는 적을 3면 포위하여 격멸하였고, 제3대대(정영홍 소령, 이날 부임)는 청주~회인 간 국도(25번)와 청주~음성 간 국도(36번)를 차단하고 퇴각하는 적을 포착하는 대로 섬멸했다.

제15연대는 이날 연대장이 조재미 중령으로 바뀌었다.

속리산 남록 삼가리(三街里-보은군 내속리면)와 인근 363고지 일대에서 퇴각하는 적이 유격전을 펴면서 진격하는 아군에게 기습공격을 시도했다.

제15연대 제2대대가 관기리로 기동하여 제5중대를 509고지 일대에 배치하고, 제7중대를 서원리(書院里-보은군 외속리면)~삼가리에 잠복케 하여 적의 퇴로를 차단한 후 509고지 전방 무명고지에 있는 적 1개 중대 규모를 협공하여 사살하거나 포로로 잡았고, 제8중대는 363고지를 점령한 적 약 150명을 우회 기습하여 대부분 사살하였으며, 제6중대는 삼성산(三城山)에 포진한 적 200명 규모를 공격하여 대부분 사로잡았다.

10월 2일

제11연대 제1대대는 진천을 확보하고 천안, 무극리(無極里), 청주, 성월(成月) 등지로 통하는 기동로를 확보한 다음 일대에서 준동하는 적을 포착하여 섬멸하였다. 제2대대는 17시에 괴산에 진출하여 일대 잔적을 소탕하면서 괴산~문경, 청주~회인, 청주~음성 간 국도를 확보하였다.

제15연대 제2대대는 07시에 관기리를 출발하여 미원에 진출했다. 도중 12시경 제6중대가 창리(倉里) 서쪽 565고지에 집결한 적 2개 중대 규모를 공격하여 격퇴하였다. 제3대대는 청산리(靑山里)에 진출했고, 일부는 10시 30분 장연리(長連里)에 진출하여 북쪽 무명고지를 점령하고 있는 적 약 400명을 발견하고 2시간 여의 격전 끝에 격퇴하였다.

제12연대는 상주로 전진하여 일대 잔적 소탕에 들어갔다. 이날 제3대대장이 김기용 소령으로 바뀌었다.

사단사령부는 청주로 진출했다.

10월 3~4일

제11연대는 제1대대가 진천에서, 제3대대가 괴산, 증평 방면에서 적을 소탕했다. 제12연대는 4일 11시 상주를 출발하여 24시에 청주로 이동했다.

제1사단의 미원~보은 일대의 패잔병 소탕전은 사실상 끝을 맺었다.

10월 5일

제11연대는 09시에 기동하여 19시에 진천에 집결한 다음 차기작전을 위한 훈련을 실시하였고, 제15연대는 미원에서 부대정비와 훈련을 실시하였며 제12연대는 12시에 전 연대가 청주에 진출했다.

제1사단사령부는 정훈부와 군악대가 합동으로 청주극장에서 군경 및 시민위안회를 개최했고, 시가행진을 하여 시민을 안무했다.

피반령에서 있었던 일

저자는 이때 제11연대 제1대대 무전병이었다. 대대가 피반령 고개에 이르렀을 때 적이 기습하여 며칠간(3일 정도로 기억) 소탕전을 펴야 했다.

새로운 전선이 형성된 듯 사방에서 총성이 들리고 여기저기 산 계곡에서는 포성과 함께 화염이 치솟아 올랐다.

첫 날로 기억한다. 대대본부가 피반령 고개를 막 넘어가서 행군종대로 도로가에서 쉬고 있는데 어느 중대가 포로 120여 명을 이끌고 도로 가운데로 지나갔다. 앞뒤와 중간 중간에 차렷 총을 한 병사들이 호송했다. 처음 보는 광경에 호기심이 일었다. 꾀죄죄한 몰골이 말이 아니었고, 더러는 중의 적삼을 입었고, 고무신을 신었거나 맨발인 사람도 있었다.

눈을 두리번거리며 공포에 젖은 모습이 도살장에 끌려가는 소 같았다.

군관 복장을 한 여자의용군 5명이 맨 앞에서 걸어갔다. 이들은 다른 포로들과는 너무 대조적이었다. 군관 복장을 한 깔끔한 자태가 남달랐고 흰 살결에 아름다운 미모가 매혹적이었다. 남자면 누구나 탐낼만한 자태였다. 행군종대로 도로 양쪽에 늘어선 병사들 가운데를 지나가는데 기가 죽었다거나 수줍어하는 기색은 전연 없고, 허리춤에 양쪽 손을 얹고 싱글벙글하며 보무도 당당하게(?) 걷는 꼴이 아름답다는 감정을 넘어 증오감을 불러일으키기에 충분했다.

"뻔뻔할 년들!"

욕이 절로 나왔다.

서울의 명문 모 여자중학교(지금의 고등학교) 학생이라고 했고, 또 모 여자대학교 학생이라고도 했다.

북한군이 서울에 들어왔을 때 많은 여학생들이 집단으로 대대적인 환영을 했고 또 여자의용군으로 많이 지원했다는 소리는 전선병사들이 들어 알고 있었다. 그리고 가끔 전선에서 확성기를 통하여

"나는 ○○여자중학교 ○○○입니다. 친애하는 국방군 동무여러분……."

하고 선무 방송을 하여 병사들의 오장육부를 뒤틀어 놓기도 하였다.

"올라가면 저년들 모조리 잡아 죽여야지!"

병사들은 독기를 품고 복수심을 불태웠다.

다음 날 들리는 소식은 저들 120여 명을 모두 사살했다고 했다.

사살했다는 수색대의 어떤 하사관은 "독한 년들 눈도 깜짝하지 않고 태연했다."고 하면서 무용담을 늘어놓기도 했지만 헛바람이 잔뜩 들어간 허풍으로 들렸지 믿는 사람은 없는 것 같았다.

"그 많은 사람을 쥐도 새도 모르게 어떻게 죽였을까?"

의문이 가기도 했지만 신비한 생각도 들었다. 그때 고참하사관들은 곧잘 꾸며낸 말을 사실인 양 과장해서 무용담을 늘어놓기를 잘 했었다.

제1중대가 어느 국민학교에서 숙영하고 있었는데 밤중에 적이 기습하여 20명을 살해했다. 시체를 운동장에 2열 횡대로 나란히 눕혀놓고 가는 여유까지 보였다. 공포와 위협을 주기 위한 심리전술이었다. 나보다 약간 늦게 통신병이 된 대학생 학도병이 끼어 있어 안타까움을 더했다.

대대정보관이 밤중에 대대장 지프를 타고 연대에 갔다가 오다가 피반령 고개(청주쪽 내리막길)에서 습격을 받았다. 지프에는 정보관 외에 하사관 2명이 타고 있었다. 하사관 1명은 통신병이었다. 다발총 연발사격을 받아 정보관과 운전병 그리고 뒤에 탄 하사관 1명이 즉사했다. 통신병은 다치지

도 않았다.

지프 앞 유리에는 운전석 왼쪽 윗부분에서 지휘관석 오른쪽 아래 부분으로 비스듬히 탄흔이 나 있었다. 북두칠성이라고 불렀다. 그리고 오른쪽 좌석에는 정중앙에 실탄이 꽂힌 자국이 선명하게 나 있었다.

충격을 받는 순간 차는 산비탈 쪽 계곡에 처박혔다. 통신병은 순간 옆으로 누워 죽은 동료의 시체 속으로 파고들었다. 조금 있으니까 두 세 사람이 나타나서 지프 뒤에 달려있는 스페어 캔(예비 휘발유통)을 끌어내렸다. 휘발유를 차에 붓고 불을 지르기 위해서 뚜껑을 열려고 하는데 고개 부근에서 불빛이 번쩍했고, 이어 자동차 소리가 들렸다. 다급해진 적병은 "안 되겠다 빨리 가자."고 하면서 산속으로 달아났다.

구사일생으로 살아난 통신병은 산속으로 들어가 숨어 있다가 날이 샌 후 복귀했다. 이 하사관이 이계출(李啓出) 이등중사다. 우리는 그를 불사신이라고 했고, 그 옆에만 있으면 죽지 않는다고 농담을 했었다.

운전병은 밤이 늦어 위험하다고 하면서 밝은 뒤에 가자고 간청했는데 정보관이 듣지 않자 운전병은 울면서 매달렸다고 했다. 그래서 "운전병이 어떤 영감을 받은 것이 아니냐?"는 뒷말이 무성했다.

대대장은 북두칠성 탄흔을 훈장처럼 과시하며(?) 그 차를 계속 탔다.

여자의용군

전 북한군 제105기갑사단 정치장교였던 오기완 대위의 증언을 소개한다. 오기완 대위는 1963년에 귀순하여 국군에 복무했다.

서울에 들어온 다음 날 아침(6월 29일)에 나는 정치부사단장 전동수(全東洙) 대좌(수원 남방에서 폭사)의 부름을 받고 박 대위와 함께 갔습니다.

전 대좌의 이야기는 오늘 부대 취사를 도와준다고 여맹원(女盟員-여성동맹원)

10여 명을 보내왔는데 둘이 요령껏 심사해보라는 것이에요.

그 말을 듣고 나와 박 대위는 대기실에 갔는데 거기 있는 여맹원들을 보고 우선 놀랐습니다. 모두 20세 안팎의 처녀들인데 세련된 옷맵시와 우아한 모습에 놀랐지요. 이북 여성에 비하면 정말 세련돼 보입디다.

"동무들 어떻게 왔소?"

나는 되도록 표정을 부드럽게 가지려고 애쓰면서 물어보았지요.

"저 선생님들을 도우려고요."

"우리는 선생이 아니니 동무라 부르시오."

"저, 그럼 동무들을······."

하다가 자기들끼리 쳐다보며 낄낄대고 웃어요.

"그건 그렇고 어디서 파견돼 왔소?"

하니까

"용산구역 인민위원회에서 보내 왔어요"

하더군요. 그러자 박이 옆에서 불쑥

"동무들이 도와주겠다는 건 고마운데 뭐 할 일이 있어야지······."

하고 좀 튕겼어요. 그러자 여자들은 식사나 빨래 같은 것이라도 하고 싶다는 거예요. 도무지 식사와는 거리가 먼 연자들인 것 같아 의심스러운 면도 있었지만 그녀들 멋에 마음이 끌린 나는 부사단장의 의도와는 달리 어떻게 해서라도 붙잡아두고 싶은 생각이 들어요. ······

박 대위가 직업이 뭐냐고 물으니까 모두 ○○대학생이라는 거예요. 그러자 박은 결심이라도 한 듯 우리가 필요할 때에는 구역인민위원회에 연락을 할 테니 우선 돌아가라 해서 이 문제는 결말이 났지요. ······

내 생각에는 인민위원회에서 우리에게 아부하느라고 일부러 그런 여대생들을 골라 보낸 것 같아요. (중앙일보사 『민족의 증언』 2 증언자 수기)

일로 38°선으로 (10월 6일~10일)

10월 6일

제1사단 주력은 청주에서 교육훈련을 실시하면서 휴식을 취하였다. 같은 미 제1군단 예하의 미 제1기병사단은 전날 5일 임진강을 도하하여 개성으로 진격하고 있었다.

백선엽 사단장은 대전 충남도청에 있는 미 제1군단사령부를 방문하고 제1사단이 평양진격전에 공격부대로 참가하도록 요청하여 군단의 우익 주공부대로 참가하게 되었다. 이때 제1사단은 군단예비대로 예정되어 있었는데 제1사단 대신에 미 제24사단이 군단예비가 되었다.

10월 7일

제15연대가 안성에 진입했고, 제11연대는 수원을 목표로 진격했으며, 제12연대는 선발대가 안성에 진출했고, 주력은 후속했다.

10월 8일

제12연대는 08시에 안성을 출발하여 평택~수원~소사를 거쳐 서울에 입성했고, 연대 선두는 24시에 등원리(登院里-파주군 條里邑)에 진출했다. 제11연대는 용산에 진출했고, 제15연대는 평택에 도착했다.

사단사령부는 11시에 안성을 출발하여 수원~소사~서울을 거쳐서 봉일천까지 약진했다.

제1사단과 평양진격 선두 다툼을 벌인 미 제1기병사단은 정찰대가 개성 동북방 13.6km 지점까지 진출했다.

10월 9일

제11연대는 파평(坡坪-파주군)~문산~장단을 거쳐 일로 개성을 향하여 진격을 계속했다. 제12연대는 전 부대가 등원리에 도착했고, 제15연대는 제1대대가 22시에 38°선 이북 마전리(麻田里)에 진출하여 휴식에 들어갔다.

제1사단의 38°선 돌파는 미 제1기병사단보다 3일이 늦었고 평양진격 경쟁을 벌이는 두 사단의 공간 격차도 그만큼 벌어졌다.

10월 10일

제1사단은 전 부대가 고랑포(高浪浦-장단군 장남면, 인진강 북안)~개성선으로 이동을 완료하고 38°선 이북으로의 진격을 시작했다.

이 지역은 제1사단이 6·25개전 이전에 38°선 경비를 담당하던 추억 어린 곳이다. 개성은 제11연대가 38선을 경비하다가 6월 14일 제12연대와 교대한 지역이고 고랑포는 제15연대(당시 제13연대)의 경계지역이었다. 불의의 남침을 당하여 분루를 삼키고 통탄하면서 후퇴를 시작하여 남도천리 낙동강전선까지 밀려나서 언제 살아서 다시 돌아올까 몽매(夢寐)에서나 그리던 그곳을 정말 꿈속에서 그리듯 3개월 반 만에 돌아왔다. 감회가 남다를 수밖에 없다. 그들은 갑작스러운 후퇴에 '외출이나 휴가 때 입으려고 날이 서도록 다려서 고이 간직했던 정복과 정모'를 옛 내무반에 둔 채 전선으로 출동했고, 그리고 후퇴했다. 그들은 낙동강전선에서 두고 온 사지복(동복)과 카키복(하복)을 입에 담으며 아쉬움을 되새겼었다. 그러나 다시 돌아온 옛 병영에는 남은 것이 아무것도 없었다. 어머니 품 같았던 옛 병영은 폐허로 변하여 흔적도 남아있지 않았다.

38선 진격작전 중 제1사단은

적 사살 4,543명, 포로 5,211명에 곡사포 12문, 반전차포 24문, 자동차 144대 등 많은 장비를 노획하는 전과를 올렸고, 전사 355명, 전상 1,023명, 실종 77명 외에 소총 436정을 잃는 피해를 입었다. 주) 국방부 『한국전쟁사』 제4권 p166

국군이 평양을 점령해야……

백선엽 장군의 『군과 나』에서 당시 상황을 정리해 본다.

10월 5일 대전에 있는 미 1군단사령부에서 사단장회의를 소집하였다. 백선엽 사단장은 미군 포병부대에서 내어 준 L-5연락기를 타고 대전으로 날아갔다. 다른 사단장들은 다녀간 뒤였다.

"충남도청에 자리잡고 있는 군단사령부에서 밴브런트(Rinaldo VanBrunt) 참모장, 지터(Geeter) 작전참모, 톰슨(Thomson, 아이젠하워 장군 아들의 장인) 정보참모를 만나고 평양공격의 작전명령이 담긴 두툼한 봉투를 전해 받았다.

'아, 우리가 평양에 진격하게 됐구나!'

나는 기쁜 마음으로 페이지를 넘겼다. 그러나 내용은 실망스러운 것이었다.

즉 미 제1기병사단은 주공을 맡아 경의국도를 축선으로 하여 동진하고 미 24사단은 우익부대로 구화리(九化里)~시변리(市邊里)~신계(新溪)~수안(遂安)을 거쳐 평양을 공격하게 되어 있었다.

나의 1사단은 개성~연안~해주를 거쳐 안악 방면으로 공격하여 후방을 소탕하는 것이었다.

결론적으로 평양공격작전에는 국군은 참가하지 못하게 된 것이다. 나는 이 작전 계획을 전혀 납득할 수 없었다."

백선엽 사단장은 군단장 밀번 소장을 만나서 담판을 했다.

"나는 '작전명령을 받았으나 평양공격에 국군이 직접 참여하지 못하게 된 것은 납득할 수 없다.'고 따지며 재고를 요청했다.

그는 1사단이 차량을 얼마나 보유하고 있는지 물었다. 사단에는 60~70대의 차량이 있다는 나의 답변을 듣자 그는 나를 설득하려 했다.

'미군사단은 수백 대의 차량을 보유하고 있다. 1사단의 기동력으로 공격의 선두에 설 수 있겠는가? 맥아더 사령관은 신속한 평양공격을 희망하고 있다. 따라서 기동력과 화력이 우세한 미군을 앞세워 신속히 진군하여 평양을 점령하고자

한다. 장군의 심정은 이해하나 양해해 달라.'

나는 임진강 전투 이래 쓰라린 후퇴를 겪은 전우들과 나라를 지키다 전사한 전우들의 명예를 되찾아 주기 위해 또한 일개 월남민으로 내려와 국군의 장성이 된 내가 고향을 수복하는데 앞장서야 한다는 일념에서 그냥 물러설 수만은 없었다.

'우리에게 차량은 많지 않으나 대신 주야로 행군할 투지가 있다. 우리에게 기회를 달라. 한국은 산이 험하고 도로가 나빠 불철주야로 행군하면 오히려 도보 부대가 평양에 먼저 입성할 수 있을 것이다. 평양이 바로 내 고향이다. 그 고장의 지리를 나는 잘 알고 있다.'

나는 또 이번의 평양공격작전계획이 1894년 청·일 전쟁시 일본군에 의한 평양공격과 공교롭게 거의 같은 구상이라고 지적하고 나는 이 전사를 잘 알고 있다고 말해 주었다.

청일전쟁 때 일본군도 일본군 5사단, 삭령지대(朔寧支隊), 원산지대가 3면에서 평양을 포위 공략했었고, 나는 1사단이 삭령과 신계를 거쳐 올라간 삭령지대의 역할을 하고자 한다는 희망도 아울러 밝혀두었다.

나는 어느 틈에 눈물을 흘리며 열변을 토했고 밀번 소장은 지도를 펼쳐놓고 내 설명을 귀담아 들었다. 물론 평양선착을 장담할 수는 없었다 하더라도 세계 최강의 미군과 경쟁을 해 볼 다시없는 기회이기도 했다. 일순의 침묵이 지난 후 그는 입을 열었다.

'백 장군에게 기회를 주겠다. 미 24사단과 1사단의 전투구역을 교대한다.'

그는 즉시 전화기를 들어 참모장에게 처치장군과 백장군의 작전구역을 변경하라고 지시하는 것이었다.

밀번 장군이 단 한마디로 대부대의 작전명령을 변경하는 것은 놀라운 일이었다. 회의나 설명도 필요 없었다.

참모장이 작전명령서를 수정해서 보내주겠다고 했으나 사정이 어떻게 변할지 알 수 없어서 두 세 시간을 기다렸다가 새로 작성한 작전명령서를 가지고 사단으로 돌아왔다.

'우리가 선봉으로 평양에 진격한다.'

내 말이 떨어지자 사령부는 함성에 싸였다."

이러한 배경에는 이승만 대통령이 백선엽 장군을 불러

"평양은 우리 손으로 점령해야 해!"

라고 당부하여 그렇게 했다고도 하는 설도 있다.

어찌됐던 제1사단 장병들은 두 다리로 미군의 자동차와 선두경쟁을 펼치느라 생똥을 쌌다. 야영지에 도착하면 입고 신은 채로 쓰러져 자야 했다. 이른 아침에 일어나서 가다가 밥이 오면 아침밥을 먹고 갔고, 가다가 점심이 오면 점심을 먹고 또 갔다. 저녁을 먹고도 얼마를 가다가 잠을 잤다. 다부동에서 평양까지 가는 동안 자동차는 구경도 못했다. 발이 부르터서 곪고 진물이 나서 엉겨 붙은 양말을 벗을 수가 없었다. 걷는 것이 아니라 기어갔다. 치료는 고사하고 약도 없었다. 유일한 처방은 쉴 때마다 양말을 벗어 발에 바람을 쐬는 것이고 가능하면 물에 발을 담그는 것이다. 그리고 잘 때는 발을 몸보다 높게 하고 자야 했다. 고참병들이 알려준 요령이다.

만약에 너무 지친 나머지 신을 신은 채로 잤다가는 다음 날 아침에 일어나지 못한다. 관절이 굳어서 무릎이 펴지지 않고, 발목이 움직이지 않는다. 곪아터진 발이 아파서 땅을 딛고 일어설 수

밀번 군단장과 백선엽 사단장(왼쪽)

가 없다. 군대이기 때문에 일어났고, 죽지 않아서 걸어갔다. 그렇게 한참을 걷다가 보면 풀려서 괜찮아진다. 그러나 하루 종일 뻐근하여 몸이 천근같이 짓누른다.

자면서 걸었고 '10분간 휴식'이면 철모를 베개 삼아 누워서 잤다.

다행한 것은 제때 밥은 챙겨 먹었다. 옷도 잘 입었다. 부식으로 나온 갈비국이나 야전점퍼와 내복은 내가 듣도 보도 못한 귀한 것이었다.

10월 19일 제1사단은 자동차를 타고 달린 미군을 앞질러 평양에 먼저 들어갔다. 제1사단은 전 장병이 1계급 특진(장교는 선별적으로)을 했고, 대통령부대표창을 받는 영예를 함께 안았다. 나도 일등병으로 진급했다.

저자는 그때 제11연대 제1대대 제2중대 통신병이었다. 대동문이 바라보이는 맞은편 비행장(미림비행장?)에서 나룻배로 대동강을 건넜고, 대동문을 통하여 평양시내로 들어갔다. 평양시내는 도로 요소요소에 바리케이트를 설치하여 시가전을 준비한 것으로 보였으나 시가전 없이 무혈 입성했다.

제2중대는 중대장 황 모 대위(1951.4월 문산에서 전사)와 부관 손달주(孫達周, 육사 8기생) 중위가 평양 출신이어서 누구보다도 감개가 무량했을 것이고, 특히 손달주 중위는 평양사범학교 출신인데, 그가 중대 선두에 서서 평양시내로 들어갈 때 환영 인파 속에서 동창생들이 뛰어나와 포옹하던 감격적인 장면은 지금도 생생하게 기억된다.

8. 다부동에서 개성으로 - 미 제1기병사단

낙동강 도하 - 상주 진격 (9월 22일~24일)

미 제1군단은 미 제24사단을 대전으로 진격하게 하고, 미 제1기병사단을 다부동~선산~상주~보은~청주~수원선을 따라 진격하게 하여 미 제10군단과 연결하도록 했다. 반면 국군 제1사단은 미 제1기병사단의 뒤를 따라 낙동강을 도하한 다음 군단 예비대가 되게 했었다.

9월 22일

미 제1기병사단장 게이 소장은 제7기병연대장 해리스 중령에게 적을 추격힐특수임무부대를 편성하도록 지시했다. 해리스 중령은

제7기병연대(-제2대대 현풍에서 작전 중)

미 제70전차대대(C중대의 2개 소대. M-4전차 7대),

미 제77야포대대(박격포중대 제3소대)를 주축으로 하여

기갑추격부대인 제777특수임무부대를 편성하였다.

여기에 미 제8야전공병대대 B중대,

연대 수색소대와 1개 전술항공통제반을 포함시켰다.

제777특수임무부대는 제3대대장 린치 중령이 지휘하였다.

제777특수임무부대의 명칭은 이 부대를 구성한 제7기병연대, 제70전차대대, 제77야포대대의 공통숫자 7을 열거한 것이다.

제777특수임무부대(린치부대)는 08시 다부동 서쪽에서 진격을 개시하여 사단 도하지점으로 지정된 선산 강창나루로 향했다. 낙성동(洛成洞-구미시 해평면) 부근에 이르렀을 때 도로 연변 골짜기에서 사격한 적 대전차포가 선두전차에 명중하여 진격이 정지되었는데 적을 발견할 수 없었다.

뒤따라온 게이 사단장이 이렇게 말했다.

"추격전은 이렇게 하는 거다. 전차 6대의 전 화포를 발사하면서 전 속력으로 고갯길을 올라가는 것이다." 주) 　　일본 육전사연구보급회 『한국전쟁』 [4] p128

사단장 말에 따라 전차가 돌진하여 고개를 점령하였다. 고개에는 교묘하게 위장해 놓은 적 대전차포 2문이 버려져 있었다.

린치부대가 16시경 강 동안으로 접어들어 선산 도하장으로 가고 있을 때 연락기가 날아와서 군단명령서가 든 통신통을 투하하였다.

"낙동나루터로 전진하라."

처음 받은 명령과 달라서 이상하게 생각한 린치 중령은 해리스 연대장에게 문의하였으나 연대장도 모르고 있었다. 마침 사단장이 나와 있었으므로 함께 검토해 보았으나 알 수 없었다. 부대는 명령이 확인될 때까지 추격을 중지하고 사단장은 명령을 확인하기 위하여 대구로 갔다.

미 제1기병사단 추격구역 안에는 낙동강 도하지점이 선산과 낙동 두 개가 있었고, 상류 낙동에는 북한군이 만든 수중교가 있었다. 미 제1군단장은 도하지점 선정을 사단장에게 일임하였고, 사단장은 기술적인 검토를 거쳐 도하가 쉬운 낙동으로 정하였다. 반면에 제8군사령부는 많은 토의를 거친 끝에 도하지점을 선산으로 정해 놓았었다. 그 이유는 낙동은 도하는 쉽지만 적의 저항이 강할 것으로 예상되는데 반하여 선산은 도하는 어려우나 적이 없는 것으로 판단하였기 때문이었다.

미 제1기병사단이 도하지점을 낙동으로 결정했다는 사실을 알게 된 워커 사령관은 이의를 제기하고 직접 경비행기로 도하지점을 정찰한 후 선산으로 결정하고 군단을 통해서 명령을 전달했던 것이다.

미 제8군사령부는 항공정찰을 다시 해 본 결과 낙동에 적이 별로 없다는 것이 확인되어 사단 도하지점을 다시 낙동으로 변경한 것이다.

18시에 린치부대는 이 사실을 확인했다.주)

일본 육전사연구보급회 「한국전쟁」 4 p128, 129

19시에 부대가 진격을 개시했다. 이 사소한 결정 변경으로 귀중한 시간을 3시간이나 소비했다. 낙동을 향하여 진격 중 5km쯤 전진하였을 때 불타고 있는 부락에서 퇴각하는 적 중대 규모의 부대를 따라 잡았는데 저들은 정신을 잃은 듯 무기를 버리고 순순히 항복했다.

22시 30분 린치부대 선두전차가 낙동 도하지점이 내려다보이는 절벽위에 진출했다. 강 북안에 적이 급하게 대전차포를 거치하고 있는 것을 발견하고 전차포를 쏘았다. 초탄이 적 탄약고를 명중하여 대폭발이 일어나면서 불길이 강변 일대를 대낮처럼 밝혀 주었고, 마침 수중교를 건너던 적 수백 명이 표적으로 노출되었다.

일제사격을 하여 적 200여 명이 강물 속으로 사라졌고, 사용 가능한 T-34 전차 2대와 트럭 50대, 야포 10여 문 등 많은 장비를 노획했다. 적은 제1사단과 제3사단 소속이었다.

9월 23일

제777특수임무부대는 수색대가 강을 건너 대안을 정찰하였다. 적은 없었고, 강에는 수중교가 놓여 있었는데 물이 허리에 찰 정도여서 사람은 건널 수 있었다.

05시 30분에 I, K 양 중대가 도하를 완료하고 대안 제방을 점령하였다. 다부동을 출발한 후 22시간이 걸렸다. 이 동안 적 500여 명을 사살하거나 사로잡았고, 전차 5대, 야포 20문을 노획하였다.

제777특수임무부대는 제1대대가 상주까지 진격하고 주력은 차량이 도하하기를 기다렸다. 상주에는 적이 없었다.

9월 24일

공병대가 노무자 400여 명을 동원하여 낙동 수중교를 개수하여 오전 중에 전차가 강을 건널 수 있게 하였다. 전차부대가 강을 건너자 제7기병연대장 해리스 중령은 제777특수임무부대 K중대(John R. Flynn 대위)와 전차 1개 소대를 상주에서 48km 떨어진 보은까지 진출시켰고, 주력은 이날 밤 보은에 진출하였다. 적과의 접촉은 없었다.

적군에게 수원 가는 길을 묻다 (9월 25일~26일)

9월 25일

선두 777특수임무부대는 보은에서 더 이상 진격하지 못하고 있었고, 사단 주력은 상주~낙동 일대에 집결하여 차량 도하를 기다리고 있다가 어두울 무렵 차량이 도하를 완료하여 수원 방면으로 추격을 준비하고 있을 때, 군단장으로부터

"더 이상 전진하지 말라."

는 무전 지시가 왔다. 사단장은 그 이유를 물어보고자 하였으나 통신이 두절되었으므로 연락기를 이용하여 미 제8군사령관에게

"수원 부근에서 미 제10군단과 연결하도록 추격을 계속하기 바란다."

고 건의하였다.

밤중에 사단전방지휘소에 유선이 가설되었다.

자정 직전에 미 제8군사령부 인사참모 콘리(Edger T. Conley Jr.) 대령이

"제10군단과 연결하기 위하여 계속 전진하여도 좋다."

고 워커 사령관이 허락하였다는 전화를 사단장이 받았고,

밀번 군단장으로부터도

"함창을 공격 중인 제5기병연대를 국군 제1사단과 교대시켜 사단의 동측에서 병진하여 수원으로 추격하라."

는 명령을 받았다.

추격 중지 명령으로 기세가 꺾인 사단이 추격을 개시한 것은 다음 날 정오경이었다. 또 귀중한 하루를 허비했다.

9월 26일

사단장 게이 소장은 상주의 한 학교에서 지휘관회의를 소집하고, 사단은 이날 정오에 추격을 개시하여 수원 부근에서 미 제10군단과 연결할 때까지

주야로 진격한다는 명령을 내렸다.

제7기병연대가 선두에서 서서 보은~청주~천안~오산가도를 달렸고, 사단사령부와 포병대가 그 뒤를 따랐다.

제8기병연대는 상주~괴산~진천가도를 따라 안성으로 진격했고, 제5기병연대는 사단 후미로 조치원을 거쳐 천안에 진출했다.

제777특수임무부대는 수색소대와 제70전차대대 제3소대(Robert W. Baker 중위)의 선도를 받으며 11시 30분 보은을 출발하여 미 제7사단과 연결하기 위하여 최대한 빠른 속도로 진격하였다.

린치 중령은 선두전차 소대장 베이커 중위에게

"전차가 낼 수 있는 최고 속도로 달려라. 적이 사격하지 않으면 사격하지 말라. 오직 달려라. 밤이 되면 귀관 판단으로 전조등을 켜도 좋다."

고 명령하고 자신은 그 뒤를 따랐다.주) 본 육전사연구보급회 「한국전쟁」 [4] p146

베이커전차소대가 달리는 길에는 적의 저항은 없었고, 연도에서 미군을 환호하는 주민대열이 이어져 있었다. 15시경에 단 한 사람의 그림자도 없이 텅 빈 청주를 거쳐 18시경 청주 북방 8km 지점 입상리(立上里) 부근 교차로에서 휘발유가 떨어져 멈추었다.

보은을 출발하여 64km나 되는 산길을 쉬지 않고 계속 달렸다. 너무 빨리 달렸기 때문에 연료보급차가 미쳐 따라 오지 못했다. 린치 중령은 응급조치로 전차 6대 중에서 전차 3대의 휘발유를 거두어 휘발유가 떨어진 다른 전차 3대에 급유하고 있을 때 어둠 속에서 적 트럭 3대가 접근하다가 미군 전차를 본 운전자가 트럭을 버리고 도주하였다. 트럭에는 휘발유가 실려 있었다.

777특수임무부대는 20시에 진천을 출발하여 베이커전차소대를 선두로 차량에 불을 켜고 계속 진격하였다. 20시 30분 천안삼거리에 이르러서는 후퇴하는 적병에게 수원으로 가는 길을 묻는 해프닝이 벌어졌고, 천안 시내에는 적병들이 우글거리고 있었는데 저들은 어둠 속에서 체념한 듯 미군이 지나가는 것을 멍청하게 바라보고만 있었다. 천안을 지나면서 적 1개 중대 규모를 기관총으로 제압하고 계속 오산으로 갔다.

오산 남방 16km 지점에 이르렀을 때 전방에서 전차소리와 포성이 들려와 차량의 불을 끄고 전진하였다. 선두 베이커전차소대는 본대가 뒤따르는 것은 알 수가 있었으나 무전은 통하지 않았다. 오산 북방 5~6km 전진하였을 때 사격을 받아 3번 전차의 기관포 총가(銃架)가 파괴되고 전차병 1명이 전사했다. 소총과 무반동포의 사격이 계속되었으므로 응사하려는데 총소리와 전차의 속력 그리고 불빛 등으로 보아 적이 아니라는 느낌이 들어 베이커전차소대는 사격을 멈추고 기다렸다. 이때 2번 전차를 겨냥하던 상대 전차도 백린 수류탄이 터질 때 불빛에 비친 이쪽 전차에 그려진 흰 별을 보고 순간 우군이라고 생각했다.

상대방은 모루 미 제7사단 제31연대였다.

22시 26분, 베이커전차소대는 보은을 떠난 지 10시간 36분 만에 170km를 달려 미 제31연대진지에 도착하였다. 제8군과 미 제10군단이 연결되는 순간이었다.

모루 위에 놓인 적을 망치로 치다

미 제1기병사단은 미 제10군단이 만든 모루 위에 적 제105기갑사단을 올려놓았다. 미 제8군의 망치로 치기만 하면 된다.

제777특수임무부대는 앞서 간 전차대와 1시간이나 뒤떨어져 통신이 불통인 상태에서 오산 남쪽 하북리(下北里)에서 적 전차의 공격을 받고 교전이 벌어졌다. 부대를 도로가에 전개하고 로켓포로 전차 2대를 파괴하였다.

그때 전방에서 전차 2대가 다가오고 있었으므로 린치 중령 운전병 하워드(Billie Howard) 상병이 선두 트럭으로 길을 가로막았고, 린치 중령은 후미에 따르던 전차 3대를 전진시켜 교전을 하였는데 어느덧 적 전차는 8대로 늘어났다. 적은 전차 1대가 파괴되었고 이어서 전차 2대가 파괴되는 피해를 입으면서도 저항을 계속했다.

9월 27일

제777특수임무부대는 전날 밤부터 계속된 교전에서 적 전차 10대 중 7대를 파괴했다. 3대는 북으로 도주했다. 홉킨스 하사는 용감무쌍한 활약을 하여 적 전차 4대를 파괴하고 전사했다.

제777특수임무부대는 2명이 전사하고, 28명이 부상을 입었으며, 전차 2대와 차량 15대가 파괴되는 손실을 입고, 그곳에서 날이 새기를 기다렸다가 07시에 기동하여 08시에 오산에 진출하였다.

08시 26분 오산 북방 작은 교량에서 제7기병연대 L중대 맨실(Edward C. Mancil) 상사는 미 제31연대 H중대와 감격적인 악수를 하였다.

제777특수임무부대는 게이 사단장에게 보고했다.

"미 제7사단 제31연대 H중대와 08시 26분 오산 북쪽에서 접촉하였다."

미제1기병사단장 게이 소장은 오전에 오산으로 왔다. 때마침 오산 북쪽 고지를 공격하고 있는 제31연대 제2대대가 고전하고 있었으므로 게이 사단장은 대대장 수마 중령에게 지원을 제의했고, 수마 대대장은 연대장 오벤샤인 대령에게 이 제의를 보고하였다. 그러나 연대장은 무슨 이유에서인지 게이 사단장 제의를 거절하였다. 　　제10장 제4절 3. 「오산 공격·모루 완성」 참조

9월 28일

미 제1기병사단 예하 각 연대는 상주~보은~청주~천안~오산의 진출로 요소 요소에서 퇴각하는 적이 동북 산악지대로 잠입하는 것을 막으면서

패잔병을 소탕하였다.

제7기병연대 K중대는 제70전차대대 C중대와 함께 항공기의 지원을 받아 평택 부근에서 적 전차 10대를 공격하여 7대를 파괴하였다.

9월 29일

미 제5기병연대 L중대는 대전 북쪽에서 소련제 자동차 9대에 타고 있는 적병 50여 명을 포로로 잡았고, 다음 날 대전 부근 터널 속에 숨어있는 기관차와 객차 3량을 노획했다.

10월 5일

미 제1기병사단 제5기병연대가 저녁 무렵 I중대를 선두로 문산에서 임진강을 도하하기 시작하였다.

10월 7일

낮에 제16수색중대가, 저녁에 제8기병연대 제1대대가 개성에 진입하였

미 제1기병사단 장병을 환영하는 청주 주민들

고, 다음날 저녁까지 미 제1기병사단 전 병력이 개성에 집결하였다.

9. 왜관~대전 진격전 – 미 제24사단

대전 전투를 상기하자 (9월 22일)

9월 22일 10시 교량가설 작업은 끝났다. 미 공병들은 36시간 작업 끝에 폭 230m, 수심 2.5m의 낙동강에 M-2주교를 가설했다. 지원부대와 중장비 그리고 보급차량이 밤중에 낙동강 서쪽으로 이동 완료했다.

미 제24사단은 낙동강 방어선을 돌파했고, 장병들은 차량에

'대전 전투를 상기하자.'

는 격문을 써 붙이고 적의 전선사령부가 있었던 김천으로 진격했다.

영 연방 제27여단의 참전 신고 (9월 22일, 23일)

9월 22일

여단은 성주가도로 진격했다. 미들색스(Middlesex)연대 제1대대(맨 중령)는 미군전차 2대의 지원을 받아 왜관~성주 간 도로 우측 일대를 점령했다. 어질(Argyll)연대 제1대대(네일슨 중령)는 미군전차 5대와 1개 포대의 지원을 받아 성주 진격의 관문 282고지를 공격했다.

9월 23일

어질연대는 B, C중대가 날이 밝기 1시간 전에 282고지를 점령하였다. 이때 적은 막 아침식사를 하려던 참이었다.

C중대는 그로부터 서쪽으로 1.5km 떨어진 감제고지 388고지를 탈환하고 계속 진격하려고 할 때 적이 야포와 박격포 사격을 집중하면서 반격했

고, 연대를 지원하는 미군 야포와 전차 5대는 지형상의 장애로 적의 포격을 제압하지 못하여 388고지는 다시 뺏기고 말았다.

어질연대는 항공지원을 요청하였고, 12시경 F-51 전투기 3대가 어질연대가 점령하고 있는 282고지 상공에 나타나 선회하기 시작했다. 어질연대는 백색 대공포판을 깔고 있었는데 전투기가 나타나자 적도 백색 대공포판을 깔았다. 전투기가 혼돈을 일으키고 있었으나 안타깝게도 전술항공통제반은 전투기 편대와 무전연락을 취할 수가 없었다.

몇 차례 선회하던 전투기는 어질연대진지에 네이팜탄과 기총소사를 2분간이나 퍼부어 진지는 불바다가 되었고, 연대는 아수라장이 되었다. 많은 희생자가 발생했고, 생존자들은 불길을 피하여 5m 가량 되는 산비탈을 마구 굴러내렸다. 부대대장 뮈어(Kenneth Muir) 소령이 즉시 탄약보급과 구호에 나서서 산마루로 급히 올라가다가 적 자동화기에 치명적인 상처를 입었고, B중대장 잉그램(A. I. Goron-Ingram) 소령도 부상을 입었다.

부대대장 뮈어 소령은

"결단코 적은 이 능선에서 어질부대를 물리칠 수는 없다."

는 비장한 말을 남기고 숨을 거두었다.

오폭을 틈 타 적이 반격했고, 어질연대는 15시에 전날 어렵게 점령한 282고지를 버리고 산 밑으로 철수하고 말았다.

다음 날 확인한 결과 장교 2명, 사병 11명이 전사했고, 장교 4명과 사병 70명 부상에 2명이 실종하여 도합 89명의 인명 손실을 입었다.

부대대장 뮈어 소령은 Victoria Cross훈장을 추서받았다.

처치 사단장은 이날 밤 영국군을 증원하기 위하여 김천으로 진격 중인 미 제19연대 제1대대를 반전시켜 성주를 북쪽에서 공격하게 하였다.

9월 24일

02시, 미 제19연대 제1대대는 왜관~김천 간 국도 부상동(扶桑洞-김천시 남면, 금오산 서단)에서 성주로 역진하여 성주를 탈환하고 왜관 쪽으로 동진하면서 성주 동쪽에서 저항하는 적을 왜관에서 진격하는 영 제27여단과 협공하여 궤멸시켰다. 이 적은 북한군 제10사단이다. 1개월 동안이나 성주에 머물러 있어 온전한 사단이다. 곱게 물러났으면 좋았을 것을 공연히 영 연방여단을 집적댔다가 날벼락을 맞았다.

9월 25일

참전 첫 전투에서 가혹한 신고식을 치른 영 연방제27여단은 미 제24사단에서 배속이 해제되어 미 제1군단의 직접지휘를 받았다.

적 제10사단은 탄약이 소진되고 차량 연료가 떨어지자 포를 땅에 묻고 성주 부근으로 퇴각하기 시작하였다. 포로가 된 적 군의관의 말에 따르면 적 제10사단은 이 전투에서 2,500명의 손실을 입었고, 왜관 남쪽 저들 제1군단 예하 전 부대에 대하여 후퇴 명령이 내려졌다고 했다.

대전 탈환 (9월 23일~30일)

9월 23일

3개 연대를 일렬종대로 하여 왜관~대전 간 국도를 따라 진격했다.

전투경험이 많은 제21연대를 저위 부대로 하여 김천으로 진격했다

미 제21연대는 부상동 입구에서 적으로부터 기습사격을 받았다. 이곳은 우측 금오산(金烏山-976m)과 좌측 침엄산(針嚴山-782m) 사이의 남북 약 8km에 이르는 좁은 길목이다. 적 제105기갑사단은 전차와 대전차포를 위장하여 요소에 배치하고, 지뢰를 매설하여 도로를 봉쇄하고 있다가 미군이 진격하자 T-34전차 85mm포로 사격을 했다.

미군 패튼전차는 엄체호 속에서 위장하고 있는 적 전차를 이 잡듯이 하나하나 찾아서 격파하고 날이 저물 무렵에 이곳을 돌파했다.

T-34전차는 더 이상 미군전차의 상대가 되지 못했다.

이즈음 미 제8군은 일선 주공부대에 원활한 보급을 지원하지 못하는 어려움을 겪고 있었다. 낙동강에 가설된 하나밖에 없는 주교가 적의 포격으로 파괴되었고, 도보교도 3번이나 포격이 명중하여 파괴되었으므로 보급차량 도하가 불가능하였다. 결국 야간에 민간인을 동원하여 선박으로 다음 날 전투에 소용될 보급품만을 겨우 도하시키는 형편이었다.

9월 24일

김천 일대에는 적의 퇴각을 엄호하는 수용진지가 마련되어 있었다.

적은 미군이 급속하게 진격하여 저들 제1군단주력이 미처 철수하기 전에 경부국도가 차단될 상황에 이르자 미군의 진격을 저지하고, 적 제1군단의 철수를 엄호하기 위하여 낙동강전선에서 거창을 거쳐 대전으로 철수하기로 된 저들 제9사단을 김천으로 방향을 전환시키고 제105기갑사단과 서울 부근에서 이동해 온 제849독립대전차포연대*가 합세하여 김천 일대에서 지연작전을 펴기로 한 것으로 판단되었다.

* 국방부『한국전쟁사』제4권은 제849독립전투연대 또는 제849전차연대로(p230), 일본 육전사연구보급회『한국전쟁』4는 독립대전차포제849연대로 표시(p60).

03시에 미 제5연대전투단은 미 제21연대를 앞질러 김천으로 진격하다가 국도연변 140고지에 있는 적으로부터 강력한 저항을 받아 진격이 저지되었는데, 적 박격포와 전차포 사격을 받아 100여 명의 사상자를 냈고, 전차 6대가 파괴되었다.

오후에 전황을 시찰한 처치 사단장은 미 제21연대를 김천 북쪽으로 우회시켜 25일 아침에 북쪽에서 공격케 하였다.

9월 25일

이른 아침 미 제21연대가 북쪽에서, 미 제5연대전투단이 동쪽에서 김천을 협공하였고, 김천시내에 돌입한 미 제5연대전투단 제3대대는 공중공격과 포병의 탄막사격지원을 받으며 시가전을 감행하여 14시 45분 김천시내의 적을 모두 격퇴하고 시내를 탈환했다. 이어서 미 제21연대는 저녁에 험준한 산악지역인 추풍령과 황간을 돌파하였다.

9월 26일

미 제24사단 선두 제19연대는 영동에 진입하여 형무소에 수용되어 있는 미군 포로 3명을 구출한 후 계속 옥천으로 진격했다.

9월 27일

미 제19연대는 02시에 옥천에 진입하여 전차에 연료를 공급하였고, 장병들은 잠시 휴식에 들어갔다. 05시 30분 출발하여 다시 북으로 진격을 시작하였는데 선두전차가 옥천 교외에서 지뢰와 적의 대전차포 사격에 파괴되어 진격이 멎었다. 제1대대를 전개하여 전진하려고 하였으나 역시 적의 저항에 부딪혀 좌절되었다.

적은 옥천 서쪽 높은 고지에 증강된 부대가 강력한 지연진지를 마련하여 저항하였고, 이 틈을 타서 수천 명에 이르는 적이 대전으로 철수하였다. 이곳은 대전을 고수하기 위한 최후의 방어진지였기 때문에 매우 견고하여 쉽사리 공략하기가 어려웠다. 이 고지 밑으로는 두 개의 터널이 있는데 미 제24사단이 69일 전에 대전을 철수할 때 퇴로를 차단당했던 그 고지다.

대전으로 진격하는 미군 전차 사격수는

"내가 마지막 본 대전은 명랑하지 못하였는데 오늘 가게 되면 단단히 복수전을 해 주어야지!"

하면서 7월 20일 패전한 쓰라린 경험을 되새기며 콧노래를 불렀다.

정찰기는 북한군이 대전에 집결하고 있다는 것과 일부 대부대가 북쪽으로 철수하고 있다는 관측보고를 계속했다. 대전에는 영남과 호남 지역에서 후퇴하는 적 7개 사단 패잔병이 집결하고 있었다.

제19연대는 전력을 다하여 공격하였으나 북한군 제9, 제10사단 일부가 시 외곽지역에서 완강히 저항하여 돌파가 어려웠다. 날이 저물어 공격을 중지했다.

9월 28일

미 제19연대는 아침 일찍 대전을 공격하였다. 적은 이미 전날 밤에 철수하고 없었다. 항공관측보고에 의하면 800명 규모의 적이 대전 비행장을 지나 북쪽으로 가고 있고, 대전역 부근에도 많은 적이 집결해 있으며, 대전 서쪽에 1,000여 명 규모의 적 행렬이 조치원 방향으로 가는 것을 발견하고 네이팜탄과 기총소사로 공격하였다고 했다.

16시 30분 제19연대 제2대대 정찰대와 미 제3야전공병대대 C중대가 대전 동쪽 교외로 진입하여 대전비행장을 점령하였는데 이들은 69일 전에 불길에 싸인 대전에서 마지막으로 빠져 나온 부대들이다.

사단장이 배려하여 이들을 대전에 선두로 진입하게 한 것이다.

17시 30분 연대 주력이 대전시내에 진입했고, 18시에는 사단포병 연락기가 대전비행장에 착륙했다.

대전탈환전에서 약 300명을 포로로 잡았고, 지상군이 전차 13대를 파괴한 것 외에 공군에 의하여 20대가 파괴된 것으로 보고되었다.

미 제19연대는 9월 30일 금강선까지 진출하였다.

미 제24사단은 9월 30일 미 제19연대가 금강선에 진출하자 금강에서 낙동강까지 약 161km에 이르는 경부국도와 철도경비임무를 맡았다.

제19연대는 금강~대전 간,

제21연대는 대전~영동 간,

제5연대전투단은 김천 일대,

사단 수색중대는 왜관교량을 경계하였고,

제24정찰중대가 김천~왜관철교 사이를 경계하였다.

사단사령부는 대전에 있었다.

미 제24사단은 대전 진격전에서 도합 447명을 포로로 잡았고, 7월에 후퇴하면서 두고 간 미군 곡사포 4문을 도로 찾았으며, 포장된 채로 있는 적 기관총 50정을 비롯하여 많은 장비를 노획하였다.

미 제1군단장 밀번 소장과 미 제24사단장 처치 소장 그리고 수백 명의 미군들은 9월 28일부터 10월 4일까지 사이에 대전시내에서 5,000~7,000명으로 추산되는 민간인과 국군 17명, 미군 40여 명을 학살한 참혹한 대도살장을 목격했다. 그 중에 극적으로 살아남은 6명이 있었는데. 이들은 국군 1명, 미군 2명, 민간인 3명이다.

생존한 미군 1명은 흙으로 매장할 때 흙이 엷게 덮어지자 연필로 구멍을 뚫어 숨통을 터 놓고 숨을 쉬면서 기회를 노리다가 탈출했고, 나머지는 모두 매장되었다가 숨이 떨어지기 전에 미군이 진격하여 구출했다.

10. 창녕~논산 진격전 – 미 제2사단(9월 22일~30일)

9월 22일

19일부터 공병이 모래등(沙嶝-적포교 북쪽)도선장에 낙동강부교*가 완성되어 미 제2사단 지원부대와 중장비가 모두 도하했다.

> ＊ 사등에 가설한 낙동강부교의 길이는 122m인가? 330m인가?
> 국방부 『한국전쟁사』 제4권 "미 제2사단은 비록 84.2m의 가교자재 밖에는 없었으나 사등도선장에 122m의 도보교량을 완성하여……"(p239)
> 일본 육전사연구보급회 『한국전쟁』 [4]
> "사등에서 가설하고 있던 3백 30미터의 부교가 완성되고,……"(p130)
> "사단이 보유하고 있는 가교자재는 2백 50미터분 밖에 없었기 때문에……"(p131)

미 제2사단장 카이저 소장은, 미 제23연대가 신반리를, 미 제38연대가 초계를 탈환한 후에 양 연대가 합세하여 합천을 협공하고 이어 거창으로 진격하라는 명령을 내렸다.

새벽에 미 제23연대 2개 대대가 신반천 양안(兩岸)에 나란히 전개하여 신반리공격을 준비하고 있던 중 적이 기습하여 전날 어렵게 탈환한 286고지를 잃었고, 이 기습에서 B중대장 스텔(Art Stelle) 대위가 전사했다.

제1대대가 반격하여 다시 286고지를 탈환하고 이어서 왕령산(王嶺山, 272.3m-신반리 북쪽)을 공격했는데 이곳에는 적 약 2개 대대가 배치되어 있었다. 연대장은 예비대인 제2대대를 우측방으로 증강시켜 협공케 하였으나 지형이 험준하고 적의 진지가 견고하여 공격은 진전이 없었다.

미 제38연대는 14시경 초계를 점령하였다. 사단장 카이저 소장은 미 제38연대의 전과를 확대시키기 위하여 현풍에서 적 제10사단과 대치하고 있는 미 제38연대 제1대대를 연대 주력에 합류시키고 그 자리에는 미 제9연대 제2대대를 대치시켰다. 미 제9연대는 8월 초순 낙동강돌출부 전투 이래 계속되는 격전을 치러 지칠대로 지쳐 있었다.

9월 23일

미 제23연대는 신반리를 탈환했고, 초계를 점령한 미 제38연대와 합세하여 합천공격을 서둘렀다. 적 제2, 제4, 제9사단은 2~3,000명으로 줄어든 병력을 이끌고 합천 쪽으로 퇴각한 것으로 보였다.

9월 24일

미 제38연대는 동남쪽에서, 미 제23연대는 동북쪽에서 합천을 공격하였다.

제38연대는 김천 방향 도로를 봉쇄하여 미처 퇴각하지 못한 적 약 2개 대대를 꼼짝 못하게 묶어 놓고, 도로봉쇄지점 진지에 있는 적 300여 명을 모조리 섬멸했다.

제23연대 제3대대는 합천에 진입했다. 또 F-51 전투기가 2회 출격하여 적을 강타함으로써 적은 치명적인 타격을 입었고, 살아남은 자는 산속으로 분산 도주했다.

9월 25일

미 제38연대는 거창으로 진격했다. 7월 말 미 제34연대가 철수한 황강 하곡(河谷)도로를 거슬러 갔는데 도로폭이 좁아졌고, 북한군이 도로를 심하게 파괴하였기 때문에 병력이 차에서 내려 도보로 행군해야만 했다. 도로에는 북한군이 버린 차량과 포, 중장비들이 어지러이 널려 있었고, 피로에 지친 적의 잡다한 부대가 힘없이 걸어가고 있었다.

20시 30분에 연대는 거창 입구에서 추격을 멈추고 야영에 들어갔다.

미 제2사단은 좁은 도로로 진격하면서 적 360명을 살상하고, 450명을 포로로 잡았으며, 트럭 17대, 오토바이 10대, 대전차포 14문, 야포 4문, 박격포 9문, 탄약 약 300톤을 노획하는 전과를 올렸다. 주) 국방부 「한국전쟁사」 제4권 p240

포로 진술에 의하면 북한군 제2사단은 병력이 2,500여 명에 불과하였고, 사단장 최현 소장은 병을 앓고 있었으며 군단 후위를 맡고 있었으나 대부분 분산되어 합천~거창 간 산속으로 숨어들었다고 했다.

UN공군은 지상군을 지원하면서 네이팜탄과 로켓탄 등으로 공격하여 거창을 완전히 파괴해 버렸다.

미 제23연대는 미 제38연대를 뒤따라 진격하였다.

9월 26일

미 제38연대는 잿더미로 변한 거창에 진출했고, 부상병 45명을 수용하고 있는 적의 야전병원을 점령했다. 여기서 잡은 포로 진술에 의하면 적 제2, 제4, 제9사단과 제10사단은 거창에서 대반격을 시도하였으나 미 제2사단 추격이 너무 빨라 그 기도가 좌절되었다고 했다.

미 제23연대는 거창에서 미 제38연대를 앞질러 차량 편으로 19시 30분 안의에 진격하여 들 가운데에 있는 마을에서 야영에 들어갔다.

9월 27일

04시, 미 제23연대 야영지에 사방에서 적의 포격이 집중되었다. 제2탄 이후의 포격이 제3대대지휘소에 집중되어 부대대장을 비롯한 대대S-2와 S-3보좌관, 수송관, 포병연락장교와 고사포장교 1명이 전사하고 대대장이 중상을 입었으며, 사병 25명이 부상하는 피해를 입었다. 추격하는 부대가 패주하는 적에게 당한 피해치고는 너무도 컸다.

9월 28일

미 제23연대가 뜻밖에 많은 사상자를 내자 미 제38연대가 앞질러 전주로 진격하였다. 04시에 차량으로 거창을 출발하여 13시 30분 전주에 돌입하였다. 9시간 반 동안에 117.5km를 주파하였다.

제38연대가 주파한 이 도로는 험난한 지리산계의 산간도로로 트럭 한 대가 겨우 다닐 수 있는 좁은 길인데다가 울퉁불퉁하고, 꼬불꼬불하고 자갈 투성이의 비포장도로에 많은 고개와 계곡을 지나야 하는 험로였다.

제38연대는 전주에서 적 제102, 제104경비연대 병력 약 300명을 공격하여 약 130명을 사살하고 170명을 포로로 잡았다.

9월 29일

미 제38연대는 아침에 전주에서 연료보급을 받고 출발하여 30일 03시에 강경~논산선에 진출했다.

9월 30일

미 제2사단은 제38연대가 전주~강경 지역, 제23연대가 안의 지역, 제9연대가 고령~삼가(三嘉) 지역에서 경계 임무에 들어갔다.

강경~논산선에 진출한 미 제2사단은 321.8km 떨어진 후방 밀양역전 보급소에서 보급지원을 받아야 했는데 한 왕복에 48시간이 소요되었다.

미 제9군단장 콜터 소장은 미 제2사단과 미 제25사단에 2개 수송중대 차량 130대로 보급을 지원하고 있었는데 날이 갈수록 거리가 늘어나 드디어 왕복에 48시간이 걸리게 된 것이다.

수송중대 운전병들은 4일 동안 수면시간을 13시간, 1일 평균 2~3시간 밖에 못 잤다는 계산이다.

11. 마산~군산 진격전 – 미 제25사단

진주 탈환전 (9월 22일~25일)

9월 22일

미 제24연대 A중대는 둔덕(屯德·마산시 鎭田面)에서 야영했다. 한 소대장이 아침에 잠에서 깨었을 때 그 곁에 적병 1명이 서 있었다. 소대장이 깜짝 놀라서 일어나면서 적의 대검을 빼앗아 격투가 벌어졌는데 곁에 있던 사병이 적을 사살하였다. 다른 적병 3명은 참호 속에 수류탄을 던져 사병 2명이 죽고 1명이 부상했다. 이어서 적 박격포탄이 중대장회의를 하고 있는 제1대대(Eugene J. Carson 소령)지휘소에 떨어져 본부중대장이 전사하고, 부대대장과 S-1, S-2가 부상하는 등 모두 7명이 사상했다.

9월 23일

아침에 미 제35연대는 진주고개를 공격했고, 미 제27연대는 해안을 따라 배둔리까지 진출했으며, 미 제24연대는 서북산의 잔적을 소탕했다.

미 제8군사령관 워커 중장은 미 제9군단의 지휘를 맡은 콜터 소장과 함께 마산에 있는 미 제25사단을 방문하였다.

콜터 군단장은

"미 제25사단 추격 방향이 너무 남쪽으로 치우친 것 같으니 주공을 북쪽으로 향하게 해 달라."

고 워커 사령관에게 건의하였다. 콜터 군단장은 미 제2사단과 미 제25사단과의 간격이 너무 벌어져 있는 것을 염려하여 해안도로를 따라 공격 중인 미 제27연대를 남강의 북안으로 방향을 바꾸어 진주를 동북방에서 공격케 함으로써 미 제2사단과 연결시키고자 하는 이유에서였다.

워커 장군은 이렇게 대답했다.

"귀관은 제9군단장이니까 군단의 추격 구역 내에서 어떻게 부대를 운용하던지 그것은 귀관의 자유다."

콜터 소장은 원래 미 제1군단장이었다. 워커 사령관은 그의 우유부단한 성격 때문에 주공군단을 맡기는 것이 옳지 않다고 판단하고 밀번 소장과 바꾸었는데 바로 이러한 것이 그 한 예인지도 모른다.

미 제25사단장은 군단장 지시에 따라 토먼특수임무부대를 편성하여 배둔리~고성~사천~진주가도로 진격케 하는 한편, 미 제27연대를 중암리로 돌려 의령으로 진출할 수 있도록 준비시켰다.

토먼특수임무부대는 제25수색중대, 전차 1개 중대, 공병소대, 박격포소대 및 전술항공통제반으로 편성하고, 수색중대장 토먼(Charles J. Torman) 대위가 지휘하였다.

9월 24일

토먼특수임무부대는 아침부터 해안선을 따라 진주로 진격했다. 도중에 사천 북쪽에서 적 제104경비연대 제3대대 약 200명을 물리쳤고, 저녁 때 진주 남쪽 4km 지점 도로교차점에 있는 감제고지를 점령했다.

미 제35연대는 진주통로에서 적 제6사단의 일부 엄호부대에 의하여 진격이 저지되자 방어태세에 들어갔다. 이날 밤에 적이 남강교를 파괴하고 있다는 정찰보고가 있었으므로 피셔 연대장은 남강교 하류에서 남강을 도하하기로 하고 다음 날 02시부터 도하에 들어갔다.

9월 25일

토먼특수임무부대가 밤중에 남강교에 이르렀는데 이때 함께 가던 전차 1대가 적이 교모하게 위장하여 매설해 놓은 지뢰에 걸려 폭발하였고, 토먼 대위도 중상을 입어 후송되었다.

02시, 미 제35연대 제2대대(위킨스 중령)는 진주 동남쪽 4km 지점에서 토먼특수임무부대 전차포 지원 아래 야포와 박격포로 저항하는 적 약 1개 대대를 격멸하고 진주에 진입했다. 제1대대와 제3대대는 오후에 진주에 진입했고, 토먼특수임무부대는 저녁 때 남강교 동쪽 200m 지점에 미 제65야전공병대가 가설한 마대도하장(麻袋渡河場)을 통하여 진주로 들어갔다.

의령 방면으로 진출한 미 제27연대는 전날 아침부터 현지 주민 약 1천 명을 동원하여 남강에 수중교 설치작업에 들어갔는데 수심이 깊은데다가 적이 박격포로 방해사격을 하여 26일 아침에야 작업이 끝났다. 연대는 수중교를 통하여 정오경 의령에 진출했고, 28일 가벼운 적의 저항을 물리치고 진주에 진입했다. 해안도를 따라 추격하던 연대를 남강 북안으로 방향을 바꾸는 바람에 진주 진출이 이틀간이나 늦어졌다.

9월 25일 밤, 미 제25사단 추격목표가 군산으로 지정되었다. 킨 사단장은

미 제35연대를 우측 추격부대로 하여 진주~함양~남원~전주~이리가도를 따라 강경으로 진출케 하고,

미 제24연대를 좌측 추격부대로 하여 진주~구례~남원~김제~이리가도를 따라 군산으로 진출하도록 명령을 내렸다. 진출이 늦어진 미 제27연대는 진주를 방어하고, 2개 중대로 하여금 지리산 길목을 지키게 하였다.

이 추격의 목적은 게릴라 소굴로 지목되어 온 지리산 북쪽과 남쪽을 빠른 속도로 추격하여 적 제6사단과 제7사단의 퇴각병력이 지리산으로 잠입하는 것을 막기 위한 작전이었다.

이때 정찰기와 비밀정보에 따르면 2백~4백 명 정도의 부대와 분산된 패잔병들이 지리산으로 들어가고 있다고 했다.

진주~구례~남원~군산 진격 (26일~30일)

토먼특수임무부대는 부대장 토먼 대위(제25수색중대장)가 부상으로 후송된 후 후임에 제79전차대대 A중대장 매슈(Charles M. Matthews) 대위를 임명하고, 부대 명칭도 매슈부대로 개칭하였다.

사단 좌측 추격부대장인 미 제24연대장 화이트 대령은 매슈부대를 선두부대로 하고 이어서 제3대대(블래어 소령)를 전진시킨 다음 주력은 그 뒤를 따르게 하였다.

9월 26일

제65공병대대는 철야 작업으로 남강교를 복원하여 오후부터 차량이 통행할 수 있게 하였다.

매슈부대는 아침 일찍 진주를 출발하였으나 며칠 전에 내린 비로 강물이 불어 수중교로는 도하할 수 없었으므로 남강과 덕천강에 놓인 교량 3개를 수리하여 강을 건넜다. 다리를 수리하는데 시간을 지체하여 실제로 진주를

떠난 것은 다음 날 10시였다.

9월 27일

매슈부대는 패주하는 적을 소탕하면서 하동고개(일명 쇠고개)를 통과하였다. 미 제24사단에 배속되어 오키나와에서 막 도착한 미 제29연대 제3대대(모트 중령)가 7월 26일 괴멸당했고, 채병덕 소장이 전사한 비운의 고개이다. 2개월 만에 반격한 미군은 산기슭과 하천 주변에서 동료 시체 314구를 확인했다.

17시 30분, 부대가 하동에 진입했을 때 주민들이

"약 30분 전에 미군포로들을 북한군이 끌고 갔다."고 알려주었다.

달빛을 받으며 구례 방면으로 급히 추격하여 연행 중인 미군 포로 11명을 구출했는데 그들은 미 제29연대 제3대대 소속으로 영양실조에 걸려 제대로 걷지도 못했고, 상처도 치료받지 못하여 비참한 몰골을 하고 있었다.

9월 28일

10시경, 매슈부대 선두를 달리는 레이퍼스 중사의 전차가 남원읍내로 질주해 갔다. 뒤따르던 두 번째 전차가 깊은 웅덩이에 빠졌는데 레이퍼스 중사는 이를 모른 채 혼자 남원으로 들어간 것이다.

시내에는 북한군이 득실대고 있었고, F-86제트기가 로켓 공격을 하고 있었다. 적들은 전투기 공격에 넋을 잃고 있다가 전차가 나타나자 혼비백산하여 이리 뛰고 저리 숨고 삽시간에 읍내가 아수라장으로 변했다.

레이퍼스 중사는 이렇게 표현했다.주) 일본 육전사연구보급회 『한국전쟁』 [4] p153

"북한군이 반미치광이가 되어 이리 뛰고 저리 뛰고 하는 광경을 내 신변에 위험을 느끼지 않고 보았더라면 굉장히 재미가 있었을지 모른다."

"쏘지 마라. 미군이다!"

라며 외치는 소리가 들렸다.

　곧이어 민가 대문이 열렸고, 미군들이 미친 듯이 날뛰면서 뛰쳐나왔다. 레이퍼스 중사는 뒤따라오는 소여(Robert K. Sawyer) 중위에게 무전으로 이 사실을 알렸고, 소여 중위는 몇 대의 전차와 트럭을 몰고 와서 미군포로 86명을 구출했다. 미군들은 대부분 맨발에 남루한 옷을 걸쳤고, 아사(餓死) 직전에 있는 처참한 몰골이었다.주)

국방부 『한국전쟁사』 제4권 p252

　15시경 우측 추격부대 선두 돌빈부대가 남원에 진입하여 합류하였다. 매슈부대의 뒤를 따라온 브레어대대(제3대대)가 여기서부터 전위부대가 되어 29일 정오에는 정읍을 탈환했고, 저녁에는 이리를 탈환했으며, 30일 13시에 사단 최종목표인 군산을 무혈점령했다. 진주로부터 220km에 이르는 거리를 75시간 만에 돌파했다.

진주~함양~남원~전주~이리~강경 진격 (9월 26일~30일)

　미 제35연대장 피셔 대령은 돌빈특수임무부대를 편성하고 전위부대로 삼았다. 돌빈부대는 제89전차대대장 돌빈(Welborn G. Dolvin) 중령을 지휘관으로 하고 동 전차대대 주력과 보병 2개 중대, 중박격포소대, 공병소대, 위생반 및 보급반으로 편성하였다.

9월 26일

　06시에 돌빈부대는 진주에서부터 추격을 개시하였다. 부대장은 전차 1개 중대마다 보병 1개 중대를 탑승시키고 전차 중대장을 단위대장으로 하는 A, B 2개 팀을 만들어 교대로 선두를 서게 하였다.

　부대는 산청 북쪽 남강지류에 놓여있는 다리를 점령하기 위하여 진격했는데 적은 없었으나 도로에 많은 지뢰가 매설되어 있어서 어려움을 겪었다. 첫 번째 지뢰지대는 공병이 지뢰 11개를 제거하고 전차가 진출하였고,

500m 북쪽 두 번째 지뢰지대에서는 전차 1대가 지뢰에 걸려 파괴되었으며, 잠시 후에 나타난 세 번째 지뢰지대는 적 약 1개 소대가 지키고 있어 교전 끝에 소탕하고 지뢰를 제거하였다. 주변에 대전차포 6문, 트럭 9대, 탄약 7대분이 숨겨져 있어 이를 노획하고 계속 진격하였다.

땅거미가 질 무렵, 30분 후면 산청에 도착할 수 있는 지점에 이르렀을 때 전방에서 요란한 폭음이 울렸고, 얼마 후에 강가에 이르렀을 때 다리가 두 동강으로 파괴되어 있었다. 이 때문에 공병이 밤새도록 우회도로를 닦느라고 12시간이나 귀중한 시간을 허비해야 했다.

9월 27일

아침에 추격을 시작하자마자 선두전차가 지뢰에 걸려 정지하였고, 함께 진격하던 보병부대는 남강 남쪽 도로가에 밀집한 상태에서 정지하고 말았다. 강서안 고지에서 적의 박격포와 기관총 사격이 집중되어 공격을 시도했으나 적이 강 건너 험준한 산속에 있어 쉽지가 않았으므로 긴급항공지원을 요청하였다. 곧 무스탕 전투기 16대가 나타나서 네이팜탄과 로켓탄을 적진에 퍼부었다.

이때 킨 사단장이 나타나서 독전했다.주) 일본 육전사연구보급회 『한국전쟁』 [4] p155

"양측에 있는 적에 구애받지 말고 도로를 따라 전진하라. 추격전에서 적의 지연행동에 말려드는 것은 어리석은 일이다."

무스탕기가 적을 제압하고 있는 사이 돌빈부대는 대안 고지에 있는 약 1개 대대 규모의 적을 무시한 채 도로를 따라 진격했다. 그러나 남강 지류의 다리가 파괴되어 있었기 때문에 공병이 철야 작업으로 우회도로를 개설하였고, 이 동안 돌빈부대는 진격을 멈추고 기다려야 했다.

9월 28일

돌빈부대는 아침에 추격을 개시하여 정오경 함양 동쪽에 진출했는데 이곳에도 다리가 파괴되어 있어서 공병이 주민 약 280명을 동원하여 우회도로를 만들었다. 또 진격이 3시간이나 늦어졌다.

　진주～산청～함양 간 도로에는 다른 곳에서는 볼 수 없이 지뢰지대 설치, 교량 파괴, 소규모의 저항 등 철수에 필요한 갖가지 추격저지수단이 마련되어 있었는데 이 도로는 북한군 제6사단 퇴로이고, 사단장 방호산은 중공에서 배운 전술을 이용하여 구축한 저지수단의 일환이었다.

　돌빈부대가 함양 입구에 도착했을 때 정찰기가 '적이 시내 중앙에 있는 교량을 파괴하려 한다.' 고 알려주었다. 선두전차가 시내로 질주하여 교량에 폭약을 장치하고 있는 적 공병을 기관총으로 쫓아버리고 다리를 점령했다. 이후 교량파괴는 없었다.

　돌빈부대는 이때부터 시속 32km의 속도로 진격하면서 저항하는 적은 사살하고, 패주하는 적은 포로로 잡거나 분산시키며 15시경 남원에 진입하여 매슈부대와 합류했다.

9월 29일

　남원에서 급유를 한 돌빈부대는 0시에 출발하여 날이 밝을 무렵 전주에 진입하여 먼저 와 있는 미 제2사단 제38연대와 만났다. 이어서 이리, 강경을 거쳐서 금강선에 진출하여 그 임무를 마쳤다.

　돌빈부대는 이날 15시에 해체되었다.

　돌빈부대 추격거리는 138km에 이른다. 추격 중 적 350명을 사살하고, 포로 750명을 잡았으며 대전차포 16문, 트럭 19대, 탄약 65톤, 지뢰 250개를 노획했다. 피해는 45명이 부상하고 전차 3대가 파괴되었다.

　미 제25사단은 금강선에 진출한 후 제24연대가 군산 지역을, 제35연대는 이리 지역을 경계하였고, 제27연대는 남원～함양선에서 패잔병을 소탕하면서 경계 임무를 수행하였다.

제6절 38선을 돌파하라

1. 38선 돌파에 따른 논쟁

일본 아사히 신문 보도

9월 1일 일본 아사히 신문(朝日新聞)은
「UN군최종결정, 애치슨 장관 성명, 38도선 돌파」라는 제하 기사에서
"38선 돌파 여부는 UN에서 최종적으로 결정지을 것이다. 그러나 북한군이 자발적으로 물러나거나, 북한이 한국의 통일에 협력적인 태도로 나올 경우에 이 문제는 자연히 해결된다."
라고 하는 애치슨 미 국무장관의 성명을 보도하여 문제의 소재를 알려주었다, 이어 9월 10일자 신문에서는
"38선을 넘느냐의 여부를 결정할 수 있는 것은 안전보장이사회뿐이다."
라고 하면서 UN 사무총장의 담화를 보도하였다.

이때는 북한군의 9월 공세로 UN군이 밀리고 있었고, 인천상륙작전 같은 것은 상상도 하지 못하고 있었던 때인 만큼 '미국 특유의 낙관론'이니 '미국의 강점' 또는 '소련과 중공의 개입을 견제하는 외교' 등으로 받아들였

고, 세상 사람들의 주목을 끌만한 뉴스는 되지 못했다.

9월 하순에 이르러 전황이 호전되고 서울탈환이 확실해지면서 갑자기 사람들의 관심이 높아졌다.

"앞으로 미국이 어떻게 나올 것인가?"

라는 논의와 함께 많은 억측들이 매스컴을 떠들썩하게 하였다.

실제로 일본경제는 한국전쟁의 특별수요 때문에 이제 막 숨을 돌리기 시작하였고, 미·일강화조약과 일본의 안전보장문제도 세인의 화제에 오르고 있었기 때문에 이 전쟁이 여기서 끝날 것인가, 만일 북한으로 진격을 한다면 어떤 형태의 종전이 될 것인가 하는 것이 일본 조야의 관심사였다.

9월 25일자 아사히 신문은 이러한 관심에 응답이라도 하듯이

「38선을 주시하는 한국인」

이라는 제목으로 중화일보(中華日報) 특파원 노관선(盧冠鮮) 기자의 보고를 게재하여 세인의 주목을 끌었다.

UN군은 38선을 넘을 것인가?

일본 육전사연구보급회『한국전쟁』4는「논쟁의 발단」(p181)에서 다음과 같이 기술했다.

"한국민의 최대 관심사일 뿐 아니라 UN이 직면하고 있는 어려운 문제이다.

한국의 정계에서는 일반적으로 낙관하고 있으며, 설마 UN이 한국인들을 실망시키는 일은 하지 않을 것으로 믿고 있다. 그 이유는 만일 UN군이 38선을 넘지 않으면 UN은 스스로 권위와 지위를 잃어버리는 결과가 된다고 생각을 하고 있기 때문이다. 정부도 국회도 '38선은 없어졌다.'고 강조하고 있다. 그리고 한국민의 신념은 한국주재 UN한국위원단이 UN에 제출한 '북한군의 남하는 사전에 계획된 침략행위이며 38선의 존재는 인위적인 것이며 한국민의 의사에 따

른 것도 아니다.'라고 기술한 보고서로써 38선을 부정하는 논리를 뒷받침하고 있다.

그러나 부산의 일부 외교관의 견해로서는 UN군이 38선에서 정지할 가능성이 있다고 보고 있었으며 그 근거를

(1) 미국의 기본 노선은 여전히 전쟁을 확대하지 않을 방침이며, 한국에서 소련과 충돌하지 않는 것을 제일주의로 생각하고 있다. 미국은 소련의 간섭을 초래할 위험이 많은 38선 돌파라는 도발적인 행동은 피할 것이다. 그 증거의 하나로 9월 15일 부산에서 거행된 한국의 국토통일촉진국민대회에 미국 대사의 모습이 보이지 않았던 사실을 들고 있다.

(2) 한국 문제는 UN에 의해서 해결되지 않으면 안 될 성질의 것이다. 그러므로 설사 미국이 38선을 넘을 의사를 가지고 있더라도 영국을 위시한 기타 서구 제국들은, UN군이 38선을 돌파할 경우에 소련이 정면으로 개입하지는 않겠지만 중공의 개입 가능성은 대단히 크다고 보고 있다. 따라서 미국이 '별로 중요하지 않은 한반도에서 힘을 소모한다면 보다 중요한 유럽'의 방위력을 약화시키는 결과를 초래하지 않을까 우려 때문이다.

(3) 마셜 원수가 국방장관에 취임했다는 것은 의심할 여지 없이 국방성의 발언권을 강화하였다는 것을 의미하는데 국방성은 전부터 38선 문제에 대해서는 신중을 기했었다."

이후 일본 매스컴들은 이 문제에 초점을 맞추어 매일 보도하였다.

대한민국의 입장

이승만 대통령은 9월 20일 인천상륙경축대회장에서 38선에 대한 소신을 다음과 같이 밝혔다.

"지금 세계 각국 사람들이 38°선에 대해서 여러 가지로 말하고 있으나 이것은 다 수포로 돌아갈 것이니 본래 우리의 정책은 남북통일하는데 한정될 것이오, 또 트루먼 미 대통령도 선언하기를 군사상 원조를 계속한다 하였으니 우리 한국이 동양에 있어 큰 나라가 된다는 것은 우리가 주장하는 바이오 동시에 UN군이 작정한 바다."

"소련이 한국내란에 참여하여 민주정부를 침략한 것은 민주세계를 토벌하려는 것이므로 UN군이 들어와서 공산군을 물리치며 우리와 협의하여 싸우는 것이다. 그러므로 우리가 38°선에 가서 정지할 리도 없고 또 정지할 수도 없는 것이니 지금부터 이북 공산도배를 다 소탕하고 38°선을 두만강, 압록강까지 밀고 가서 철의 장막을 쳐부실 것이니 그런 뒤에는 우리를 침손(侵損)할 자가 없을 것이다." (국방부『한국전쟁사』제4권 p278)

대한민국의 기본통일노선은 북진 통일이었다. 이 기회에 우리의 숙원인 북진통일이 성취되기를 바랬고 그래서 38선 돌파는 당연한 것으로 받아들였다.

이승만 대통령은 9월 19일 한 연설에서 이렇게 못을 박았다.

"만일 UN군이 정지하더라도 국군은 북진한다."

임병직 외무부장관은 뉴욕에서 'UN군의 38선 돌파에 대한 필요성'을 설명했고, 국회는 9월 30일 북진을 결의했다.주) 일본 육전사연구보급회『한국전쟁』[4] 185

2. 주변국 여론

미국의 여론 – 매파와 비둘기파

미국에서는 38선을 돌파해야 한다고 주장하는 측과 넘어서는 안 된다고 주장하는 측과의 사이에 논쟁이 벌어졌다. 전자는 이른바 매파라 불리었고, 후자는 비둘기파라고 불리었다.

북진을 주장하는 매파의 주장

(1) 기세당당하게 추격하는 UN군이 38선에 도달했다고 정지시킬 수 있을 것인지 의심스럽다. 병법에서는 기세를 가장 중요시한다. 특히 국군을 정지시키는 것은 법적으로나 기술적으로나 어려운 일이다.

(2) 38선에서 정지시키면 북한군은 언제든지 다시 침략해 올 수 있다. 왜냐하면 북한군의 주력은 괴멸되었지만 아직 새로운 부대를 재편성할 힘이 남아있기 때문이다. 예상되는 재공격을 저지하려면 UN군의 주둔이 필요한데 언제까지나 UN군을 한국에 머물러 있게 할 수는 없다.

(3) 38선 돌파는 계속 추적권의 이론으로 보아 합법적이다.

(4) UN의 목적은 처음부터 통일된 한민족 국가를 창건하는데 있었기 때문에 38선을 항구적인 것으로 인정한 일은 없었다. 한국이 이미 38선 돌파를 표명한 이상 이제 38선은 법적으로 존재하지 않는다.

(5) 38선을 넘지 않으면, 자유진영 측은 38선을 영구적이고도 합법적인 국경으로 인정하는 것이 된다.

(6) 전쟁이 시작된 이래 상당수의 전쟁 범죄자가 나왔는데, 이를 재판에 회부하기 위해서는 38선을 넘지 않으면 안 된다.

(7) UN공군과 해군은 개전 초기부터 북한에 포격과 폭격을 가하고 있다. 지상군만이 북진을 해서 안 될 이유가 없다.

(8) 6월 27일의 안전보장이사회의 의결은

'이 지역에 있어서의 국제평화와 안전을 회복하기 위해'

라고 규정하였는데 이것은 맥아더 원수에게 북한으로 진격할 수 있는 법적

권한을 부여한 것이라고 해석해야 한다.

➡ 제8권 「UN안전보장이사회의 한국 군사원조에 관한 결의문」 참조

▎비둘기파의 주장

한결같이 38선을 넘으면 소련군이나 중공군의 개입을 초래하여 필연적으로 전쟁은 확대, 장기화되어 제3차 세계대전을 유발시킬 우려가 많다고 하는 정치적인 고려에 기초를 두고 있다.

워싱턴이나 도쿄의 정치 및 군 수뇌부 사이에 이 문제가 제기된 것은 북한군의 8월 공세를 격퇴하고, 한숨 돌렸던 8월 중순경이었다.

전쟁에 개입한 이상 명예로운 종전으로 이끌기 위해서는 이 전쟁을 어떤 형태로 끝을 맺어야 하는가에 대한 연구를 진행하지 않으면 안 되었다. 당초의 목적 달성에 만족하고 38선에서 정지하여 정치적 해결을 모색한다는 안과 차제에 북한정권을 전복하고 한반도에 자유로운 통일국가를 건립하기 위하여 북진을 계속한다는 두 가지 안이 연구되었다.

트루먼 정부는 신중하게 그리고 충분한 시간을 가지고 이 문제를 연구하였는데 별다른 이견도 없이 극히 자연스럽게 북진을 결정했다고 한다.

역시 '전쟁은 기세(氣勢)다.' 라는 생각이었을 것이다.

미국이 북진을 결정한 이유를 요약하면 다음과 같다.

"38선에서 정지하면 다시 북한이 남침할 염려가 다분히 있고, UN안전보장이사회의 의결에 표명되어 있는 '이 지역'에 있어서의 평화는 결코 도래하지 않는다. 해공군은 이미 북한 지역에서 작전을 하고 있기 때문에 지상군이 작전을 해서 안 될 이유는 없다."

인천상륙작전을 구상할 때 평양의 외항인 진남포 부근에 상륙한다는 안이 이미 있었고, 이는 이와 같은 생각의 하나로 볼 수가 있다.

미국이 북진을 결정하는데 있어서 가장 중요시한 것은 법적인 근거나 세론의 동향 따위가 아니고 소련이나 중공의 개입 가능성이었다. 당시는 북대서양조약군 편성이 끝나지 않았고, 서독군도 아직 탄생되기 전이라 미국이 가장 역점을 두고 있던 서구 상태는 동독에 주둔하고 있는 소련 20개 최신예사단 앞에 무방비상태로 노출되어 있다는 것이었다.

또 제2차 세계대전 정리업무에 전념하고 있던 미국으로서는 소련과 전쟁을 할 의사도 없었고, 그런 준비도 되어 있지가 않았다. 그리하여 미국이 한국전에 개입하는데 있어서 전면전으로 발전할지도 모르는 소련이나 중공과의 직접적인 충돌을 피해야 한다는 정·전략상(政戰略上)의 대방침하에서 이 전쟁에 임하였던 것이다.

이 기본 방침을 관철하기 위하여 미국은 교전지역을 한반도에 국한시키고 교전수단도 재래식 무기만으로 하되 교전 목적은 북한군 격멸에 한정시킴으로써 그 목적을 달성하려고 하였다.

'제한전(制限戰)'이라고 하는 단어가 만들어진 연유다.

이러한 연유로 인천상륙작전과 북진을 결정하는데 있어서 미국이 절대적으로 고려해야 했던 것이 중공의 동정이었다.

미국의 전 세계적인 첩보망이 중공군 동향 탐지에 집중되었다.

해남도작전(1950년 4월-국민정부군 축출)을 끝내고 북상중이라고 전해지는 임표(林彪) 장군 휘하의 제4야전군과

복건성(福建省)에 집결하여 대만을 해방시킨다고 큰소리치고 있던 진의(陳毅) 장군 휘하의 제3야전군,

그리고 중국대륙에 널리 분산되어 있는 350만 명에 달하는 중공군.

당시 소련이나 중공의 동향은 정확하게 파악할 수가 없었고, 개입의 징후도 보이지 않았다. 9월 11일 트루먼 대통령은

"중공과 소련이 개입할 염려가 없는 경우에 한하여 지상작전을 북으로 확대한다."

는 합동참모본부의 방침을 승인하였고, 이 지령은 9월 15일 인천 앞바다에서 상륙 작전을 진두지휘하고 있는 맥아더 원수에게 전달되었다.

(1) 귀관의 군사 목표는 북한군을 격멸하는데 있다. 이 목표를 달성하기 위해 귀관은 지상작전을 38선 이북으로 확대해도 좋다.

단 어떠한 상황 하에서도 만주·소련 국경을 넘어서는 안 된다.

(2) 소련과 국경을 접하고 있는 한반도 북동부와 한·만 국경지대에 국군 이외의 부대를 진격시켜서는 안 된다.

(3) 만주·소련에 가까운 지역에서 해·공군의 작전을 해서는 안 된다.

(4) 북한군의 조직적인 저항력을 격멸한 후, 잔여 북한군의 무장해제와 항복조건의 집행에는 주로 국군이 참여하도록 한다.

(5) 북한 지역의 행정은 정세에 따라서 결정한다.

(6) 북한 진격계획을 합동참모본부에 제출하여 승인을 받으라.

중공의 속셈

중공의 동향에 대하여는 세계의 관심이 집중되어 있음에도 불구하고 알 길이 없었다. 죽의 장막 깊숙한 곳에서 행해지고 있을 의사결정은 물론 야전군의 움직임조차 알 길이 없었다.

그러나 전쟁이 발발한 이래 중공수상 주은래(周恩來)의 발언은 미묘한 뉘앙스를 가지고 세계에 보도되었다.

"이 전쟁은 국내전이기 때문에 UN의 간섭은 부당하다."

는 입장을 취하고 있으면서 8월 20일 리 UN사무총장, 말리크(Yakov Malik) 안전보장회의 의장 앞으로 보낸 전보에서

"이 전쟁은 미국의 침략 전쟁이다. …… 중공인민은 한국문제 해결에 가장 깊은 관심을 표하지 않을 수 없다."

고 저들의 태도를 표명하였고,

8월 24일 미국 항공기의 영공 침범*에 대하여 안전보장이사회에

"미국의 중공 영토에 대한 직접 무력 공격"

이라고 항의하면서 미 제7함대를 대만해협에서 철수하라고 요구하였다.

8월 28일 미 항공기의 침범을 보도하는 동시에 다음 날

"미국은 악의를 품고 무력 침략을 확대하려 하고 있다."

고 비난하고, 안전보장이사회는

"미국의 이러한 행위를 유죄로 판결하고 미 침략군이 한국으로부터 즉각 철군하도록 권고하라."고 제의하였다.

* 중공정부는 27일 B-29 3대와 무스탕 및 기타 10대가 안동비행장과 철도를 폭격했다고 항의했다. 10월 2일 미국은 지난 8월 27일 무스탕 2대가 악천후로 오폭사실을 인정하여 사과했고, 침략 야심에 대해서는 부정했다.(인용문헌 p194하단)

이러한 중공의 움직임은 일반적으로 "UN에서의 한국전쟁 문제를 중공의 UN가입 문제와 대만의 중립화 문제로써 혼란을 야기시키려는 의도이다."라는 것으로 받아들여지고 있었다.

8월 27일, "중공군 2개 사단이 한만국경으로 이동하였고, 안동에서는 선박을 징발하여 북한군의 중공업시설을 만주로 이동시키고 있다."(미 육군성 발표)고 전해졌으며, 다음 날인 28일에는 "중공군이 북한으로 진출하는 일은 없을 것이다."라는 미 당국의 담화가 발표되었다.

9월 11일 홍콩의 서방측 소식통에서

"대만의 대안에서 중공군 90만 명이 한만국경으로 이동 중에 있다."

는 주목할 만한 정보자료가 흘러들어 왔으나 이를 부정하는 경향이 짙었다.

9월 23일 UN군이 서울로 진격하고 있을 때 중공은 돌연히

"조국을 위기에서 구출하기 위하여 재만(在滿) 중공군 중에서 역전의 조선군병사가 귀국했다."

고 성명을 발표하였고, 그 성명 마지막에

"중공인민은 항상 조선민족 편에 서서 싸울 것을 명확히 성명한다."

고 덧붙였다.

9월 25일 신화사통신은 "미국항공기가 안동비행장에다 폭탄 12개를 투하했다."고 보도하였고, 같은 날 중공군 총참모장 대리 섭영진(聶榮臻) 대장이 북경주재 인도대사 파니카(Sardar M. Panikkar) 대사에게

"중공은 미국이 38선을 넘는 것을 묵과할 수 없다."

고 미국에 대한 경고를 전하였다. 이 경고는 UN군 주력이 38선에 도달한 다음 날인 9월 31일에 공표되었다.

10월 1일 주은래는 중공건국1주년기념축하회에서 '북조선 최후의 승리'를 확신하고, '중공의 대만 해방 결의'를 표명하였으며, 미국을 '중공의 가장 위험한 적이다.'라고 단정하면서

"중공은 그 인접국가가 강대국의 무력에 의해서 파괴되는 것을 수수방관할 수는 없다."

고 언명한 것과 같은 날 다른 집회에서 주은래는 언성을 높여가며

"중공인민은 평화를 사랑하지만 평화를 지키기 위해서라면 침략자와의 싸움도 불사한다. …… 만일 강대국이 인접국가의 영토에 난입을 했을 경우에는 중공인민은 결코 방관하지 않는다."

고 한 연설 내용이 전해졌다.

중공은 UN이 8개국 공동제안을 의결하여 UN군의 북진에 대한 법적근거를 부여한 다음 날인 10월 8일 성명을 발표하여 "8개국 결의안은 세계인

민의 의사와는 다르게 의결되었다."라고 반박하였고, "미국의 침략 전쟁은 당초부터 중공의 안전에 중대한 위협이다."라고 단정하였으며,

"국군의 북진은 국내전이니까 부득이하지만……"＊

"우리는 북조선이 외국군대에 의해서 침략당하는 것을 간과할 수는 없다. …… 중공인민은 평화를 사랑하기 때문에 평화를 지키기 위한 전쟁에는 기꺼이 참전한다."

고 저들의 의사를 분명히 표시했다.

＊ 국군만이 북진했을 경우에도 중공은 의용군이라는 이름으로 개입하였을 것이라고 추측하는 경향이 많았다.

이러한 중공의 성명이나 발언은

"UN군이 38선 이북으로 진격하면 참전한다."

는 메시지를 분명히 전한 것이지만 미국이나 UN은 이것을 사실로 받아들이지 않았다.

9월 1일 트루먼 대통령이 전 국민에게 한 방송과 16일 러스크 국무차관보가 방송을 통하여 "미국은 다른 의사가 없으니 소련과 중공은 신중히 행동하기 바란다."는 유화적인 제스처를 쓴 것과

8월 28일 전날 중공군 2개 사단이 한·만국경지대로 이동하였다는 정보를 전해 듣고 "중공군이 북한으로 남진하는 일은 없을 것이다."라는 희망적인 담화를 발표한 것으로 미국의 입장을 대변했다.

서구 제국은?

영국은 9월 26일 "38선을 넘지 않으면 UN 감시하에서 전 한반도의 선거나 통일 한국의 실현이 불가능하다."는 판단을 하고 38선 돌파를 승인하는

쪽으로 결론을 내렸다.

캐나다, 오스트레일리아 등 범태평양 제국도 미국 결정에 동조하였다.

제2차 세계대전의 구세주이고, 전후 복구를 위해서 미국의 힘을 빌리지 않으면 안 되는 서구 국가들은 미국의 의사를 따를 수밖에 없었다.

소련의 꿍꿍이 속

소련은 6·25남침 전에 중공을 자유중국 대신 UN상임이사국으로 하고 자유중국을 UN에서 축출하려는 자국의 의견이 받아들여지지 않자 이에 불만을 품고 UN에 불참하였다. 그 결과 6월 27일 한국을 지원하는 결의에 불참하여 거부권을 행사하지 못하는 실수를 저질렀다. 그 후 UN에 복귀하여 UN을 무대로 한국문제에 관하여 미국과 논쟁을 벌이게 된다.

소련의 태도는 여러 나라들이 생각한 것처럼 과격한 것은 아니었으나 UN이나 미국의 발목을 걸고 늘어지는 불쾌한 존재임에는 틀림없었다.

전후 서방으로 망명한 주일 소련대사관의 라스트로보프 서기관은

"한국전쟁은 스탈린의 최대 오산이었다."

고 말했다고 전했다. 소련의 과격하지 않은 태도가 어쩌면 이 실책을 반성하는 분위기를 반영한 것인지도 모른다고 했다.

「2. 주변국 여론」, 인용문헌 : 일본 육전사연구보급회 『한국전쟁』 4 「2. 각국의 기본 태도」(p184)

3. 38선을 돌파하라

UN의 북진 결의

6월 25일 UN안전보장이사회의 결의는 첫째 항에서

"북한은 즉시 전쟁 행위를 중지하고 군대를 38선 이북으로 철수할 것"
이었으나 저들은 UN 결의를 무시하고 침략 전쟁을 계속했다.

"38선 이북으로 철수할 것"
은 UN군이 침략군을 38선 이북으로 격퇴한다는 의미를 가지고 있으므로 이를 변경하지 않으면 안 되게 되었다.

UN군은 인천상륙작전이 성공하고 바야흐로 승리의 문턱에 들어서고 있었다. UN의 목표는 침략행위를 없애고 국제적 평화와 안전을 회복하는 것인데 UN의 권능을 무시하고 침략 행위를 계속한 북한을 38선 이북으로 격퇴하는 것으로 그친다면 저들은 세력을 회복하여 다시 침략할 우려가 있으므로 이 기회에 북한군 잔존세력을 완전히 삼제(芟除)하기 위해서는 38선을 돌파하여 대한민국헌법상의 고유한 영토를 회복하고 통일하는 것이 한국의 평화를 이룩하고 나아가서 세계 평화에 기여하는 것이라고 소련을 제외한 회원국들이 의견을 모으고 있었다.

9월 19일 UN총회가 개회되었다.

이틀 후인 21일 소련외상 비신스키(Vishinsky)는 한국문제에 대하여 38선에서의 정전을 내용으로 하는 이른바 '평화선언'을 제안하였다. 그러나 이 안은 동의를 얻지 못하였다.

인도 대표는

"38선 돌파는 중공의 개입을 초래하며 중대한 정치문제가 발생한다."
고 반대 의사를 표명하였다.

비공산권국가로서 미국안에 반대한 나라는 인도뿐이었다. 인도는 중공을 승인한 나라다.

9월 26일 인도와 함께 중공을 승인한 영국대표 젭(Jebb)은

"이 기회에 38° 선을 돌파하지 않으면 UN 관리하의 전 한국의 선거나 통

일한국의 실현도 불가능하다."
라는 태도를 표명하고, 38°선 돌파를 승인하는 결의안을 기초하여 오스트레일리아, 필리핀, 네델란드, 노르웨이, 브라질, 쿠바, 파키스탄 등 7개국의 지지를 얻어 8개국이 서명한 결의안을 마련하였다.

한편 UN안전보장이사회에서는 매일같이 양 진영 간 논쟁이 벌어지고 있었고, 북한을 제제하고자 미국이 제안하는 결의안은 번번이 소련이 거부권을 행사하여 부결시켰다.

8개국 결의안은 소련의 방해와 거부권을 피하기 위하여 안전보장이사회에 제출하지 않고 9월 29일 개회하는 UN총회에 상정했다.

상황의 추세를 모르는 소련대표 말리크는 26일 안전보장이사회에 '한국문제가 의제에 포함되지 않은 것은 의외' 라고 의아해 한 바가 있었다.

제안 설명을 한 필리핀 대표 로물로(Romulo)는 6월 27일 안전보장이사회가 결의한 '이 지역(The Area)' 은 전 한반도라고 해석하는 입장에서

"UN군의 38선 돌파 권한은 이 결의안의 채택을 기다릴 필요조차 없이 안전보장이사회의 결의로 인정되어 있다. 따라서 본안은 한국에 있어서 군사적인 측면에 대하여 제안하는 것은 아니다."
라고 설명하여 북진을 기정사실로 다루었다.

인도 수상 네루는 9월 30일 기자회견을 통하여

"38선을 넘어서는 안 된다. 북한을 군사적으로 점령한다 해도 한국통일의 목적은 달성할 수가 없다."
고 엄명하였고, 이어 10월 3일 애치슨 미 국무부장관과 베빈 영국 외상에게 중공의 개입을 경고하면서 정치적 해결책까지 제창하였다. 그러나 미국의 의사를 꺾지는 못 했다.

인도는 이미 중공을 승인하여 대사까지 교환하고 있었기 때문에 중공을

가장 잘 이해하고 가장 가까운 나라로 인식되어 있었다. 그래서 비록 그 의견이 타의가 아니고 자의에 의한 것이라고 하더라도 그것은 중공을 대변하고 있는 듯한 분위기를 풍겼다. 그러나 실은 앞에서 본 중공의 참뜻을 알고서 표명한 견해(38선 돌파는 반드시 중공의 개입을 초래하여 중대한 정치문제가 발생한다)였는데 그 진의가 그대로 받아들여지지 않았다고 했다.

"이 점이 이 전쟁을 복잡하고 불행하게 한 원인이었다."

고 할 수 있을 것이다라고 전사는 평했다.주) 일본 육전사연구보급회 「한국전쟁」 [4] p198

8개국 결의안은 10월 7일까지 9일간 UN총회에서 논쟁을 벌였다.

10월 2일 소련은 8개국 결의안에 맞서 우크라이나, 백러시아, 폴란드, 체코슬로바키아와 함께 한국문제결의안을 제안하였다.

(1) 한국에서 교전 당사자는 즉시 적대 행위를 중지할 것

(2) 미국 및 각국은 한국에서 즉시로 군대를 철퇴시킬 것

(3) 통일 독립된 한국정부를 수립하기 위하여 총선거를 실시하고 국회를 구성할 것주) 국방부 「한국전쟁사」 제3권 p280, 281

이 결의안은 정치위원회에서 부결되었다.

인도 베네갈로 대표는 중공참전 정보를 바탕으로 38선을 넘어서는 안 된다고 설득하면서 타협안을 제출하였으나 앞에 든 네루 수상의 경고성명과 함께 '중공의 대변'으로 받아들여져 부결되었다.

10월 7일 UN총회는 8개국 결의안을 찬성 47표 반대 5표(소련 불력, 한국문제결의안 제안국), 기권 8표(인도, 유고슬라비아, 인도네시아, 이집트, 레바논, 사우디아라비아, 예멘, 시리아)로 가결하여 UN군의 38선 돌파를 결의하였다.

"한반도에 안전한 상태를 보증할 수 있는 모든 행동을 취할 것"

으로 대변되는 북진결의다.주) 국방부 「한국전쟁사」 제3권 p281 - 제8권 「UN총회결의문」 참조

워싱턴의 조건부 북진명령

UN군총사령관 맥아더 원수는 9월 15일 합동참모본부의 지령에 대하여 다음과 같은 요지의 북진 계획을 제출하였다.주) 국방부 『한국전쟁사』 제4권 p284

(1) 제8군을 현재의 편성대로 북진시켜 평양을 향하여 진격토록 한다. 제10군단을 원산에 상륙시켜 제8군과 함께 협격한다.

(2) 제3사단은 총사령부의 예비로서 일본에 공치한다.

(3) 안주~영원(寧遠)~홍남선 이북에 대한 진격은 국군만으로 한정한다.

(4) 제8군의 공세시동은 10월 15일~30일 간의 적당한 일자에 정한다.

9월 27일 합동참모본부에서 새로운 훈령이 내려왔다.

"소련군이 38선 이북 지역에서 공개적으로, 38선 이남 지역에서 공개 또는 비공개적으로 개입해 올 경우 UN군은 수세를 취하면서 사태를 악화시키지 말 것이며, 이를 워싱턴으로 즉시 보고할 것.

중공군이 38선 이남 지역에서 공개 또는 비공개적으로 개입해 올 경우 UN군은 상황이 허락하는 한 전투를 계속할 것."

"북한군의 무장해제와 잔적소탕은 국군에 일임하고 참전 외국군은 이에 대한 참여를 최소한으로 줄여야 한다.

38선 이북 지역에 대한 군사작전과 점령에 있어서 한국정부와 국군의 협조를 받을 수는 있으나 한국정부의 북한 지역에 대한 주권은 공인되어 있지 않으므로 통일을 위한 UN의 또 다른 조치가 있을 때까지 주권 확대를 인정해서는 안 될 것이다."주) 전쟁기념사업회 『한국전쟁사』 제4권 p185

이 훈령은 먼저 제출한 계획을 승인하지 않은 상태에서 새로운 계획을 제출하도록 명령하였고, 북진결정권을 워싱턴이 쥐고 있다고 받아들였으며, 이 훈령은 워싱턴의 소극적인 양보의 표현으로 보여졌다.

훈령을 받은 맥아더는 불만이 이만저만이 아니었다고 했다. 맥아더는 그의 회고록에서 그는 결코 아시아 우선주의자는 아니었지만 유럽 우선주의를 내세워 현실적으로 행해지고 있는 전쟁에 전력을 다하려 하지 않는 본국의 정(政)·전략(戰略)에 대하여 적지 않은 불만을 가지고 있었다.

맥아더는

"이 전쟁은 공산 측이 아시아를 정복하기 위한 첫 단계이며, 침략의 근거지는 모스크바와 북경이다. 그리고 지금 현실적으로 그 본거지와 대결하고 있는 것이다. 때문에 아시아에 진정한 평화를 정착시키기 위해서는 한국에 있어서의 군사행동에 제한을 가해서는 안 된다. 설사 소련이나 중공이 개입하더라도 이를 격멸함으로써 한국을 통일시키고, 공산 측의 아시아 정복 야욕을 꺾어버리지 않으면 안 된다. 소련이나 중공이 북한에 진주하고 유엔군이 38선에서 정지하면 공산 측은 침략을 되풀이하게 된다. 아시아에 항구적인 평화를 확립하는 것은 나아가 유럽의 평화를 확보할 수 있다는 사실을 워싱턴에서는 모르고 있다."

라는 견해를 가지고 있었다. 맥아더는 북한정권 존재 그 자체가 공산 측의 아시아 침략을 위한 교두보이기 때문에 이를 격멸하지 않은 한 아시아의 평화는 오지 않는다고 생각한 것 같다.주) 일본 육전사연구보급회 『한국전쟁』 [4] p202

그러나 워싱턴의 생각은 달랐다. 트루먼 대통령은

"공산 측은 북한을 앞장 세워서 UN 특히 미국의 태도를 타진하고 있다. 소련이나 중공에서도 이 전쟁을 전면적으로 발전시키려고 하는 의도는 엿볼 수 없으나 전쟁이란 어떤 우발적인 사건으로 확대될지도 모른다. 그 위험이 가장 많은 소련·중공군과의 직접 교전은 절대 피하지 않으면 안 된다. 그러기 위해서는 이쪽이 군사행동을 제한하면 상대편도 제한할 것이기 때문에 당연히 현재의 제한범위 내에서 전쟁을 종식시킬 수가 있다. 맥아더는 이 점을 이해하지 못하고 있고 이해하려고도 하지 않는다." 『트루먼 회고록』

고 생각하고 있었으며, 소련이나 중공과 직접 교전하면서까지 38선을 넘을 생각은 없었던 것 같다.주)   일본 육전사연구보급회 「한국전쟁」 [4] p203

이러한 세계관, 전쟁관의 차이와 서로 다른 입장이 트루먼 정부와 맥아더 원수와의 논쟁의 근원이 되었고, 중공 개입에 따른 만주 폭격 문제와 1951년 38선재돌파라는 정치적 문제가 관련되어 결국 '총사령관의 해임'이라는 극단적인 결과를 낳게 된다.

맥아더 원수의 북진명령

9월 27일 맥아더 원수는 워싱턴이 요구하는 북진계획을 제출하면서 다음과 같이 건의했다.

"내가 발표하려고 생각하고 있는 투항 권고에 따라서 북한군이 항복하지 않을 경우에 나의 판단에 따라 임의로 38선을 넘어도 좋다는 권한을 나에게 부여해 주기 바란다."주) 1

9월 29일 마셜 국방부장관으로부터 회신이 왔다.

이날 서울에서 환도식이 있었고, 국군 제3사단이 38선 접경 인구리에 진출하여 38선 돌파 명령을 고대하고 있었다.

"개인적인 견해지만 38선 이북의 작전은 전술적 · 전략적인 필요에 따라 자유로이 작전을 해도 좋다고 생각한다."

이어서 워싱턴으로부터 추가전문이 왔다.

"트루먼 대통령이 승인했다." 주) 2   1, 2. 일본 육전사연구보급회 「한국전쟁」 [4] p204

이 전문으로 맥아더 원수는 38선을 돌파하는 시기를 일임 받았으나 여러 가지 제한 문제가 철폐된 것은 아니었기 때문에 다음 날 다시

"북한군이 항복할 때까지 우리는 한반도 전역에서 작전을 실시하는 것으로 생각하고 있다."

고 그의 소신을 보고하였으나 회답은 없었다.^{주)}

일본 육전사연구보급회 『한국전쟁』 [4] p204

　여전히 소련·중공이 개입할 징후가 있으면 북진해서는 안 되며, 국경지대에는 국군 이외의 군대를 진격시켜서는 안 된다는 제한 하에서 작전을 실시해야만 하였다.

　38선 돌파의 국제적·정치적 의의를 깊이 고려한 맥아더 원수는 신중을 기해야 할 필요성을 인정하고 마셜 국방부장관에게 다음과 같이 그의 소신을 되풀이하여 밝혔다.

　"나는 귀관으로부터 반대의 훈령을 받지 않는 한 10월 2일 자정에 UN군 부대에 대하여 다음과 같은 일반명령을 하달하고 또한 이를 세계에 공표할 생각이다.

　'6월 27일 UN안전보장이사회의 결의'에 의해서 UN군에게 허용된 군사행동 범위는 전 한반도에 이르고 있다. 이른바 38선이라고 하는 것은 우리의 군사행동을 제한하는 것은 아니다. 적을 완전히 격멸하기 위해서는 비록 그것이 정찰행동이거나 국지적 전과를 확대한 경우이거나 간에 귀 부대는 자유로이 38선을 넘어도 좋다. 만일 내가 10월 1일에 권고하는 항복 조건을 북한군이 수락하지 않을 경우에는 우리 UN군은 그 임무와 작전상의 필요에 따라서 적의 무장단체가 한반도에 존재하는 한 이를 탐색, 공격하고 그리고 격멸한다."^{주)}

일본 육전사연구보급회 『한국전쟁』 [4] p205

워싱턴에서

　"공표하거나 설명할 필요는 없다. 귀관은 필요에 따라서 작전을 계속하라. …… 정부는 38선을 논쟁의 대상으로 삼는 것을 바라지 않는다."^{주)}
라고 회신이 왔다.

일본 육전사연구보급회 『한국전쟁』 [4] p206

　맥아더 원수는 10월 1일 북한군에게 투항을 권고하였다.*

북한군의 반응은 없었다.

* 맥아더의 항복권고문(1차, 2차)은 제8권 참조.

맥아더는 그의 회고록(구범모 역, p430)에서 다음과 같이 술회했다.
"나는 전투를 끝내고 싶은 희망에서 북한괴뢰군의 총사령관에게 '이 이상의 생명 및 재산의 손실을 피하고 UN결의를 실천에 옮기기 위하여' 전투를 정지하자고 호소하였다.
그때 나는 '북한괴뢰군 부대에 대하여는 이미 연합군에 항복한 포로를 포함하여 계속 문명사회의 관습이 요구하는 보호를 하고 고향에 돌아갈 수 있도록 허용한다.'는 취지를 명백히 약속하였는데 아무런 회답도 받지 못하였다."

이날 북한군의 회답 대신 폭풍우 같은 뉴스가 전해졌다. 그것은 이미 앞에서 말한 바 있는 중공수상 주은래의 연설 내용이었다.
"북조선의 최후 승리를 확신하고 인접국가가 강대국의 무력에 의해서 파괴되는 것을 수수방관할 수는 없다."
이것은 누가 들어도 중공이 참전을 표명했다고 받아들여지는 것이고 실제로 이때 중공군은 임표 휘하의 제4야전군 18개 사단이 압록강변에 전개하고 있었지만 저들의 교묘한 기도비닉으로 UN군 정보망은 이를 탐지하지 못하고 있었던 것이다.
워싱턴이나 도쿄에서는 "UN군을 38선에서 정지시키기 위한 위협에 불과하다."고 생각했고, 중공군이 개입한다고 하더라도 압록강을 건너올 병력은 5만 명 정도이고, 공군도 미약하기 때문에 문제될 것이 없다고 판단했다.주) 　　　　　　　　　　일본 육전사연구보급회 『한국전쟁』 4 p206, 207

10월 2일, 맥아더 원수는 38선을 돌파하여 북진하라는 명령을 내렸다. 국군은 10월 1일 이미 38선을 돌파하여 일로 북진 장도에 올라 있었다.

10월 9일 맥아더 원수는 두 번째 항복권고문을 발표했다.

맥아더는 그의 회고록(p431)에서 이렇게 술회했다.

"10월 9일, 나는 북한괴뢰집단 수뇌에게 UN총회가 전날에 채택한 결의(38° 선 돌파를 승인하는 8개국 결의안)에 유의하도록 호소하였다.

이 결의는 '한국 전역에 안정된 정세를 이룩' 하는 것을 목표로 '주권을 가진 한국에 독립된 민주적인 통일정부를 수립하기 위하여 UN감시하에 선거를 포함하는 헌법제정을 위한 행위' 를 취할 것을 요청하고 있었다.

나는 이 호소에서 '이북의 모든 사람들이 공정한 취급을 받고 또한 UN이 통일된 한국의 구제와 부흥을 위하여 행동할 것을 믿고 UN에 전면적으로 협력하도록' 요청하였다.

그러나 나의 이러한 호소는 무시되었다."

10일 김일성은 평양방송을 통하여 항복 권고를 거부했다.

4. 국군의 북진 전략

이승만 대통령

9월 29일, UN군총사령관은 미 제8군사령관에게 명령을 내렸다.

"모든 휘하부대는 38선에서 전진을 중지하라."

이날 국군 제3사단은 강릉을 점령하고 38선으로 진격 중에 있었고, 수도사단도 30일이면 38선을 돌파할 단계에 이르렀다.

이승만 대통령은 UN군총사령관의 명령에 불만이 대단했다.

이승만 대통령은 평소에 이렇게 주장해 왔었다.

"38선이 어디에 있다는 것인가? 김일성 일파가 벌써 걷어차지 않았던가? 이 있지도 않은 것을 이러쿵저러쿵 신경 쓸 필요가 어디 있겠는가? UN의 여하한 불가론도 개의치 말고 총반격의 눈부신 전과를 압록강까지 확대해 나가야 한다."

이승만 대통령은 또 9월 29일 환도식이 끝난 뒤 별실에서 있은 리셉션 석상에서 맥아더에게 그의 견해를 피력했다.

"장군! 나를 비롯해 한국민은 장군만을 믿고 있습니다. 38선 돌파를 주장하는 장군의 굳은 의사를 변함없이 믿어도 되겠습니까?"

"물론입니다. 인천상륙으로 시작된 총반격은 침략군을 물리치는 것으로 끝나는 게 아니라 목표는 기본 전력의 섬멸입니다. 38선 이북을 두려워할 생각은 조금도 없습니다. 군사상 추적권은 승자의 권리니까요."

"그것입니다. 동해안의 국군은 내일쯤 38선에 도달할 것입니다. 그 추적권은 국군에게 인정해 주시기 바랍니다."

"해야지요. 하나 대통령 각하, 이틀 정도 여유는 있어야겠습니다. 국군의 눈부신 진격에 관해서는 보고받고 있습니다만 10월 1일, 김일성에게 항복을 권고할 작정입니다. 그가 버틸 것은 불 보듯 합니다만 그 점을 노리자는 것입니다. 그가 불응했기 때문에 부득이 돌파하는 수밖에 없다는 형식을 취할 작정입니다. 워싱턴과 합의 본 사안으로 알아주십시오."

"알겠습니다. 하지만 사기충천한 현지부대가 무슨 실수를 저지를지 모르는데 무슨 일이 있어도 양해해 주시기 바랍니다."

외교의 귀신이라는 이승만 대통령이 구상한 복안을 암시한 것이다.

이승만 대통령은 아리송한 미소를 입가에 띠며 악수를 청했다.

"현지 부대가……? 네, 알겠습니다."

맥아더 원수도 손을 내밀었다.

다음 날 이승만 대통령은 즉시 육군 수뇌부를 경무대로 호출했다.

육해공군	총사령관	정일권 소장
육군본부	인사국장	황헌친 대령
	작전국장	강문봉 대령
	정보국장	장도영 대령
	군수국장	양국진 대령
	헌병사령관	최경록 대령 등

참모가 대통령 앞에 대령했다.

대통령이 물었다.

"국군의 통수권자는 맥아더 원수인가? 이 나라의 대통령인가?"

"UN은 우리가 38°선을 넘어가서 국토를 통일시킬 우리의 권리를 막을 권한이 없다. 국군에게 북진시킬 생각인데 여러분의 생각은 어떠한고?"

정일권 총사령관이 대답했다.

"이 문제는 간단하지가 않습니다. 국군의 작전지휘권은 이미 대통령 각하께서 서명하신 문서에 의하여 UN군총사령관에게 이양되었으므로 지금 또 다시 이중으로 명령을 하시게 되면 혼란을 가져 올 것입니다. 북진에 관해서는 UN에서도 조만간 결정이 있을 것으로 생각되오니 좀 더 형세를 보시는 것이 좋을 것 같습니다. 소관의 의견은 단지 군사지휘계통에서 말씀드리는 것이고, 대통령 각하께서 국가의 대계로 보아 꼭 그렇게 하시는 것이 좋겠다고 명령을 내리신다면 저희들은 오직 명령에 따를 뿐입니다."

다른 참석자들도 정 총사령관의 의견에 동의했다.

대통령은 품안에서 명령서를 꺼내서 정일권 총사령관에게 주었다.

"이것은 나의 결심이오, 나의 명령입니다."

붓으로 쓴 명령서였다.

"大韓民國 國軍은 三八線을 넘어 卽時 北進하라."
(대한민국 국군은 삼팔선을 넘어 즉시 북진하라.)

一千九百五十年 九月 三十日

大統領 李承晩

이때 제3사단 제23연대는 38선을 지척에 둔 인구리에 진출했고, 제3대대 선견중대는 38선을 넘어 양양을 바라보는 고지에 진출해 있었다.
제1군단장 김백일 준장은 육군본부 작전국장 강문봉 대령에게
"38선까지 왔는데 여기서 멈출 수는 없지 않은가? 빨리 지시해 달라."
고 요청하였고, 강문봉 대령은 미 제8군사령부에 요청한 결과
38선을 넘어서는 안 된다는 회답을 받고 있었다.
정일권 장군은 동부전선에서 전진하는 김백일 제1군단장에게 연락하여
"38선 북방 어느 요지를 점령하지 않으면 아군이 진격하는데 큰 손실을 입게 될만한 고지가 없겠느냐?"
고 물었다. 명분을 만들어야 했었다.
김백일 군단장은 제3사단 정면에 그러한 고지가 있다고 알려왔다.
정일권 장군은 즉시 워커 미 제8군사령관을 찾아갔다.
"제3사단이 38선 바로 북방에서 적의 치열한 저항으로 큰 손실을 입고 있어 부득이 이 고지를 점령해야 하겠다."고 말하고
"이 고지를 점령했다고 해서 38선이 기하학적으로 뚜렷한 선이나 장벽이 있는 것도 아니니 이를 공격하게 하여 달라."고 설득했다.
워커 사령관은 쾌히 승낙했다.

30일 정일권 장군은 강릉에 있는 제1군단사령부를 방문하고 38선 대기 진지에서 명령을 기다리고 있는 제23연대의 전선을 시찰한 후 군단장에게 38선 돌파를 명령하였다.

맥아더가 워커에게 38선 돌파 명령을 내린 날보다 이틀 전이다.

참고문헌 : 국방부 「한국전쟁사」 제4권 「이승만 대통령 국군에 북진명령」 p286
전쟁기념사업회 「한국전쟁사」 제4권 「한국의 결정」 p202
「정일권 회고록」 「명령! 국군은 즉각 북진하라!」 p258

정일권 육해공군총사령관

육해공군총사령관 정일권 장군의 회고록을 통해서 상황을 알아본다.

"9월 30일, 마침내 쾌보가 보고돼 왔다. 국군 제1군단의 수도, 제3 두 사단의 최선봉부대가 거의 동시에 38선에 도달했다는 제1보였다. 군단장 김백일 장군의 목소리가 수화기에 쩌렁쩌렁했다. '38선에 도달했으니 북진명령만 떨어지면 당장에 걷어차고 밀고 가겠다. …….'"

정일권 총장은 9월 30일 L-19기로 강릉 제1군단사령부로 가서 제1군단장 김백일 준장과 마주 앉았다.

두 사람은 만주군관학교 동기생이고 함께 월남하여 군사영어학교를 같이 나왔으며 창군멤버로 활약한 전우이자 절친한 친구였다. 그래서 단 둘만이 있을 때는 허물없이 대화를 나누는 사이다.

"'아직도 그대로 대기 중인가?'

'기다릴 수밖에, 그런데 영감님은 어떠신가?'

'무조건이야, 38선을 당장에 깨라는 거야.'

나는 경무대에서 호되게 꾸지람 당했던 일을 대충 알려 주었다.

'그럴 테지, 북진통일밖에 모르시는 분이니까. 그럼 깬다 그거지?'

'물론 그래서 이렇게 온 게 아니겠나. 그런데 묘안이 없을까?'

'묘안은 무슨 묘안이야. 깨기로 했으면 무조건 넘고 보는 거지.'

'이 사람아, 그렇지만은 않아. 워커를 우선 설득시켜야 해. ……'

김백일 장군은 작전지도를 골똘히 지켜보고 있었다. 그 잠시 후 ……

'없는 것도 아닌데. 이러면 어떻겠는가?' 하며 한 점을 가리켰다.

동해안의 38선에 붙어 있는 기토문리(基土門里)였다.

'바로 이거야. 38선에서 불과 800m밖에 안돼. 쭉 해안뿐이지. …… 여기서 직사포탄이 심심치 않게 날아오고 있네. 이걸 이용하면 어떨까?'"

"제23연대가 대기하고 있는 전면 38선 북쪽 기토문리에 있는 적진에서 쉴 새 없이 포탄이 날아와 아군의 희생이 적지 않다. 그런데도 38선 때문에 총 한 방 쏘지 못하고 당하고만 있다. 1개 중대가 38선을 잠시 넘어가서 직사포진지를 제압하고 돌아오겠다. 우리 장병을 지키기 위해서다 어쩔 수 없는 견제작전이다. 이 점 양해해 주기 바란다."는 요지의 아이디어를 냈다.

"나는 무릎을 치며 찬동했다. 즉시 대구의 미 제8군사령부와 전화를 연결토록 했다. 워커 장군에게 38선 현지에 직접 나와 보니 생각 이상으로 상황이 절박해 있음을 알려주고 김백일 장군의 묘안을 몰아붙이듯이 주장했다.

'그 같은 작전이라면 함포나 공군기로 때려도 되지 않을까요?'

워커 장군은 예상대로 선뜻 응해오지 않았다.

'그 점도 생각해 봤는데, 적군 포대는 동굴로 돼 있습니다. 역시 보병이 아니고는 어렵습니다.'

그리고 출동부대가 1개 중대 사이즈라는 점을 힘주어 되풀이했다. 워커 장군의 목소리가 좀 부드러워졌다.

'제너럴 정, 이것 하나 확실히 약속합시다.'

하고 그는 두 가지를 강조했다.

　하나는 작전이 끝나는 즉시로 부대를 복귀시킬 것, 또 하나는

　'딴 의도는 조금도 없는 거지요?'

하는 것이었다."

대통령의 "북진하라!" 한 명령을 생각하고 찔끔했으나 시치미를 뗐다.

　"'물론입니다.'

　'그렇다면 좋습니다. 언제 할 작정입니까?'

　내일이라고 대답하자, 그는 하루만 연기할 수 없느냐고 물었다. 10월 2일이 어떠냐 하는 것이었다. 나는 거듭 '내일이라야 한다.'고 했다. 잠시 후 워커 장군의 목소리가 들려왔다.

　'좋습니다. 문제될 작전이 아니기를 바랍니다.'

　1950년 9월 30일 늦은 오후였다."

　정일권 총장은 30일 밤을 제1군단장 숙소에서 보내고 다음 날 아침 일찍 김백일 군단장과 함께 제23연대가 발을 구르며 기다리는 인구리로 갔다. 도중에 제3사단사령부에 들려 사단장 이종찬 장군을 만났다.

　이 사단장은 제23연대장 김종순 대령이 한 시간이 멀다하고 '돌파명령'을 재촉한다고 했다.

　"'이렇게 오신 김에 속 시원하게 돌파명령을 내려 주시지요.'

　사단사령부를 떠나 다시 차를 몰았다. 인구리에 거의 다 왔을 때였다.

　지프 한 대가 먼지를 일으키며 질주해 왔다. 제23연대장 김종순 대령이었다.

　'너무 답답해서 사단으로 가는 중입니다.'

그는 땀을 흠뻑 흘리고 있었다. 숨을 몰아쉬며

'대대장들의 성화를 더 이상 견딜 수가 없습니다. 중대장들이 더 심합니다. 하사관들은 분대원들을 이끌고 들락거리며 38선을 밟아 뭉개고 있습니다. …… 38선이 다 뭐냐 하면서 총을 쾅쾅 갈겨대기도 합니다. 이대로 두었다간 무슨 일이 일어날지 모르겠습니다.……'

하고 한숨을 푹 내쉬었다.

김 연대장에게 몇 시간 전에 도달했는가하고 물었다. 거의 하루가 다 되어 간다는 대답이었다. 바로 이때 수도사단 제1연대가 38선에 도달했다고 무전보고로 전달되어 왔다. 김 연대장의 표정이 갑자기 굳어졌다.

'총장 각하, 1연대가 먼저 38선을 돌파하면 저는 연대 전원 앞에서 배를 갈라야 합니다. 맥아더 명령이니 뭐니 하다가 선진을 뺏겼다고 원망 듣게 됩니다. 잠깐만 기다려 주십시오.' 하고는 무전병을 급히 불렀다.

'금강산, 금강산! 여기는 백두산이다. 대대장을 대라!'

나는 이때, 제23연대의 일부 병력이 이미 38선을 넘어가 있음을 직감했다.

'오! 대대장 이상 없소? 잘 했소. 잠깐, 여기 총참모장 각하가 와 계시오. 지금 어디에 있는지 직접 보고 드리시오.'

김 연대장은 무전수화기를 내밀면서 넌지시 말했다.

'3대대장 허형순 소령입니다. 보고 받으시지요.'

대대장 허 소령의 목소리는 그렇게 당당할 수가 없었다. 양양 뒷산에 집결해 있다고 했다. 놀라지 않을 수가 없었다. 이미 38선 북쪽으로 12km나 전진해 있는 셈이다. 뭐라 꾸짖겠는가? 그렇다고 나의 입장에서 잘 했다고 칭찬할 수도 없었다. 가슴 속으로는 '잘 했다.' 하면서도.

'병력은 얼마나 있는가?'

하고만 물었다.

'1개 중대입니다.'

'적진 속인데 괜찮겠는가?'

'문제 없습니다. 놈들은 지금 시내 곳곳에서 불을 지르고 있습니다. 쌀 창고가 타고 있습니다. 내려가서 놈들을 해치우고 불을 끌까말까 생각 중입니다.'

허 소령의 당당한 보고에 나도 모르게 가슴이 뭉클해졌다. '자중하라.'는 말을 남기고 통화를 마쳤다. 시각은 오전 11시 25분이었다.

10월 1일 오전이었다. 나는 만감의 감회를 느끼며 군단장에게 명했다.

'제1군단은 1950년 10월 1일 11시 30분을 기해 38선을 돌파, 북진하라.'

이어서 제1군단장의 명령이 내려졌다.

'군단은 총참모장의 명에 의하여 1950년 10월 1일 오전 11시 30분을 기해 38선을 돌파, 북진을 개시한다.' ……"

38선 돌파에 관한 기록과 증언

일본 육전사연구보급회 『한국전쟁』 4 (p232)

"9월 29일,* 삼척 부근을 급진 중인 한국 제3사단사령부에 군사고문단의 연락기가 통신문을 투하하였다. ……

'귀 사단은 38선을 넘어서 신속히 원산을 향해서 돌진하라.'

사단은 9월 30일, 38선에 도달하여 일부 병력을 침투시켜 적정과 지형을 정찰한 후 다음 날 10월 1일, …… 1945년 9월 이래 38선을 감시하고 있던 북한군의 진지를 돌파하였다."

* 맥아더 원수가 북진명령을 내린 날은 10월 2일(한국시간)이다.
정일권 총장이 북진명령을 내린 날은 10월 1일이다. 정일권 총장은 UN군총사령관의 38°선 정지명령을 어기고 편법으로 구실을 만들어 국군단독돌파 명령을 내린 것이다. 그런데 그보다 이틀 먼저 미 제8군의 북진명령이 내려졌다고 기술하였다.

제3사단장 이종찬 준장의 증언

"38선 돌파 명령은 군단장의 구두 명령을 군단 작전참모가 전하였다. 이에 나는 서면으로 해달라고 요청하여 직접 서면으로 받고 난 뒤에 10월 1일에 돌파하였다.

38선 돌파 제1보

UN군전사에는 10월 1일 38선 돌파 명령을 연락기가 통신통에 넣어 떨어트렸다고 하나 나는 받은 적이 없다."

(국방부 『한국전쟁사』 제4권 p68)

제23연대장 김종순 대령의 증언

"38°선 남쪽 2km에 도달했을 무렵 38°선에서 중지하라는 명령이 내렸다. 38°선에 도달해 보니 적의 토치카가 보였고, 그곳에는 적이 얼마나 있는지를 몰라 수색대를 들여보냈더니 적의 사격을 받고 귀대하였다. 당시 나는 적이 저렇게 있는데 왜 진격을 중단할 것인가 생각하고 분개한 나머지 제3대대장 허형순 소령을 불러 부대가 넘어갔다는 사실을 말하지 않기로 서로 약속하고 제3대대 2개 중대를 산맥을 타고 양양천 근처까지 들어가 매복케 하였다.

얼마 후 이들로부터 '양양군청에 쌓아둔 쌀가마니에 불이 타고 있다.'는 전화가 걸려와 내가 제3대대본부로 가는데 도중에서 정일권 총참모장과 강문봉 작전국장을 만났다. 경례를 하고 소속을 밝혔더니 부대가 어디에 위치하였느냐에 38°선에 머물러 있다니까 '왜 안 넘어가고 있느냐?'고 했다. 이에 나는 넘지 말라는 명령이 있기 때문이라고 하였더니 '지금 수도사단이 먼저 가느냐? 3사단이 먼저 가느냐? 하는 판인데 무얼 하고 있느냐?'고 그러더군요. 이래서 '그럼

가만히 계십시오.' 하고 양양천 부근에 잠복한 허형순*1 대대장을 전화로 불러 현 위치와 부대상황을 말하라고 하고 전화를 바꾸어 드렸더니 '잘 했다.' 고 하면서 '넘어가 놓고서 무슨 거짓말이냐?*2 고 한 일이 있었다."(국방부 『한국전쟁사』 제4권 p69)

* 1 제23연대 제3대대장
  국방부 『한국전쟁사』는 다음과 같이 달리 기술
  ① 포항~38°선 진격전 - 9월 17일~30일
    주요 지휘관 : 박종병 대위. 제4권 p47
    전투경과개요 : 박종병 대위. 같은 p55
    전투경과개요 : 허형순 소령. 같은 p65
  ② 영덕·강구 부근 전투 - 7월 19일~29일
    주요 지위관 : 허형순 소령. 개정판 제2권 p 581
  ③ 포항 부근 전투 - 8월 9일~22일
    주요 지휘관 : 박종병 대위. 제3권 p387
  포항 전투 이후 박종병 대위로 교체된 것으로 보이나 전투경과의 개요에서는 박종병, 허형순으로 두 사람을 기술했다.
* 2 정일권 총장의 진술과 많은 차이가 있다.(밑줄 친 부분) 오래된 일을 기억으로 말하는 것이라 서로 다를 수가 있을 것이다. 서로 다른 증언이 나왔을 경우 이를 조율하는 지혜가 필요하다. 다른 것을 그대로 기술하면 혼란만 일으킨다.
  지프로 가다가 길가에서 만났으면 유선통화는 불가능하다. 무전이라야 한다.
「4. 국군의 북진전략」에서 문헌의 기술과 증언 내용이 다른 부분을 밑줄로 표시했다.

5. 연합군 북진

국군 제1군단 38선 돌파 – 동부전선

제3사단은 주력이 10월 1일 38선을 돌파하여 3일에는 간성(杆城)을 점령하였고, 5일 고성을 거쳐 장전(長顚)을 탈환하였으며, 7일에는 통천을 거쳐

38선에 도달한 제3사단 장병과 종군기자

고저(庫底)~송전(松田)선까지 진출했다.

선두 제23연대는 9일 남대천을 도하하였고, 10일 원산을 점령했다. 제26연대는 8일 비운령(飛雲嶺)을 넘어 안변에 육박하였다.

앞에서 말했지만 제3사단 제23연대 제3대대 선견중대는 10월 1일 북진 명령을 받았을 때 이미 38선 북쪽 양양천까지 진출했다.

공식기록상으로 제3사단이 10월 1일 38선을 돌파한 것으로 되어 있고, 이 날을 기념하여 10월 1일을 국군의 날로 정했다.

38선 저지선에서는 북한군 저항이 꽤 클 것으로 예상했으나 이외로 쉽게 돌파하여 장병들의 사기가 충천했다.

제3사단은 포항에서 원산까지 500km의 거리를 하루 평균 24km를 주파하여 심신이 지쳐 있었고, 군화가 해어져 짚신을 신었으며, 발에서는 피가 났지만 지친 다리에 채찍질을 가했다.주) 일본 육전사연구보급회 『한국전쟁』 [4] p234

수도사단은 선두 제18연대는 간성~양구~말휘리(末輝里)를 거쳐 9일 신고산(新高山)에 돌입했고, 기갑연대는 고성~통천을 거쳐 9일 안변에 육박했으며, 제1연대는 기갑연대와 함께 통천을 거쳐서 8일 회양(淮陽)을 점령하고, 제18연대를 후속하여 회양~철령~신고산 가도로 북진하여 9일 신고산을 점령하고 경원선을 차단하였다.

미 제1군단 북진 – 서부전선

평양을 목표로 하는 미 제1군단은
미 제1기병사단이 개성 정면에서 금천~사리원~황주~평양으로,
국군 제1사단은 우측 고랑포에서 시변리(市邊里)~수안(遂安)~평양으로,
미 제24사단은 좌측 예성강 서부 지역에서 미 제1기병사단을 엄호하면서 각각 진격하기로 하였다.

미 제1기병사단은 10월 8일 개성에 집결한 후 제7기병연대가 예성강을 도하하여 백천을 거쳐 12일 금천 북방 한포리(汗浦里)를 점령하고 적의 퇴로를 봉쇄하였다. 제5기병연대는 화장산(華藏山) 동북 방향으로 우회 진출하여 금천 동북방을 공격한 후 개성 북방 두석산(豆石山)을 공격하고 진출하는 제8기병연대와 연결하여 금천의 적 제27사단을 와해시켰다.

제1사단은 10월 10일 고랑포에 집결하여 11일 38선을 돌파하였다.

우 일선 제15연대는 13일 시변리를 탈환하였고, 좌 일선 제11연대는 구화리~위천리(渭川里)로 진격하였는데 지뢰지대와 적의 강한 저항으로 진격이 늦어지자 제12연대가 전차대를 앞세워 초월 공격하였다.

사단은 16일 수안에 진출하였고, 17일에는 평양 동남방 38km 지점 율리(栗里)~상원(祥原) 일대에 진출하여 대동강도하준비에 들어갔다.

10월 19일 대동강을 주정으로 도하하여 적도(赤都)평양을 탈환했다.

국군 제2군단, 제7사단 – 중부전선

제2군단 목표는 원산을 점령한 다음 양덕~장림리(長林里)~강동 축선을 따라 평양으로 진출하여 미 제1군단과 합세하는 것이다.

제8사단은 10월 8일 38선을 돌파하여 전곡을 거쳐 연천을 탈환했고, 10일 철원에 집결했다.

사단은 평양을 목표로 철원~평강~이천(伊川)을 거쳐 14일 신계(新溪)에 진출했다. 평양 탈환을 위한 작전준비를 서두르고 있는데

"한국군은 제1사단 외 어느부대도 평양으로 진격할 수 없으니 제8사단은 진로를 바꾸어 평양 동북방으로 진격하라." 주) 국방부 『한국전쟁사』 제4권 p428

는 군단장의 작명이 무전으로 내려왔다.

진로를 바꾸어 곡산(谷山)~양덕(陽德)~성천(成川)선으로 진격하여 18일 평양 동북방 40km 지점에 있는 강동(江東)에 진출했는데 군단으로부터

"평양은 제1사단이 입성하였으므로 제8사단은 진격 방향을 북쪽으로 돌려 강계~중강진선으로 진격하라."

는 명령을 다시 받고 진로를 또 바꾸었다.주) 국방부 『한국전쟁사』 제4권 p428

제6사단은 10월 6일 38선을 돌파하였고, 8일 화천, 9일에는 제7사단과 합동으로 금화를 점령했다.

14일 덕원(德源)에 집결하여 양덕~성천선으로 진격할 준비에 들어갔다.

제7사단은 10월 7일 서울에 진출하였고, 8일 포천에 집결하였다. 9일 제6사단과 함께 금화를 점령하고, 12일 평강 부근에 진출했다.

미 제9군단

미 제9군단은 후방지역 경계와 잔적소탕 임무를 맡았다.

제25사단이 김천~대전~수원 축선을 잇는 선의 경계를, 제2사단은 대

전 서쪽과 남서 지역의 경계를 각각 담당하였다.

10월 5일 국군 제11사단이 배속되어 전주~광주 지역 경계와 잔적소탕 임무를 담당하였다.

미 제10군단

10월 1일 미 제10군단장 아몬드 소장은 원산상륙작전준비 명령을 받았다. 미 제7기동함대사령관 스트러블 중장이 다시 제7통합특수임무부대사령관에 임명되어 다음과 같은 임무를 부여받았다.

(1) 청진 이남 동해안 해상봉쇄임무를 계속 수행한다.

(2) 미 제10군단을 원산으로 수송한다.

(3) 미 제10군단의 요구가 있으면 D일 이전에 해상작전을 실시한다.

(4) D일, 원산에 강습 상륙하여 교두보를 설치한다.

(5) 미 제10군단에 함포, 항공지원 및 초기의 군수지원을 제공한다.

제10군단은 10월 2일 하달된 UN군명령(제2호)에 따라 3일 예하부대를 승선항구로 이동하도록 명령하고, 4일 원산상륙 후에 미 제1해병사단은 해안교두보를 확보하고, 미 제7사단은 원산으로 진격하도록 명령했다.

미 제1해병사단은 인천으로 이동하여 10월 6일 승선을 시작하였고 10일 승선을 완료했다.

미 제7사단 승선항구는 부산으로 지정되었다. 경이 지구에서 작전을 한 미 제7사단은 경부국도를 이용하여 부산으로 가는 것이 가장 첩경이다. 그러나 경부국도는 제8군 보급로이기 때문에 이 길을 제7사단이 이용할 경우 제8군 보급을 정지해야 하고 도로복구작업에도 지장을 준다.

제8군과 협의하여 10월 4일 이동 경로를
수원~충주~문경~상주~대구~경주~울산~부산으로 결정하였다.

미 제7사단은 10월 5일 미명에 기동하여 7일부터 12일까지 부산에 집결하였고 14일 승선을 시작하여 17일 끝났다.

제10군단사령부는 11일 마운트 맥킹리호에 승선을 시작했고, 장비와 화물 등 전 군단의 탑재가 끝난 것은 16일이었다.

미 제1해병사단이 승선을 완료한 10일 국군 제1군단은 원산을 점령했고 제10군단사령부가 승선과 탑재가 끝난 16일 미 제8군은 평양 남방 45km 지점 사리원에 접근해 있었다.

미 제7사단은 승선하고도 부산항에서 10일간 기다렸고, 미 제1해병사단은 원산 앞바다에서 기뢰를 제거하느라고 1주일을 머뭇거렸다.

결국 미 제10군단이 원산에 상륙한 것은 26일이다.

이날 동부전선 제3사단은 함흥에 진출했고, 수도사단은 단천에서 성진으로 진격하고 있었으며 중부전선 제6사단은 압록강변 초산을 점령했고, 서부전선 제1사단은 19일 평양을 점령하고 영변에 진출해 있었다.

4일 원산에 상륙하여 적의 퇴로를 차단하고 적을 섬멸하고자 한 맥아더의 구상은 승선항구로의 이동에 많은 시일을 잡아 먹었고, 승선 후에 또 시간을 버려 기동력을 갖춘 2개 사단이 20일이 넘는 기간을 방황하고 있는 결과가 되어 원산상륙은 사후약방문 격이 되고 말았다.

제7절 일장춘몽

1. 북한군 퇴각

김일성의 후퇴명령

1950년 9월 15일 UN군이 인천상륙작전을 성공한 뒤에도 김일성은 경인지구 방어부대로 하여금 UN군 상륙부대를 경인간에서 격파하고 낙동강전선에 있는 전투부대에는 UN군의 인천상륙을 숨긴 채 전선을 그대로 유지하면서 부산을 점령하겠다는 망상을 버리지 않고 있었다.

9월 18일 UN군 상륙부대가 김포비행장을 점령하고, 낙동강전선에서는 UN군 일부가 낙동강을 건너서 공세 이전에 필요한 교두보를 확보하였으며, 저들 제1, 제13사단이 국군 제1사단에 의하여 퇴로를 차단당하는 등 시시각각으로 돌변하는 전황이 김일성의 심경을 뒤흔들어 놓았다.

김일성은 낙동강전선을 금강~소백산선으로 후퇴하여 새로운 전선을 형성하려고 구상하였는데, 새로운 전선으로 부대가 이동 중에 기동축선인 왜관이 무너졌고, 이어서 다부동과 포항이 붕괴된데다가 21일 전 전선에 인천상륙작전 소식이 전파되면서 병사들의 사기가 급전직하로 떨어져 전선은 걷잡을 수 없이 무너져갔다.

9월 22일 연합군 전 부대가 낙동강을 도하하였고, 인천상륙군이 영등포와 수원을 점령함으로써 서울을 지키는 것도 어렵게 되었다.

9월 23일, 김일성은 금강~소백산선의 새로운 전선구상을 포기하고 김책 전선사령관에게 북으로 총퇴각명령을 내렸다.^{주)} 국방부 『한국전쟁사』 제4권 p11

전선사령부

김천에 위치하여 낙동강전선을 지휘하던 전선사령부는 김책 대장의 지휘하에 38선을 넘어 철의 삼각지대(평강~김화~철원)로 철수하였다. 이곳에서 퇴각기회를 놓치고 방황하고 있는 저들 제6, 제7, 제9, 제10, 제15사단 패잔병들을 규합하여 제2군단을 재편성하였는데 병력 규모는 약 10,000명으로 알려졌다. 저들은 유격전을 일삼는 무장집단으로 전락하여 UN군의 배후에서 게릴라전을 폈다.

9월 10일 평양방송은 8일 안동 부근에서 북한군 총참모장(이름을 밝히지 않았다. 개전 당시 북한군 총참모장은 강건 중장이다)이 폭사하였다고 보도했다.

9월 공세 초기에 북한군 전선 병력은 97,850명이었다. 이 중에서 38°선 이북으로 돌아간 자는 25,000명~30,000명으로 추산하였으므로 나머지 70,000명 안밖의 북한군들이 어떻게 되었는지가 궁금하다.

9월 27일자 일본〈아사히 신문〉은

「북한군은 게릴라화되었는가?」

라는 제목으로 다음과 같이 보도하였다.

"금후 북한군이 택할 길은 전면적으로 항복하느냐, 아니면 산이나 농촌에 흩어져서 숨어 있느냐?의 두 가지 길밖에 없는데 관측자의 대부분이 북한군은 후자를 택하고 본격적인 게릴라전을 시도할 것으로 보고 있다."

다음 날 28일자 같은 신문은

「북한군 행방묘연? 남부전선에서 하룻밤 사이에 모습을 감추다.」

라는 놀랄만한 제목으로 AP통신 기사를 실었다.

"남부전선의 북한군이 UN군의 추격으로부터 어떻게 도피하였는지가 의문이며, 그들은 연기와 같이 사라진 것 같다. 거의 하룻밤 사이에 모습을 감추었고, 정찰기도 철수하는 그들의 종대를 발견치 못하고 있다. 경인 지역으로 이동한 징후도 없다. 장비를 후대하고 있는 북한군이 도대체 어디로 갔느냐 하는 것이다."

한편 일본에서는

"북한군은 구름처럼 흩어지고, 안개와 같이 사라져서(雲散霧消) 한 사람도 잡히지 않고 있다."

는 소문이 떠돌아 북한군을 신비하게 보는 경향마저 있었다.

이 수수께끼는 여러 가지 자료를 연구한 결과 다음과 같이 풀린다.

① 사상자 약 10,000명

② 포로 12,777명

③ 게릴라화 10,000~20,000명

④ 부대를 이탈하여 귀가한 남한 출신 의용군 40,000~43,000명

위 ③과 ④는 구분하기가 어려우나 1950~1951년 가을에 추정한 게릴라 수에서 추산한 숫자이다.

북한군이 은닉한 사용 가능한 무기는 전차 11대, 자주포 4문, 야포 66문, 박격포 50문, 대전차포 22문, 탄약 483톤이었으므로 북한군은 거의 모든 중장비를 잃었다고 보아도 좋고, 또 6·25전쟁에 참전한 중공군 출신 장군들은 그 후 북한과 중공과의 관계가 악화되었을 때 대부분 패전의 책임을 지고 숙청되었다.

인용문헌 : 일본 육전사연구보급회 『한국전쟁』 4 「북한군전선총사령부」(p167)

제1군단사령부

김천에 있던 제1군단사령부(김웅 중장)는 경부가도를 따라 9월 27일 조치원에 이르렀는데 전날 미 제5기병연대가 조치원을 통과하여 천안 북방으로 진출하였다는 정보를 입수하고 집단으로 행동하는 것이 위험하다고 판단하여 사령부를 해체하고 각개 행동으로 활로를 찾도록 하였다.

김웅은 수 명의 참모들과 함께 산속으로 들어가 간신히 북으로 퇴각하는데 성공하였다. 그러나 김일성으로부터 패전의 책임을 추궁당한 끝에 반혁명, 반당분파분자로 몰려 숙청되었다.

▎제3사단

왜관 지역에 있던 제3사단은 잔존 병력 1,800명을 긁어모아 상주~충주~원주~춘천을 거쳐 철의 삼각지대로 철수하였다. 그 후 계속 퇴각하여 11월 말경에 거지꼴이 되어 강계까지 물러갔다.

▎제10사단

현풍 지구에서 중화기 등을 버리고 퇴각하였다. 김천, 옥천에서 북한군 주력의 철수를 엄호하고 퇴각하다가 UN군에 의하여 퇴로가 차단당하자 분산되었고, 건제를 유지하여 북으로 돌아간 부대는 없다고 전해진다. 일부가 태백산맥을 타고 김화에 이르러 다른 사단 패잔병들과 함께 제2군단으로 편성되어 10월 말부터 양구, 금성(金城), 김화 등지를 거점으로 유격전을 벌였으며, 11월에 가평, 화천으로 잠입하여 준동을 계속했다.

▎제2사단

거창 지구에서 UN군의 추격을 받고 궤산(潰散)되었다. 사단장 최현은 신병을 무릅쓰고 잔존 병력 2,500명을 수습하여 퇴각하였으나 38°선에 이르렀을 때는 200명도 남지 않았다고 한다. 10월 중순 강계에 도착했다.

소련군 출신인 최현은 뒤에 인민무력부장이 되었다.

제4사단

합천 지구에서 UN군의 추격을 받고 궤산되었다. 사단장 이권무 소장은 일부 병력을 수습하여 소백산맥과 태백산맥을 타고 11월 초순에 간신히 영월에 이르렀다.

중공군 출신인 이권무 사단장은 패전의 책임을 지고 숙청되었다.

제9사단

함안 지구에서 물러난 사단은 제10사단과 함께 김천, 옥천에서 북한군 주력부대의 철수를 엄호하고 퇴각하였는데 UN군에 의하여 퇴로가 차단되어 분산되었고, 건제를 유지하고 북으로 돌아간 부대는 없다고 알려졌다. 일부 병력은 서울 방면으로 퇴각하였고, 2개 대대 규모의 병력이 소백산맥 및 태백산맥을 이용하여 퇴각하다가 춘천 북쪽에서 3일 동안 아군의 진격을 저지하기도 하였다. 11월 5일 철의 삼각지대에 이른 후 제10사단과 함께 제2군단으로 재편성되어 유격전에 들어갔다.

제7사단

남강선에서 후퇴하여 약 1,000명은 지리산에, 약 500명은 백운산으로 잠입하여 유격대가 되었고, 주력은 사단장이 지휘하여 퇴각하던 중 김천에서 사단장이 전사하였다고 알려졌다. 병력은 10월 중순 양구를 거쳐 철원에 도착한 후 제2군단으로 재편성되어 유격전에 들어갔다.

제6사단

금강선에서 새로운 전선을 형성하기 위하여 9월 18일 밤에 제1차로 철수를 개시하였고, 마산 서쪽에서 용이하게 전선을 이탈하여 약 2,000명은 지리산으로 가서 유격대가 되었고, 주력은 진주~산청~함양~전주가도를 따라 대전으로 퇴각하다가 미 제25사단 돌빈특수임무부대가 뒤를 따라붙자, 산청에서 중화포류(重火砲類)를 산속에 숨겨놓고, 경장비만 가지고 철수하였다. 28일 밤에 함양에서 미군에게 포착되자 진로를 바꾸어 소백산맥 소로를 타고 30일 밤에 김천 서쪽 경부국도로 나왔다. 여기서 패잔병 2~3,000명을 수습한 후 10월 1일 밤에는 추풍령의 험준한 지형을 이용하여 모의지뢰와 대전차포로 경부국도를 10시간 동안이나 차단해 놓고, 그 사이에 UN군의 차단선을 돌파하여 퇴각하였는데 38°선을 넘기 전에 분산되어 일부만 10월 3일 양구에 도착하였다. 일부 병력은 철의 삼각지대에서 재편성한 제2군단에 흡수되고, 사단 모체는 11월 말 희천(熙川)에서 재편성하였다.

사단장 방호산은 용장으로 알려졌으나 패전 책임을 물어 숙청되었다.

제2군단사령부

김무정 중장이 지휘하는 제2군단사령부는 별 어려움 없이 제천~원주를 거쳐 김화에 도착했다. 소위 철의 삼각지대라고 일컬어지는 이곳에서 퇴로를 차단당하고 방황하는 제6, 제7, 제9, 제10, 제15사단 패잔병을 수습하여 전선사령관 김책 지휘하에 제2군단을 재편성한 후 이천, 철원, 평강, 화천 등지를 거점으로 삼아 유격전을 폈다.

군단장 김무정은 제1군단장 김웅과 함께 패전 책임으로 숙청되었다.

제5사단

포항에서 퇴각하여 영덕 부근에서 산중으로 잠입한 다음, 일부는 태백산, 오대산 등지에 유격대로 남고, 일부는 계속 퇴각하여 10월 1일 38°선에서 아군 진격에 잠시 저항하기도 하였다. 10월 6일 원산에 도달할 무렵 국군의 추격을 받고 장진을 거쳐 강계에 이르러 재편성하였다.

10월 24일 사단장(소장 마상철?)이 포로가 되었다는 말이 나돌았으나 그 후 확인된 바 없고, 10월 6일 부사단장이 양양에서 귀순했다.

제12사단

안강에서 병력 2,000명을 이끌고 퇴각하기 시작하여 안동~원주~춘천을 거쳐 인제에 집결하였고, 도중에 패잔병을 규합하여 38°선을 넘을 무렵에는 병력이 3,000명~3,500명으로 늘어났다. 11월 26일 강계에 도착하여 재편성하였다.

제15사단

영천에서 대패한 후 청송~영월~춘천을 거쳐 38°선을 넘었다. 곡산에서 주력은 강계로 퇴각하고, 일부는 재편성한 제2군단에 흡수되었다.

제8사단

의성 남쪽에서 패잔병 1,500명을 수습하여 안동~예천~풍기~단양을 거쳐 38°선을 넘었고, 10월 10일 초산에 도착했다.

제1사단

군위에서 퇴각하여 원주~인제를 거쳐 38°선을 넘었고, 10월 18일 강계에 이른 후 신병을 보충받아 재편성하고 11월 8일 강계를 출발하여 장진~ 함흥~원산~평강을 거쳐 철원으로 진출했다.

▎제13사단

다부동 전투에서 이미 우리 제11연대에 궤멸된 사단이다. 가장 많은 고급 지휘관과 참모가 투항해 온 사단이기도 하다. 8월 22일 포병연대장 정봉욱 중좌가 아군 제11연대에, 9월 21일 참모장 이학구 총좌가 미 제1기병사단 제8기병연대에 귀순한 것을 비롯하여 24일 자주포대장, 27일 의무부장, 10월 1일 잠복한 채 투항기회를 노리고 있던 제21(?)연대장 등이 모두 다부동에서 투항했고, 10월 3일에는 제19연대장이 부하 167명을 이끌고 단양경찰서에 투항했다.

38° 선 이북으로 퇴각한 자는 극소수에 지나지 않았다.

▎제105기갑사단

개전 초 보유한 전차는 150대였다. 모두 파괴당하고 9월 13일 서울 지구로 반전 명령을 받았을 때 40대를 보유하고 있었다. 그 중 반은 수원, 영등포 지구에서, 나머지 반은 왜관, 대전, 천안 등지에서 UN공군에 의하여 격파되었다. 38° 선을 넘어간 전차는 한 대도 없는 것으로 알려졌다.

살아남은 병력은 태백산맥을 타고 월북하여 10월 26일 청천강 북쪽에서 보병사단으로 재편성되었다.

2. 북한군의 방어전략과 유격전

북한군의 방어전략

북한군최고사령부는 10월 1일 38°선 방어를 동부와 서부로 나누어 서부는 UN군의 인천상륙에 대비하여 만든 최용건을 사령관으로 하는 서해안 방어사령부가 맡고, 동부는 전선사령부를 그대로 유지하여 이를 맡도록 하고 사령관도 김책이 그대로 맡았다. 저들의 주임무는 UN군의 북진공격을 견제하면서 남부전선에서 퇴각하는 패전부대 주력을 저들의 후방지구로 철수하도록 길을 터주는 것이었다.

38°선에는 새로 편성한 작전예비대를 배치했는데

서부 고랑포~개성~백천선에 제19, 제27, 제43사단 및 제17여단

중부 화천 정면에 제26여단을,

동부 양양에 강릉경비여단을 배치하여 마지막 저항을 기도하였다.

10월 1일 국군 제1군단이 동해안에서 38°선을 일거에 돌파하여 양양을 점령하고 계속 추격을 감행하여 동부전선이 손 쓸 여지도 없이 허물어졌고, 4일에는 춘천 북쪽에 있는 38°선 주저항진지가 맥없이 무너지자 6일 화천을 포기하고 김화로 철수하면서 동부전선사령부의 38°선 방어임무는 허무하게 종지부를 찍었다.

개성을 중심으로 한 서부 방어선은 10월 9일 미 제1기병사단이 개성을 점령하고 금천으로 진격함으로써 와해되었다.

김일성은 연합군 진격을 지연시키고자 최후발악을 하였으나 새로 편성된 부대의 전력과 장비 그리고 사기의 기세가 오른 연합군의 공격예봉을 당해 낼 도리가 없었다. 저들은 북으로 퇴각경쟁을 벌였을 뿐이다.

북한군은 원산을 끝까지 지켜보겠다고 제5, 제12, 제15사단 퇴각병력과

동해안 방면 모든 경비대 그리고 신편된 부대를 모조리 투입하여 저항에 나섰으나 10월 10일 국군 제1군단 진격 앞에 무릎을 꿇고 말았다.

10월 14일 미 제1군단은 금천을 탈환하고 사리원으로 진격했다. 금천에서 미군의 기동타격에 압도되어 전의를 잃은 적 제19, 제27사단이 섬멸되었다. 김일성은 평양방어의 근간인 저들 사단을 하루 아침에 잃었고, 북한군 패잔병들은 살길을 찾아 집단으로 투항했다.

적의 퇴각 속도는 갈수록 빨라졌다. 16일 수안(遂安), 17일 사리원, 해주, 재령(載寧), 황주가 아군 수중에 들어왔고, 18일에는 평양 외각 흑교리(黑橋里)와 삼등(三登)에 미군이 육박함으로써 평양은 풍전등화가 됐다.

북한군은 평양을 사수하고자 소장 최인을 방어사령관으로 임명하고 서부에서 퇴각한 병력과 신병 등 약 20,000명을 규합하여 앞뒤로 삼선(三線) 방어선을 형성하였으나 18일 미군이 흑교리에 진격하자 평양에 1개 연대 병력을 남긴 채 각지에서 퇴각해 온 병력을 수습하여 청천강 이북으로 달아났다. 평양은 김일성의 사수 의지에도 불구하고 19일 국군 제1사단에 의하여 무혈점령되고 말았다.

김일성은 희천으로 최고사령부를 옮긴 후 새로운 방어선을 설정했다.

제1차 방어선 안주~개천~덕천(德川)선

제2차 방어선 희천선

제3차 방어선 강계선

평양을 포기한 북한군 주력부대는 제1차 방어선에서 국군과 UN군의 진격을 저지하기로 하였다. 우선 숙천(肅川) 남쪽에 있는 영유(永柔)와 어파리(漁波里)에서 축차로 저항진지를 마련하고 평양에서 마지막으로 철수한 제239연대를 배치하였다. 그러나 10월 20일 숙천과 순천(順川)에 미 제187공정연대가 낙하하여 후방을 차단하였고, 남쪽에서 영 연방제27여단 소속 후

주군 대대가 협공하여 섬멸되고 말았다.

여기서 잡은 포로가 3,818명에 이르렀다.

북한군은 21일 제1차 방어선을 포기하고 제2차 방어선으로 퇴각하면서 청천강이 아군 수중에 들어왔고, 아군의 급진적인 진격에 밀려 패주하기에 바빴다. 연합군은 다음과 같이 북한 지역을 탈환해 갔다.

10월 21일 개천~구장(球場)~희천,

10월 23일 덕천~영변,

10월 25일 온정리(溫井里),

10월 26일 초산(압록강 연안),

10월 30일 정주, 선천,

10월 31일 정거동(停車洞)

동해안 방면 적은 10월 17일 함흥에서 철수하여 장진(長津), 갑산, 성진으로 퇴각하면서 지연전을 폈으나 소규모 병력이어서 저항은 미약했다.

어랑천(漁郞川-鏡城 남쪽 30km)에서는 6~7개 대대 규모의 병력이 완강히 저항하여 수도사단 진격을 8일 동안 지연시킨 다음 청진으로 퇴각했다.

동해안 지역 연합군 진격 상황은 다음과 같다.

장진 방면	10월 28일 수동,
	11월 14일 장진호,
	11월 15일 부전호(赴戰湖),
혜산진 방면	10월 25일 단천(端川),
	10월 29일 풍산,
	11월 20일 갑산,
	11월 20일 혜산진(압록강 연안)
청진 방면	10월 22일 북청,

10월 29일 성진,

11월 5일 길주,

11월 25일 청진.

평양에서 안주, 개천으로 퇴각한 적 병력은 약 40,000명으로 추산되었고, 동해안 방면에서 궤퇴(潰退)한 병력이 약 17,000명으로 추산되었으며 철의 삼각지대에서 제2군단에 편성되어 제2전선을 형성한 병력이 약 20,000명으로 추산되었다.주)

국방부 『한국전쟁사』 제4권 p16

북으로 퇴각한 병력은 대부분 38°선 방어를 위하여 새로 편성한 작전예비대에 편입된 것으로 보인다.

북한군의 행방

① 국방부『한국전쟁사』제4권(p16)

평양에서 안주, 개천선으로 후퇴한 병력	40,000명	
동해 방면에서 궤퇴한 병력	17,000명	계
철의 삼각지대에 제2전선을 형성한 병력	20,000명	97,000명
지리산 지구를 중심으로 한 호남지방	20,000명	

② 일본 육전사연구보급회『한국전쟁』 ④ (p167, 168)

38선 이북으로 돌아간 자	25,000~30,000명	
사상자 수	약 10,000명	계
포로 수	12,777명	92,777명
게릴라화한 수	약 10,000~20,000명	~115,777명
남한 출신 의용군 이탈자	40,000~43,000명	

①은 60,000명 이상이 38선 이북으로 철수한 것으로 되어 있고, 공인된 남한출신 의용군 이탈자가 빠져 있다. 믿기가 어렵다.

유격전

북한군은 낙동강전선에서 퇴각한 패잔병을 철의 삼각지대에서 수습하여 제2군단을 재편성하였는데 병력 규모는 약 20,000명이었고, 저들은 이곳을 거점으로 유격전에 들어갔다. 이를 제2전선이라고 이름 붙였다.

김일성은 제2전선 형성 목적을 다음과 같이 변명하였다.

"곤란한 후퇴 시기에 있어서 이미 반격에의 이행을 예견하고 적의 배후에 강력한 제2전선을 형성할 방침을 세웠다. 이는 적 점령하에 있는 인민대중을 획득하여 적의 기동성을 파괴하고 적의 후방을 교란하고 분산시켜 적에게 타격을 가할 뿐만 아니라 다시 진격하는 마당에 있어서 적의 퇴로를 차단하고, 적을 혼란에 함입토록 함으로써 전선의 공격에 호응하여 적의 배후에서도 타격을 가하는 데 있다." 주)

국방부 「한국전쟁사」 제4권 p16

제2전선에는 지리산 지구를 중심으로 한 호남지방의 약 20,000명이 합세하여 도합 40,000명이 북진한 아군전선의 후방에서 준동하며 교란작전을 벌여 적지 않은 피해를 입혔다.

저들의 주요 활동 상황을 살펴보면 다음과 같다.

10월 1일, 약 2,000명이 원주를 습격하여 일반 시민 1,000여 명과 미군 장교 5명을 살해했다.

10월 13일, 6,000명으로 추산되는 유격대가 삼척, 울진, 묵호 일대에 분산 침투하여 양민을 학살하는 등 만행을 저지른 후 퇴각했고, 18일에는 강릉을 점령하여 유린한 뒤 주문진으로 퇴각했다.

10월 21일, 약 3,000명이 김화를 습격했고, 22일에 화천발전소를 습격하여 수문을 열어 놓았으며, 23일에는 피난민을 가장하고 고저(庫底)에서 미 해병대 1개 대대를 기습하여 많은 손실을 입히고 29일 퇴각했다.

10월 28일, 약 2,000명이 이천(伊川)에 있는 아군 야전병원을 습격하여 환자 전원을 사살하는 만행을 저질렀다.

11월 2일, 약 1,000명이 평강 북방 16km 지점에 있는 아군 보급소를 습격하였다.

11월 7일, 약 500명의 유격대가 영흥을 습격한 후 주력 약 2,000명과 합세하여 서북 방면으로 퇴각했다.

_{「1. 북한군 퇴각」 이후 참고문헌 : 국방부 『한국전쟁사』 제4권 「적에 관한 사항」(p9)}
_{일본 육전사연구보급회 『한국전쟁』 ④ 「북한군의 후퇴」(p160)}

3. 북한군 패인

김일성이 발표한 패전 원인

10월 11일 북한군최고사령관 김일성은 평양방송을 통하여 패전 원인을 다음과 같이 세 가지로 들었다.^{주)} _{북한 과학 · 백과사전출판사 『조선전사』 26 p23, 24}

첫째, 미국이 육 · 해 · 공군의 대병력을 동원하여 대규모 공세로 나왔기 때문에 피아 전력 격차가 극복하기 어려운 절대적인 원인이 되었다.

물론 당과 정부는 UN군을 최종적으로 격멸하기 위하여 만반의 대책을 강구, 상당한 예비군을 준비하고 있었으나, 짧은 시간 내에 UN군의 대규모 총공격을 저지, 격파할 수 있을 만한 충분한 예비군을 가질 수도 없었고, 난관을 극복하기 위한 준비도 충분히 갖출 수가 없었다.

이에 반해 장기간 전쟁 준비를 해 온 미국은 우리의 몇 배나 되는 대병력을 동원하여 전쟁 규모를 확대해 왔기 때문에 끝내 인민군은 UN군의 공격을 막아낼 수 없었다.

둘째, 인민군 내에 잠입해 있던 김웅(제1군단장), 기타 반혁명, 반당분파분자와 일부지휘관이 당과 최고사령부의 정확한 전략 및 전술적 작전방침을 적시에 수행하지 못했다는 점이다.

부산으로의 진격에 있어서 김무정 등 일부 지휘관들은 최고사령관으로부터 간절한 지시가 있었음에도 불구하고 기동성과 창의성을 발휘하려 하지 않았고, 다만 평지의 큰 도로를 연하는 지역으로만 공격을 하였으며, 산길을 이용하여 UN군의 후방과 측방으로 우회하려고는 노력하지 않았다. 그래서 많은 기간과 힘을 낭비한 결과가 되었을 뿐 아니라, UN군을 포위섬멸하지 못하고 다만 정면에서 밀어대기만 하였기 때문에 UN군에게 재편성과 병력 집중을 위한 시간을 허용하게 되었다.

UN군의 인천상륙에 있어서 김웅과 같은 반혁명, 반당분파분자는 병력이동에 관한 최고사령부의 명령을 고의로 태만하게 하여 경인 지역 방어를 위한 낙동강전선의 일부 병력을 경인 지구로 이동하지 않았고, 또 그 후에 금강선에 새로운 전선 점령을 태만함으로써 낙동강전선과 경인 지역에 있어서의 방어조직을 크게 저해시켰다.

이승엽(서울시 인민위원장, 경기도방어 지역군사위원장) 등 간첩일당은 경인 지역 방어에 관한 당 및 최고사령부의 방침을 고의로 실행하지 않았을 뿐 아니라, 그 실행까지 방해하였다. 그 결과 경인 지역의 방어조직이 부실하게 되어 UN군은 서울을 측방에서 공격할 수 있게 되었다.

그 뿐인가, UN군의 총공격에 대해서는 부대상호간 긴밀한 협동작전으로 적극적인 기동방어를 해야 하는데도 불구하고 일부지휘관들은 이를 태만하게 했기 때문에 일부 부대가 규율이 문란하고 조직력이 약해져 결국 UN군의 공격을 저지할 수 없었다.

셋째, 미국과 이승만 정부의 반공정책과 박헌영, 이승엽 간첩 분파분자 일당의 파괴 활동과 분파분자 간 파벌싸움에 의해서 남조선의 당조직과 빨치산이 전면적으로 해체되어 있었기 때문에 UN군 후방에서의 인민군 진격에 호응하는 당조직과 빨치산 투쟁이 행해지지 않았다.

전쟁수행 과정에서 잘 알려진 바와 같이 당시 남조선에는 사실상 대중을 동원하여 투쟁집단으로 조직할 수 있는 핵심분자는 존재하지 않았다. 그런데도 박헌영 간첩일당은 남조선에 20만 명 당원*이 있다는 등 거짓보고를 하였기 때문에 당의 전략적인 계획에 차질이 생겼던 것이다.

박헌영, 이승엽 등의 파괴 활동으로 인하여 남반부 후방에서 인민대중에 의한 투쟁은 끝내 일어나지 않았고, UN군은 후방에서 아무런 저항도 받지 않은 채 순조롭게 대병력을 집중 또는 전개할 수가 있었던 것이다.

* 박헌영은 1950년 6월 10일 만수대 수상청 비밀회의에서 인민군대가 38°선을 돌파하여 남진하면 50만 지하당원이 봉기하여 1주일 이내에 해방전쟁은 끝내줄 것이라고 호언했었다. 여기서 20만 명이라고 한 것은 위 회의에서 김일성이 "50만 명 중 30만 명이 전향하여 보도연맹에 가입하였다."고 우려했는데 그 나머지 20만 명을 말하는 것이 아닌가 생각된다.(제2장 제2절 「3. 수상청비밀회의」 참조)

한 사람도 죽이지 않고 싸울 생각?

북한군이 남침 당시에 보유한 지상 전투 병력은 167,280명이었다.

10개 보병사단 병력	120,880명	
1개 전차여단	8,800명	(개전 직후 제105기갑사단으로 개편)
제38경비여단	22,600명	(개전 직후 제7, 제8, 제9사단으로 개편)
기 타	15,000명	

3개 사단(제10, 제13, 제15사단)은 1949년 가을 이후에 만 18세 이상 30세까지의 청년을 강제로 소집하여 숙천, 신의주, 회령에 있는 민청훈련소에서 군사훈련을 실시한 후 6·25남침 3개월 전에 편성하였다.

1950년에 들면서 열성분자들이 조국보위후원회를 조직하고 만 17세 이상 40세까지의 남녀를 동원하여 군사훈련을 실시하였는데 그 수는 알려져 있지 않았으나 이들이 정규군으로 각 전투사단에 충원된 것으로 보이며, 같은 해 5월, 내무성은 내무서원 1인당 3명씩을 강제 모집하도록 할당하였고, 내무서원들은 수차례에 걸친 강제모병에 끌려가고 남은 '쓸모없는 장정 4만 명을 긁어모아' 신편사단에 머릿수를 채워 넣었다.

1950년 6월 3일 수상청 비밀회의에서 김일성은
"많은 부대가 창설되기로 되어 있는데 병력 자원은 충분한가?"
를 물었고, 민족보위상 최용건이 "부족하다."고 대답하자
"이제 와서 그게 무슨 말인가? 국가계획위원장 동무와 내무상 동무와 협조하여 만 18세 이상 40세까지의 남자는 강제 동원하여 병력자원을 확보하라. 내 명령이니 강력히 실천하도록 하시오."
라고 지시했다. 여기서 얼마의 청장년이 동원되었는지는 알 수가 없다.

이렇게 보면 최소한 70,000명 이상(3개 사단+40,000명)이 6·25남침 3개월 이내에 급하게 머릿수만 채운 병사들인 것임을 알 수가 있다.

이렇게 긁어모은 머릿수가 전투병력의 40%를 넘었다. 이들에게서 전투력을 기대할 수도 없었지만 이들이 희생되는 경우에 보충할 방법이 없었다. 그래서 남침 후 남한에서 어린 학생들까지 소위 의용군이라는 이름으로 강제 동원하여 저들의 희생된 병력을 보충하였던 것이다.

그 수가 얼마인가?

미 제8군은 북한군 9월 공세 초 북한군 병력을 10만 명으로 추산하여 그 반은 남한에서 강제 동원한 의용군이라고 판단했고, 일본 육전사연구보급회 『한국전쟁』은 북한군이 후퇴 과정에서 부대를 이탈 귀가한 의용군의 수를 4만~4만 3천 명으로 추산했다. 전사자와 북으로 철수한 자를 고려하면 최소 5만 명은 넘는다.

김일성은 남한에서 의용군 40만 명이 지원했다고 호언했다. 이 수는 전선에 투입된 전투병 외에 각종 군사지원업무에 동원된 수가 포함된 것으로 보이지만 얼마나 많은 무리수를 두었는가를 가늠할 수 있다.

북한군의 남침 당시 전투병력 167,000명은 9월 공세 초기에 98,000명으로 줄어 70,000명에 가까운 손실이 있었고, 여기에 남한에서 강제 동원한 의용군 5만 명을 감안하면 남침 당시에 투입한 북한군의 손실은 실로 12만 명이 넘는다. 남침 병력 중에서 생존자는 5만 명이 채 안 된다. 이것은 일본 육전사연구보급회 『한국전쟁』이 북한으로 돌아간 자를 25,000~30,000명으로, 게릴라화한 수를 1만~2만 명으로 추산하여 생존자를 4만~5만으로 본 숫자와 맞아떨어진다.

불과 3개월간 전쟁에서 이렇게 현실로 나타난 엄청난 병력 손실을 고려하지 않았던 것이 원천적인 패인이다. 곧 보충 수단이 없었던 것이다.

무기와 탄약은 누가 대 주나?

북한군이 전선에 투입한 중요 장비는 다음과 같았다.

전 차	장갑차	곡사포	대전차포	박격포	자주포	고사포
270대 규모	54대	552문	550문	1,728문	176문	36문

이들 장비는 모두 남침용으로 소련이 원조해 준 것이다. 이것뿐만 아니다. 트럭을 비롯한 각종 수송 수단, 연료, 개인화기와 각종 실탄이 모두 소련이 제공하여 비축해 두었던 것이다. 이들 장비는 남침을 하면서 있는 대로 총동원하여 투입하였고, 낙동강전선에서 거의 손실을 입어 바닥이 났다. 그런데도 보충되지 않았고, 보충할 방법도 없었다.

파괴된 전차는 더 이상 보충되지 않았고, 있는 전차도 기름이 없어 굴리지 못했다. 전투병들에게 소총도 다 지급하지 못했고, 실탄이 바닥이 나서 수류탄으로만 싸웠다. 북한에는 이들 군수품 생산수단은 없었고, 소련도 더 이상 제공해 주지 않았다.

자체 군수조달능력을 갖지 못하고는 전쟁을 할 수가 없다.

굶으면서도 싸워주기를 바랬다

김일성의 군량미 조달은 병력보충과 함께 점령지에서 현지조달하는 것을 기본으로 삼았다. 심지어 군수품까지도 점령지역에서 조달하기로 했던 것 같다. 저들이 점령한 남한에는 그가 구상했던 것 같은 그러한 군량미나 군수품은 있지 않았다. 급하게 철수한 서울 지역에서 일부 조달이 가능했으나 만족하지 못했을 것이다. 조금이라도 시간 여유가 있었던 지역에서는 후방으로 수송했고, 또 주민들은 피난하면서 가지고 갈 만큼의 식량은 가지고 갔고, 그렇지 못한 경우는 숨겼다.

서울을 급하게 철수하면서도 눈물겨운 투혼을 발휘하여 맡은 바 소임을 다함으로써 국가와 민족을 위하여 헌신한 사람들이 많이 있었다.

(1) 한국은행은 금괴(금 1,070kg, 은 2,513kg)를 부산으로 이송한 후 다시 샌프란시스코를 거쳐 뉴욕의 미 연방준비은행에 위탁 보관시켰다.

(2) 농림부 양정국장은 정부양곡을 후방으로 이송하고 일부를 방출하여 피난민에게 배급하다가 서울에 진주한 북한군에게 납치되었다.

(3) 사회부는 서울시내에 국민학교 등 6개 소에 피난민구호소를 설치해 놓고, 침구와 식사를 제공하는 등 구호활동을 벌였고, 서울이 함락된 후 전국에 피난민 수용소를 설치해 놓고 피난민을 구호했다.

(4) 철도 공무원들은 6월 27일 09시에 부산행 11열차를 끝으로 일반열차의 운행이 중단되었음에도 불구하고 서울이 적의 수중에 들어가기 직전까지 병력과 군수품의 수송 업무를 수행했다.

혼란한 속에서도 공무원들이 체계적으로 질서를 유지하면서 맡은 바 임무를 수행하였고, 이 과정에서 식량과 구호물자를 가능한 데까지 후방으로 이송했을 것임을 알 수 있다.

작전을 하는 지휘관들도 작전지역 내에 있는 정부미를 비롯하여 각종 공공재산을 안전지역으로 반출하는데 소홀함이 없었다.

제8사단장 이성가 대령은 6월 25일 북한군의 남침이 전면전이라고 판단하고 다음과 같은 조치를 취했다.

사단의 모든 군수품을 대관령 넘어 진부리로 이동시켰다.

민사부를 조직하여 행정을 관장하였고, 금융기관을 접수하여 화폐를 대구로 이송하였으며 미곡창고에 보관된 정부미를 진부리로 옮겼다.

7월 5일 제천을 떠나면서 제천역 구내의 미곡창고에 보관되어 있는 정부미 2만 가마니를 부산으로 이송했다.

7월 15일 해군 군산경비부는 해군본부 지시에 따라 군산에 보관되어 있는 정부미 13,000가마니와 벼 969가마니를 부산으로 수송했다.

7월 20일 해군 목포경비부는 정부미 8만 가마니를 LST 김천호 및 울산호 편으로 부산으로 이송했다.

7월 23일 광주가 적 수중에 들어가던 날 전남편성관구사령관 이응준 소장은 광주에 있는 전남방직공장의 재고 광목을 여수로 반출케 하였고, 광주, 목포, 여수에 있는 정부미를 반출토록 하였다.

7월 25일 제15연대장(제5교육대로 개편) 김병휘 중령은 여수에 남아있던 제3대대를 지휘하여 여수시내 창고에 보관 중인 정부미와 군수물자와 전주, 남원, 광주 등지에서 여수로 반출된 정부미와 각종 물자를 26일 이른 아침까지 해군수송선에 적재하는 임무를 수행하였다.

7월 24일부터 27일까지 해군이 여수항에서 부산과 진해로 수송한 정부미를 비롯한 각종 물자(군수물자 제외)의 양은 다음과 같다.

24일 국고금 5억원, 백미 16,000가마니, 광목 1만곤(梱), 군복 4천점.

25일 백미 2,380가마니, 설탕 67톤, 광목 8천곤, 유류 130드럼, 연초 2화차.

26일 벼 2,000가마니, 김 1천 상자.

27일 벼 1,500가마니, 보리 230가마니, 360상자, 식용유 12드램, 우유 10드램, 광목 30곤＋8화차 분, 휘발유 10드램.

자료 : 국방부 『한국전쟁사』 개정판 제2권 p863

김일성이 기대한 식량의 현지 조달은 허망한 몽상에 지나지 않았다.

서울 또는 그 주변 지역에서 우리가 미처 반출하지 못한 피복과 탄약 등 일부 군수품과 양곡 일부를 획득하였을 뿐이다.

북한군은 8월 중순을 넘으면서 일선 장병에 대한 급식이 반으로 줄었고, 허기에 지친 병사들은 싸울 의욕을 잃었다.

적 제6사단은 전투부대의 보급문제를 해결하기 위하여 여수와 목포를 우회하느라고 2일간이나 진격이 늦어졌는데 보급은 해결하지 못하고 진출만 늦어져 미 제8군과의 시간 싸움에서 밀리는 결과를 초래하였다.

김일성은 전쟁에서 가장 기본인 보급을 간과한 채 단기전으로 8월 15일까지 부산을 해방시킨다는 기본구상만 가지고 비축해 둔 병력과 장비와 식량을 모두 투입하여 승부를 걸었다. 그가 구상한 전략에 조금이라도 변수가 생겼을 때는 패할 수밖에 없는 조건을 근원적으로 가지고 출발했다.

미군은 왜 그렇게 빨리 왔나?

김일성이 간과한 또 한 가지 실책, 미군이 그렇게 빨리 참전하리라는 것을 예상치 못했다

김일성은 미군이 오더라도 2개월은 걸린다고 보았고, 그 이전에 전쟁을 끝낼 수 있다고 믿었다. 그런 그 미군은 남침 1주일만인 7월 1일 미 제24사단 선발대인 제21연데 제1대대(스미스특수임무부대)가 부산에 도착하여 5일에는 오산에서 실전에 투입되었고, 7월 4일 미 제24사단의 전 병력이 한국에 도착했다. 외국의 지원군이 이렇게 빨리 참전한 것은 전사에 예가 없다.

그리고 한 달 남짓한 8월 4일 낙동강 방어선이 형성되었을 때는 완전편성 4개 사단 규모의 미군 전투부대가 참전하여 피아의 지상 전투력은 대등한 수준 이상으로 늘어났다.

7월 들어서면서 미 해·공군은 제해권과 제공권을 완전히 장악했다.

지하 남로당 50만 명은 어디로 갔나?

남한에는 지하 남로당원 50만 명이 있다고 믿었고, 북한군이 38선을 넘기만 하면 일제히 봉기하여 남조선 해방전쟁은 쉽게 끝날 것이라고 기대했었다. 그러나 남로당의 조직적인 봉기는 없었다.

그런데도 남한 점령지역에서 남로당 잔당들의 활동은 위협적이었다.

물자동원 내지는 수탈에 앞장섰고,

의용군 모집과 납북자 색출 등 인원동원에 전위 역할을 했고,

반동분자로 지목된 우익인사 색출과 숙청에서는 주도적으로 설쳤다.

특히 보도연맹에 가입한 남로당원들은 저들의 전향이 경찰의 검색을 피하기 위한 방편이었다는 것을 보여주기 위하여 누가 사람을 많이 죽이느냐의 충성 경쟁을 벌였고, 그 폐해는 선량한 국민에게 돌아갔다.

그 수가 얼마인지 알 수는 없으나 소수이면서 북한의 정규군이나 정규의 행정조직을 대신하여 저들이 원하는 바를 충실히 실행했다.

우리는 6·25전쟁 기간 중 정규 1개 사단 규모 이상이 지리산 지구에서 공비토벌작전을 벌어야 했었다. 국토를 회복한 후의 일이다. 후퇴 과정에서 지하 남로당원 50만 명은 고사하고 5만 명만 조직적으로 봉기하였어도 김일성이 말한 8월 15일이 아니라 7월 15일 이전에, 낙동강이 아니라 한강에서 저들이 말하는 해방전쟁은 끝이 났을 것이다.

7월 5일 평택에서 사단을 개편했을 때 수습된 병력은 25,000명 수준이었

고, 8월 4일 낙동강 방어선에 전개된 국군 병력은 36,000명이었다.

사상으로 투철하게 무장한 5만 명이면 능히 가능한 일이다.

그런데 남로당 지하당원의 조직적인 봉기는 일어나지 않았다.

남한정부의 토벌작전에 의하여 6·25직전 남로당지하조직은 사실상 와해되었고, 지하당원은 모두 검거되어 그럴 만한 조직도 사람도 없었다.

▎김일성은 과연 남로당 지하당원 50만 명이 있다는 것을 믿었을까?
　　그리고 그들의 봉기에 성패를 걸었을까?

1950년 6월 10일, 수상청 비밀회의에서 김일성은 박헌영에게

"이번 남반부 해방전쟁이 달성되고 못 되는 것은 오직 남반부지하당원들의 애국적인 총궐기 여하에 달려 있다고 보아야 할 것이오."

라고 다짐을 했고, 박헌영은

"우리 인민군대가 쳐 들어가면 서울을 점령하기 전에 남반부 50만 지하당원들이 일제히 봉기하여 1주일 이내에 해방전쟁을 끝내 줄 것'

이라고 장담하였다.

박헌영이 공언한 남로당 지하당원 50만 명은 소위 공수표라고 했다. 박헌영은 이 공수표를 가지고 김일성으로부터 노동당부당수에 부수상 겸 외상의 자리를 보장받았다고 했다. 그러나 이는 결과적으로 만들어진 말이고 처음부터 그런 말이 있었거나 그렇게 생각하지는 않았다.

김일성이 박헌영의 말에 상당한 기대를 걸었던 것은 사실이다.

김일성은 박헌영의 투쟁경력을 믿었고, 그 동안 남쪽에서 남로당에 의한 크고 작은 반란과 폭동사건이 일어나 남한정부를 골치 아프게 만든 실적이 있었기에 50만 명은 아니더라도 많은 수의 지하당원이 있고 저들이 인민군대의 남침에 호응하여 조직적으로 봉기해 준다면 그 역량은 남한정부를 무

너 뜨리기에 충분할 정도라고 기대한 것은 틀림 없다.

　김일성은 1950년 신년 메시지에서
　"공화국 남반부에 있은 인민들은 조국통일을 위한 그들의 투쟁을 확대시켜야 한다. 승리는 통일과 조국의 자유와 민주주의를 위한 정의의 투쟁을 하는 전체인민의 편에 있다."
고 하면서 남쪽에 있을 저들 편을 선동 고무시켰고,
　1950년 4월 10일 스탈린을 방문한 자리에서
　'빨치산이 공격을 지원해 줄 것이며, 20만 당원이 남한정부에 맞서 봉기에 참여할 것'
이라고 장담을 한 것들이 이를 뒷받침해 준다.
　그리고 김일성은 패인의 셋째번 요인으로
　'남조선의 당조직과 빨치산이 전면적으로 해체되어 UN군 후방에서의 인민군 진격에 호응하는 당조직과 빨치산 투쟁이 행해지지 않았다.'
고 지적한 것도 이에 큰 기대를 걸었음을 반증해 준다.

국민보도연맹
　정부는 남로당 활동을 하다가 체포되어 실형을 살고 나온 사람들을 선도하고자 국민보도연맹을 결성하고 저들을 이에 가입시켰다. 가입한 인원이 약 30만 명으로 추산된다고 했다.㈜ 조갑제닷컴 《김대중의 정체》 p54 「사상검사 선우종원 증언」
　이 숫자가 전성기의 남로당원 수와 같다고 보면 될 것 같다.
　남로당지하조직은 사실상 와해되었고, 지하당원은 모두 검거되었다.
　6·25전쟁이 일어나자 서울 등 점령지역에서 보도연맹원들이 앞장서서 소위 반동분자라고 분류한 우익인사 색출과 처단에 광분하고 있다는 소식

이 후퇴하는 군경에 전해졌고, 위기를 감지한 군경이 예방적 차원에서 이들을 처단하였다고 전한다. 이것은 사실로 인정된다.

　내 주변에도 7월 초순경 남로당 전력자가 경찰서의 출두통지를 받아 집을 나간 후 영영 돌아오지 않았다. 처단된 것이라고 말이 나돌았다.

　그 수가 얼마인지는 알 수가 없다. 30만 명을 모두 처단했을 것인가에 의문이 있고 또 보도연맹에 가입한 사람이 과연 30만 명이나 되었을까에도 의문이 있다. 그렇게 많은 사람을 한거번에 죽였는데도 어떻게 세상에 알려지지 않고 묻혀 왔을까? 하는데는 더욱 의문이 간다.

　김대중 전 대통령도 보도연맹운영위원으로 활동했다. 그는 무사했다. 남로당 전신 민정당에 가입했고, 적 치하에서 민청(민주청년동맹)에 가입하여 부위원장으로 활동했다는 사실이 알려졌다.

　본인은 이 모두를 부인했다.[주]　　　　　　　조갑제닷컴 《김대중의 정체》 p51

만약에 저들을 처단하지 않았다면 어떻게 되었을까?

　저들은 북한군이 남한을 점령했을 때

　일부는 제 세상 만났다고 설치면서 조직적으로 봉기했을 것이다.

　그러고 싶지 않은 사람, 곧 순수하게 전향한 사람일 경우에도 점령군은 저들을 그냥 두지 않고, 투쟁의 전위로 내 몰았을 것이다.

　저들은 보도연맹에 가입한 사람을 다 알 수가 있었고, 알아 냈다.

　저들에게 변절한 대가를 피로 갚으라고 했다. 저들은 죽지 않기 위하여 그렇지 않은 사람보다 더 악랄하게 설쳐야 살아 남을 수가 있었다.

　이렇게 5만 명만 있었어도 대한민국은 끝장이 났다.

　저들은 우리의 적이었다. 당장은 아니더라고 북한군이 남쪽을 침공했을 때 저들은 모두 적이 될 사람들이었다. 잠재적 적이다.

저들을 처단한 것은 전쟁을 지휘하는 입장에서 불가피한 선택이다.
결국 책임은 전쟁을 일으킨 김일성이 져야 한다.

4. 위대한 수령 김일성 동지

망상에서 저지른 불장난이 저들을 파멸로 이끌었다. 그러나 그 책임은 저를 위해 충성을 다 바친 수하 사람들에게 몽땅 뒤집어 씌웠다.
김일성은 되살아났고, 저들 인민의 태양으로 떠받들리며 이 지구상에서 가장 위대한 지도자로 건재를 과시했다. 북한주민들은

'세상에 부러움 없어라.'

를 외치며 그를 추앙했다.
저들의 『조선전사』(朝鮮全史-북한 과학·백과사전출판사)에서 6·25전쟁을 다룬 제25~27권의 서술 방법을 보면 김일성의 존재를 잘 알 수가 있다.

"행군해 갈수록 배낭은 더욱 무거워졌으며 발은 옮겨 딛기가 힘들었다.
《수령님을 위하여 앞으로!》
《최고사령관동지의 명령을 빛나게 관철하자!》
"전투원들은 이 말을 외우면서 강을 건너고 벼랑을 타고 넘어 마침내 대전 남쪽에 있는 보문산 기슭에 이르렀다." (25 p184)
"백전백승의 강철의 령장(領將)이시며, 위대한 군사전략가이신 경애하는 수령 김일성 동지' 께서는 조성된 정황을 과학적으로 분석하신데 기초하여 제4차 작전방침을 제시하시었다." (25 p231)
" '경애하는 최고사령관이신 위대한 수령 김일성 동지' 께서 제시하신 작전방

침과 그 관철을 위하여 취해 주신 대책들은 조선인민군으로 하여금 주도권을 확고히 틀어쥐고 조성된 난국을 타개하여 적들의 《총공세》 기도를 성과적으로 분쇄할 수 있게 한 가장 정당한 방침이며 대책이었다." (26 p23)

김일성은 작전뿐만 아니라 구체적인 전투방법까지도
"직접 영도해 주신"
것으로 되어 있고, 그래서 백전백승으로 이끌었다고 기술하였다.

뿐만 아니라 위에 든 조선전사는 쪽을 넘길 때마다
"위대한 수령 김일성 동지께서는 ……"
"위대한 수령님께서는 ……"
"경애하는 최고사령관이신 위대한 수령 김일성 동지께서는 ……"
"백전백승의 강철의 령장이시며, 위대한 군사전략가이신 경애하는 수령 김일성 동지께서는 ……"
"경애하는 수령님의 위대한 혁명 사상으로 ……"
"백전백승의 강철의 령장이시며, 경애하는 최고사령관이신 위대한 수령 김일성 동지께서는 ……"
투의 최고 수식어로 장식한 말치장이 한 번 이상 등장하고 대부분의 경우 4~5줄마다 등장하는데 많은 경우 한 쪽에 여덟 번이나 등장한다.

세계에 유례가 없는 역사서일 것이다. 군국주의 일본의 경우 국민을 황국신민(皇國臣民)이라고 규정하고 천황을 신으로 떠받들면서도 그들의 역사에 천황을 이처럼 미화해서 기술하지는 않았다.

북한에서 역사뿐만 아니라 모든 출판물은 말할 것도 없고, 신문과 방송에서조차 김일성을 이와 같은 예로 떠받들어야 한다. 그것이 김일성 민족이다. 그렇지 않으면 저들 모두가 반동분자가 된다.

 김일성은 절대적인 존재다. 죽었으되 죽지 않았다. 영생불멸의 존재다. 북한 주민은 오직 김일성을 위해서만 존재한다. 그가 죽은 지금은 그 아들 김정일이 그를 대신하여 유훈통치(遺訓統治)를 하고 있다. 북한 주민은 이에 절대 복종해야 한다. 김정일은 곧 김일성이기 때문이다.

 그리고 다시 그 손자 김정은을 김정일의 후계자로 지명하여 3대 세습 집권의 길에 들어섰다.

 유훈통치라고 하는 전대미문의 신조어를 만들어 대를 이어가며 북한을 다스릴 수 있는 세습(世襲)의 길을 마련한 것이다.

호주군 병사가 건물벽에 걸린 스탈린(왼쪽)과 김일성 초상을 표적으로 사격 연습을 하고 있다. '국영 마 종합상점'이라는 글자가 크게 보이고, 아래 세로로 '봉산군 교원상점'이라는 간판이 걸려 있다.

김일성을 치켜 세운 서술 예시(조선전사 25 p232)

위대한 수령님께서는 작전 방침을 제시하시는 한편 인민군련합부대들의 행동 방향과 임무를 정해주시였다.

위대한 수령 김일성 동지께서는 작전방침을 성과적으로 실현하기 위하여 여러 가지 조치를 취하시였다.

위대한 수령님께서는 전선의 타격력을 증대시키기 위하여 예비대들을 전선으로 내보내도록 하시였으며 수많은 보병련합부대들과 땅크병, 포병, 반땅크포병, 고사포병 등 많은 군종, 병종 부대들을 새로 조직 편성하게 하시였다.

위대한 수령님께서는 늘어나는 해안익측을 더욱 강화하며 해군부대들로 하여금 기뢰차단물을 널리 설치하며 적의 상륙을 파탄시키도록 하시였다.

위대한 수령 김일성 동지께서는 모든 지휘관들과 참모부들이 적을 더 잘 연구하며, …… 적의《지연작전》기도와 락동강좌안과 보현산줄기, 경상산줄기 계선에서의 적의 방어기도와 배치를 제때에 판정하게 하시였다.……

위대한 수령님께서는 전선과 후방 사이의 거리가 멀어진 조건에서 작전에 소요되는 후방 물자를 보장하기 위한 합리적인 대책을 세우시였다. ……

위대한 수령 김일성 동지께서 가장 정당한 작전방침을 제시하시고 그 실현을 위한 현명한 조치를 취하심으로써 적의 기본집단을 대구 일대에서 포위 소멸하며 전략적 방침의 수행을 다그칠 수 있는 확고한 담보가 마련되게 되었다.

공화국 남반부 넓은 지역의 해방

경애하는 최고사령관이신 위대한 수령 김일성 동지께서 제시하신 작전 방침에 따라 7월 21일부터 전 전선에 걸쳐 미제침략자들에게 결정적 타격을 가하기 위한 인민군련합부대들의 제4차작전이 시작되었다.

제8절 전쟁은 끝나지 않았다

1. 우리에게서 북한은 무엇인가?

끝나지 않은 전쟁

1953년 7월 27일 10시에 휴전협정이 조인되었고, 그날 22시를 기하여 전투행위는 중지되었다.

1950년 6월 25일 북한군의 기습남침으로 시작된 6·25전쟁은 만 3년 1개월 2일만에, 1951년 7월 10일 휴전회담이 시작된 이래 2년 여가 지난 뒤에 휴전이라는 이름으로 전투가 중지되었다.

쌍방은 현 접촉선을 군사분계선으로 하고 각각 2km씩 물러나서 4km의 공간을 비무장지대로 삼았다.

총성은 멎었으되 평화는 오지 않았다. 전선은 사라지지 않았고, 군대도 철수하지 않았다.

남북 쌍방은 비무장지대를 사이에 두고 그로부터 60년 동안 휴전 이전 상태와 마찬가지로 무력으로 대치하여 전쟁상태를 지속하고 있다.

그래서 6·25전쟁은 **끝나지 않은 전쟁**이라고 정의를 내리고 있다.

미국은 그들이 원하지 않는 6·25전쟁에 말려 들었다.

제2차 세계대전이 끝난 후 탄생한 국제연합(UN)을 창설한 주역으로서, UN의 경찰국가로서의 사명감에서 그냥 보아 넘길 수가 없었다.

6·25남침소식을 들은 미국의 트루먼 대통령은

"공산주의자에 의한 한국에서의 침략행위를 그냥 둘 수 없다"

고 다짐하고 미군의 참전을 결정하였고, UN안전보장이사회의 결의를 통하여 UN회원국의 동반참전을 이끌어냈다. 16개국이 참전했다.

소련은 6·25전쟁을 일으킨 북한의 전쟁 후견국이다. 6·25남침에 필요한 군사력을 키워주고 지원해준 국가로서 전쟁당사국이기도 하지만 소련 군사고문이 전쟁을 지도했고, 북한군으로 가장한 소련군 조종사가 실전에 참전했다는 증언을 비롯하여 소련군이 참전한 정황이 여러 곳에서 포착되었다. 6·25전쟁 당사국으로서 책임을 면할 수가 없다.

여기에 중공이 가세하여 공산국가에서도 2개국이 지원했다.

참전국은 양 당사국을 합하여 20개국에 이른다.

제2차 세계대전 때보다 더 많은 국가가 참전하여 국제전 양상을 띤 세계대전이었다. 그럼에도 불구하고 이 전쟁이 한반도를 벗어나는 것을 원하지 않았다. 자유진영이나 공산진영이나 다 같은 생각을 하였고, 약속이나 한 것처럼 잘 지켜졌다.

6·25전쟁은 한반도의 제한된 무대에서 벌어진 세계대전인 것이다.

그래서 6·25전쟁은 **제한전쟁(制限戰爭)**이라고 전사는 기록하였다.

6·25전쟁은 제3차 세계대전으로 확대될 수도 있었다. 그러나 전쟁당사국들이 이를 막기 위하여 제한전쟁으로 막을 내렸다. 전쟁터의 안마당이 된 한국 국민에게만 엄청난 고통을 안겨준 채 무승부로 끝을 냈다.

전쟁에 대하여 어느 국가도 전면에서 책임을 지려 하지 않았다.

미국 입장에서 미군의 참전은 UN의 명령에 따라 행한 경찰행동(Police action)에 불과하다고 하였고, 중공은 우방국을 지원군(volunteer)으로서 잠시 도와준 것 뿐이라고 했다.

소련은 처음부터 시치미를 뚝 떼고 방관자적 입장을 취하였다.

이렇게 주요 전쟁당사국들은 전쟁이 끝나자 전쟁을 잊어버렸다. 그 보다도 의식적으로 잊으려고 했다.

그래서 6 · 25전쟁은 **잊혀진 전쟁**(Forgotten War)이라고 한다.

전쟁으로 인한 인명피해

한국정부 공식자료 A

		사 망	부 상	실 종	계
남 한	군 인	147,000명	709,000명	131,000명	987,000명
	민간인	244,663명	229,625명	330,312명	804,600명
	기 타	35,000명	115,000명	1,500명	151,500명
북 한	군 인	520,000명	406,000명		926,000명
	민간인				2,000,000명
	기 타				900,000명

통일조선신문 B

		사 망	부 상	실 종	계
남 한	군 인	227,748명	717,083명	43,572명	988,403명
	민간인	373,599명	229,652명	387,744명	990,995명
	기 타	36,813명	114,816명	6,198명	157,827명
북 한	군 인	294,151명	225,849명	91,206명	611,206명
	민간인	406,000명	1,594,000명	680,000명	2,689,000명

자료 : 전쟁기념사업회 『한국전쟁사』 제1권 p480
자료출처 A 유완식, 김태서 북한 30년 현대경제일보사 p137, 138
B 일본 도쿄에서 발행되는 통일조선신문 1970년 6월 27일

국군피해 비교

자 료	사 망	부 상	실 종	계
앞 A	147,000명	709,000명	131,000명	987,000명
앞 B	227,748명	717,083명	43,572명	988,403명
C	70,655명	189,608명	169,631명	429,894명
D	223,398명	125,496명	348,894명	
E	58,809명	178,632명	82,318명	319,759명

자료 : 전쟁기념사업회 『한국전쟁사』 제6권 p15
자료출처: C 국방부 한국전란 1년지(1951년), 2년지(1953년), 3년지(1954년), 4년지(1955년)
　　　　　D 한국통계연표(1953년)　E 1953년 8월 7일 UN군총사령령부가 UN에 보고한 자료

달라질 수 없는 북한

60년이라는 세월은 모든 것을 변화시켰다.

남쪽의 젊은이들에게 6·25전쟁 이야기는 구미에 맞지 않는다. 6·25세대가 갖는 북한에 대한 감정을 이해하지 못한다. 오히려 부정적이다. 북한은 그저 한 민족이고, 빨리 통일해야 할 대상으로 인식하고 있을 뿐이다.

우리는 임진왜란을 떠올리면 분노하고, 경술국치를 생각하면 치를 떤다. 그래서 지금도 친일파는 이땅에 발을 붙일 수가 없다. 그런데 6·25남침에 대해서는 너무 관대하다. 같은 민족이라는 이유 때문에…….

대한민국에는 북한에 동조하는 세력이 있고, 6·25전쟁을 북한 입장에서 미화하려는 정치인과 지식인이 있으며 북한이 파견한 간첩이 있어 이들이 같은 민족임을 내세워 그렇게 의식화된 이념 성향으로 끌어 가고 있는 것이다.

북한은 미국을 철천지 원수로 여긴다.

동족끼리의 내전에 끼어 들어 남조선해방을 결정적으로 방해했기 때문에 저들로서는 미국은 용서할 수가 없는 불구대천의 원쑤인 것이다.

같은 논리로 우리에게서 중국은 북한이 미국을 증오하는 것과 꼭 같은

개념에서 철천지 원수가 되어야 한다. 그러나 지금은 국교를 수립하였고, 정치, 경제, 문화, 예술, 체육 등 모든 분야에서 동맹국이나 우방국과 조금도 다름없이 교류하고 있다. 국민들도 자유롭게 서로 왕래한다.

베트남의 경우 미국이나 우리를 어떻게 볼까? 같은 개념선상에서 볼 수 있는 적대감정이 골수에 묻혀 있을 것이다. 역시 우방국이 되었다.

시간이 그렇게 만들었다. 그래서 시간은 약이다.

오직 북한만이 변하지 않았다. 거기에는 두 가지 이유가 있다.

첫째, 남쪽은 저들의 해방대상 지역일 뿐이다. 언제든지 기회만 오면 무력으로 처부술 대상이기 때문에 교류나 협력은 기회를 엿보고 시간을 벌기 위한 방편일뿐이고, 깊이 있는 진정한 대화의 상대는 되지 않는다.

저들의 통일전략에 가장 큰 장애요소는 미군이다. 미군이 있는한 무력에 의한 통일은 불가능하므로 미군을 남쪽에서 쫓아내야 한다. 그래서 집요하게 물고 늘어지는 것이 민족공조, 외세배격이다.

얼빠진 지식인과 학생 그리고 일부 정치인이 장단을 맞추었고, 그럴사한 구호는 젊은 사람들에게 먹혀들기 시작했는가 싶었는데 급기야 노무현 전 대통령이 군 통수권 환수라는 허울좋은 명분론을 내세워 2012년까지 미군을 이땅에서 물러가도록 만들어 놓고 말았다.

한술 더 떠서 의무병 복무기한을 18개월로 단축하여 젊은이들에게 선심을 썼다. 우리는 지구상에서 가장 호전적이고 기회만 있으면 민족해방이라는 미명하에 무력수단으로 남북을 통일하겠다고 노리는 북한과 군사적으로 대치하고 있다. 그리고 그 군대는 15년을 복무하는 직업전사들이다.

미군이 물러가고 병력 규모가 줄어든데다가 미숙한 병사들이 국방을 맡게 되어 국가안보에 치명타를 입게 되었지만 북한을 우리라고 여기는 사람에게 있어서는 문제될 일이 아니었다.

둘째는 저들의 세습체제를 유지해야 하기 때문에 남쪽뿐만 아니라 세계 어느 자유진영국가와도 교류나 협력을 할 수가 없다. 북한 인민이 다른 나라에, 다른 나라 국민이 북한에 자유롭게 드나드는 것은 통제된 북한 인민의 사상을 허물어 북한 통치체제가 무너지는 직격탄이 되기 때문에 세계에서 유례를 찾아볼 수 없는 통제체제를 유지하지 않으면 안 되는 것이다.

북한에 민족은 없다

광복 이후 우리에게 익숙한 이념 표현은 민족진영과 공산진영이었다.

민족진영이란 자유민주주의를 주창하는 남쪽의 용어였고, 공산주의 국가건설을 지상 과제로 한 북쪽과 그 추종 세력을 공산진영이라고 했다.

자유민주주의는 민족이 공동체가 되어 민족의 번영을 목표로 삼는 정치이념이면서 자본주의로 대표되는 경제체제이다. 그래서 민족진영이다.

공산진영에 대응하는 말로 자유진영이라는 표현이 있다. 이는 국제사회에서 양대진영을 지칭하는 말이다. 국내에서는 그렇게 표현하지 않았다.

공산진영은 일당 독재체제를 바탕으로 사회주의경제를 지향하는 이념집단이다. 민족도, 국민도 심지어 가족까지도 동지적 의식을 배제하고 오직 공산주의 이념을 가진 자만이 동지가 되는 집단이다.

1919년 소련은 공산혁명 성공 후에 세계공산당의 통일적인 국제조직 제3인터내이셔널(코민테른-Komintern)을 창설하여 국제공산주의혁명의 도구로 삼았다가 1943년에 해산했고, 제2차세계대전이 끝난 후인 1947년 국제공산주의 기구 코민포름(Kominform)을 창설하여 국제공산주의 혁명도구로 활용했다.

가장 열렬하게 코민포름을 지지한 유고슬라비아(티토 대통령)가 민족공산주의를 표방하여 소련과 이념 갈등을 보였고, 1948년에 유고는 코민포름에서 축출되기에 이른다. 공산주의는 민족주의를 용납하지 않았다.

　결국 코민테른이나 코민포름은 국제공산주의의 혁명도구로보다는 소련의 정책을 추진하는 도구로 더 많이 이용되었다.

　북한이 대한민국을 침공한 것도 김일성의 남조선해방이라는 허울을 쓴 적화야욕의 발로이지만 그것은 김일성의 야망이기 전에 소련의 국제공산화전략에 의한 수순으로 이루어진 혁명의 과정으로 봐야 한다.

　원조 공산주의 소련을 위시한 동구 공산권이 붕괴되었고, 중국은 개혁개방이란 이름으로 자본주의체제를 도입함으로써 본래의 공산주의국가는 지구상에서 발을 붙일 데가 없어졌다.

　적화야욕의 전략에서 무원고립 상태에 빠진 북한은 돌파구를 찾기 위한 수순으로 저들의 눈의 가시 미군을 남쪽에서 몰아내기 위하여 민족공조 외세배격을 부르짖고 있지만 저들에게는 주체사상이란 새로운 이념이 자리하여 그 틀을 벗어난 민족은 동지가 될 수 없다.

　그래서 저들에겐 민족은 없는 것이다.

남과 북이 상대방의 국가 원수에 대하여 뭐라고 부르는가?

	60년 전	60년 후
남이 북을	공산당 주구 김일성 수괴 인간백정 수괴 김일성	김일성 주석 김정일 국방위원장
북이 남을	미제 앞잡이 이승만 괴뢰 만고역적 이승만 도당	미제국주의자의 앞잡이 이명박, 이명박 역적 패당
이명박 대통령에게는	역도, 주구, 몽유병 환자, 간상배, 대결 미치광이, 얼뜨기, 반통일 역적이라는 수식어가 붙는다.	

2. 호국보훈의식을 싹 쓸어낸 대한민국 대통령

평양으로 김정일을 찾아간 김대중

2000년 6월 13일부터 15일까지 남북정상회담이 평양에서 열렸다.

주역은 남쪽의 김대중 대통령과 북쪽의 김정일 국방위원장 동지다.

김대중 대통령이 내리는 순안비행장에는 김정일 동지가 마중을 나왔고, 공항 광장에는 곱게 한복을 차려입은 수많은 인민이 분홍색 꽃술을 들고 나와서 열렬히 환영했다. 세계를 흥분시키기에 충분했다.

남북정상의 첫 만남이다. 세계의 언론은 역사적인 사건이라고 대대적으로 보도했다. 김정일 위원장이 영접한 것은 이례적이라고 했고, 북한인민들이 열렬히 환영했다고 찬사를 아끼지 않았다.

이렇게 세계의 이목을 집중한 가운데 2박 3일 동안 회담을 가진 후 15일 6개항의 남북공동선언문을 채택하고 막을 내렸다.

➡ 제8권 「6·15 남북공동선언문」 참조

북한 학생소년예술단이 왔고

남북정상회담을 앞두고 평양학생소년예술단의 방문 공연이 있었다.

김대중 대통령의 평양방문을 앞두고 남북화해무드 분위기를 조성하기 위한 서막이었다. 아주 효과적인 분위기를 조성했다. 남쪽 사람들은 지난 모든 원한을 잊고 당장에 통일이 될 것 같은 감상에 젖었다.

5월 26일 서울에 도착하여 28일까지 각 학교를 돌아다니며 공연했다.

이때 해괴한 사건이 발생했는데 어느 여자고등학교 강당에서 예술 공연을 할 때 강당 전면 중앙에 걸려있는 태극기를 떼어낸 것이다. 이것이 언론에 보도되고, 비난 여론이 쏟아졌다. 진상은 이렇다.

"공연 장소에는 어떠한 형태의 국가 상징물도 게시하지 않는다."
는 조건이 붙었다는 것이다. 그래서 그 학교에서도 공연장인 강당에 게양되어 있는 국기를 떼내 지하창고에 처박아 두었던 것이다.

속된 표현으로 홀랑 벗고 알몸으로 맞이해도 와 주기만 하면 고맙다.

북한과의 교류는 그것이 경제 협력이던, 정치적인 회담이던, 문화·예술·학술 교류이던 저들이 원하는 조건에 맞아야 성사된다.

저들은 "싫으면 그만 뒤!" 라고 나오는데,

이쪽은 "제발 좀" 하고 매달렸다.

어떤 굴욕적인 조건에서도 교류만 성사되면 '최초의' 라는 수식어로 포장되어 남이 못하는 큰 건을 하나 성사한 것으로 기록에 남는다.

친북좌경정부 10년이 그렇게 흘러갔다.

평양교예단이 와서

6월 3일 평양교예단이 서울을 찾아왔다. 이들은 평양학생소년예술단의 바톤을 이어 남북화해무드 분위기 조성 제2막을 올렸다. 저들은 우리말로 서커스단이다. 세계적인 예술단체로 평가되는 실력을 가졌다.

저들이 6월 10일까지 잠실학생체육관에서 하루 두 차례씩 공연을 하여 온 장안을 휘저어 놓고 갔다.

꽉 들어찬 체육관은 환희의 도가니였고, 잠실운동장 주변은 인파로 미어터졌다. 택시기사들이 운동장 주변에는 가지 말라고 서로 충고했다. 한번 가면 빠져나오지 못하기 때문이다. 열광은 체육관만이 아니었다. 안방에도 TV화면으로, 신문지면으로 몰아쳤다.

현충일이라고 만들어 놓은 6월 6일도 예외는 아니었다.

현충일 추념행사는 내가 보는 ○○일보에 손바닥 크기로 반은 사진, 반은 기사로 간단하게 보도되었고, 방송도 뉴스 시간에 짤막하게 보도한 것이 모두였다. 예년처럼 대서특필한 기사나 특집보도는 없었다.

잠실학생체육관의 열광 인파와는 달리 현충원은 외롭고 쓸쓸했다.

국가를 위해 목숨을 바친 순국선열과 호국영령에 대한 예우가 이랬다.

그 전에는 현충일이 되면 가무음곡을 삼가하고, 향락을 자제했으며, 유흥업소가 문을 닫았고, 공직자나 지각 있는 사람은 골프장에도 가지 않았다. 방송은 오락프로를 자제했었다. 이것은 오랜 관행이었다. 국민이 자발적으로 한 것이지만 이렇게 되기까지 정부의 의지와 언론의 계도, 시민의식, 이 삼위일체가 그렇게 이끌어갔다.

'경건하게 순국선열과 호국영령을 추모하는 엄숙한 날'
개 망나니 풍악패가 들어와서 한바탕 휘저어 놓고 갔다.

평양교예단구성원은 총 102명이었다. 출연료가 300만 달러(당시 환률로 33억원), 특석 입장료는 15만원이었다. 8일 동안 빈 자리는 없었다.

6·25도 현충일도 뭉개버렸다

이 패거리가 돌아간 것이 10일이다. 이어서 12일까지 제3막으로 대통령의 방북관련보도가 신문지면과 TV화면을 장식했고, 장안의 화제를 주도했다. 그리고 대통령의 방북, 남북정상회담 등 평양에서의 동정이 클라이맥스를 장식했다. 돌아와서는 뒤풀이 행사와 화제가 다시 온 나라를 들쑤셔놓았다. 당장에 통일이 된 양 들뜨게 했다.

이렇게 6월 한 달이 지나갔다.

6월에 나라가 적구들에게 짓밟힌 치욕의 6월 25일이 있고, 호국의 영혼을 기리는 현충일이 있다.

6·25를 잊지 말자는 뜻으로 치르는 기념행사는 하는 둥 마는 둥 치뤄졌

고, 그 이후 제대로 된 기념행사는 기억에도 없게 사라졌다.

6·25로 해서 많은 국민이 희생되었고, 고통을 받았다. 절체절명의 순간에서 국민의 피를 대가로 지불하고 나라를 구했다.

이 고귀한 호국의 피에 보답하고자 6월을 호국보훈의 달로 정했다.

현충일은 순국선열과 호국영령에 대한 제삿날이다. 그들의 넋을 기리고, 우리의 오늘이 그들로 말미암아 있게 된 것을 감사하며 앞날을 다지는 계기로 삼고자 하루를 경건하게 보내는 날이다.

6월 25일은 1910년 8월 29일 경술국치 다음으로 치욕을 당한 날이다. 하마터면 공산적도에게 또 다시 나라를 뺏길 뻔한 날이다. 우리 민족이 그보다 더한 시련을 겪은 사건은 없다. 일본에게 나라를 빼앗겼으되 그렇게 많은 사람이 죽고 국토가 쑥대밭이 되지는 않았다. 임진왜란 때 왜군도 그렇게까지 국토를 유린하지 못했다.

치욕과 울분을 환희로 바꿔 놓은 것이 6·15남북정상회담이다.
국민의 심장 깊이 박혀있는 6·25를 밀어내고, 6·15가 차지했다.
순국선열과 호국영령을 밀어내고 김일성과 김정일이 들어 앉았다.

북한 간첩은 보내주되 국군 포로와 납북자는 돌아올 수가 없다

'6·15남북공동선언' 6개 항 중 셋째 항에

"남과 북은 올해 8·15에 즈음하여 흩어진 가족, 친척 방문단을 교환하며 '비전향장기수 문제를 해결' 하는 등 인도적 문제를 조속히 풀어 나가기로 하였다." 라고 규정했다. ▶ 제8권 「6·15남북공동선언」 참조

비전향장기수는 북한이 남파한 간첩이다. 저들은 우리 수사기관에 의하여 체포된 후 실형을 선고받고 복역한 우리의 적이다.

대통령이 저들을 돌려보내자고 합의하고 공동 선언에 못을 박았다.

비전향장기수는 돌아갔고, 국군포로와 납북자는 입에 담지도 못했다.
남파간첩은 보내주면서 국군 포로와 납북자는 왜 데려오지 못하느냐?
상호주의에 맞지 않는다는 비판과 여론이 비등했다.
"북한에 국군 포로나 납북자는 없다."
"공화국에 살고파 남아있는 포로와 의거입북자가 있을 뿐이다."
북한의 궤변이다. 세상이 다 알아도 저들이 아니라고 하면 그만이다.
어느 TV방송 토론 석상에서 어느 교수의 궤변은 북한보다 한수위다.
"비전향장기수와 국군 포로 또는 납북자와는 상호성이 없다."
비전향장기수는 비전향장기수끼리, 납북자는 납북자끼리 교환하는 것이 상호주의에 맞다고 정연한 논리(?)를 폈다.

비전향장기수를 돌려보내는 것은 김대중 대통령이 그를 만나준 김정일에게 보답하는 차원에서 가지고 간 선물이다. 국군 포로와 납북자 문제는 김정일의 비위를 거스를까 봐 입도 벙긋하지 못했다.

50년을 넘게 수용소에 억류되어 있던 국군 포로는 목숨을 건 모험을 하며 탈출하여 거지꼴로 돌아왔고, 비전향장기수는 칙사처럼 승용차를 타고 북으로 가서 영웅 대접을 받았다.

이것이 상호주의다.

국군포로는 얼마나 있는가?

1951년 12월 18일 휴전회담에서 쌍방의 포로 명단이 교환되었다.

UN군이 제시한 북한군 포로는 132,474명이었다. 중공군 20,700명과 남한 출신 의용군 16,213명이 포함된 숫자다.

북한측이 제시한 포로는 11,559명(국군 7,142명, 유엔군 4,417명)이었다.

UN군 측이 추산한 90,000명(국군 80,000명, 유엔군 10,000명)과는 너무 거리가 멀어 UN군 측을 경악케 했다.

국군 행방불명자를 88,000명으로 추정하였고, 미군도 11,500명의 행방불명자가 발생하여 모두 100,000명 규모였다. UN군측에서는 그 중 90,000명(미군 10,000명) 정도가 포로가 된 것으로 예상하였다.

북한은 회담초기에 65,000명의 포로를 관리하고 있다고 발표했었다.

UN군 측은 국군 포로 7,000명, 미군 포로 5,500명 등 계 12,630명을 학살한 것을 비롯하여 전후 1,250건의 학살사건이 있었다고 발표한 바가 있고, 국군 포로 40,000명을 저들 해방여단에 편입하거나 또는 후방부대에 편입한 것으로 파악하고 있었다. 또 반동성향을 가진 포로는 정치범수용소에 수용하였다고 탈출한 국군 포로가 실체를 알렸다.

북한측은 UN군 폭격에 많이 죽었고, 재교육을 하여 희망하는 사람을 석방했으며 지원에 의하여 북한군에 편입시켰다고 궤변을 늘어 놓았다.

포로 교환에서 돌아온 국군은 8,340명에 불과했다.(인원의 변동이 있어 당초 제시한 명단보다 늘었다) 북한측이 당초에 발표한 65,000명을 기준으로 할 경우에도 최소한 5만 명이 넘는 국군 포로가 돌아오지 못했다.

참고문헌 : 전쟁기념사업회 『한국전쟁사』 제5권, 서울신문사 『주한미군 30년』
일본 육전사연구보급회 『한국전쟁』, 김학준 『한국전쟁』, 김석영 『판문점』

3. 김대중은 왜 6월 15일 평양에 갔나?

통일을 노벨상으로 바꾼 멍청한 대통령

1년은 12달이다. 날짜로는 365일이다. 그 많은 달, 그 많은 날 다 두고 왜 하필 6월 15일 평양에 갔는지 누가 한번 생각해 봤는가?

6월이 되면 남쪽 사람들은 6·25를 상기하고 북한에 대한 적개심을 다시 일깨웠다. 신문과 방송은 특집보도 경쟁을 하면서 모든 국민에게 6·25의 실상을 생생하게 알려주었다.

전후세대에 이보다 더한 산교육이 없었다.

국민들은 그때의 참상을 되새기며 북한의 만행에 분노했고, 호국영령들의 숭고한 희생에 감사했으며 유족에게는 위로의 뜻을 전했다.

국민은 새로운 결의를 다졌고, 세계는 이목과 관심을 집중했다.

김일성, 김정일 부자가 가장 곤혹스러워 한 현상이었다.

김대중 대통령은 김정일을 만나고 싶어 했다. 형식적인 공동선언보다는 노벨상을 타기 위한 건(件)을 빨리 만들어야 했기에 절박했다.

김정일은 답답할게 없다. 버티면 버틸수록 얻는 것이 많아진다.

1년 열두 달 중에서 가장 좋은 6월. 전채(前菜)로 6월 6일을 까뭉개고, 후식으로 6월 25일을 허물을 가장 좋은 날,

"6월 15일 만나자."

황장엽씨는 "5년 이내에 북한은 붕괴될 것이다." 라고 했다.

황장엽씨는 북한 노동당비서국 국제담당 비서와 최고인민회의 외교위원회 위원장이었고, 김일성 주체사상을 이론화 한 사람이다.

북한정권의 핵심세력이었고 김일성의 최측근 중 한 사람이었다.

1997년 1월 30일 도쿄에서 열린 국제문제연구협회 주최 세미나에 참석하였다가 돌아가는 길에 2월 11일 중국 베이징 주재 북한대사관에 머무르던 중 한국대사관에 망명을 신청하여 4월 20일 서울에 도착하였다.

당시 국내외 정보통의 시각도 그와 같았다.

그 5년이 세 번이나 다가오고 있는데도 북한은 버티고 있다.

김대중 대통령은 노벨상을 타고픈 성급함에 소탐대실(小貪大失)했다.

'조국을 통일한 대통령'이 되는 것을 마다하고
'최초로 남북정상회담을 한 대통령'
'한국인 최초로 노벨상을 받은 사람'으로 기록되는 것을 골랐다.

그 대가로 5억 달러를 바쳤다는 말이 나돌았다.

최근 보도에 따르면 종북(從北)정부 10년 동안 북으로 간 돈이 29억 달러(약 3조 3천억 원)*가 넘고 금강산관광에서만 5억 달러를 챙겼다고 했다.

2009년 북한 무역규모가 38억 달러인 것을 감안하면 가늠이 갈 것이다.

김정일이 가만히 앉아서 챙긴 돈이다. 도랑도 치지 않고 잡은 가재다.

* 2011년 1월 18일 조선일보는 북으로 간 물자와 현금의 총액이 69억 5,950만 달러(연평균 7억 달러 - 약 7조 9,000억 원)라고 보도했다. 2.5배가 더 많은 액수다.

현충일을 깔아 뭉갠 촛불 시위

2008년 6월 들어 서울에서 미국산 쇠고기 수입반대 촛불시위가 시작되더니 6월 5일부터 릴레이집회라는 새로운 이름으로 시위를 이어갔다.

참가 인파가 자칭 70만 명이라고 했다. 대단한 숫자다.

6일은 현충일이다. 나는 희망적인 생각을 나름대로 해 봤다. 광우병에 걸린 쇠고기가 들어와서 국민의 건강을 해친다고 걱정하는 순수한 마음으로 반대하는 시위군중의 충정을 이해하고, 또 시위군중들이 하나같이 '국민의 뜻'임을 되뇌이고 있었기에 그들이 진정 국민의 건강을 걱정하여 국민의 뜻을 대변하는 것이면 6일 하루쯤은 순국선열과 호국영령에 대한 추모행사로 돌려줄 수 있지 않을까 기대를 걸어 봤던 것이다.

이왕에 모인 군중, 이왕에 켜놓은 촛불에 플랜카드 몇 장만 들면 되는 것이기에 진정한 애국심과 우국충정을 그들도 가졌을 것으로 믿었다.

그러나 나의 이런 희망은 산산이 부셔졌고, 절망과 분노로 시위대를 저주해야 했다. 6일 그들의 손에는 반미감정의 표상인 '미선, 효순의 6주기 추도'라는 피켓이 들렸고, 이어서 6·15 기념행사로 이어졌다.

6·15는 친북좌경의 대명사이고, 김정일을 찬양하는 날이다.

조국을 찾고자 항일 투쟁을 하며 영혼을 불사른 순국 선열
나라를 구하고자 침략자와 싸우며 육신을 바친 호국 영령

안중근 의사 및 류관순 열사의 영혼과 수십만 명 국군의 육신이 교통사고로 숨진 두 학생의 죽음만큼도 대접받지 못하는 참담한 현실이었다.

결국 시위는 김정일의 비위를 맞추는 성향의 행사로 이어갔다.

저들이 원하든 원치 않았든, 또 의식적이든 무의식적이든 결과는 그렇게 이끌어졌다. 의식화된 친북·반미 세력이 그렇게 이끌었다.

김대중 전 대통령이 없애버린 현충일과 호국보훈의 달을 10년만에 되찾았는가 싶었는데 결국 그와 맥을 같이 하는 촛불 집회가 또다시 순국선열과 호국영령의 영혼을 삼켜버렸다.

우리 국민의 국가관은 그렇게 무디어졌고 변질되었다.

한 번 무디어진 칼이 다시 들기까지는 시간이 많이 걸린다.
경우에 따라서는 영영 못쓰게 될 수도 있다.

나이든 사람이 촛불시위를 주도하는 사람에게
"왜 연평해전에서 전사한 장병은 추모하지 않느냐?"고 항의 하자
"서로 싸우다가 죽은 것이 아니냐?"고 응수했다.
저들은 북한을 대한민국과 똑 같은 '우리'라고 생각하는 사람들이다.

얼빠진 정치인과 교수와 학생

동국대학교 강정구라는 교수가 2007년 7월 27일
"남의 집안 싸움인 통일내전에 미국이 개입하지 않았다면 전쟁은 한 달

이내에 끝났을 것이고 사상자도 남북한 합쳐 1만 명 미만이었을 것"
이라고 김일성을 대변하는 말을 했다.

과연 그랬을까?

제7장 제2절 「이것이 해방이다」에 그 답이 나와 있다.

이 사람 2001년 북한의 8·15행사에 참가하였고, 김일성 생가에서

"만경대 정신 이어받아 통일위업 이룩하자."

고 방명록에 글을 남겨 충성스러운 김일성 민족임을 맹세한 인물이다.

'그 청년'이란 네티즌, 6·25의 노래(제1장 표제 뒤쪽 참조) 가사를 적어 놓고 이렇게 말했다.

"6·25는 인민해방운동의 일환입니다. 우리의 원수는 미제입니다.

미제는 한반도의 통일을 결정적으로 방해한 우리들의 원수입니다.

수구 우익 꼴통들은 아직도 진정한 원수가 누구인지 모릅니다.

월남은 패망한 것이 아니라 통일되었다는 리영희 교수의 획기적인 사고의 전환을 가로막는 고정관념을 깨트려야 합니다.

남한은 망한 것이 아니라 통일되었다는 날이 머지 않아 올 것입니다.

김대중과 노무현은 통일대통령을 예비하는 선지자와 같습니다."

2005년 8월 15일 민중연대, 통일연대, 한총련이 대학로에서 가진 '8·15반전평화자주통일 범국민대회'에서 내건 구호는

"조국통일 가로막는 주한미군 몰아내자."

"가자 인천으로 맥아더 동상 철거하자."

"한미공조 필요없다, 민족공조 강화하라."

였고, 이수호 민주노총위원장이 외친 구호는

"양민학살, 권력찬탈, 민주주의 말살 주범 미국"
였으며, 권영길 민노당 의원은 이렇게 외쳤다.

"미국의 군사야욕에 맞서 자주, 평화통일의 길로 진군하자."

김일성 배속에 들어갔다가 나온 사람들이다

친북좌경정부가 들어선 후 그 동조세력이 설치는 꼬락서니가 꼭 6·25 남침을 당했을 때 남로당원이 설치던 꼴과 같아서 섬짓한 생각을 떨칠 수가 없었다. 이것이 대한민국인가를 걱정했다.

친북좌경세력의 이념구호 '외세배격', '민족공조'는 안보의식이 무디어진 남쪽 젊은층에 먹혀 들어갔다.

반은 성공을 거둔 상태다.

공산당(북한)의 구호는 언제나 달콤했고, 귀에 솔깃했다.

4. 60년 동안 계속된 도발

군사적 공격

| 연평도 포격

2010년 11월 23일 오후 2시 30분, 서해 연평도.

1950년 6월 25일 새벽 4시 30분, 38선에서와 같은 상황이 일어났다.

북한 황해도 서해안 개머리 해안 땅굴에 설치된 해안포가 일제히 포문을 열고 1시간 10분 동안 170여 발의 포탄을 연평도 전역에 쏟아 부었다.

해병 서정우 하사와 문광욱 일등병(이상 추서한 계급)이 전사하고 민간인 2명이 사망한 것을 비롯하여 해병 16명과 주민 3명이 중경상을 입었고, 주택과 산이 화염에 쌓였다.

영상으로 보는 연평도는 마치 6·25때 전선을 방불케 했고, 연평도에서 배를 꽉 채우고 인천으로 나오는 피난민 군상은 저자가 60년 전에 배를 타고 낙동강을 건너 피난하던 시절을 떠올리게 하였다.

북한은 우리 군이 서해에서 실시한 합동 사격훈련을 꼬투리로
북에 선제공격을 하였으므로 반격한 것
이라고 포격이유를 달았다.

60년 전 6·25 기습남침 때도 국군이 북침을 하였으므로 반공격을 한 것이라고 했었다.

누가 들어도 터무니없는 억지였고, 명명백백한 남침사실을 그렇게 호도했었다. 누가 그 말을 믿을까 했었는데 60년이 지난 지금 그 말은 상당한 파장을 몰고 왔다.

대한민국의 대표적 지식인 대학교수를 비롯하여 정치인, 학생 등 다수계층에서 상당히 많은 사람이 이에 동조했고, 많은 선량한 국민이 현혹되어 저들 주장에 무게가 실려 있다.

연평도 기습 포격에 대해서도 국내의 종북 좌파분자의 대표 격인
송영길 인천시장은
"대북강경정책이 불러온 결과"라고 우리 정부에 책임을 씌웠고,
정동영 민주당 최고위원은
"서로 우리지역이라고 하는 분쟁지역에서 사격연습을 하는 것이 과연 적절한 행위였는가?"라고 군을 힐난했다.

저들이 무슨 짓을 해도 우리는 당하고만 있어야 한다는 논리이고, 공격을 한 북한에 대해서는 입을 다무는 사람들이다.

"서로 자기영토라고 주장하는 독도를 우리 경비대가 점유하고 있는 것

이 과연 적절한 행위인가?" 정동영에게 묻는다.

김정일은 확실히 머리가 좋은 사람이다. 대한민국이 대응하지 못한다는 것을 너무 잘 알기 때문에 주저 없이 한방 날려 놓고, 남쪽에 잘 길들여져 있는 추종세력으로 하여금 저를 편들게 하였다.

김정일의 말 한마디와 일거수 일투족이 남남갈등을 증폭시켜 놓는다. 이것이 그가 노리는 통일정책의 수순이다.

북한은 북쪽 장산곶에서부터 남쪽 강령반도에 이르는 해안에 1,000문이 넘는 해안포를 동굴 속에 방열해 놓았다고 군이 발표했다.

그에 맞서는 우리는 연평도에 K-9자주포 6문, 백령도에 6문이 배치되어 있다고 했다. 그것도 4문과 2문이던 것을 천안함 폭침 후 늘였다고 했다.

우리의 대응은 그 것이 고작이었다.

우리 군은 6·25 때 우리를 침공한 북한군과 군사분계선을 사이에 두고 무력으로 맞서고 있다. 북한은 무력수단에 의한 남조선 해방이라는 통일정책을 버리지 않았고, 북한군은 호시탐탐 공격의 기회만 노리고 있다.

그 적을 코 밑에 두고 '주적이다', '아니다' 같잖은 논쟁을 벌이다가 주적이 아니라고 결론을 내렸다.

섭씨 30°가 넘으면 야외훈련을 못하게 지침이 내려져 있고,
'군대를 사회같이', '병영을 가정같이' 라는 슬로건을 내걸고
병사들이 편안하게 생활하도록 최대한 배려해 주고 있다.
지휘관은 군기 잡다가 사고가 날까봐 전전긍긍하는 졸부로 길들여졌고 병사는 "엄마 전쟁나면 다 죽어요."라고 전화 거는 응석받이로 길러졌다. 더 무슨 말을 글로 써야 하는가!(제4장 제3절「2. 군복 입은 민간인」참조)
외신은 이번 연평도 포격사건을 보도하면서
"한국군은 생각보다 허약했다"고 논평했다.

그런데 이번 연평도 포격은 김정일이 악수를 둔 것 같다.

대한민국 정부는 국방태세를 정비하게 하였고,

        국민은 안보의식을 되살리게 했다.

방송에 나온 20대 전후로 보이는 여성이 이런 말을 했다.

"북한은 우리를 같은 민족으로 생각하지 않은 것 같아요!"

연평도 포격이 우리 국민에게 북한을 제대로 인식하게 하는 계기를 만들어준 결과로 받아들여지는 의미있는 말이다.

언젠가 김정일 아니면 김정은은 천안함 폭침과 연평도 포격을 주도한 충성스러운 저들의 심복을 숙청하게 될 지도 모른다.

저들은 항상 그랬으니까! 결과가 좋지 않으면.

▎당포함 피침

1967년 1월 19일 동해북쪽해안 북방한계선 근방에서 명태잡이 어선을 보호하던 해군함대 제1전단 소속 함정 당포함이 북한군의 해안포를 맞고 격침되어 장병 39명이 전사하고 40명이 부상하는 피해를 입었다.

▎청와대 기습 – 1·21사태

1968년 1월 21일 북한군 민족보위성 정찰국 소속 제124군부대 31명이 청와대를 기습하여 대통령과 정부요인을 암살하고자 침투하였다.

저들은 국군복장과 수류탄 및 기관총으로 무장하고 1월 18일 자정에 군사분계선을 넘었고, 야간을 이용하여 3일 만에 청와대 전방 200여m까지 침투하는데 성공하였다.

저들이 자하문고개를 넘어올 때 경찰관이 검문을 했다. 저들은 방첩대라고 하면서 경찰관의 검문을 뿌리치고 유유히 서울로 진입하였다.

수상한 무장집단이 침투하고 있다는 보고를 받은 종로경찰서장 최규식 총경(경무관으로 추서)이 현장에 출동하여 행진하는 저들 앞을 가로 막고 검문을 했다. 위기를 느낀 저들은 최규식 서장을 사살하고, 지나가던 버스에 수류탄을 던져 승객을 살상하는 만행을 저지른 후 도주했다.

비상출동한 군경이 합동수색작전을 벌여 일부를 사살하였고, 체포의 위험에 빠진 일부는 수류탄으로 자폭하였다. 31일까지 28명을 사살(자폭 포함)하고 1명을 생포하였으며 2명은 도주하였다.

그 생포된 한 사람이 김신조씨다. 그는 훌륭한 목사가 되어 복음전도에 올인한 대한민국의 모범 국민이 되었다.

김일성은 1960년 4·19혁명이 일어난 것을 보고 대한민국의 안보태세가 생각보다 훨씬 허술한 것을 감지하였다. 일설에는 김일성이 책상을 치면서 좋은 기회를 이용하지 못한 것은 탄식했다고 한다.

민주당정권이 들어서자 남쪽은 민주화물결(?)이 온 나라를 뒤 흔들어 이것이 국가인가를 의심할 정도로 국법질서가 혼란에 빠졌다. 김일성은 다시 남조선혁명시기가 왔다고 보고 쾌재를 불으며 기회를 노리고 있었다.

그러나 그에게는 운이 닿지 않았다. 이듬해 5·16군사혁명이 일어나고, 제3공화국이 들어서면서 남쪽의 사정이 달라졌다.

종북 좌파가 대한민국을 안보독재라고 헐뜯을 정도로 군사력이 강화되어 갔고, 안보태세는 빈틈을 보이지 않았다.

김일성은 박정희를 죽이는 일 외는 달리 도리가 없다고 판단했다.

▎울진·삼척 무장공비 침투

1968년 10월 30일부터 11월 1일까지 3일 동안 무장공비 120명이 울진, 삼척, 영월, 정선, 명주, 봉화 등지로 침투하였다.

요인암살과 함께 민중봉기를 획책하기 위하여 침투한 무장 세력이다.

저들은 군복, 신사복, 노동복 등 갖가지 옷차림으로 남한주민을 가장하여 북한정권을 찬양하고, 정치사상교육을 시키면서 인민유격대에 가입할 것을 강요하는 한편 불순세력을 선동하여 민중봉기를 획책하였다.

평창에서 어린 초등학생 이승복군을 무참하게 살해한 것도 그때 일이다.

저들은 이 무장침투세력을 남한 내의 반 국가단체가 저지른 내부봉기로 위장하기 위하여 남한 주민을 가장한 복장을 착용한 것이다.

군경합동토벌작전에 의하여 12월 26일까지 113명을 사살하고, 7명을 생포함으로써 저들의 만행은 막을 내린다.

▎잠수정과 무장공비 침투

1996년 9월 17일 강릉시 강동면 고속도로 상에서 택시기사가 해안에 좌초된 잠수정을 발견하고 신고하였다. 군경이 합동으로 수색작전을 펴 잠수정을 타고 온 무장공비 25명을 소탕하고 잠수정을 노획하였다.

군경 전사자 11명, 부상 41명.

▎제1연평해전

1999년 6월 6일부터 북한 경비정이 매일 북방한계선을 넘어와서 몇 시간씩 한국 영해에 머물면서 우리 측 반응을 살피고 돌아갔다.

6월 15일 북한 경비정이 월경을 시작한 지 9일 째 되는 날 오전 북한 경비정 4척이 꽃게잡이 어선 20여 척과 함께 북방한계선 남쪽 2km지점 해역까지 넘어왔다. 우리 해군은 참수리급 고속정과 초계함 10여 척을 동원하여 해군 교전수칙에 따라 경고방송을 하고 오전 9시 7분과 9시 20분 두 차례에 걸쳐 선체를 접촉시켜 밀어내기 경고를 시행하였다.

선체충돌을 당한 북한 경비정 등산곶 684호가 25mm기관포를 사격했고, 어뢰정 3척이 가담했다. 우리 해군은 참수리급 고속정 포항함이 반격하여 북한 경비정 684호는 반파되어 퇴각했다.

이 해전에서 우리해군은 참수리급 고속정 정장 안지영 대위를 비롯하여 장병 7명이 부상을 입었고, 북한 측은 함정 2척이 침몰하고 3척이 대파하였으며, 70명에서 200명에 이르는 사상자가 발생한 것으로 추정하였다.

북한은 한국 측에 책임자 처벌을 요구하였고, 해군은 제2함대 사령관 박정성 제독을 임기 중에 직위해제했다.

불법으로 월경하여 공격을 해온 북한 함정을 효과적으로 격퇴했고, 적에게 막대한 피해를 입혀 승전한 지휘관을 해임한 것이다.

▎제2연평해전

2002년 6월 29일 연평도 근해 북방한계선에서 대한민국 해군과 북한 해군 간에 교전이 벌어졌다. 이날은 한일월드컵 경기가 막바지에 이른 시기이고 교묘하게도 동해에서는 금강산관광객을 태운 유람선이 북으로 가고 있는 중이었다.

제1연평해전에서 패전한 북한 측이 고의로 일으킨 보복성 해전이다.

함포와 기관포를 주고받는 치열한 격전을 치렀다.

우리 해군은 6명이 전사하고 18명이 부상을 입었으며, 참수리급 고속정 357호가 침몰했다. 정장 윤영하 대위가 전사했고, 부정장 이희원 중위는 정장을 대리하여 함정을 지휘하던 중 한쪽 다리를 잃는 부상을 입었다.

그러나 이 해전에서 전사한 우리 해군장병은 격에 맞는 예우를 받지 못하였고, 참전 장병들은 죄인된 기분으로 불명예스러운 상황을 맞아야 했다.

정부는 외면했고, 군에서조차 부담스러워 했다.

전사자에 대하여는 당초 해군장이 거론되기도 하였으나 함대사령부장으로 치러졌고, 해군참모총장도 참석하지 않은 쓸쓸한 행사로 끝났다.
　침몰한 참수리호를 인양하여 전쟁기념관에 전시해야 한다는 유족 측의 주장과 여론에도 불구하고 당장에 인양조차 하지 않았다.(17일 뒤에 인양)
　평화를 가져 오겠다고 쏜 햇볕이 전쟁을 불러왔고, 전사한 국군장병은 국가로부터 외면을 당했다.
　전사한 고 한상국 중사의 부인은 돌아가는 꼬락서니에 의분을 삭이지 못하고 미국으로 이민을 갔다. 조국을 위해 목숨을 바친 호국영령의 가족이 조국을 등지는 해괴한 일이 벌어졌다.
　정권이 바뀌면서 북쪽이 아니라 남쪽에 햇빛이 찾아들었다. 2008년 4월 서해교전이라고 부르던 것을 제2연평해전이라고 바꾸었고, 제2함대사령부 주관으로 치러지던 제2연평해전 추모행사를 정부행사로 격상시켜 국가보훈처 주관으로 옮겼다.
　침몰한 참수리호는 제2함대사령부에 전시하고 모형함정을 만들어 전쟁기념관에 전시하였으며, 함께 전사한 장병의 사진과 유품도 전시하였다.
　한상국 중사의 부인도 대한민국 품으로 돌아왔다.
　전사자 명단(추서된 계급)
　윤영하 소령　한상국 중사　조천형 중사
　황도현 중사　서후원 중사　박동혁 병장

천안함 폭침

　2010년 3월 26일 백령도 인근 해역에서 해군 초계함 PCC-772 천안함이 침몰하여 승조원 46명이 희생되는 사고가 발생하였다.
　정부는 민·군 합동조사단을 구성하고 미국, 영국, 오스트레일이아, 스웨

덴 등 4개국 전문가 24명을 참여시켜 천안함 침몰원인을 조사한 결과 북한군의 어뢰공격에 의하여 침몰한 것이라고 2010년 5월 20일 발표하였다.

증거물로 침몰해역에서 수거한 어뢰추진 동력부인 프로펠러, 추진모터, 조종장치를 제시했다. 이들 증거물은 북한이 수출목적으로 해외에 배포한 어뢰 소개 자료의 설계도에 명시된 크기와 형태가 일치하였으며, 수거된 어뢰추진 프로펠러와 천안함 금속부위의 부식정도가 거의 같아 같은 기간 바다 속에 잠겨 있었다는 증거가 되었다.

북한 해군기지에서 운용되던 소형 잠수정과 이를 지원하던 모선이 천안함을 공격한 2~3일 전에 해군기지를 이탈하였다가 천안함 폭침 2~3일 후에 모 기지로 복귀한 사실이 확인되었다. 이 때 주변국 잠수정들은 자국의 모기지 주변에서 활동하고 있었다.

이 사고로 해군장병 40명이 사망하고 6명이 실종되어 도합 46명이 희생되었고, 이들을 구조하던 한준호 준위가 순직했으며 구조작업을 돕던 저인망 어선 금양호가 침몰하여 2명이 숨지고 7명이 실종되었다.

종북 좌파들과 일부 야당 정치인까지 정부의 조사결과를 믿지 않는 것은 물론 심지어 조작했다고 억지를 부리고 있다. 북한은 이들의 주장을 들어 조작이라고 억지를 부렸다.

누가 왜? 무엇 때문에 그 같은 엄청난 일을 꾸몄다고 생각하는가?

황장엽씨는 북한이 한 짓이라는 것은 안 봐도 아는 사실이라고 했다.

황장엽씨가 아니라도 조금만 생각해 보면 북한이 아니고 누가 그런 짓을 했을까는 당장에 알 수가 있는 일이다.

국가원수 살해음모

┃육영수여사 피살

1974년 8월 15일 광복절 기념식장인 국립극장에서 북한이 파견한 재일교포 간첩 문세광에 의하여 박정희 대통령 영부인 육영수여사가 총격을 받고 서울대학교병원으로 이송하여 치료를 받았으나 서거하고 말았다.

북한은 박정희 대통령을 살해하고자 간첩을 침투시켰는데 대통령은 피격을 모면하고 단상 옆자리에 있던 육 여사가 피격을 당한 것이다.

┃아웅산 폭파 테러

1983년 10월 9일 버마(지금의 미얀마)의 수도 양곤에 있는 미얀마 독립의 영웅 아웅산 묘역에서 폭탄이 터져 대통령을 수행한 한국의 정부요인 17명과 미얀마인 4명이 폭사하고 수십 명이 부상하는 불상사가 발생하였다.

전두환 당시 대통령은 그 전날 8일 공식수행원 22명과 다수의 기업인을 대동하고 동남아 5개국 순방길에 나섰다. 그 첫 방문국이 미얀마였다.

9일 전두환 대통령은 아웅산묘지를 참배하기로 예정되어 있었고, 수행원들은 미리 묘소에 도착하여 대통령이 도착하기를 기다리고 있었다.

10시 28분 경 예행연습 중 애국가가 울려 퍼지자 본행사가 진행 중인 것으로 착각한 테러범이 미리 잠입하여 설치해 놓은 폭약을 폭발시켰다. 폭파 목적은 남쪽의 대통령을 폭사시키는 것이었으나 그는 그 시간에 묘소로 오는 중이어서 화를 면했다.

서석준 부총리겸 경제기획원 장관
이범석 외무부장관　　　　　　　김동희 상공부 장관
서상철 동력자원부 장관　　　　　이기욱 재무부차관
강인희 농림수산부차관　　　　　김용한 과학기술처차관

하동선 해외협력위원회 기획단장   국회의원 심상우
함병춘 대통령비서실장   김재익 청와대 경제수석비서관
이재관 청와대 공보비서관   민병석 대통령 주치의
대통령경호실 경호관 한경희 정태진 등이 폭사했다.

사회혼란과 민심교란
┃김포공항 폭탄테러
1986년 9월 14일 북한 공작원이 김포공항에 장치한 시한폭탄이 폭발하여 5명이 사망하고 30명이 중경상을 입었다.

서울에서 아시안게임이 열리기 6일 전이다.

아시안게임에 참가하는 각국 선수단에게 불안을 야기하여 참가하지 못하도록 함으로써 아시안게임을 방해하고자 하는 테러행위였다.

┃KAL기 폭파
1987년 11월 29일 14시 1분 승객 115명을 태우고 바그다드에서 출발하여 김포공항으로 오던 KAL 858 여객기가 인도양 상공에서 실종되었다.

정부는 사건조사결과를 다음과 같이 발표하였다.

"1987년 11월 29일 미얀마 안다만 해역 상공에서 대한항공 보잉 707기는 북한 공작원 김승일과 김현희에 이해 공중 폭파되어 탑승객 115명 전원이 사망하였다. 이 사건은 1987년 10월7일 김정일의 명령에 의해 88서울올림픽대회를 방해하고 대한민국 대정부 불신 조장을 목적으로 저지른 일이다. 여객기 폭파 후 두 폭파범은 1987년 12월 1일 바레인 공항에서 조사를 받던 중 김승일은 독약으로 자살하고, 김현희는 남한으로 압송하였다."

사건을 공식으로 발표한 후에도 많은 의혹이 제기되었다.

블랙박스가 발견되지 않았고, 비행기 잔해와 시신은 물론 희생자의 유품도 발견된 것이 없었다. 이로 인해서 조작설까지 나돌았고, 심지어 김현희가 북한출신이 아니라는 의혹까지 제기했다.

김현희는 방송을 통하여 눈물을 흘리면서 진실을 주장했다.

김현희가 어릴 적에 북한을 방문한 외국인사에게 꽃다발을 증정하는 사진이 공개되었고, 북한에 납치된 일본여성으로부터 일본어를 배웠다고 진술했으며 일본여성 납북자가족을 만나 납북여성의 근황을 알려 주기까지 했다.

국가정보원의 과거사진실규명위원회가 조사하여 2006년 8월과 2007년 10월 두 차례 "조작이 아니다"라는 결론을 내렸다.

2010년 언론보도에 따르면 2007년 중국에서 북핵 해결을 위한 6자회담이 열렸을 때 북측의 리근(李根) 미국 국장은 사석에서 "우리는 KAL기 사건 이후 한 번도 테러한 적이 없다"는 발언을 하여 KAL기 폭파사건을 일으켰음을 간접적으로 시인한 것으로 알려졌다.

심리전 – 의거 입북으로 위장한 국민 납치

│ KNA 여객기 납북

1958년 2월 16일 11시 30분 승객 28명과 승무원 3명을 태우고 부산 수영비행장을 이륙하여 서울로 향하던 대한국민항공(KNA) 여객기 DC-3RA 창랑호(滄浪號)가 평택상공에서 북한 무장간첩에게 납치되어 북한 평안남도 순안비행장에 강제 착륙했다.

북한은 당시 중공 수상 주은래(周恩來)가 평양을 방문하게 되어 있어 이와 때를 맞추어 대대적인 선전효과를 노리고 계획적으로 납치극을 벌였다.

북한은 곧 여객기가 의거 월북했다고 대대적으로 선전했다.

2월 22일 국회는 북한의 만행을 규탄하는 메시지를 긴급 동의안으로 가결하여 6·25전쟁 참전 16개국에 발송하고 국제적인 여론을 환기시켰다.

2월 24일 군사정전위원회에서 UN측 수석대표 울라구 H. 기스토는 북한 측에 승객 및 승무원과 기체의 즉시 송환을 강력히 요구하였다.

북한은 세계여론에 굴복하여 납북 18일 만인 3월 6일 승객과 승무원을 돌려보냈다. 그러나 기체는 돌려보내지 않았다.

▌KAL 여객기 납치

1969년 12월 11일 대한항공 YS-11 여객기가 승객 47명과 승무원 4명을 태우고 강릉을 출발하여 서울로 향하던 중 대관령 상공에서 북한 공작원에 납치되어 원산비행장에 착륙했다. 한국 측 요구와 국제여론에 밀려 납치 66일 만인 1970년 2월 14일 승객 39명을 판문점을 통하여 돌려보냈으나 승무원을 포함하여 12명은 끝내 돌려보내지 않았다

승무원과 일부 승객은 의거 월북이라는 구실을 들어 억류해 두었다.

승무원들은 6·15남북공동선언 후에 실시한 이산가족 상봉장에 나와서 남쪽의 가족을 만났고, 승무원끼리 결혼하여 살고 있다고 했다. 저들은 승무원이 의거 입북하여 공화국에서 잘살고 있다는 것을 선전하기 위하여 이산가족 상봉장에 내보냈던 것이다.

처녀 스튜어디스는 처자식이 있는 기장과 결혼을 했다. 가족을 다시 만날 수 없는 상황에서 최선의 길이었을 것이다. 그렇다고 고향에 두고 온 부모와 처자 그리고 형제에 대한 사무치는 정이 사라질 수 있을까? 평생 가슴에 한을 품고 살아야 할 것이다.

북한은 사람이 살아가는데 본능적으로 우러나는 인간관계의 감정을 인정하지 않는다. 인민은 하루 빨리 그런 감정에서 벗어나야 살아날 수 있다.

저들은 '위대한 수령 어버이 김일성 동지'와 '친애하는 지도자 김정일

동지'에 대한 충성이 인생 최상의 덕목이다. 고향, 친척, 동창생, 선후배, 친구는 사라진 지는 오래된 일이고 김 부자에 대한 충성을 위해서 부모, 자식, 형제등 가족까지도 버려야만 하도록 길들여져 있다.

인간의 행복은 인류가 추구하는 삶의 가치이고 최대의 목표다.

그러나 북한에서의 그것은 사회주의혁명을 저해하는 요소이고, 정신세계에서 최우선으로 뽑아내야 할 암세포와 같은 존재에 불과하다. 그런 저들이기에 김 부자에 대한 충성의 방법으로 이루어지는 납치는 예삿일이고 해어진 가족을 그리는 애절한 감성은 반동으로 치부한다.

저들은 우리가 이산가족 상봉을 하자고 제의했을 때 금강산관광을 재개하면 응하겠다고 회답했다.

이산가족 상봉은 체제유지에 필요한 돈벌이의 방편에 불과했다.

▍KAL여객기 납치 미수

1971년 1월 24일 승객 65명(어린이 5명)을 태우고 강릉을 출발하여 서울로 향하던 대한한공 여객기 F-27기가 북한 공작원에 피납되어 기수를 북으로 돌려가던 중 강릉북쪽 53km지점 해안에 동체 착륙하여 납치를 면했다. 조종사 1명이 사망하고 승객 16명이 부상하였다.

▍고교생 납북

1977년 전남 신안군 홍도에서 고교생 이민교(당시 18세), 최승민(16세), 1978년 전북 군산시 선유도에서 김영남(16세), 이명우(17세), 홍건표(17세)군이 북한 공작원에 납치되어 갔다.

이 학생들은 원인 모르게 행방불명되어 실종으로 처리되었다가 1997년 탈북자의 증언에 의하여 이들이 납북된 사실을 확인했다.

이들 중 한 사람이 김대중 정부 때 이산가족 상봉장에 나와 부모를 만났고, 그들이 북한에서 대남공작원 교육을 담당하고 있는 사실이 밝혀졌다.

철없이 부모의 품을 떠나 기막힌 생활을 하였겠지만 20여 년이 흐른 당시 장년이 된 그는 이미 충성스러운 김정일의 일꾼으로 위장되어 있었다.

▌교사 납치

수도여자고등학교 교사 고상문이 네덜란드로 유학 중 1979년 4월 15일 노르웨이 오슬로에 여행을 갔다가 여권을 분실하여 신고하고자 대사관을 찾아갔는데 택시기사가 착각하여 북한대사관으로 들어갔다가 북한 공관원에 의하여 납북되었다.

북한은 고상문씨가 자진 월북했다고 주장했고, 국제사면위원회는 1994년 7월 고씨가 북한 승호리 정치범수용소에 갇혀 있다고 발표했다.

2000년 9월 평양방송이 보도한 고씨의 체험 프로그램 '공화국은 영원한 내 삶의 보금자리'를 통해서 고씨가 북한 과학연구기관에서 연구사로 일하고 있다고 전했다.

고상문씨의 부인은 신경쇠약과 우울증에 걸려 정신과 치료를 받던 중 1996년 아파트 11층에서 투신자살했다.

▌영화인 납치

1978년 1월 11일 영화배우 최은희, 7월 19일 최은희의 남편이자 영화감독 신상옥이 홍콩에서 납치되었다.

여행 중 실종되어 많은 의혹을 낳았으나 국제영화제에 갔던 후배 배우가 행사장에서 만났고, 이때 북한에 납북된 사실을 처음 알았다. 그러나 납북으로 보는 시각보다 자진 월북한 것으로 보는 시각이 더 많았다.

이들 부부는 8년간 북한에서 김정일이 원하는 영화를 제작하며 활동하다가 1986년 구라파 출장 중 탈출하여 서방국가에서 체류하다가 한참 후에 귀국했다.

남쪽에 있는 최고의 영화감독과 최고의 인기 여배우가 북한에 살고 싶어 월북했다. 세상에 이보다 더 효과적인 선전은 없을 것이다.

▌미국 유학생 납치

1987년 7월 20일 미국 MIT 경영대학원 박사과정에 유학 중이던 이재환(李宰煥·당시 25세)이 유럽으로 배낭여행을 갔다가 북한요원에 의하여 납치되었다.

이씨가 납치된 지 19일이 지난 1987년 8월 8일 평양방송은 "이씨가 제3국을 통해 의거 입북했다"고 선전했다. 그러나 북한은 "국제적십자를 통해 본인의 의사를 확인하자"는 한국정부의 요구에 대꾸하지 않았다.

이재환은 평양방송에 나와 "남조선의 어두운 현실"을 말하고 자신은 의거 입북했음을 주장한 것으로 알려졌고, 1988년 말 일부 언론에 의하여 그가 북한에서 결혼했고, 다국적기업에 대하여 연구하고 있다는 소문을 보도하기도 하였다.

1999년 국가정보원은 이씨가 탈북을 시도하다가 체포되어 정치범수용소에 수감되어 있는 사실을 확인했다고 발표했다.

2001년 제3차 이산가족 교환 방문을 계기로 아들을 만나고자 생사확인을 요청한 아버지는 북한으로부터 아들이 사망했다는 통보를 받았다.

가족과 납북자 단체 등에서 이씨가 정치범수용소에서 가혹행위를 견디지 못하여 사망했다고 주장하며 사망경위를 알려달라고 호소했지만 북한은 반응을 보이지 않았다.

이씨의 아버지는 대검찰청 차장을 지냈고, 아들이 납북될 당시에 국회의원으로 있던 이영욱씨다. 저자와도 친분이 있는 분인데 다시 되새기다 보니 가슴이 메어진다.

어선 납치와 격침

1987년 1월 15일 서해 백령도 부근에서 조업 중인 어선 동진호를 선원 12명과 함께 북한 무장경비정이 납북한 후 선원을 의거입북자로 돌려보내지 않았다.

1987년 10월 7일 백령도부근 해역에서 조업 중인 저인망어선 제31진영호를 북한경비정이 공격하여 침몰시켰다. 선원 11명이 실종되고 1명이 구조되었다.

동진호 선원들은 방송을 통하여 의거 입북이라고 했고, 한국의 공안기관은 가족들의 사상을 의심하여 조사하고 요시찰인으로 감시하기 시작했다.

동진호 선원 가족들은 가장이 납북되었고, 자신들은 공산당으로 몰려 이중 고통을 당했다. 그들은 정부를 원망했다.

거짓인줄 모르는 거짓의 타성

북한은 많은 사람을 납치해 갔다. 그리고 저들의 만행을 숨기고 저들의 체재를 미화하기 위한 수단으로 이들을 방송에 내세워

'공화국이 좋아서', '남쪽이 싫어서' 의거 입북했다고 선전을 하게 했다.

믿거나 말거나 상관이 없다. 저들의 통일전략의 하나다.

시간이 흐르면 그렇게 믿는 사람이 나타나게 되어 있고, 그리고 그들의 가족은 남쪽의 공안기관으로부터 국가보안법에 의하여 조사를 받게 되어 있다는 사실을 저들은 잘 알고 있다.

가족을 잃은 아픔을 안고 있는 이들이 더하여 공산당으로까지 내몰리면, 결국 이들은 반정부주의자가 될 수밖에 없고 경우에 따라서는 자생적인 공산주의자로 만들어져 대한민국에 등을 돌리게 된다.

이것이 북한이 노리는 전략이다. 도랑 치고 가재 잡고.

북한에는 진실이 없다. 저들이 기라면 기고, 아니라면 아니다. 그렇게 우겨서 믿게 한다. 저들의 체재를 유지하는 전략이다.

거짓말을 하는 사람은 알면서 하고 모르는 사람은 몰라서 믿는다.

북한에는 정보전달수단이 없다. 오직 당의 발표에만 의존하게 되어 있고, 당의 발표는 무조건 믿어야 한다. 북한 인민은 그렇게 길들여져 있다.

북한의 유일한 정보전달 수단은 휴전선에서 실시하는 우리 군의 대북방송이었다. 북한 인민은 이 방송을 통하여 세상이 돌아가는 소식을 얻을 수가 있었고, 인민의 귀를 막아야 하는 김정일은 가장 곤혹스러워 했다.

김정일은 그의 주구 남쪽의 대통령에게 대북방송을 못하게 지시하였다. 방송시설을 모두 철거되었다.

통일지상주의자이고 김정일의 통일정책 '민족공조 외세배격' 추종자인 남쪽의 전직 두 대통령은 남쪽에서 이루어지는 김정일의 비위를 거스르는 일은 모두 없애 버렸다.

한도 끝도 없는 북한의 도발

이상에 열거한 것은 세인의 관심을 끈 큰 사건들이다. 그 외에도

군사분계선으로 무장 병력을 침투시켜 부대나 초소를 공격하고 초병을 살해하는 만행.

해안으로 무장공비를 침투시켜 민간인을 살해, 납치하거나 어선을 납치하는 만행.

대남사업부니 정찰총국이니 하는 거대한 특별조직을 두고 대남공작원을 양성한 후 바다로, 강으로, 내륙으로 시도 때도 없이 간첩을 침투시켜 살인과 파괴의 만행을 서슴없이 자행하였다.

정찰기를 격추하고 경비정을 격침하고 열차를 폭발시켰다.

판문점에서 도끼로 사람을 찍어 죽이는 만행도 저질렀다.

1년에 수십 건씩 크고 작은 도발을 일삼아 앞에 든 사례 외에도 목숨을 잃은 사람이 수십 명에 이른다.

서울에서 열리는 아세안게임을 방해하기 위하여 김포공항을 폭파했고, 서울올림픽을 방해하기 위하여 민간여객기를 폭파했으며, 서울에서 한일월드컵경기가 열리는 기간에 연평해전을 벌렸다. 연평도 포격 공격은 저들 혈맹 중국 광저우에서 아세안경기대회가 열리고 있는 중에 일어났다.

올림픽이나 아세안경기는 세계평화의 상징이다.

특히 제2연평해전이 일어난 때는 서울에서 한일월드컵 경기가 절정에 이른 시기였고 우리가 4강에 올라 온 나라가 대한민국을 외치는 함성에 묻혀 있던 때였다. 찬물을 끼얹었다.

김대중 전 대통령이 평양에 가서 김정일을 만나고 온 후 국민은 마치 금방 통일이라고 되는 것처럼 환상에 젖어 들떠 있었고, 북쪽의 김정일은 남쪽의 김대중이 쏜 햇볕 정책의 빛을 받아 남쪽의 돈이 쏟아져 들어올 것을 기대하며 배속이 잔뜩 부풀어 있는 때였다. 누가 전쟁을 상상이나 했을까?

그러나 저들은 때와 장소를 가리지 않고 도발을 했다.

김일성이 소원한대로 북한 인민에게 쌀밥에 쇠고기국 먹여주면 될 일인데 왜 없는 돈 들여가면서 도발을 하는가? 그 이유를 우리는 알아야 한다.

5. 무력수단에 의한 남조선 통일

이승만 대통령의 충고 – 적을 알아야

뉴욕 해럴드 트리번지의 종군 여기자 마가리트 히긴스.

1950년 6월 27일 김포공항에 도착하여 그해 12월 중순까지 6개월 동안 미군과 함께 전장을 누비며 취재하였고, 1951년에 『자유를 위한 희생(War in Korea)』이라는 책을 출판했다. 6·25전쟁 최초의 저술이고, 이 책으로 말미암아 여성 최초로 퓰리처상을 수상했다.

이 책에 실린 글귀 하나를 소개한다.

"내가 이승만 대통령을 마지막으로 본 것은 6·25전쟁의 승리가 임박한 것처럼 보였던 1950년 9월의 화창한 가을날이었다. ……

이날 그가 들려준 말을 나는 생생히 기억하고 있다.

'이번에 우리가 학습했듯이 당신의 정부도 공산주의자들과의 타협이란 없다는 사실을 배워야 합니다. 공산주의자들에게 타협이란 언제나 시간을 벌기 위한 수단이자 상대가 의심하지 않도록 달래는 속임수인 것입니다. 공산주의자들의 속셈을 알아채지 못한다면 당신들은 준비가 너무 늦어져 그들의 다음 번 공격을 막아내지 못하는지도 모릅니다.'" 《국방일보》 연재 「자유를 위한 희생」)

7·4남북공동성명과 남북조절위원회

1972년 7월 4일 이후락 중앙정보부장이 평양에 가서 김일성과 회담[*1]을 하고 '남북공동성명'을 채택하였다. ◘ 제8권 「7·4 남북공동성명」 전문 참조

공동성명 제1항에 정한 남북통일 3원칙의 요지는 다음과 같다.

첫째, 외세에 의존하거나 외세의 간섭없이 자주적으로 해결한다.

둘째, 무력행사에 의하지 않고 평화적 방법으로 실현하여야 한다.

셋째, 사상과 이념 및 제도의 차이를 초월하여 하나의 민족으로서 민족적 대단결을 도모하여야 한다.

이후락 중앙정보부장이 평양에 가서 김일성을 만난 사실을 알리고 '남북공동성명'을 발표하자 세상이 깜짝 놀랐다. 상상도 못할 일이었다.

1961년에 중공과 인도가 주도하여 소위 제3세계[*2]라고 불리는 비동맹회의를 창설했고, 북한은 중공의 영향으로 회원이 되었다. 초창기에 회원국이 80개에 이르렀고, 1980년에는 120개국으로 늘어났다. UN가입국의 3분의 2에 해당한다. 1970년대와 1980년대 우리를 몹시 괴롭힌 세력이다.

이들 국가는 모두 Korea는 북한으로 알고 있었다. 해외여행 중에 필요하여 한국대사관을 찾으면 북한대사관으로 안내했다. 그래서 앞에 예로 든 수도여고 교사 고상문씨가 납북되는 비운을 맞았다.

북한은 이들 국가를 상대로 막대한 돈을 들여 북한의 체제를 선전하고 대한민국을 고립시키는 외교에 올인했다. 그 결과 한국은 거대한 수용소군도로 비추어졌고, 북한은 정의롭고 활력이 넘치는 지상낙원으로 알려졌다.

이것을 실증한 것이 재일동포 북송이었다.

친북 교민단체인 재일본조선인총연맹이 주도하여 재일동포를 지상낙원공화국으로 귀국시키는 사업을 추진하였다. 재일동포 북송이다.

1959년 12월 16일 첫 북송선이 청진항에 도착하였다.

이들은 도착 다음 날 그곳이 낙원이 아니라 지옥이라는 사실을 알았지만 이미 물은 엎질러졌고, 이를 알 리 없는 나머지 동포는 계속 북송선을 탔다. 1984년까지 111차례에 걸쳐 93,000명이 생지옥으로 끌려갔다.

이들의 참상이 서방세계에 알려진 것은 20년이 지난 뒤다.

이러한 불리한 국제정세하에서 이후락 씨는 사지나 다름없는 평양에가서 김일성을 직접 만났고, 정부차원의 남북대화를 이끌어낸 것이다.

이후락 씨는 만약의 경우에 죽으려고 청산가리를 가지고 갔다고 했다.

다 꺼져 가는 불길에 기름 부어준 격의 6·15 만남과는 차원이 달랐다.

정작 노벨평화상을 받아야 할 사람은 이후락 씨다.

남북조절위원회를 공동으로 결성하고 공동위원장에 남측의 이후락 부장과 북측의 김영주(김일성 동생-박성철 부수장이 대리) 노동당 조직지도부장을 선임하여 평양과 서울을 오가며 정기적으로 회담을 가졌다.

북은 만나면 만날수록 새로운 주장과 의견을 제시하여 저들의 구미에 맞지 않는 문제는 아무것도 해결할 수가 없었다.

1973년 8월 28일 북측이 대화중단을 선언했고, 회담은 중단되었다.

> * 1 김일성은 이후락 부장을 만난 자리에서 "공산당 때려잡는 중앙정보부장이 왔으니 믿지 다른 사람이 왔으면 안 믿는다."는 말을 했고,
> 　　청와대 기습사건(1·21사태)에 대하여 자신은 모르는 일이고 "아랫 사람이 충성심에 저지른 일이라 책임자를 체직(좌천 또는 해직)했다"고 하면서 박 대통령에게 미안하다는 말을 전해 달라고 했다.
> 　　"누가 자기를 죽이려 하는 사람을 좋아하겠는가?"라고 했다는 것이다.
> * 2 제3세계
> 　　제2차 세계대전 후 세계는 미국을 대표로 하는 자본주의세계와 소련을 대표로 하는 사회주의세계로 양분되었다. 제2차 세계대전이 끝난 후 아시아, 아프리카, 라틴아메리카에서 식민지로 있다가 독립한 약 80여 개 국가가 이 양대 세계에 종속되지 않고 독립을 추구하겠다고 새로운 세력권을 형성하였다. 이것이 제3세계다.
> 　　인도 수상 네루와 중공 수상 주은래가 주창하였고, 1961년 베오그라드에서 제1회 비동맹수뇌회의를 개최하여 비동맹에 입각한 독자적 정책, 민족해방운동 지지, 냉전에 휘말릴 수 있는 조약이나 동맹, 외국군 주둔, 군사기지설치 거부의 조건을 갖춘 나라만 비동맹에 가입할 수 있게 하였다.

남북적십자회담과 이산가족 만남

1971년 8월 12일 대한적십자사 최두선 총재는 남북한 1천만 이산가족찾기운동을 구체적으로 협의하기 위해 남북한적십자사 대표가 회담할 것을 제의하였고, 북한적십자가 이를 수락하였다.

1972년 8월 29일 제1차회담이 평양에서 열렸고, 이어서 서울과 평양에서 번갈아 가면서 열기로 하여 제2차회담은 서울에서 열렸다.

제1·2차회담에서 다음과 같이 5개항을 의제로 합의하였다.

남북이산가족과 친척들의 주소 및 생사 확인,

자유로운 방문과 상봉,

자유로운 서신 왕래,

자유의사에 의한 재결합 문제,

기타 인도적으로 해결할 문제

북측은 제3차회담에서 남한의 반공법 폐지와 반공단체의 해산을 선결조건으로 내세워 회담은 제7차회담에 이르기까지 교착상태에 빠졌다.

1984년에 남쪽에 수해가 나자 북측은 인도주의적인 차원에서 구호물자를 보내겠다고 제의하였다. 남쪽이 당연히 거부할 것이라고 단정하고 정략적으로 제의한 것인데 남쪽이 이를 수락하여 저들의 허를 찔렀다.

뜻밖의 수락에 당황한 저들은 구호물자를 모으느라고 애를 먹었다.

북한은 인민들이 헐벗고 굶주리던 때라 쉽지 않았다.

쌀과 함께 옷감으로 판막이 염색을 한 옥양목을 보내왔다. 우리는 그것을 수재민에게 골고루 나누어 주었다. 옥양목은 적당한 크기로 잘라서 나누어 주어야 했다. 그때 남한주민들 중에 그 쌀로 밥을 지어 먹거나 옥양목으로 옷을 해 입은 사람은 아무도 없었다.

구호물자 인도를 위한 실무접촉을 계기로 제8차 본회담이 1985년 5월

28일과 29일 양일사이에 재개되어 남북이산가족 고향방문단(50명)과 예술공연단(50명) 상호방문을 합의하고 실현하였다.

제9차와 제10차회담은 실질적인 문제에 합의하지 못하고 진행하다가 1986년 1월 20일 북이 팀스피리트 훈련을 트집 잡아 회담을 중단했다.

1989년 들어 제11차 본회담 개최와 제2차 이산가족 고향방문단 및 예술공연단 교환을 위한 실무접촉이 있었다. 북측은 혁명가극 〈꽃 파는 처녀〉를 공연하겠다고 고집을 부려 본회담 개최는 유산되었다.

1990년 11월 11개월만에 실무접촉을 가졌으나 문제를 해결하지 못하였고, 남쪽은 적십자본회담만이라도 개최하자고 제의한데 대하여 북측은

'선 방문단 교환, 후 본회담 개최'

의 의견을 내세워 본회담재개에 실패했다.

남북적십자회담은 이로써 사실상 중단되었다.

혁명가극이나 방문단 교환은 북한체제 선전과 남쪽 인민에 대한 혁명사상 주입이 목적이다. 그래서 남쪽은 수용할 수가 없다.

회담을 통하여 나타난 양쪽의 기본 입장은

남쪽은 '쉬운 것부터 하나씩 풀어 나가자.' 이고,

북쪽은 '통일이 되면 모든 것이 다 풀린다.' 이다.

북한의 통일정책이 함축된 표현이다.

저들만이 통일을 바라는 것처럼 과시하는 선전 효과와 함께.

북한을 너무 모르고 있다

1972년 들면서 경제와 군비가 북한과 대등해졌다. 비로소 주도적 입장에서 정부차원의 대화와 민간차원의 교류를 북에 제의하였다.

김일성은 무력에 의한 통일의 꿈이 당장 어렵다고 판단하였다. 반면에

남쪽의 경제사정과 군사력이 어느 정도일까?가 궁금했고,

남쪽 인민들의 혁명사상과 생활형편도 살펴볼 필요가 있었다.

다분히 관망하면서 시간을 벌어보자는 속셈을 깔고 대화에 응했다.

저들이 와서 본 남쪽은 저들이 알고 있는 남쪽이 아니었다.

인민의 생활은 자유로웠고 넉넉했다. 서울시내는 빌딩과 자동차로 가득 차 있고. 백화점과 상점에는 물건이 쌓여 있었다.

북측 대표들은 우리가 안내하는 산업시설만 볼 것이 아니라 청계천을 보여달라고 요구했다. 청계천은 빈민가의 대명사요 서울의 치부(恥部)였다. 저들은 그것을 노렸고, 당연히 안 보여줄 것으로 알았는데 우리는 그곳으로 안내했다. 천막 또는 판자로 된 어두컴컴한 움막에서 저들을 맞이한 것은 TV와 쌀밥이 담겨 있는 밥솥이었다.

저들은 놀랐다. 쌀밥과 고기국은 김일성이 북한인민에게 먹이겠다고 약속한 잘 사는 대명사다. 하지만 지금까지 해결하지 못한 과제다.

TV는 북한 인민들은 구경도 할 수 없는 부의 상징이었다.

저들은 부러운 눈으로 남쪽을 바라보아야 했고, 스스로 속고 있음을 은연중에 느꼈으며, 스며드는 자본주의 냄새를 거부할 수가 없었다.

북측 적십자사대표단 자문위원에 재일본조선인총연합회(조총련) 부의장 김병식(金炳植)이란 자가 있었다. 서울에 처음 오던 날 저들이 탄 버스가 새문안을 지나 광화문으로 들어섰을 때 이 사람 입에서 무의식 중에

"아, 동경같다!"

는 감탄사가 터져 나왔다.

서울이 동경같다고 감탄한 말은 북측의 가장 아픈 곳을 찌른 것이다.

그는 그 후 자문위원에서 빠졌다. 3개월 학습을 받았다는 말이 돌았다.

어느 호텔 고층 식당에서 식사를 하고 창밖으로 시내를 관망하던 어느

북측 대표가 거리에 질주하는 차량을 보고

'많이도 끌어 모았군!'

혼자말처럼 그러나 우리 대표가 들으라는 의도적인 말을 내뱉었다.

"자동차는 제 발로 걸어 올 수가 있어 힘이 안 들었는데 빌딩을 옮기는 데는 힘이 좀 들었다."

고 우리 대표가 응수했다.

그때까지도 북한은 남쪽 인민들이 헐벗고 굶주리는 것으로 알았고, 김일성을 영도자로 받들면서 김일성이 하루 빨리 해방시켜 줄 것을 바라고 있는 것으로 착각하고 있었다.

북한 대표가 서울시내를 지나면 도처에 수많은 인파가 모여 들어 구경했다. 심지어 인도의 인파가 차도로 뛰쳐나가 저들이 탄 차가 멈추기도 했었다. 남쪽 사람들의 호기심(물론 환영의 의미도 있었다)을 저들은 열렬한 환영으로 착각했고, 곧 김일성에 대한 남쪽 인민들의 흠모로 비화시켰다.

'김일성 수령님을 흠모하는 남조선인민들이 우리를 열렬히 환영했다.'

고 특집방송에서 떠벌였다.

저들은 회담을 할수록 얻는 것보다는 잃는 것이 많다는 것을 알았다.

적십자회담 의제는 누가 봐도 순수하고, 필요하고, 당장에 실현해야 할 가장 적절한 선택이었다. 눈, 코, 입이 바로 뚫인 사람들은 다 그렇게 생각할 것이다. 그러나 북한으로서는 도저히 수용할 수 없는 의제다. 그것은 곧 북한의 붕괴를 뜻하기 때문이다. 이산가족이

자유롭게 서신을 교환하고, 자유롭게 상호 방문하고, 자유롭게 결합을 한다.

북한이 어떻게 되겠는가? 상상도 할 수 없는 일이다.

그런데도 불구하고 저들은 의제에 합의했다. 그것은 저들도 우리가 들어 줄 수 없는 조건을 유보하고 있었기 때문이다. 결국은 대화를 끊었다.

이 지구상에서 대한민국 국민이 자유롭게 갈 수 없는 나라는 북한이고, 자유롭게 외국을 드나들 수 없는 사람은 북한 인민이다.

남아프리카공화국에서 열리는 월드컵 지역예선 남북한 대전이 평양에서 열기로 되어 있었는데 북한이 거부하여 일본 도쿄에서 열었다. 이유는 태극기를 평양 한복판에 게양할 수 없다는 것 때문이다.

베이징올림픽 개막식 입장 순서는 대한민국 다음에 북한이었다. 북한이 우리 뒤를 따라 들어갈 수 없다고 하여 멀찌감치 뒤에 들어왔다. 그 역시 속내는 인공기가 태극기 뒤에 따르는 것을 거부했기 때문이다.

이런 사람들과 무슨 대화를 하겠다는 것인가. 정신차려야 한다.

북한이 대화에 응하는 것은 저들의 전략을 위한 시간벌기 수단이다.

저들 비위에 거슬리면 언제든지 무슨 짓이든지 저들 마음대로 한다.

6·15남북공동선언 후 남북교류협력의 표상이 된 금강산관광과 이산가족 만남, 그리고 개성공단이 어떻게 돌아가는지는 현재 진행형이다. 돌아가는 꼴을 잘 봐두기 바란다.

알려지지 않은 실화 한 토막

광복 후에 처와 4남매를 두고 월남한 사람이 대구에 터를 잡고 돈을 벌어 부자가 되었다. 약 500억 원 정도 평가되는 부동산을 가지고 있다.

이 사람이 북에 두고 온 자녀를 만나고자 이산가족상봉 신청을 했다. 두번이나 거절당했다. 이유는 남쪽에서 반공단체에서 활동한 죄.

"왜 반공단체에 가입했느냐?"고 핀잔을 많이 들었고, 후회를 많이 했다.

각 방면으로 알아본 결과 방법은 있었다.

북에 돈을 보내라고 했다. 다행히 재혼한 부인의 전 남편 소생이 미국시민이었다. 이 사람을 통하여 북과 접촉을 했고 많은 돈을 바쳤다.

이산가족상봉을 한 것은 말할 것도 없고 북한에 가서 손자들까지 만났다.

그 분은 몇 해 전에 작고했고, 홀로 남은 부인은 북에 있는 남편의 자녀들에 의해서 상속분쟁에 말려 있다.

남조선 해방 - 통일정책

1974년 11월 15일 임진강 북쪽 고랑포 지역에서 남침용 땅굴이 발견되었다. 땅굴공사에 참여했던 귀순자(김부성)의 증언에 의하여 이 땅굴은 1972년 2월 1일 착공한 것으로 밝혀졌다.

남침용 땅굴은 4개가 발견되었는데 모구 20개가 있는 것으로 알려졌고, 철원 북방에 있는 제2땅굴과 판문점 남방에 있는 제3땅굴은 1시간에 무장병력 3만 명이 이동할 수가 있는데다가 전차와 포도 통과할 수 있는 규모이다. 특히 제3땅굴은 서울에서 불과 44km의 거리에 있다.

20개 땅굴에서 1개 굴당 1시간에 1만 명의 무장병력을 침투시키면 1시간에 20만 명의 무장병력이 휴전선 남쪽으로 이동할 수가 있다.

땅굴을 발견하지 못했으면 어떻게 되었을까! 등골이 오싹해진다.

저들은 남북대화를 하면서 남침용 땅굴을 파고 있었던 것이다.

북한은 1962년 12월 주체사상을 구현하여 자체의 힘으로 국가를 보위해야 한다는 국방자위정책을 내걸고 4대군사노선을 채택하였다.

① 전인민의 무장화   ② 전국토의 요새화
③ 전군의 간부화   ④ 장비의 현대화

명분은 자위정책이지만 실을 남조선을 해방하기 위한 준비였다.

김일성은 1968년 9월 9일 북한정권 창건 20주년 기념식에서
'남한혁명은 주권을 쟁취하기 위한 투쟁이며,

주권쟁취방법은 무력만이 있을 뿐이다'
라고 선언하여 사실상 대남 폭력혁명을 지령했다.

북한의 통일노선은 무력에 의한 남조선 해방이다. 이것은 김일성 부자의 대를 이은 숙원 과제이고 분단이후 달라지지 않은 통일 정책이다.

언제든지 조건만 성숙되면 가차없이 쳐들어올 것이다. 국제 정세와 남북한의 분위기를 관망하면서 조건이 조성되기를 기다리고 있을 뿐이다.

북한의 전투력은 우리를 훨씬 능가한다. 그러나 기술이 낙후되었고, 경제력이 무력을 뒷받침해 줄 수 없는 취약성 때문에 재래식 무력 수단으로는 남조선을 해방할 수 없게 되었다.

그래서 기를 쓰고 달려든 것이 핵 개발이다.

북한이 핵무기를 개발해서 미국을 겨냥하겠는가?

일본을 공격하겠는가?

김정일이 그렇게 멍청하고 어리석은 사람이 아니다.

오직 남쪽이다.

단 한 방에 남쪽을 마비시킬 수 있는 수단, 그것은 핵 밖에 없다.

얼빠진 사람들 북한핵을 그대로 두면 우리 것이 된다고 한다.

그 핵이 우리 것이 되었을 때 우리는 우리가 아님을 알아야 한다.

북한이 왜 주민을 굶겨서 탈북 현상이 일어나는데도 이를 외면한 채 핵을 개발하고 군사력을 키우는지 그 이유를 우리는 알아야 한다.

지하 300m에 김정일 가족이 전시에 거처할 지하별장이 있다. 이곳은 평양교외 30km 떨어진 전시 비상 당중앙위원회 건물과 땅굴로 연결된다.

그런 시설이 왜 필요한가도 우리는 알아야 한다.

1·21 청와대기습 때 무장공비로 침투하였다가 전향한 김신조씨는 연평

도 포격침공을 보고

"한국 사람은 아직도 정신을 못 차리고 있고, 북한을 너무 모른다."
고 개탄했다.

그 만이 아니다. 황장엽씨도 같은 말을 이미 했었고, 북한에서 망명한 인사나 탈북자들이 한결 같은 말을 되풀이했지만 귀 담아 듣지 않았다.

1960년대 초 한국의 1인당 GNP는 80달러였고, 북한은 그 4배인 325달러였다.(남한 94달러, 북한 135달러라는 기록도 있다.)

김일성은 1962년 신년사에서

"오래지 않아 모든 인민들이 이밥에 고기국을 먹고 기와집에 살게 될 것입니다."라고 선포했다.

기와집과 쌀밥과 고기국.

우리 민족이 가난했던 시절 선망했던 부자의 대명사다.

반세기가 지난 지금 남쪽은 세계 10위권을 넘나드는 경제대국으로 발돋음 했는데 북쪽은 세계 최빈국(1인당 GNP 100달러)으로 남아 있다.

우리는 그 이유를 알아야 한다.

그런데도 북한의 인민들은 남쪽 인민들이 굶고 있다고 걱정하고 있다.

우리는 그 이유를 알아야 한다.

나는 이 책을 통하여 전후 세대에게 북한이 무엇이고,
6·25가 왜 일어났는지를 알리고 싶다.

과거에 집착하면 발전이 없고 역사를 모르면 미래가 없다.

임시정 제2대 대통령 박은식 선생은 "나라는 형체요 역사는 정신"이라고 했다.

남북한 경제력 비교

비교 항목	대한민국	조선인민공화국	차 이
인 구	4,800만 명	2,329만 명	2.1배
총 GNI	1,030조 원	27조 원	37.7배
1인당 GNI	2,120만 원	117만 원	18.1배
무역 총액	8,572억 불	38억 불	224배
원유도입량	8조 6,487억 배럴	387억 배럴	223배
발 전 량	4,224억 kwh	254억 kwh	16.6배
자동차 생산	383만 대(국내)	4,700대	814.3배
조강 생산	5,332만 톤	127만 톤	41.7배
시멘트 생산	5,165만 톤	641만 톤	8.1배
선박 보유	1,471만 톤	86만 톤	17배

자료 : 한국은행 2007년 - 《조선일보》 2009. 3. 2 A13 보도

남북한 군사력 비교

병력	육 군	해 군	공 군	계
한 국 군	522,000명	68,000명	65,000명	655,000명
북 한 군	1,020,000명	60,000명	110,000명	1,190,000명

장 비	한국군	종 류	북한군
육 군	2,300여 대	전 차	3,900여 대
	2,400여 대	장 갑 차	2,100여 대
	5,200여 문	야 포	8,500여 문
	200여 문	다련장/방사포	5,100여 문
	30여 기(발사대)	지대지유도탄	100여 기(발사대)
해 군	120여 척	전 투 함	420여 척
	50여 척	기 타 함 정	390여 척
공 군	490여 대	전투임무기	840여 대
	260여 기	기타항공기	540여 대
	680여 대	헬 기	310여 대
예비 전력	3,040,000여 명		7,700,000여 명

자료 : 2008년 국방백서

60년 뒤의 노병

"노병은 죽지않고 다만 사라질 뿐이다."

맥아더가 상하양원합동회의 연설에서 마지막으로 남긴 말이다.

1951년 4월 11일 트루먼 대통령은 맥아더 원수를 해임하였다.

맥아더는 16일 도쿄를 떠나서 15일(현지시간) 샌프란시스코에 도착했다.

1935년 필리핀으로 떠난 후 16년 만에 귀국이고, 1899년 6월 육사에 입교하면서 시작한 52년간의 군 생활에 종지부를 찍었다.

맥아더의 퇴임은 그의 화려한 경력과 빛나는 전공에 걸맞는 예우를 받지 못했고, 명예롭지 못하게 해임 당했다.

하지만 그의 귀국은 영광스러웠고, 화려했다. 그가 떠나는 도쿄는 200만 명이 거리로 나와 그를 환송했고, 그가 도착한 샌프란시스코는 전시민이 거리로 나온 것 같은 인파가 그를 환영했다. 뿐만 아니라 그가 가는 도시마다 전 시민이 거리로 나와 그의 귀국을 환영해 주었다.

4월 19일 열리는 상하양원합동회의에서 연설해 달라는 초청을 받고 연설을 했고, 상하양원이 만장일치로 가결한 의회의 감사장을 받았다.

그는 공화당 대통령후보로 추대되었다. 그러나 나가지 않았다.

그는 영원한 군인으로서 사라져 갔다.(제8권 맥아더 프로필 참조)

맥아더가 생애에서 가장 어려운 결정을 한 것이 인천상륙작전이다.

맥아더는 인천상륙작전을 계획하면서 워싱턴 군 수뇌부의 반대는 말할 것도 없고 휘하의 참모와 지휘관으로부터도 부정적인 의견에 부딪혔다.

상륙작전교범에서 금기사항만을 추리면 그게 바로 인천이다.

해군과 해병대의 상륙작전 전문가들이 한 말이다.

맥아더는 그때 유명한 격언을 떠올린다.

"외부의 적을 무찌르려면 내부의 적을 먼저 제압해야 한다."

함께 남북전쟁 때 북군사령관이었고, 후에 대통령이 된 그랜트 장군의 "전쟁에서는 눈앞의 적과 싸우는 힘이 30% 후방의 정치가들(내부의 적)과 싸우는 힘이 70%가 필요하다"는 말을 되 새긴다.

맥아더는 미국 최고의 군사령관이다. 현역 중에서 가장 선배이고, 가장 높은 계급이고, 가장 많은 전투를 지휘한 경험을 가진 장군이다.

그가 지휘한 전쟁은 모두 승리로 이끌어졌다. 그래서 그는 미국 사람은 말 할 것도 없고 세상 사람으로부터 전쟁에 관한 한 신격화된 존재로 인식되어 있었다. 누구도 감히 그의 말을 가로 막지 못했다.

그런 그가 인천상륙작전을 계획하면서 자신의 경험을 바탕으로 판단하지 아니하고 1759년 영·불 캐나다 전쟁 때 영국의 제임스 울프 장군이 세인트로렌스 강을 거슬러 가서 프랑스의 몬트감 후작이 '어느 군대도 등반이 불가능하다'고 방심한 성벽으로 둘러싸인 퀘백의 남쪽 절벽을 공략하여 퀘백을 함락함으로써 사실상 전쟁을 종식시킨 전략을 본 땄다.

누구도 감히 공격할 것이라고 상상할 수 없는,

그래서 적장이 방심하고 있는 바로 그 곳.

그래서 인천상륙작전은 성공가능성이 5000분의 1밖에 안 되는 세기의 대도박이라고 자평하면서도 성공을 확신했다.

워싱턴의 반대에 대하여 그는 경륜을 앞세워 교만하지 않았고, 최고사령관의 권위를 내세워 위압적이지도 않았다. 폐부에서 울어나는 신념으로 설득하여 내부의 반대를 제압했다. 십만 명을 구한 연설이라고 평가했다.

스스로를 극복하지 아니 하고는 내부의 적을 제압할 수 없는 최고사령관으로서의 고뇌의 한 단면이다.

　백선엽 장군은 선배 장군과 동료 사단장을 앞질러 군단장, 총참모장이 되어 과거 그의 상사와 선배 그리고 동료를 지휘해야 했다.
　그에게도 맥아더와 같은 어려움과 고뇌가 있었을 것이다.
　백선엽 장군은 군단장시절 휘하의 사단장이 1개 연대를 파견하라는 명령을 듣지 않았다. 사단장 나름대로의 이유가 있었겠지만 항명을 하는 사단장이 얼마 전까지 동료 사단장이었다는 데서 나오는 미묘한 심리를 간파하고 몸소 사단장을 방문하여 즉각 명령에 따르게 한 일화가 있다. 몸은 찾아가는 겸양을 보이고, 말은 단호하여 위엄을 보였다.
　사단장은 명령이어서가 아니라 진심으로 복종했다.
　다부동전투에서는 1개 대대가 전선을 빠져 나와 큰 혼란이 일어났고,
　미 제8군사령부로부터
　"한국군은 싸울 의지가 있느냐?" 는 항의가 왔고,
　연합작전을 펴든 미군지휘관은
　"국군이 후퇴하면 우리도 후퇴하겠다." 고 압박을 했다.
　백선엽 사단장은 직접 전선으로 달려갔다. 후퇴하는 사병들의 앞을 가로막고 함께 싸우자고 설득하여 스스로 최일선 사병과 같은 선상에서 전투를 지휘했다. 사병들은 사단장의 설득에 감화를 받았고, 진두지휘에 용기를 얻어 전열을 가다듬고 반격하여 적을 격퇴한 것은 유명한 일화이고 전사에 기록된 진두지휘의 본보기다.
　무너지던 전선을 수습하여 반격으로 전환하는 것을 본 미군 지휘관은
　"한국군은 신병(神兵)이다." 라고 감탄했다.
　그는 사단장으로 있는 동안 항상 대대지휘소 선상에서 독전을 했다.

저자는 대대 무전병으로 있으면서 그가 대대OP까지 와서 대대장을 격려하는 모습을 여러 번 보았다.

"아가 후퇴하지 마라."

대대OP를 떠나면서 대대장에게 남기는 말이다.

백선엽 장군은 대한민국의 영원한 현역이다.

백선엽 장군을 어느 나라의 어떤 장군과 비견할 수가 있을까?

어리석은 질문(愚問)을 던져 본다.

뒷날 전사가가 현명한 답(賢答)을 내릴 것이다.

백발의 노병. 대장(90세)과 일등중사(76세)
다부동 전투 때 백선엽 장군(왼쪽)은 제1사단장(준장)이었고, 저자(오른쪽)는 이등병으로 그의 휘하에서 참전했다.
백선엽 장군이 저자에게 주는 그의 저서 『군과 나』에
'柳亨錫 先生 惠存
2009/ 7/ 22
백 선 엽 呈'
이라고 서명하고 있다.

대한민국은 60년 전에 적구(敵狗)의 기습공격을 받아 안마당에서 3년을 넘게 전쟁을 치렀다. 눈, 코, 입, 귀 제자리에 붙어 있고, 팔다리 성한 장정은 모두 나가서 싸웠다. 그 수가 160만명에 이른다.

그들 중 전사자와 실종자 약 30만명을 뺀 나머지는 모두 노병의 길을 걸어야 했고, 휴전 60년이 지난 지금 30여만명에 가까운 노병이 번영한 국가에서 풍요를 즐기는 국민의 무관심 속에 사라져 가고 있다.

가장 어린 나이에 참전한 사람은 14세다. 그 중 한 사람이 년 전에 생을 마쳤다. 그는 중학교 2학년이던 1950년 8월 3일 제1사단 수색중대에 입대하였고, 만 73세로 한 많은 인생을 마감했다.

고희를 넘겼으니 살만큼 살았다고 해야 하겠지만 수명이 길어진 지금 세상에서 그렇게만 치부할 수 없는 아쉬움이 남는다.

어린 나이에 나라를 위해 싸운 사람이니 그 죽음이 영예로워야 하겠지만 그는 쓸쓸하게 사라져 갔다.

경제대국 대한민국이 낳은 노병의 현주소다.

참전자 통계

1953년 7월 31일 현재 병력 590.911명(『한국전쟁비사』)

1953년 7월 27일까지 전사 227.748명(위 같은 - 최대 수치)

　　　　　　　사망　9.938명(위 같은)

　　　　　　　실종　88.000명(제8절 2「북한간첩은 ……」참조)

　　　　　　　부상 717.083명(『한국전쟁비사』)

　　　　　　　계　1.633680명

전사자	최소 58.809명	최다 227.748명
실종자	최소 43.572명	최다 169.631명
부상자	최소 178.632명	최다 717.083명

※ 자료 : 전쟁기념사업회『한국전쟁사』제6권「한국전쟁으로 인한 인적피해」(p15)

인명 색인

ㄱ

가와베 마사카쓰(河邊正三)
　　　　　　　　　57, 58, 62
강건(姜健)　　　　　　　346
강문봉(姜文奉)
　　　　　75, 331, 332, 338
강인희　　　　　　　　　400
강정구　　　　　　　　　389
게이(Hobart R. Gay)
　　　131, 153, 154, 155, 191,
　　　208, 218, 283, 286, 289
계인주(桂仁珠)　　　　　126
고근홍(高根弘)　　　68, 253
고상문　　　　　　　405, 411
고한조(高漢祚)　　　　　253
골드웰　　　　　　　　　100
공국진(孔國鎭)　　　　　　66
권영길(權寧吉)　　　　　391
권태순(權泰順)　　　　　152
권태일(權泰日)　　　　　　80
글리프(Gliph)
　　　　　132, 133, 134, 135
기스토, 울라구 H.　　　403
김광협(金光俠)　　　174, 228
김기수(金基壽)　　　　　182
김기용(金基容)　　　　　272
김대중(金大中) 369, 381, 385,
　　　387, 388, 389, 390, 405, 409
김동빈(金東斌)　　　　　159
김동희　　　　　　　　　400
김무정(金武亭)　47, 126, 150,
　　　172, 174, 227, 255, 350, 358

김묵(金默)　　　　　155, 156
김백일(金白一)
　　　66, 70, 71, 73, 74, 75, 76,
　　　77, 78, 332, 333, 334, 335
김병식(金炳植)　　　　　415
김병진(金秉鎭)　　　　　144
김병휘(金炳徽)　　　34, 364
김봉상(金鳳翔)　　　　　205
김부성　　　　　　　　　418
김상균(金相均)　　　　　242
김석원(金錫源)
　　　70, 71, 73, 74, 75, 76, 77, 78
김성준(金成俊)　　　　　126
김세락(金世洛)　　　　　204
김소(金沼) 141, 142, 184, 190
김승일　　　　　　　　　401
김신조　　　　　　　395, 419
김영남　　　　　　　　　404
김용배(金容培)　　　　　165
김용배(金龍培)　　　　　214
김용주(金龍周)　　　204, 252
김용한　　　　　　　　　400
김우영(金尤榮)　　　　　188
김욱전(金旭篆)　　　144, 263
김웅(金雄)　　　　　47, 170,
　　　238, 348, 350, 358, 359
김응조(金應祚)　　　　　193
김익렬(金益烈) 124, 169, 183
김인석(金仁錫)　　　　　215
김일성(金日成)
　　　50, 64, 65, 164, 170, 173, 235,
　　　236, 237, 239, 257, 329, 330,

　　　345, 346, 348, 353, 354, 357,
　　　358, 360, 36, 363, 365, 366,
　　　367, 368, 370, 371, 372, 373,
　　　380, 384, 387, 390, 391, 395,
　　　403, 409, 410, 411, 412, 414,
　　　415, 416, 418, 419, 420
김재의(金在儀)　　　157, 165
김재익　　　　　　　　　401
김정일(金正日)
　　　372, 380, 381, 384, 385, 387,
　　　388, 389, 393, 394, 401, 403,
　　　404, 406, 408, 409, 419
김종갑(金鍾甲)　　　　　　82
김종수(金鍾洙)　　　147, 265
김종순(金淙舜)　　　335, 338
김종오(金鍾五)　　　147, 151,
　　　183, 195, 205, 223, 258
김종원(金宗元)　 39, 125, 126
김진위(金振暐)　　　269, 271
김창봉(金昌鳳)　　　　　207
김책(金策)
　　　46, 47, 236, 237, 238,
　　　239, 267, 346, 350, 353
김택준(金澤俊)　　　　　　38
김하무(金學默)　　　　82, 83
김현희　　　　　　　401, 402
김홍일(金弘壹) 76, 77, 78, 124
김황목(金煌穆)　　　　　　83
김희준(金熙濬)　　　　　　80

ㄴ

나폴레옹　　　　　53, 55, 56, 63
네루　　　　　　　322, 323, 412

인명 색인 427

네일슨	291	
노관선(盧冠鮮)	310	
노무현(盧武鉉)	378, 390, 428	
니스트(Cecil W. Nist)		
	127, 217, 218	

ㄷ

다베가	57	
다조이	58	
대브니(John A. Dabney)		
	14, 119, 120, 131	
도드	228	
도일(James H. Doyle)	193	
도조 히데키	58, 62, 64	
돌빈(Welborn G. Dolvin)	306	
디차우(George H. DeChow)		
	111, 117	
딘(William F. Dean)	72	

ㄹ

라스트로보프	320	
랜드럼(Eugene M. Landrum)		
	72, 105, 120	
러스크(Dean Rusk)	319	
레에프	54	
레이퍼스	305, 306	
로드리게스		
(Adam B. Rodriguez)	93, 94	
로물로(Romulo)	322	
로버츠(Paul F. Roberts)	113	
로빈슨(Ralph R. Robinson)		
	91	
로치(George Roach)	108	
루스벨트	122	
룬드쉬테트	54	
류관순	389	
류문호(柳文鎬)	195	

류창훈(柳昌燻)	84	
리근(李根)	402	
리영희	390	
린치(James H. Lynch)		
	138, 206, 283, 284, 287	

ㅁ

마상철(馬相喆)	174, 351	
마셜(George C. Marshall)		
	311, 326, 327	
마제스케(LeRoy E. Majeske)		
	108	
말리크(Yakov Malik)	316, 322	
매슈(Charles M. Matthews)		
	304	
맥더니엘		
(Raymond J. McDoniel)	99	
맥린타이어(Niles J. McIntyre)		
	90	
맥아더		
(Douglas A. Macarthur)	14, 15,	
	17, 20, 50, 70, 102, 103, 119,	
	121, 135, 137, 175, 188, 192,	
	193, 232, 279, 313, 316, 324,	
	325, 326, 327, 328, 329, 330,	
	331, 333, 336, 337, 344, 390	
맥콜(Roye E. McCall)	138	
맥파일(McPhail)	241	
맨	291	
맨실(Edward C. Mancil)	289	
머치(Gordon E. Murch)	110	
메모레이		
(Houston M. Memorray)	113	
모트(Harold W. Mott)	305	
무초(John J. Muccio)	33	
무타구치 렌야(牟田口廉也)		

	57, 58, 59, 60, 61, 62	
문광욱	391	
뮈어(Kenneth Muir)	292	
민병석	401	
밀램(James T. Milam)	128	
밀번(Frank W. Milburn)		
	19, 21, 197, 199, 233,	
	279, 280, 286, 297, 302	

ㅂ

바솔디(Cyril S. Bartholdi)	90	
박기병(朴基丙)	35	
박동혁	398	
박성철(朴成哲)		
	150, 164, 173, 412	
박승일(朴昇日)	252	
박승조(朴勝照)	142	
박정성	397	
박정희	395, 400	
박종병(朴鍾秉)	204, 339	
박준호(朴浚鎬)	160	
박철(朴徹)	263	
박헌영	359, 360, 367	
박현수(朴炫洙)	34	
방호산(方虎山)	170, 308, 350	
백남권(白南權)	182	
백남수(白南秀)	215	
백도흠(白道欽)	189	
백선엽(白善燁)		
	151, 277, 278, 279, 281, 424	
밴브런트(Rinaldo VanBrunt)		
	279	
밴턴(George E. Vanton)		
	210, 211	
베네갈로	323	
베빈	322	

베이커(Robert W. Baker) 287	스기야마(杉山) 57, 58	오드웨이
변규영(卞圭暎) 145, 146, 147	스록모턴	(Godwin L. Ordway) 185
복크 54, 55	(John L. Throckmorton) 199	오벤샤인
뷰챔프	스켈던(James H. Skeldon)	(Richard P. Ovenshine) 289
(Charles E. Beauchamp) 23	201	와킨스(Watkins) 97, 99, 100
브라우히치 55	스탈린 122, 320, 368	울포크(Robert L. Woolfolk)
브라운(Melvin L. Brown)	스텔(Art Stelle) 298	187
133, 135	스트러블(Arthur D. Struble)	워커(Walton H. Walker)
브래들리(Joseph S. Bradley)	343	14, 16, 20, 21, 24, 28, 50, 72,
90	스티븐스	102, 103, 105, 109, 110,111,
블래어(Melvin R. Blair)	(Richard W. Stephens) 200	119, 120, 121, 131, 153, 154,
117, 304	스푼	176, 181, 197, 202, 213, 227,
비신스키(Vishinsky) 321	(William O. Wither Spoon) 191	228, 232, 241, 284, 286, 302,
빈철현(賓哲顯) 80	신건선(申健善) 162	333, 334, 335
ㅅ	신상옥 405	워커(Robert W. Walker) 139
사도(佐藤幸德) 59	신상철(申尙徹) 162, 251	웨벨(James B. Webel) 139
서상철 400	신태영(申泰英) 77	웨스트(Herman L. West) 128
서석준 400	심상우 401	위킨스(John L. Wikines)
서정우 391	ㅇ	222, 303
서후원 398	아몬드(Edward M. Almond)	유승렬(劉升烈) 76
석순천(石順天) 183	20, 343	유재성(劉載成) 190
석종섭(石鍾燮) 215	아이버(Cortis J. Iver) 241	유재흥(劉載興) 76, 151,
섭영진(聶榮臻) 318	아이젠하워 279	153, 154, 155, 162, 213, 260
셰라드(R. G. Sherrard)	안병건(安秉健) 271	유흥수(劉興守) 34
186, 222	안중근 389	육영수 400
소여(Robert K. Sawyer) 306	안지영 397	윤영하 397, 398
손달주(孫達周) 282	애미리크(에머리치) 78	은석표(殷碩杓) 204
손병준(孫炳俊) 143	에치슨(Dean G. Acheson)	이경남(李敬南) 264, 266
송대후(宋大厚) 144, 362	33, 309, 322	이권무(李權武) 171, 349
송영길 392	앨런(Frank A. Allen) 131	이계출(李啓出) 275
송요찬(宋堯讚)	앨런(Leven C. Allen) 192	이기건(李奇建) 80
66, 80, 223, 248, 249	양국진(楊國鎭) 331	이기욱 400
수마 289	엘리스(Ellis) 113	이기원(李基元) 215
슈미트(Edward Schmitt)	엥글(Marshall G. Engle) 138	이명박(李明博) 380
95, 96, 97, 98	오기완(吳基完) 275	이명우 404

이무중(李茂重) 159, 184, 190	이현영(李玄永) 215	조천형 398
이민교 404	이후락 410, 411, 412	조현목 145
이범석 400	이희원 397	존스(John P. Jones) 199
이사야마 57, 58	임병직(林炳稷) 312	존스(Thomas T. Jones)
이상근(李尙根) 80, 248	임부택(林富澤) 183, 265	132, 137
이상철(李相喆) 131	임용순(任龍淳) 215	존슨(Harold K. Johnson) 136
이성가(李成佳)	임충식(任忠植) 85, 182	주은래(周恩來)
224, 258, 259, 260, 364	임표(林彪) 315, 328	316, 318, 328, 402, 412
이성봉(李聖鳳) 194	잉그램(A. I. Goron-Ingram)	주코프 56
이수호 390	292	지터(Geeter) 279
이승만(李承晩) 70, 77,		진의(陳毅) 315
121, 240, 264, 281, 311, 312,	**ㅈ**	
329, 330, 331, 359, 380, 410	장개석(蔣介石) 70	**ㅊ**
이승복 396	장도영(張都暎) 331	차갑준(車甲俊)
이승엽(李承燁) 359, 360	장춘권(張春權) 85, 204, 250	141, 159, 184, 190
이영욱 407	장춘근(張春根) 155	채병덕(蔡秉德) 75, 305
이영호(李永虎) 172	전동수(全東洙) 275	챔프니 113, 114, 116
이응준(李應俊) 77, 364	전두환 400	처치(John H. Church)
이일수(李一洙) 84	정내혁(丁來赫) 66	23, 200, 280, 292, 294, 297
이재관 401	정동영 392, 393	처칠 122
이재인(李載仁) 143	정봉욱(鄭鳳旭) 172, 352	체크(Gilbert J. Check)
이재환(李宰煥) 406	정순민(鄭淳珉) 204, 244, 245	111, 114, 116
이존일(李存一) 145, 190	정승화(鄭昇和) 204	최경록(崔慶祿) 75, 331
이종윤(李鍾潤) 163, 166	정영홍(鄭永洪) 141, 271	최광(崔光) 173
이종찬(李鍾贊)	정일권(丁一權)	최규식 395
35, 66, 78, 193, 335, 338	121, 124, 154, 331, 332,	최덕신(崔德新) 72
	333, 335, 336, 338, 339	최두선 413
이주일(李周一) 151	정진(鄭震) 160	최병순(崔炳淳) 184
이창범(李昌範) 141	정태진 401	최상준(崔尙俊) 211
이청송(李靑松) 171	제임스(Elwood F. James) 111	최석(崔錫) 34
이춘승(李春承) 215	젭(Jebb) 321	최승민 404
이치업(李致業) 82, 189	조광렬(趙光烈) 150, 164, 173	최용건(崔庸健) 353, 361
이하영(李夏榮) 182, 248	조병옥(趙炳玉) 27, 28, 120	최용진(崔鏞鎭) 172
이학구(李學九)	조성래(趙成來) 195	최은희 405
172, 218, 226, 227, 228, 352	조영구(趙暎九·趙榮九) 84	최인(崔仁) 354
이한림(李翰林)151, 2560, 261	조재미(趙在美) 271	최정식(崔廷植) 204

최정식(崔正植) 79
최정택(崔貞澤) 248
최창언(崔昌彦)
　　　　156, 162, 251, 252
최충국(崔忠國) 174
최현(崔賢) 171, 299, 348, 349
칭기즈칸 59

ㅋ

카슨(Eugene J. Carson)
　　　　114, 301
카우프먼(Loren R. Kaufman)
　　　　104
카이저(Laurence B. Keiser)
　　　　90, 202, 298
캐스고(Casgow) 89
케네디(John T. Kennedy)
　　　　132, 133, 134
케인(Robert W. Kane) 206
콘리(Edger T. Conley Jr.) 286
콜리(John T. Corley) 116
콜터(John B. Coulter)
　　　　19, 20, 21, 119, 301, 302
쿠마(Ernest R. Kouma) 92, 93
큐레드 98
크롬베즈
(Marcel B. Crombez) 129, 185
클레이노스(Pete D. Clainos)
　　　　28, 215, 216, 217
킨(William B. Kean)
　　　　109, 110, 111, 114, 117,
　　　　187, 203, 211, 303, 307

ㅌ

토너(Charles W. Torner) 101
토먼(Charles J. Torman)
　　　　302, 303, 304

톰슨(Thomson) 279
트루먼(Herry S. Truman) 312,
　　　　314, 315, 319, 325, 326, 375
티터(Bernard G. Teeter) 211
티토 379

ㅍ

파니카(Sardar M. Panikkar)
　　　　318
파머(Raymond D. Palmer)
　　　　185
패셔 118
펀(Fern) 93, 94
페플로(George B. Peploe)
　　　　22, 187, 202
푸비(Junius Poovey) 108
프리먼(Paul L. Freeman)
　　　　186
플린(John R. Flynn) 285
피셔(Henry G. Fisher)
　　　　112, 211, 303, 306
피터슨(Robert Peterson) 131
필립(John J. Philip) 135
필즈(Joseph A. Fields) 138

ㅎ

하동선 401
하워드(Billie Howard) 289
하인스(Loyal M. Haynes) 90
한경희 401
한금조 118
한상국 398
한신(韓信) 81, 182, 248
한일래(韓日來) 109
한준호 399
함병선(咸炳善) 183, 224
함병춘 401

해리스(William A. Harris)
　　　　218, 225, 283, 284, 285
허용우(許容尤) 145, 262
허친(Claire E. Hutchin)
　　　　90, 221
허형순(許亨淳)
　　　　245, 336, 338, 339
헤이스 138
홀리(Holly) 134
홀터(Holter) 135
홈스(Ernest V. Holmes) 131
홉킨스(Williard H. Hopkins)
　　　　289
홍건표 404
홍도진(洪道振) 256
홍성준(洪聖俊) 80
화이트(Horton V. White)
　　　　230, 304
황도현 398
황장엽 387, 399, 420
황헌친(黃憲親) 331
히긴스(Marguerite Higgins)
　　　　410
히로히토(裕仁) 52
히치너
(Omar T. Hitchner) 128
히키(Doyle O. Hickey)
　　　　103, 192, 227
히틀러 54, 55, 56, 63, 64
힐(John G. Hill) 95, 98, 186

6·25전쟁사

낙동강 제7권

초판 1쇄 인쇄 2010년 12월 21일
초판 1쇄 발행 2010년 12월 30일

지은이 | 류형석
펴낸이 | 김세영
펴낸곳 | 도서출판 플래닛미디어

주소 | 121-839 서울 마포구 서교동 381-38 3층
전화 | 3143-3366
팩스 | 3143-3360
등록 | 2005년 9월 12일 제 313-2005-000197호
이메일 | webmaster@planetmedia.co.kr

ISBN 978-89-92326-90-2 04910
　　　978-89-92326-83-4 (전8권)

ⓒ류형석 2010

* 책값은 겉표지에 있습니다.
* 잘못 만들어진 책은 구입처나 본사에서 교환해 드립니다.

다부동지구 전선

제10연대 | 제11연대

← 팔공산
가산
901고지
다부동 ↓
674고지
천생산
유학산 837고지

← 옥골

← 해평